Franz Kurowski

Die Jäger-Asse des Reichsmarschalls

Franz Kurowski

Die Jäger-Asse des Reichsmarschalls

Die erfolgreichsten deutschen Jagdpiloten des 2. Weltkrieges

FLECHSIG

Umwelthinweis:
Dieses Buch und der Umschlag wurden auf chlorfrei gebleichtem Papier gedruckt.
Die Einschrumpffolie – zum Schutz vor Verschmutzung – ist aus umweltverträglichem und recyclingfähigem PE-Material.

Flechsig Verlag
Internet: www.verlagshaus.com
Einbandgestaltung: Silberwald Agentur für visuelle Kommunikation, Würzburg
Gesamtherstellung: Himmer AG, Augsburg
ISBN 978-3-88189-717-4

Inhalt

Reichsmarschall Hermann Göring mit angelegten Orden und Ehrenzeichen.
In der rechten Hand hält er seinen Marschallstab.

Vorwort

Die deutsche Luftwaffe wurde von einem draufgängerischen und erfolgreichen Jagdflieger des Ersten Weltkrieges, dem späteren Reichsmarschall Hermann Göring, ins Leben gerufen. Mit 22 Luftsiegen Träger des „Pour le Mérite", der höchsten Tapferkeitsauszeichnung des Ersten Weltkriegs, hatte er nach dem Tod von Manfred Freiherr von Richthofen dessen Geschwader in Frankreich geführt.

Dank seiner mitreißenden Überzeugungskraft, seiner schier unerschöpflichen Energie und seinem ungebremsten Tatendrang, die einen erfolgreichen Jagdflieger ausmachen, gelang es ihm, die deutsche Luftwaffe aus dem Nichts des Versailler Vertrags zu erschaffen.

Göring war, was die technische und taktische Seite der neuen Fliegerei anging, kein Experte. Seine Verdienste lagen mehr auf praktischem Gebiet und als Führungspersönlichkeit. So oft er in der Entwicklungszeit der Luftwaffe und dem Aufbau seiner Spitzenorganisation die Wahl zwischen einem technisch versierten Experten oder einem schneidigen Haudegen zu treffen hatte, entschied er sich immer für den Haudegen.

Als ritterlicher Kämpfer des Ersten Weltkriegs gab er seinen Fliegern, vor allem den Jägern, das Gesetz der Ritterlichkeit mit auf ihren schweren Einsatzweg. Er wies sie an, einen ehrenvollen Kampf zu führen und – beispielsweise – nie auf einen im Fallschirm hängenden Mann zu schießen, oder mit Bordwaffen auf einen abgesprungenen Flieger am Boden zu feuern. Dies zeigte ihn von seiner ehrenhaften Seite und er war ein Vorbild für viele seiner Jagdpiloten.

Obwohl Göring selbst, die Jägerwaffe immer mit besonderer Aufmerksamkeit verfolgte, lag dennoch, zu Beginn des Krieges, der Schwerpunkt der Flugzeugherstellung auf dem Sektor des Kampfflugzeuges, ohne dass dabei auf den Bau eines strategischen Fernbombers Wert gelegt worden wäre. Die ersten Blitzfeldzüge schienen für Göring, aber auch für den größten Teil der Luftwaffenführung, den Beweis erbracht zu haben, dass ein solcher Fernbomber nicht benötigt würde. Vielmehr wurde das Hauptaugenmerk auf eine taktische Luftstreitmacht gerichtet mit dem Ziel, die Heerestruppen zu unterstützten. Doch während der Luftschlacht um England, die wegen fehlender strategischer Mittel, von vornherein als Misserfolg scheitern musste, trat dieser Mangel bereits offen zu Tage.

Die deutsche Luftwaffe verfügte zu Beginn des Krieges mit der Messerschmitt „Me 109" über eine ausgezeichnete Jagdmaschine für die Tagjagd, die bei der „Legion Condor" in Spanien von jungen Fliegeroffizieren wie Mölders, Oesau, Ihlefeld, Balthasar und anderen erprobt und getestet worden war und die nach Ausbruch des Zweiten Weltkrieges kometengleich aufstiegen und als Jäger-Asse ihren Weg machten.

Wer jedoch aus diesen Tatsachen und aus der Vorkriegspropaganda schließen wollte, dass Deutschland bei Kriegsbeginn über mehr als ein Dutzend voll ausgestatteter Jagdgeschwader verfügt habe, der irrt sich sehr. Zwar war das Vorhandene an Ausbildung und Einsatzwillen von Flugzeugführern, das wahrscheinlich Beste, was es damals auf der Welt gab, doch waren es nur wenige Jagdverbände, die der Luftwaffe am 1. September 1939 zur Verfügung standen. Erst durch notwendige Teilungen und Abgaben innerhalb der Jagdverbände erfolgte die allmähliche Aufstellung der geplanten Jagdgeschwader.

Der Aufbau der Jagdgeschwader

Am 1. April 1934 erfolgte durch Hermann Göring die Verfügung zur Aufstellung eines Jagdgeschwaders in Döberitz, das später die Kennzeichnung „Jagdgeschwader 132" erhalten sollte, aber aus Geheimhaltungsgründen die Tarnbezeichnung „Reklamestaffel Mitteldeutschland" trug. Erst nach Einführung der Wehrhoheit am 1. März 1935 wurde das Jagdgeschwader 132 offiziell in Dienst gestellt. Nur zwei Wochen später, am 14. März 1935 erhielt das Jagdgeschwader 132 den Traditionsnamen „Jagdgeschwader Richthofen" verliehen und am 1. Mai 1939, nach einer weiteren Umgliederung, bekam das Geschwader nun die Bezeichnung Jagdgeschwader „Richthofen" Nr. 2. Gerade dieses Geschwader musste immer wieder seine einzelnen Jagdgruppen zur Aufstellung anderer Jagdgeschwader abgeben, von denen zu Beginn des Zweiten Weltkrieges kein einziges in voller Sollstärke zum Einsatz bereitstand.

Hier die Namen und Bezeichnungen jener Jagdgeschwader, die in der ersten Aufbauphase bis zu Beginn des Zweiten Weltkrieges einsatzbereit waren und zur kämpfenden Front traten:

Jagdgeschwader 2 „Richthofen"

Bei Kriegsbeginn bestanden nur der Geschwaderstab und die I. Gruppe, sowie die 10. (Nachtjagd-Staffel) des Geschwaders. Am 15. Dezember 1939 meldete Hauptmann Schellmann, die II. Gruppe/Jagdgeschwader „Richthofen" einsatzbereit, während in der Zeit vom 15. März- bis 10. April 1940 in Magdeburg die III. Gruppe des Jagdgeschwaders unter der Führung von Major Dr. Erich Mix neu aufgestellt wurde.

Jagdgeschwader 3 „Udet"

Am 1. Mai 1939 wurde das Jagdgeschwader 231 in Jagdgeschwader 3 umbenannt. Das Jagdgeschwader 3 bestand am 1. September 1939 ebenfalls nur aus dem Geschwaderstab und der I. Gruppe des Jagdgeschwaders 3. Die II. Gruppe wurde offiziell am 1. Februar 1940 auf dem Fliegerhorst Zerbst, aus Abgaben anderer Jagdgruppen aufgestellt, während die III. Gruppe am 1. März 1940 in Jena aus der Taufe gehoben wurde. Die Traditionsbezeichnung „Udet" erhielt das Jagdgeschwader 3 nach dem Tode von Generalluftzeugmeister Ernst Udet, am 1. Dezember 1941.

Jagdgeschwader 26 „Schlageter"

Das Jagdgeschwader 26 wurde aus den vormaligen Geschwadern 134, 234 und 132 gebildet. Erst nach der Umgliederung der Verbände am 1. Mai 1939, wurde es in Jagdgeschwader 26 umgetauft, nachdem bereits zuvor das Geschwader die Traditionsbezeichnung Jagdgeschwader „Schlageter" erhalten hatte. Bei Kriegsbeginn bestand das Jagdgeschwader 26 aus der I. und II. Gruppe und lag an der Westgrenze, während die III. Gruppe am 23. September 1939 durch

Hauptmann Kienitz, durch Abgaben des Jagdgeschwaders 26 und des Zerstörergeschwaders 26 in Werl neu aufgestellt wurde.

Jagdgeschwader 27

Der Geschwaderstab des Jagdgeschwaders 27 entstand am 1. Oktober 1939 in Münster-Handorf, durch die Teilung des Stabes Jagdgeschwader 3. Dadurch wurde Oberstleutnant Max Ibel der erste Kommodore des Jagdgeschwaders 27. Gleichzeitig wurde die I. Gruppe/Jagdgeschwader 27, ebenfalls in Münster-Handorf aufgestellt. Zu diesem Zeitpunkt waren dem Jagdgeschwader 27, die I. Gruppe/Jagdgeschwader 27, I. Gruppe/Jagdgeschwader 1, I. Gruppe/Jagdgeschwader 21 und die I. (J) Lehrgeschwader 2 unterstellt, wobei letztere Ende März 1940 aus der Unterstellung des Jagdgeschwaders 27 ausschied, um dem Jagdgeschwader 1 unterstellt zu werden. So waren bei Beginn des Westfeldzuges dem Jagdgeschwader 27 unterstellt: I./Jagdgeschwader 27, I./Jagdgeschwader 21, I./Jagdgeschwader 1 und die I./Jagdgeschwader 51. Anfang Juni 1940 wurde dem Jagdgeschwader 27 noch die II. Gruppe des Jagdgeschwaders 27 unterstellt. Diese II. Gruppe war Anfang Januar 1940 unter der Führung von Hauptmann Werner Andres, auf dem Fliegerhorst Magdeburg-Ost aufgestellt worden. Während des Westfeldzuges flog die II. Gruppe zuerst im Verband des Jagdgeschwaders 51, bevor sie in der zweiten Phase des Westfeldzuges dem Jagdgeschwader 27 unterstellt wurde. Damit unterstanden zu der Zeit dem Jagdgeschwader 27 insgesamt fünf Jagdgruppen. Erst nach Ende des Westfeldzuges, Anfang Juli 1940, schieden die unterstellten I. Gruppe/Jagdgeschwader 21 und die I. Gruppe/Jagdgeschwader 51 aus dem Geschwaderverband aus, während die I. Gruppe/Jagdgeschwader 1 mit Wirkung zum 5. Juli 1940 in III. Gruppe/Jagdgeschwader 27 umbenannt wurde. Somit unterstanden dem Jagdgeschwader 27 nur noch die drei Jagdgruppen I.-, II.- und III. Jagdgeschwader 27.

Jagdgeschwader 51 „Mölders"

Am 1. Mai 1939 wurde die I. Gruppe/Jagdgeschwader 233 in I. Gruppe/Jagdgeschwader 51 umbenannt, während die Aufstellung der II. Gruppe/Jagdgeschwaders 51 im Herbst 1939 erfolgte. Zur gleichen Zeit wurde auch der Stab des Jagdgeschwaders 51 aufgestellt. Im Februar 1940 wurden dem Geschwaderstab 51 die I. Gruppe/Jagdgeschwader 20, die I. Gruppe/Jagdgeschwader 26, und die II. Gruppe/Jagdgeschwader 27 unterstellt. Am 5. Juli 1940 bestand der Geschwaderverband aus der II. Gruppe/Jagdgeschwader 51, der I. Gruppe/Jagdgeschwader 20, die an diesem Tag endgültig in III. Gruppe/Jagdgeschwader 51 umbenannt wurde und dann wiederum der I. Gruppe des (J) Lehrgeschwaders 2 unterstellt zu werden. Die I. Gruppe/Jagdgeschwader 51, die während des Westfeldzuges dem Jagdgeschwader 27 unterstellt war, kam nach einem Kurzaufenthalt im Reich am 12. Juli 1940 zum Geschwader am Kanal zurück. Als sich die Luftschlacht um England im Herbst 1940 abschwächte, wurde am 2. November 1940 die I. Gruppe/Jagdgeschwader 77 in das Jagdgeschwader 51 eingereiht und am 21. November 1940 offiziell in IV. Gruppe/Jagdgeschwader 51 umbenannt. Nach dem Tode von Werner Mölders, wurde am 24. November 1941, in einem Tagesbefehl, dem Geschwader der Traditionsname Jagdgeschwader 51 „Mölders" verliehen.

Jagdgeschwader 52

Die I. Gruppe/Jagdgeschwader 52 entstand am 1. Mai 1939 aus der I. Gruppe/Jagdgeschwader 433 in Ingolstadt-Manching. Sofort bei Beginn des Zweiten Weltkrieges wurde der Geschwaderstab, sowie die II. Gruppe des Jagdgeschwaders 52 in Böblingen neu aufgestellt. Letztere aus der Staffelreserve der I. Gruppe/Jagdgeschwader 52, die an die 11. Staffel/Nachtjagdgeschwader 72 abgeben wurde, aus der dann die II. Gruppe/Jagdgeschwader 52 gebildet wurde. Schließlich am 1. März 1940 wurde in Lachen-Speyerdorf die III. Gruppe des Jagdgeschwaders 52, aus dem Personalstamm der I. Gruppe/Jagdgeschwader 52 gebildet.

Jagdgeschwader 53 „Pik-Ass"

Als am 1. Mai 1939 zu einer erneuten Änderung der Verbandsbezeichnungen innerhalb der Luftwaffe kam, wurde aus dem Jagdgeschwader 133 das Jagdgeschwader 53. Zu Beginn des Zweiten Weltkrieges unterstanden dem Jagdgeschwader 53, die I.- und II. Gruppe/Jagdgeschwader 53, außerdem wurde dem Geschwader noch die I. Gruppe/Jagdgeschwader 51 unterstellt. Am 26. September 1939 wurde der Staffelkapitän der 1. Staffel/Jagdgeschwader 53, Hauptmann Werner Mölders, mit der Aufstellung der III. Gruppe/Jagdgeschwaders 53 beauftragt. Die Aufstellung dieser Gruppe erfolgte in Wiesbaden-Erbenheim.

Jagdgeschwader 54 „Grünherz"

Der Stab des Jagdgeschwaders 54 wurde am 2. Februar 1940 aufgestellt. Die I. Gruppe/Jagdgeschwader 54 ging am 15. September 1939 aus der I. Gruppe des Jagdgeschwaders 70 hervor. Nach dem Ende des Westfeldzuges wurde die I. Gruppe/Jagdgeschwader 76 in II. Gruppe/Jagdgeschwader 54 und die I. Gruppe/Jagdgeschwader 21 in III. Gruppe/Jagdgeschwader 54 umbenannt. Major Hannes Trautloft führte als Geschwaderkommodore das „grüne Herz" seiner Heimat Thüringen als Geschwaderwappen ein.

Jagdgeschwader 77

Am 1. Mai 1939 wurde aus der I. Gruppe/Jagdgeschwader 331 die I. Gruppe/Jagdgeschwader 77 und aus der II. Gruppe/Jagdgeschwader 333 wurde die II. Gruppe/Jagdgeschwader 77. Der Geschwaderstab wurde am 1. Oktober 1939 aufgestellt und sollte den Luftraum über der Deutschen Bucht schützen. Jedoch wurde der Geschwaderstab, wegen der bevorstehenden Offensive im Westen, bald nach Köln verlegt.

Auf deutscher Seite lag die Verteidigung der Deutschen Bucht von Kriegsbeginn an, hauptsächlich in den Händen der II. Gruppe des Jagdgeschwaders 77, unter der Führung von Oberstleutnant Schumacher, der ab Ende November 1939, als Kommodore des Jagdgeschwader 1, sogleich sämtliche Luftwaffenverbände die an der Luftschlacht über der Deutschen Bucht teilnahmen, führte u.a. auch die II. (J) Trägergruppe 186. Zu diesem Zeitpunkt unterstand auch die I. Gruppe des Lehrgeschwaders 2 dem Jagdgeschwader 77. Schließlich wurde am 5. Juli 1940 aus der II. Gruppe (J) Trägergruppe 186 die III. Gruppe/Jagdgeschwader 77. Am 21. November 1940 wurde die I. Gruppe/Jagdgeschwader 77 in IV. Gruppe/Jagdgeschwader 51 umbenannt, später aber wieder neu aufgestellt. In den ersten Jahren des Krieges waren die drei Gruppen des Jagdgeschwaders 77 auf sämtlichen Kriegsschauplätzen verteilt. Erst im Herbst

1942 als das Geschwader nach Nordafrika befohlen wurde, um dort das Jagdgeschwader 27 abzulösen, waren zum ersten Mal alle drei Jagdgruppen des Jagdgeschwader 77 vereint.

Jagdgeschwader 1

Am 30. November 1939 wurde der Geschwaderstab des Jagdgeschwaders 1 in Jever ins Leben gerufen. Aber vorerst erhielt das Geschwader keine eigenen Verbände, sondern ihm wurden in den folgenden Monaten immer wieder mehrere Jagd- und Zerstörergruppen unterstellt.

Das Jagdgeschwader 1 erhielt nach seiner Aufstellung den Auftrag zum Schutz des Luftraumes über der Deutschen Bucht. Eigentlich war das Jagdgeschwader 77 dafür verantwortlich. Als jedoch der Stab des Jagdgeschwader 77 für die geplante Offensive im Westen nach Köln verlegt wurde, musste im Norden ein neuer Geschwaderstab, eben der Stab des Jagdgeschwaders 1 aufgestellt werden.

Erster Kommodore war Oberstleutnant Carl Schumacher, der bis dahin die II. Gruppe/Jagdgeschwader 77 geführt hatte. So verfügte das Jagdgeschwader 1 Mitte Dezember 1939 über folgende Luftwaffenverbände:

II. Gruppe/Jagdgeschwader 77 in Jever und auf Wangerooge
II. Gruppe (J) Trägergruppe 186 in Nordholz
Jagdgruppe 101 in Westerland und Neumünster
11. Staffel (Nachtjagd) Jagdgeschwader 2, vormals 10. Staffel (Nacht) Jagdgeschwader 26 in Jever
I. Gruppe Zerstörergeschwader 76 in Jever
I. Gruppe Zerstörergeschwader 26 (nur eine Staffel) in Jever

Später sollte noch die I. Gruppe/(J) Lehrgeschwader 2 dazukommen. Mit diesen Einheiten schlug das Jagdgeschwader 1 die „Luftschlacht über der Deutschen Bucht".

Zu Beginn der „Weserübung", der Besetzung von Dänemark und Norwegen, wurden dem Jagdgeschwader 1 Anfang April 1940 die II. Gruppe/Jagdgeschwader 77 und die I. Gruppe/Zerstörergeschwader 26 entzogen, nachdem bereits im März die Jagdgruppe 101 aus dem Befehlsbereich des Jagdgeschwader 1 ausgeschieden war. Mitte Mai 1940 folgten die II. (J) Trägergruppe 186 und die I./(J) Lehrgeschwader 2, die an der Westfront eingesetzt wurden. Erst nach der Kapitulation Frankreichs wurden dem Jagdgeschwader 1 wieder Jagdverbände unterstellt. So die I./(J) Lehrgeschwader 2 vom 11. Juli bis 8. August 1940 und die I. Gruppe/Jagdgeschwader 77 von Ende Juli 1940 bis Mitte August 1940. Nach Abzug dieser Verbände unterstanden dem Jagdgeschwader 1 keine weiteren Jagd- oder Zerstörerverbände mehr. Erst Ende September 1940 verlegte die in der Luftschlacht um England völlig abgekämpfte I. Gruppe/Jagdgeschwader 54 nach Jever und wurde dem Stab des Jagdgeschwaders 1 bis Mai 1941 unterstellt. Darüber hinaus wäre noch zu erwähnen, dass die seit Kriegsbeginn bestehende I. Gruppe/Jagdgeschwader 1 nie dem Jagdgeschwader 1 unterstellt war, sondern dem Jagdgeschwader 27. Die Gruppe wurde dann auch am 5. Juli 1940 in III./Jagdgeschwader 27 umbenannt. Die eigentliche I. Gruppe/Jagdgeschwader 1, wurde erst allmählich staffelweise zwischen Dezember 1940 und Juli 1941 für die Reichsverteidigung aufgestellt. Am 15. Januar 1942 wurde die I. Gruppe/Jagdgeschwader 3 in II. Gruppe/Jagdgeschwader 1 umbenannt. Ebenfalls noch im Januar 1942 wurden aus Ergänzungsstaffeln von verschiedenen Jagdgeschwadern die III. und IV. Gruppe/Jagdgeschwader 1 gebildet. Damit war das Jagdgeschwader 1 das erste für die Reichsverteidigung aufgestellte Jagdgeschwader.

Weitere aufgestellte Jagdverbände hatten in den ersten drei Jahren des II. Weltkrieges keinen Anteil am Kampfgeschehen. Sie wurden im Laufe der Jahre 1943 und 1944 aufgestellt.

Die Jäger-Asse des Reichsmarschalls

Wenn in diesem Werk jener einhundertundvier deutschen „Jäger-Asse des Reichsmarschalls", die sich aus einhunderteins Tagjägern, zwei Nachtjägern und einem Angehörigen eines Zerstörergeschwaders zusammensetzten, gedacht wird, die in ihren Kriegseinsätzen hundert oder mehr Gegner abgeschossen haben, so sei an dieser Stelle auch daran erinnert, dass es viele hundert weitere Fliegerasse gegeben hat, die nicht weniger opfervoll und mit demselben Einsatzwillen tagaus, tagein am Feind standen und die, obwohl sie in diesem Werk nicht genannt werden können, nicht in Vergessenheit geraten sollen.

Alle 104 in diesem Werk versammelten Flieger, 8 aus Österreich und 96 aus Deutschland stammend (davon einer mit Geburtsort Moskau), wurden nicht für ihre Führungsleistung, sondern ausschließlich für ihre persönliche Tapferkeit vor dem Feind mit dem Ritterkreuz ausgezeichnet. 70 Piloten trugen darüber hinaus das Eichenlaub zum Ritterkreuz, 30 das Eichenlaub mit Schwertern zum Ritterkreuz und 9 Jagdflieger waren sogar mit der höchsten Auszeichnung im Zweiten Weltkrieg, dem Eichenlaub mit Schwertern und Brillanten zum Ritterkreuz, ausgezeichnet. Sie stellten damit ein Drittel aller im Zweiten Weltkrieg mit dieser seltenen Auszeichnung bedachten Soldaten. Darüber hinaus trugen 92 dieser 104 Piloten das Deutsche Kreuz in Gold und viele waren mit weiteren hohen und höchsten deutschen und ausländischen Orden dekoriert. Obwohl alle 104 Piloten in ihrer letzten Dienststellung im Offiziersrang standen, sind viele von Ihnen als einfache Flieger und nicht als Offiziersanwärter in ihre Karriere bei der Reichsluftwaffe gestartet.

Von den Jäger-Assen mit über 100 anerkannten Abschüssen sind 51 Piloten im Krieg gefallen, verunglückt oder gelten als vermisst. 53 haben den Krieg überlebt und drei Piloten – Erich Rudorffer, Walter Schuck und Walter Wolfrum – sind zum Zeitpunkt der Drucklegung dieses Werkes im Juni 2010, die letzten Überlebenden dieser Ritter der Lüfte.

Der Älteste der in diesem Buch versammelten Jäger-Asse ist Emil „Bully" Lang. Geboren am 14. Januar 1909 hält er mit 18 Abschüssen an einem einzigen Tag den Rekord in dieser Disziplin und gehört durch seine vielfach erzielten Mehrfachabschüsse an einem Tag wohl zu den außergewöhnlichsten Jagdfliegern, die die Luftwaffe hervorgebracht hat. In dieser Disziplin folgen ihm Hans-Joachim Marseille mit 17 Abschüssen gegen westalliierte Gegner und August Lambert, der einzige Schlachtflieger in dieser Stafette von Spitzenpiloten mit ebenfalls 17 Abschüssen an einem einzigen Tag. Das Ass der Asse und damit an erster Position in diesem Buch steht Erich „Bubi“ Hartmann, der mit 352 anerkannten Luftsiegen der erfolgreichste Jagdflieger aller Zeiten ist. Zusammen mit seinem Geschwaderkollegen Gerhard Barkhorn, der 301 anerkannte Luftsiege erzielte, sind sie die einzigen Mitglieder im „Club der 300“. Diese beiden Spitzenpiloten waren, gemeinsam mit 15 anderen Piloten denen in diesem Buch gedacht wird, nach dem Krieg am Aufbau der Bundesluftwaffe beteiligt und bekleideten bis zu Ihrer Pensionierung höchste militärische Positionen und Ämter. Vielleicht der virtuoseste Jäger von allen und gegen westalliierte Gegner der erfolgreichste deutsche Jagdpilot war der „Stern von Afrika“, Hans-Joachim Marseille. Kein anderer Jagdflieger beherrschte seine Maschine in der Luft wie er und kein anderer Jäger war treffsicherer in seinen Luftgefechten aus denen er oft mit noch fast vollen Magazinen auf die Liegeplätze seiner Staffel nach seinen Feindflügen zurückkehrte. Beim Ausstieg aus seiner in Brand geratenen Maschine mit dem Fallschirm fand er am 30. September 1942 – noch nicht einmal 23 Jahre alt – als jüngster Hauptmann der Wehrmacht ohne Feindeinwirkung den Tod.

Gleich zu Beginn des Krieges beeindruckte die Angriffsweise der deutschen Jäger, vor allem ihr ständig vorwärts drängender Elan, die gegnerischen Jagdpiloten sehr. In der Luftschlacht um England mussten die Kampf-, Schlacht- und Jagdfliegerverbände jedoch einen hohen Blutzoll entrichten, der letztendlich dann auch zum Abbruch der Luftschlacht um England führte.

Zu Beginn des Feldzuges gegen die Sowjetunion flogen die deutschen Jäger fast ununterbrochen Einsätze gegen den Feind. Bereits in der ersten Woche des Unternehmens „Barbarossa“ wurde die sowjetische Luftwaffe im Zusammenwirken mit Bomber-, Erdkampf- sowie Jagdverbänden völlig zerschlagen. Hunderte von sowjetischen Maschinen wurden dabei am Boden zerstört. Schon in den ersten drei Wochen verloren die Sowjets zirka 5 000 Flugzeuge. Erst im Laufe des Jahres 1942 wurden die deutschen Jäger immer mehr und mehr in die Defensive zurückgedrängt. Es gab einfach nicht genügend Jagdflieger und Jagdverbände zur Abwehr der Bomberpulks im Anflug auf das Deutsche Reich, zur Abdeckung der Weite des russischen Raumes und der Kriegsschauplätze im Mittelmeerraum und in Nordafrika. Der Eintritt der Vereinigten Staaten in den Krieg und deren gewaltige Überlegenheit an Menschen und Material, verschärfte die Situation für die deutschen Jagdflieger erheblich und führte neben taktischen Fehlentscheidungen der deutschen Luftwaffenführung letztendlich zum Untergang der deutschen Jagdwaffe.

Trotzdem starteten die Jagdflieger immer wieder zu Angriffen und erzielten Erfolge an allen Fronten.

Wie jedoch war es möglich, dass die deutschen und österreichischen Jagdflieger solch hohe Abschusszahlen erzielen konnten und kein einziger alliierter Jagdflieger mit seinen Luftsiegen an die Erfolge der in diesem Buch beschriebenen 104 Piloten heranreichen konnte?

Die Protokollierung der Luftsiege auf deutscher und alliierter Seite und die Vergabe von Orden und Auszeichnungen

Die Abschüsse, die von deutschen Jagdfliegern gemeldet wurden, durchliefen einer genauen Formular- und Aktenführung. Ohne Luft- oder Bodenzeugen gab es keinen Abschusserfolg. Zudem wurde von deutschen Jagdpiloten verlangt, die geographische Position des Abschusses, den feindlichen Flugzeugtyp und die Uhrzeit des Abschusses minutiös festzuhalten. Zur gleichen Zeit sollte er aber auch andere Vorgänge in der Luft beobachten, etwa um den von einem Kameraden erzielten Abschuss zu bestätigen. Der deutsche Hang zur Genauigkeit war nicht mit der Vorstellung vereinbar, ein Flugzeugführer könne etwa ein Drittel oder die Hälfte eines Flugzeuges abschießen. So galt in der deutschen Luftwaffe die Regel: War am Abschuss eines alliierten Flugzeuges mehr als ein Pilot beteiligt, so mussten die Jagdflieger unter sich ausmachen, wem der Abschuss zuerkannt werden sollte. Wenn dies nicht möglich war, wurde ganz einfach der bestätigte Abschuss der betreffenden Einheit zugeordnet und nicht einem der beteiligten Piloten.

Im Gegensatz hierzu konnten z.B. die amerikanischen Jäger, die mit Hilfe eines Punktesystems ihre Erfolge im Luftkampf protokollierten, zum Ass aufsteigen, ohne jemals einen eigenen eindeutigen Abschuss erzielt zu haben. So konnte es sein, dass zum Beispiel zehn abgeschossene Feindflugzeuge, gleich zwei US-Asse hervorbrachten.

Das deutsche Verfahren zur Ermittlung der Abschusserfolge war genauer. Ohne Luft- oder Bodenzeugen hatte der Flugzeugführer keine Chance auf Anerkennung seines Abschusses und Bestätigung seiner Abschussmeldung. Eine solche Abschussmeldung wurde gleich gar nicht erst weitergereicht. Während auf dem östlichen Kriegsschauplatz dieses Verfahren bei der deutschen Luftwaffe bis zum Ende des Krieges Anwendung fand, wurde ab 1943 auf dem westlichen Kriegsschauplatz auch auf deutscher Seite ein, dem amerikanischen System ähnliches Punktesystem eingeführt. Für die Verleihung von Kriegsauszeichnungen wurden die Punkte in folgender Weise vergeben:

Vernichtung eines einmotorigen Flugzeuges	1 Punkt
Vernichtung eines zweimotorigen Flugzeuges	2 Punkte
Vernichtung eines dreimotorigen Flugzeuges	3 Punkte
Vernichtung eines viermotorigen Flugzeuges	3 Punkte
Beschädigung eines zweimotorigen Flugzeuges	1 Punkt
Beschädigung eines drei- oder viermotorigen Flugzeuges	2 Punkte
Vernichtung eines beschädigten zweimotorigen Flugzeuges	½ Punkt
Vernichtung eines beschädigten viermotorigen Flugzeuges	1 Punkt

Im Jahre 1943 benötigte ein deutscher Jagdpilot in der Reichsverteidigung für die Verleihung des Ritterkreuzes 40 Punkte. Dadurch konnte es geschehen, dass mancher Jagdflieger bei

Das Ass der deutschen Jagdflieger im Ersten Weltkrieg war Manfred Freiherr von Richthofen. Er trug die Bezeichnung der „Rote Baron“ weil er sein Flugzeug grellrot anstreichen ließ. Mit 80 bestätigten Abschüssen führte er die Liste aller Jagdflieger im Ersten Weltkrieg an.

Die Jagdflugzeuge (Doppeldecker) des Ersten Weltkrieges flogen relativ langsam und konnten im Luftkampf ein eigenartiges „Getümmel“ am Himmel veranstalten, das „Kurbelei“ genannt wurde. Zusammenstöße in der Luft waren nicht selten!

Oswald Boelcke war der Lehrer von Richthofen gewesen. Er selbst erzielte bis zu seinem Tod, am 28. Oktober 1916, 40 Abschüsse. Deutschlandweit bekannt, war er ein Fliegeridol.

Manfred Freiherr von Richthofen trägt einen Kopfverband. Auf dem Foto sitzt er neben seinem Vater.

Auch Max Immelmann war ein Fliegeridol und wurde mit 15 Abschüssen „Der Adler von Lille" genannt. Er fiel am 1. August 1916.

Werner Voss erzielte bis zu seinem Tod, am 23. September1917, 48 Luftsiege. Auch er zählte zu den „Pionieren" der Jagdflieger im Ersten Weltkrieg.

Rudolph Berthold kam auf 44 Luftsiege und überlebte den Ersten Weltkrieg. Er nahm auf Seiten des Freikorps am Kapp-Putsch teil und wurde am 15. März 1920 in Harburg an der Elbe erschossen.

Ernst Udet, hier noch ohne den Offiziers-Orden „Pour le Mérite", erzielte 62 Abschüsse. Nach dem Ersten Weltkrieg war er ein bekannter Kunstflieger.

Eine Staffel Albatros-Flugzeuge auf einem Flugfeld in Frankreich.

Emil Schäfer erzielte in Richthofens Staffel 30 Luftsiege bis er, am 5. Juni 1917, selbst im Luftkampf fiel.

Erich Löwenhardt brachte es auf 54 Luftsiege, bis er bei einem unglücklichen Fallschirmabsprung, am 10. August 1918, ums Leben kam.

Lothar Freiherr von Richthofen, ein Bruder des „Roten Barons", erzielte 44 Luftsiege und überlebte den Ersten Weltkrieg. Er starb jedoch bei einem Postflug am 4. Juli 1922.

Eduard Dostler erzielte im Ersten Weltkrieg 26 Luftsiege.

Max Ritter von Mulzer erzielte bis zu seinem Fliegertod, am 26. September 1916, 10 Luftsiege.

Friedrich Christiansen erzielte im Ersten Weltkrieg 21 Luftsiege und baute in den 30er-Jahren das NSFK (Nationalsozialistisches Flieger Korps) auf. In diesem Korps wurden Piloten für die Luftwaffe ausgebildet.

Alfred Keller war Chef des Ersten Bombengeschwaders im Ersten Weltkrieg. Er war Mitorganisator beim Aufbau der Luftwaffe und führte 1940-43 die Luftlotte 1.

Karl Bodenschatz, rechts im Bild neben Hermann Göring, war Beobachter und Adjutant bei M. Fr. v. Richthofen. Er diente später im Stab von Hermann Göring.

Eduard Ritter von Schleich erzielte im Ersten Weltkrieg 35 Luftsiege und baute in den 30er-Jahren die Flieger-HJ (Flieger-Hitler-Jugend) auf.

Hermann Göring übernahm nach dem Tode von Manfred Freiherr von Richthofen die Jagdstaffel 1, die er bis zum Kriegsende, im November 1918, führte. Er erzielte 22 Luftsiege. Auf dem Foto sieht man ihn in herrischer Pose vor seiner Fokker DVII.

Im Foto sieht man den Zusammenstoß von zwei Flugzeugen in der Luft – ein seltenes Fotodokument eines tragischen Augenblicks.

Erfolgreiche Flugzeugführer des Ersten Weltkrieges auf einem Gruppenbild vereint. Von links nach rechts: Leutnant Blume, Leutnant Veltens, Leutnant Jakobs, Leutnant Freiherr von Bönigk, Hauptmann von Schleich, Oberleutnant Udet, Hauptmann Loerzer, Leutnant Bäumer, Leutnant Göring, Oberleutnant Bongartz.

Friedrich Christiansens Seeflieger auf Feindflug.

Ernst Udet war mit 62 Luftsiegen einer der erfolgreichsten Jagdflieger des Ersten Weltkrieges.

Im Dritten Reich wurde er Mitorganisator beim Aufbau der neuen Luftwaffe. Seine Aufbauarbeit wurde mit dem Ritterkreuz gewürdigt. Er endete tragisch durch Selbstmord am 17. November 1941 in Berlin.

In den 20er- und frühen 30er-Jahren war Ernst Udet ein weltbekannter Kunstflieger der akrobatische Flugleistungen bei Flugshows vollführte.

Robert Ritter von Grein erzielte im Ersten Weltkrieg 25 Luftsiege.

Im Zweiten Weltkrieg avancierte er zum Generalfeldmarschall und wurde zu Kriegsende von Hitler noch zum Nachfolger von Hermann Göring als Oberbefehlshaber der Luftwaffe bestimmt.

Hermann Göring und seine Luftwaffen-Generäle auf einem Gruppenfoto in seinem protzigen Domizil in „Karinhall".

Bruno Loerzer erzielte 44 Luftsiege im Ersten Weltkrieg. Beim Aufbau der Luftwaffe und in Görings Stab war er ein einflussreicher Mann, der im Hintergrund wirkte.

Eduard Milch und Ernst Udet bei einer Luftshow in England noch vor Beginn des Zweiten Weltkrieges. Beide waren grundverschiedene Charaktere und verstanden sich nicht besonders gut.

Bruno Loerzer und Hermann Göring während der Luftschlacht um England. Besorgte Mienen zeigen, es läuft nicht nach Plan!

Hermann Göring, mit 22 Luftsiegen, Nachfolger von Manfred Freiherr von Richthofen als Staffelführer in der Jagdstaffel 1. Er galt als sehr ehrgeizig.

Nach dem Ersten Weltkrieg trat Göring schon früh den Nationalsozialisten bei und war als bekannter Fliegerheld ein „Zugfpferd“ für Hitlers NSDAP. Göring wirkte auch maßgeblich am Aufbau der SA mit.

Während der unruhigen Jahre 1923-1933 war die SA die Kampforganisation der Nationalsozialisten mit militärischem Charakter. Hermann Göring im Bild mit Uniform und Hakenkreuz auf seinem Helm.

Hermann Göring zieht genüsslich an seiner Pfeife. Stolz trägt er das Großkreuz des Ritterkreuzes, das ihm als Einzigem verliehen wurde.

Göring zu Beginn des Zweiten Weltkrieges mit führenden Generälen der Luftwaffe. Ganz links Erhard Milch, daneben Albert Kesselring, der die Hand zum Gruß an seine Mütze gelegt hat. Göring war bis 1941 sehr populär und hoch geachtet. Durch Drogen und eine ungebremste Prunksucht entfernte er sich imme mehr von der Wirklichkeit.

Reichsmarschall Hermann Göring im Gespräch mit Adolf Hitler.

Göring in weißer Uniform wirkt skeptisch und besorgt.

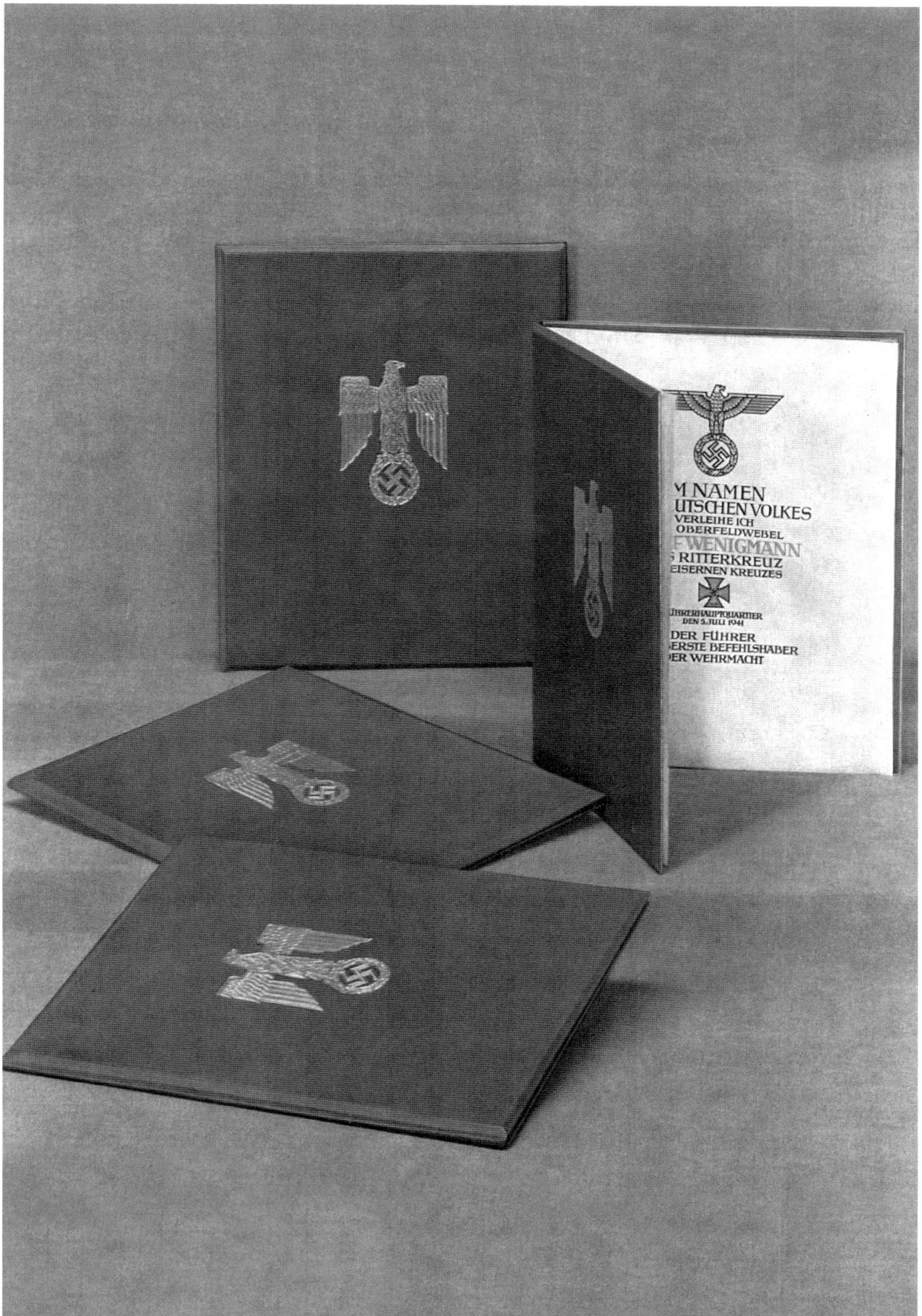

Verleihungsmappen für das Ritterkreuz des Eisernen Kreuzes. Diese Mappen, die die Verleihungsurkunden enthielten, wurden zusammen mit dem Ritterkreuz an den Auszuzeichnenden übergeben. Ab ca. 1943 gab es diese aufwendig gestalteten Mappen immer seltener.

Verleihungsmappen für das Eichenlaub zum Ritterkreuz des Eisernen Kreuzes.
Auch die Mappen für die Verleihung des Eichenlaubs zum Ritterkreuz sowie für das Eichenlaub mit Schwertern zum Ritterkreuz wurden nicht bis zum Ende des Krieges an alle Ausgezeichneten übergeben.

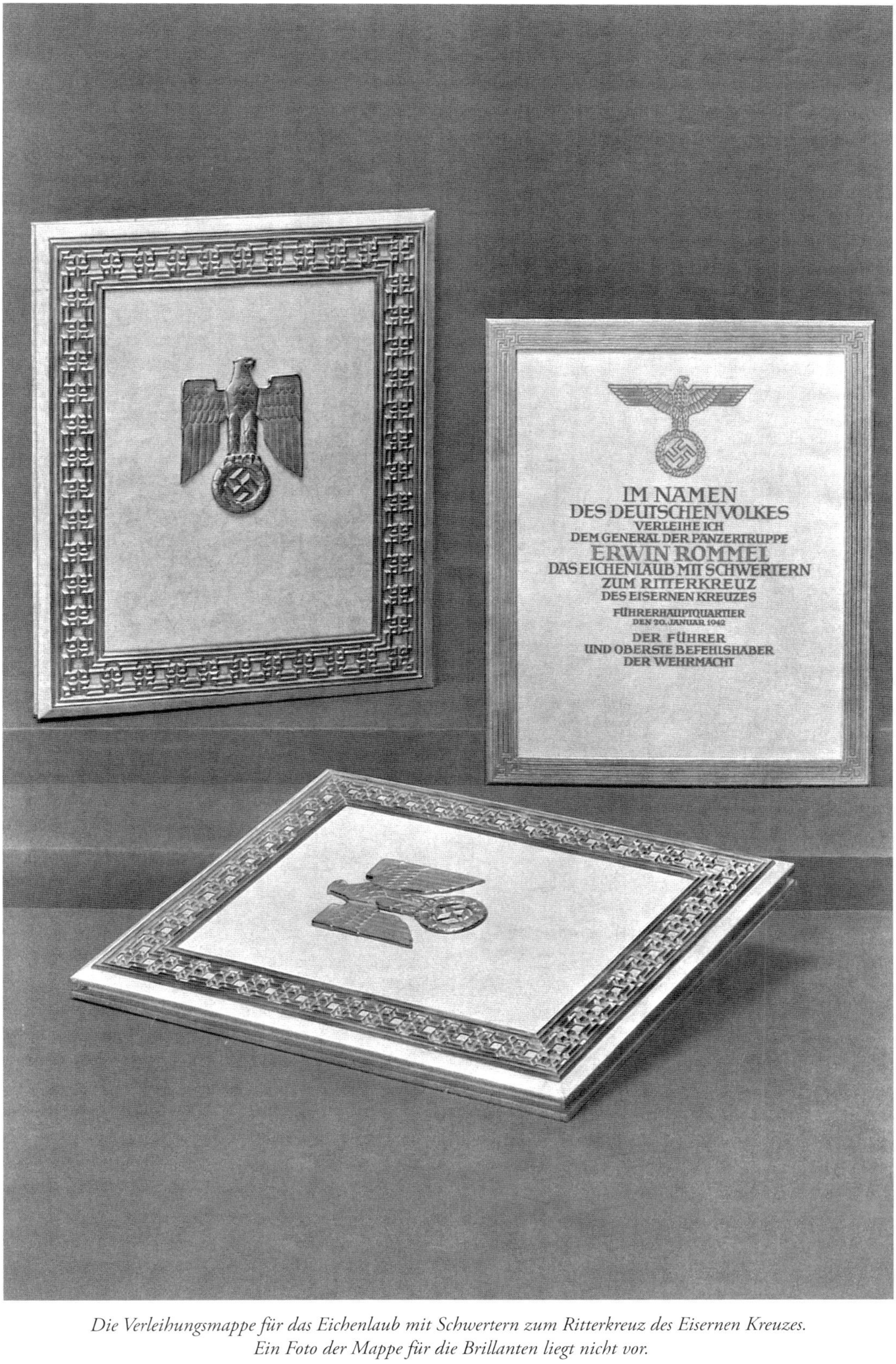

Die Verleihungsmappe für das Eichenlaub mit Schwertern zum Ritterkreuz des Eisernen Kreuzes. Ein Foto der Mappe für die Brillanten liegt nicht vor.

Die Verleihungsmappe für die Verleihungsurkunde für das Großkreuz des Ritterkreuzes an Hermann Göring, war besonders prächtig gestaltet und mit Edelsteinen besetzt.

30 Luftsiegen, die er hauptsächlich durch Abschüsse einmotoriger Jagdflugzeuge erzielt hatte, zwar ein Fliegerass war, jedoch keine vierzig Punkte erreicht und folglich auch nicht zur Verleihung des Ritterkreuzes vorgeschlagen wurde.

Es sei jedoch noch einmal betont, dass dieses Punktesystem für die Verleihung von höheren Orden nur an der Westfront und in der Reichsverteidigung zur Anwendung kam, denn im Reichsluftfahrtministerium vertrat man die Auffassung, dass es wesentlich leichter sei, sowjetische Jäger und Bomber an der Ostfront vom Himmel zu holen, als dies im Kampf gegen Mustangs, Thunderbolts, Spitfires und den mit schweren Abwehrwaffen ausgestatteten zwei- und viermotorigen Bombern im Westen der Fall war. So wurden die westalliierten Bomberströme, mit ihren unzähligen Begleitjägern als wesentlich härtere Gegner empfunden, als die Flugzeugscharen der sowjetischen Luftarmeen. Die Einführung des Punktesystems im Westen ab 1943 änderte jedoch nichts an der Tatsache, dass es ohne beglaubigte Zeugenaussage auch auf dem westlichen Kriegsschauplatz keine Wertung gab.

Durch die hohen Abschusserfolge der deutschen und österreichischen Jäger auf dem östlichen Kriegsschauplatz, wurden die Voraussetzungen für die Einreichung zum Ritterkreuz ständig nach oben gesetzt. Bekam ein Jagdpilot 1941 noch das Ritterkreuz für 20 bis 30 Luftsiege, musste er Ende 1942 schon mindestens 50 Luftsiege erzielen, um die begehrte Auszeichnung zu erhalten. Brauchte man 1943 zirka 75 Luftsiege für die Verleihung des Ritterkreuzes, so waren 1944 bereits 100 Abschüsse nötig. Dabei gab es Ausnahmen wie z. B. Erich Hartmann, den bereits zuvor zitierten erfolgreichsten deutschen Jagdflieger, der sein Ritterkreuz erst mit 148 anerkannten Luftsiegen erhielt. Nicht anders verhielt es sich auch bei der Verleihung der höheren Stufen des Ritterkreuzes, deren Antragsvoraussetzungen ebenfalls zum Ende des Krieges hin deutlich anstiegen.

Für die hohen Abschusserfolge der deutschen und österreichischen Jägerflieger im Gegensatz zu den Piloten der Alliierten, waren sicherlich verschiedene Faktoren ausschlaggebend. Während die Engländer und Amerikaner sicherlich zu jedem Zeitpunkt des Krieges über Jagdflugzeuge verfügten, die den Jägern des Deutschen Reiches ebenbürtig waren, hatten die russischen Piloten zu Beginn des Feldzuges gegen die Sowjetunion Flugzeuge, die den deutschen Jagdflugzeugen materiell unterlegen waren. Dieser Unterschied wurde jedoch sehr schnell ausgeglichen. Was den Piloten des Deutschen Reiches jedoch als Vorteil blieb, war ihre psychische Überlegenheit und ihre solide Ausbildung – vor allem in den ersten Kriegsjahren – die im Regelfall mit einer Ausbildung im Segelflug begann und sich über das Erlernen des Fliegens mit motorisierten Maschinen fortsetzte. Nach bestandener Ausbildung zu einem Frontverband versetzt, wurde normalerweise ein frisch ausgebildeter Pilot als „Katschmarek“ einem erfahrenen Piloten zugeordnet und hatte die Aufgabe, den Rückraum des angreifenden, erfahrenen Piloten zu decken. So wurde er Stück für Stück an die Aufgabe eines Jagdfliegers herangeführt und konnte von seinem ihm zugeordneten erfahrenen Jäger sehr viel lernen. Nach ersten eigenen Erfahrungen und Erfolgen im Luftkampf, wurde er dann Stück für Stück von der Leine gelassen und durfte selbst angreifen. Gerade in der freien Jagd konnte ein Pilot so seinen ganz eigenen persönlichen Jagdstil entwickeln, der ihn von jedem anderen Piloten unterschied. Diese Individualität zeichnete zu jedem Zeitpunkt des Krieges die deutschen und österreichischen Jagdflieger aus und befähigte sie dazu, diese übermenschlichen Leistungen zu erbringen.

Dass so viele deutsche Flugzeugführer – ganz im Gegensatz zu den Piloten der Westalliierten oder den sowjetischen Fliegern – derart hohe Abschüsse erzielen konnten, liegt auch noch in Faktoren begründet, die oftmals verkannt, beziehungsweise nicht ausreichend beachtet werden. So führte z.B. die im Laufe des Krieges immer stärker werdende materielle Übermacht der alliierten Gegner dazu, dass ein deutscher Jäger, der zum Einsatz startete, fast sicher davon ausgehen konnte, in einen Luftkampf verwickelt zu werden. Das Gegenteil war bei den alliierten Jagdpiloten der Fall, denn die im Laufe des Krieges und in der zweiten Hälfte des Jahres 1944 durch die Bombardierung der Treibstoffindustrie zunehmende Benzinknappheit, führte dazu, dass manche deutschen Jägereinheiten nur noch an bestimmten Tagen eines Monats zum Feindflug starten konnten. Am Ende des Krieges stand bei den meisten Jagdverbänden so gut wie kein Benzin mehr zur Verfügung, sodass bei Verlegungsbefehlen wegen der näher rückenden Front in Ost und West viele Jagdmaschinen wegen Spritmangels gesprengt werden mussten.

Ein weiterer Grund liegt in der Tatsache begründet, dass die Jagdflieger des Deutschen Reiches während des ganzen Krieges im Einsatz standen. Während die westalliierten und sowjetischen Fliegerverbände über ein riesiges Potenzial an Nachwuchspiloten verfügten, sodass Piloten bei Verwundung, nach Fallschirmabsprüngen oder „Abgeflogensein" aus der Front herausgezogen werden konnten, war dies auf Seite der deutschen und österreichischen Piloten einfach nicht möglich. Auch wenn deutsche Piloten mehrfach verwundet worden waren – sie kamen immer wieder an die Front zurück, weil einfach nicht genug Nachwuchspiloten für die Verbände zur Verfügung standen. Auch waren die sogenannten „Experten" oder „Jäger-Asse" nicht zu ersetzen, da durch den unheimlichen Bedarf an jungen Piloten, die Ausbildungszeit erheblich verkürzt worden war, was zur Folge hatte, dass viele junge Piloten der späten Kriegsjahre durch den Mangel an Ausbildung ihre ersten Feindflüge oft nicht überlebten. Für die Jäger-Asse des Deutschen Reiches war es egal, ob sie zehn- oder fünfzehn Mal mit dem Fallschirm abspringen oder ihre Maschinen mit einer Bauchlandung auf den Boden aufsetzen mussten – letzteres oft viele Kilometer hinter den feindlichen Linien, wobei sie oft erst in tagelangen Märschen wieder die eigene Front erreichten. Sie starteten nach wenigen Tagen der Erholung zu ihren nächsten Feindflügen und griffen wieder an. Wenn bei einem Jagdflieger aus den Reihen der „Experten" der Tod zuschlug, hinterließ er eine große Lücke in seinem Verband, die nicht mehr geschlossen werden konnte.

Bei den meisten deutschen und österreichischen Jäger-Assen, waren Feindflugzahlen zwischen fünfhundert und tausend keine Seltenheit. Dabei flogen Sie neben ihren Jagdeinsätzen auch als Jagdschutz für Bomber- und Zerstörerstaffeln oder bekämpften Erd- und Schiffsziele, um ihre Kameraden am Boden und auf dem Wasser zu entlasten. Dass die deutschen Piloten

Das Grab von Major Joachim Müncheberg in Tunesien. Das Grab von Joachim Müncheberg hat in dieser Form nur sehr kurz bestanden. Nach dem Ende des Krieges wurden von englischer Seite und später dann durch den Volksbund viele Gräber umgebettet.

immer wieder starteten, dass sie, nach manch dramatischen Rettungsaktionen und oft um Haaresbreite dem Tode entronnen, dennoch wieder in ihre Maschinen kletterten und sich in die Lüfte erhoben, macht ihren besonderen Wert aus.

Und auch die drohende Gewissheit, letztlich zu unterliegen und einer ungewissen Zukunft entgegenzugehen, hielt sie nicht davon ab, ihre Pflicht bis zum letzten Tag, bis zur letzten Stunde zu erfüllen, egal ob als Geschwaderkommodore, Gruppenkommandeure, Staffelkapitäne oder einfache Piloten. Bei ihren Kameraden zu bleiben und mit ihnen das schwere Schicksal der Kriegsgefangenschaft zu teilen, war für sie eine Selbstverständlichkeit.

Um ihre Jugend betrogen, getäuscht und missbraucht wurden die Ideale und das Leben vieler dieser jungen Jagdflieger einem verbrecherischen und rücksichtslosen politischen System geopfert.

Ehre ihrem Andenken

Erich Hartmann

Erich Hartmann

Erich Hartmann wurde am 19. April 1922 in Weissach in Württemberg geboren. Als kleiner Junge ging er 1924 mit seinen Eltern nach China, wo der Vater sich als praktischer Arzt in Changsha niederließ. Wegen der andauernden Unruhen kehrte die Familie 1928 zurück, und der Vater eröffnete seine neue Praxis in Weil im Schönbuch. Hier ging auch der junge Erich von 1928 bis 1932 zur Volksschule, anschließend folgten die Oberschulen in Böblingen, Rottweil und Korntal. Bereits in seinen ersten Kinderjahren wurde das Interesse Hartmanns an der Fliegerei geweckt: Seine Mutter Elisabeth Hartmann hatte 1929 den Pilotenschein erworben und ab dem folgenden Jahr war die Familie stolzer Mitbesitzer einer Zweisitzer-Maschine vom Typ „Klemm", die aber 1932 infolge der Auswirkungen der Weltwirtschaftskrise verkauft werden musste.

Im Jahr 1936 gründete Elisabeth Hartmann in Weil im Schönbuch eine Segelflieger-Gruppe. Hier begann die fliegerische Laufbahn Hartmanns, der nacheinander alle Flugscheine errang und bereits in jungen Jahren Segelfluglehrer in der Flieger-HJ wurde.

Dazu äußerte Hartmann gegenüber dem Autor: „Segelfliegen war ein wunderschöner Sport, man wurde im wahrsten Sinne des Wortes ein Vogelmensch."

Am 10. Oktober 1940, ein halbes Jahr nachdem er die Reifeprüfung (Abitur) abgelegt hatte, trat er in das Flieger-Ausbildungsregiment 10 in Neukuhren in Ostpreußen ein. Er durchlief der Reihe nach die obligatorischen Ausbildungskurse und absolvierte am 5. März 1941 auf der Luftkriegsschule 2 zu Berlin-Gatow den ersten militärischen Ausbildungsflug. Mit dem ersten Alleinflug am 14. Oktober desselben Jahres war seine fliegerische Ausbildung abgeschlossen. Anschließend wurde er zur Jagdflieger-Vorschule II nach Lachen-Speyerdorf kommandiert, um schließlich im Februar 1942 auf die Jagdfliegerschule II in Zerbst zu kommen, wo er am 31. März 1942 zum Leutnant befördert wurde. Hier flog er das erste Mal die Messerschmitt Bf 109. Mit seiner Versetzung zur Ergänzungsgruppe Ost nach Gleiwitz in Oberschlesien war er bald so weit, zum Einsatz zu fliegen. Auf dem Verlegungsflug nach Maikop im Südabschnitt der Ostfront, wo er am 8. Oktober 1942 eintraf und sich zum Jagdgeschwader 52 versetzt meldete, machte er die Bekanntschaft mit Major Dietrich Hrabak, der bereits das Ritterkreuz trug und lernte die mächtige Gestalt Walter Krupinskis kennen. Der 7. Staffel der III. Gruppe des Jagdgeschwaders 52 zugeteilt, flog er als Rottenflieger bei Feldwebel „Paule" Rossmann, seit dem 19. März 1942 Ritterkreuzträger und Inhaber des Abschussrekords von damals 80 Gegnern. Hartmann startete am 14. Oktober zum ersten Einsatz. Seine Maschine war die moderne Bf 109 G-14. Er kam zu keinem Erfolg, aber musste mit stehender Luftschraube landen, weil der Sprit alle war. Das kostete ihn drei Tage Bodendienst.

Am 5. November 1942 erzielte er im Kampf gegen einen russischen Il-2-Schlachtflieger – kurz „Schlächter" genannt – seinen ersten Luftsieg, wurde aber selbst von dem Abwehrfeuer getroffen und musste eine Bauchlandung absolvieren. Danach musste er wegen einer Erkrankung für vier volle Wochen ins Lazarett nach Pjatigorsk. So konnte er seinen zweiten Luftsieg erst am 27. Januar 1943 erzielen. Nunmehr war er Rottenflieger bei Oberleutnant Krupinski, der bereits 70 Abschüsse nachweisen konnte und im März 1943 die 7. Staffel als Kapitän übernahm. Walter Krupinskis erster Eindruck von Hartmann: „So ein junges Gesicht." Er nannte den jungen Hartmann „Bubi", womit dieser seinen Spitznamen für alle Zeit erhielt – bis zu seinem Tode wurde er von seinen Freunden „Bubi" genannt.

Nacheinander konnte Hartmann mehrere Feindjäger abschießen und wurde nach dem 5. Abschuss mit dem EK II ausgezeichnet. Am 30. April 1943 erhielt er nach fünf weiteren Abschüssen das EK I und bis zum 23. Mai kamen sechs weitere Luftsiege hinzu, aber zwei Tage später wurde er erneut abgeschossen und zu einer Bauchlandung gezwungen. Seit Mai 1943 war er Staffelführer der 7. Staffel seines Jagdgeschwaders. Am 5. Juli, zu Beginn des Unternehmens „Zitadelle", schoss der junge Leutnant an den vier Einsätzen dieses Tages zwei La-5 und zwei Il-2 ab. Zwei Tage darauf holte er erneut drei Il-2 und vier LaGG-Jäger vom Himmel. Bis zum 1. August 1943 hatte sich sein Konto auf 42 bestätigte Abschüsse erhöht, den 50. und 51. Luftsieg erzielte er am 3. August im Luftraum über Charkow.

Sein neuer Gruppenkommandeur, Hauptmann Günther Rall, bereits Träger des Eichenlaubs, übergab Leutnant Hartmann am 2. September 1943 nach dem Tode von Leutnant Korts die 9. Staffel seiner III. Gruppe/Jagdgeschwader 52.

Von nun an ging es bei fünf bis sechs Starts am Tage rasant aufwärts. Bereits am 5. August errang „Bubi" seinen 60. bis 62. Luftsieg. Am 17. August waren es derer 79 bis 83, am 20. August gelang der 90. Abschuss und schon am 30. September 1943 hatte er seine Erfolgsbilanz auf 115 Luftsiege heraufgeschraubt und erhielt für seine besonderen Leistungen im Luftkrieg, am 13. September 1943, den Ehrenpokal des Oberbefehlshabers der Luftwaffe. Am 17. Oktober 1943 wurde er mit dem Deutschen Kreuz in Gold ausgezeichnet. Nur wenige Tage später, am 29. Oktober 1943, bekam Hartmann nach 148 Luftsiegen das Ritterkreuz des Eisernen Kreuzes verliehen. Bis zum Jahresende 1943 konnte er seine Zahl der Abschüsse auf 159 erhöhen.

Inzwischen kannten ihn die Landser der Südfront als „Teufel des Südens". Die Sowjet-Luftwaffe hatte dem Sieger im Kampf gegen Hartmann eine Prämie von 10.000 Rubel versprochen. Aber keiner der sowjetischen Jäger wollte es mit diesem Flieger aufnehmen, denn von einem Treffen mit dem „schwarzen Teufel" gab es keine Rückkehr mehr.

Das Kriegstagebuch der 9. Staffel vermerkte über den Zeitraum vom 10. Januar bis 22. Februar 1944: „Erfolgreichster Flugzeugführer des Geschwaders war Leutnant Hartmann." Einmal schoss er an einem Tage fünf, an einem anderen sechs Gegner im Luftkampf vom Himmel. Den Höhepunkt seiner Einsätze erlebte er am 26. Februar 1944. An diesem Tag wurde Hartmann mehrmals in heftige Luftkämpfe verwickelt. In wilden und turbulenten Kurbeleien schoss er zehn P-39 „Airacobras" ab – und konnte damit die Luftsiege 193 bis 202 erzielen, wofür er, am 2. März 1944, als 420. Soldat der deutschen Wehrmacht, mit dem Eichenlaub zum Ritterkreuz ausgezeichnet wurde. Unter den zwölf zur Ordensverleihung anstehenden Anwärtern auf das Eichenlaub, die vor Hitler traten, befand sich auch Hartmann. Er stand unmittelbar vor seinem 22. Geburtstag und konnte jetzt einen wohlverdienten, längeren Urlaub antreten, zudem trug er seit dem 18. März 1944 einen Stern des Oberleutnants. Als Hartmann zu seiner Einheit zurückkehrte, lag diese bereits in Roman in Rumänien, um die angloamerikanischen Bombenangriffe auf das rumänische Erdölgebiet bei Ploesti (heute Ploieşti) zu bekämpfen. Aber kaum war er in Roman eingetroffen, als die III. Gruppe und mit ihr natürlich die 9. Staffel den Befehl zu sofortiger Verlegung auf die Krim erhielt. Von Chersones bei Sewastopol aus startete die 9. Staffel des Jagdgeschwaders 52 zu ihren schweren Abwehrkämpfen gegen die Rote Luftwaffe. Zwanzig weitere Feindflieger wurden von Hartmann vom 23. April bis zum 8. Mai 1944 über der Krim vom Himmel heruntergeschossen. Auch sein früherer Rottenflieger Hans-Joachim Birkener konnte zwischen dem 10. April und 10. Mai 1944, hauptsächlich im Luftraum über Sewastopol, 21 Luftsiege erzielen.

Als seine Staffel am 8. Mai von Chersones abermals nach Roman in Rumänien verlegte, hatte Hartmann zwei Mechaniker im Rumpf seiner Bf 109 untergebracht. Bis zu diesem Zeitpunkt hatte er 223 Luftsiege errungen.

Bis zum 4. Juni 1944 hatte er bereits 250 Gegner abgeschossen. Am 1. Juli erzielte er seinen 269. Luftsieg, darunter auch amerikanische Mustang-Jäger über Rumänien. Zwei Tage später erhielt er die Nachricht aus dem Oberkommando der Luftwaffe und dem Führerhauptquartier, dass er am Vortage, am 2. Juli, als 75. deutscher Soldat der deutschen Wehrmacht das Eichenlaub mit Schwertern zum Ritterkreuz erhalten habe.

Am 3. August 1944 stand „Bubi“ Hartmann Hitler ein zweites Mal gegenüber. Bis zum 22. August waren 34 weitere Feindflugzeuge seinen Kanonensalven zum Opfer gefallen, davon alleine am 22. August fünf Luftsiege über Airacobras, und am 23. August acht Luftsiege über LaGG-3-Jäger. Am folgenden Tag startete er zweimal und kehrte mehrfach wackelnd zum Horst zurück. Bei der ersten Landung waren es sechs, nach der zweiten fünf Gegner, die er besiegt hatte, damit hatte er seinen 292. bis 302. Gegner abgeschossen und tags darauf schoss er eine weitere LaGG ab und erhöhte seine Erfolgsbilanz auf 303 Luftsiege.

Am 25. August erhielt er die Nachricht, dass der Führer ihn als 18. deutschen Soldaten mit dem Eichenlaub mit Schwertern und Brillanten zum Ritterkreuz ausgezeichnet hatte. Ein drittes Mal stand er vor Hitler, der ihn zu einem Gespräch eingeladen hatte, bei dem Hartmann aus sich herausging: Er erklärte, dass die Jagdfliegerausbildung mit 60 allgemeinen Flugstunden, davon nur 20 auf der Me 109, nur Todeskandidaten produziere und dass die Jagdflieger nicht genügend ausgebildet würden.

Am 1. September 1944 wurde er zum Hauptmann befördert und erhielt am nächsten Tage Heiratsurlaub. In Bad Wiessee heiratete er seine Jugendliebe Ursula, genannt Uschi. Seine beiden Trauzeugen waren die Hauptleute Gerhard Barkhorn und Wilhelm Batz.

Da man Hartmann Startverbot gegeben hatte, versetzte ihn Adolf Galland zum Erprobungskommando des Düsenjägers Me 262, wo ihn der General der Jagdflieger auch unbedingt haben wollte. Aber Hartmann war bei diesem Verband nicht glücklich und erreichte

Anfang Oktober die Aufhebung des Feindflugverbotes. Mitte Oktober, eben zum Verband nach Ungarn zurückgekehrt, wurde Hauptmann Hartmann Kapitän der 4. Staffel des Jagdgeschwaders 52 und führte dann vertretungsweise auch die II. Gruppe. Bis zum Jahresende 1944 hatte er seinen Rekord auf 331 Abschüsse heraufgeschraubt.

Als es in Ungarn brannte, übernahm er vom 1. Januar bis 14. Februar 1945 die I. Gruppe des Jagdgeschwaders 53 „Pik-Ass", die er am 15. Februar Hauptmann Helmut Lipfert, einem weiteren Fliegerass des Jagdgeschwaders 52, übergab und als Kommandeur der I. Gruppe zu seinem „alten" Jagdgeschwader 52 zurückkehrte. Im März 1945 wurde Hartmann für kurze Zeit nach Lechfeld kommandiert, um an einem Schulungskurs des Düsenjägers Me 262 teilzunehmen. Anschließend kehrte er umgehend zu seiner Einheit an die Front zurück. Bis zum 25. April 1945 schoss er 351 Gegner ab und am 8. Mai 1945, dem letzten Kriegstag, fiel über Brünn der 352. Gegner, eine Jak-9, vom Himmel.

Hauptmann Hartmann geriet bei Pisek in der Tschechoslowakei in amerikanische Gefangenschaft und wurde mit dem ganzen Jagdgeschwader 52, außer der II. Gruppe, am 24. Mai von den Amerikanern an die Russen ausgeliefert und kam in sowjetische Gefangenschaft. Hartmann hätte, ebenso wie sein Geschwaderkommodore Brillantenträger Hermann Graf, mit seiner eigenen Maschine ausfliegen können, wozu er einen Marschbefehl erhielt. Graf und er lehnten ab, wobei Hartmann diesen Großmut mit einer zehnjährigen sowjetischen Gefangenschaft bezahlte.

Seine Stationen in der Gefangenschaft waren das Moorlager Kirow, danach die Kriegsgefangenenlager Grjasowez, Tscherepowez und Iwanowka. In letzterem Lager erhielt er seine erste Verurteilung zur lebenslänglichen Zwangsarbeit. Anschließend kam er ins GPU-Gefängnis nach Iwanowo, wo er die Aufforderung, als Sowjetspitzel zu dienen und dafür bald entlassen zu werden, ablehnte. Daraufhin brachten ihn die Sowjets ins KZ-Lager Schachty, wo Hartmann wiederum vor ein Pseudo-Gericht gestellt und erneut zu lebenslanger Zwangsarbeit verurteilt wurde.

Man brachte ihn ins GPU-Gefängnis nach Nowotscherkassk, wo er zeitweise schwer misshandelt wurde, vor allem die seelischen Qualen machten ihm sehr zu schaffen. Ab Mai 1952 kam er über die KZ-Lager Asbest und Degtjarka in das GPU-Gefängnis nach Swerdlowsk. Hier erfuhr Hartmann von Adenauers Besuch in Moskau. Anfang Oktober verlegte man ihn erneut ins GPU-Gefängnis nach Nowotscherkassk. Hier wurde ihm die Freilassung aus der Gefangenschaft, für den 15. Oktober 1955, mitgeteilt. Fast zehneinhalb Jahre hatte Erich Hartmann darauf gewartet.

Als er Ende des Jahres 1955 – nur noch 100 Pfund wiegend – heimkam, holte er mit seiner Frau Ursula noch die kirchliche Trauung nach.

Sein ehemaliger Kommandeur Dieter Hrabak, nunmehr General der Bundeswehr, bat ihn, in die Bundesluftwaffe einzutreten. Er wurde am 1. Dezember 1956 als Major eingestellt. Natürlich musste er eine erneute fliegerische Ausbildung absolvieren, die er in Landsberg bis Frühjahr 1957 auf der T-6, dann bis Sommer 1957 in Fürstenfeldbruck auf der T-33 mit

Bravour absolvierte. Anschließend ging es zum Schießtraining in die USA auf die Luke Air Force Base. Von Januar 1958 bis Januar 1959 war er Einsatzoffizier für taktische Auswertung an der (WaSdLw) Waffenschule 10 der Luftwaffe in Oldenburg. Schließlich wurde er im Januar 1959 als Oberstleutnant Kommodore des Jagdgeschwaders 71 „Richthofen", das in Ahlhorn/Oldenburg stationiert war. Immer wieder versuchte er seine Vorgesetzten von Verbesserungen im taktischen und strategischen Bereich, aber auch im Bereich der verschiedenen Ausbildungsmöglichkeiten, zu überzeugen. Vor allem lehnte er den „Starfighter", auch als „Witwenmacher" bezeichnet, kategorisch ab. Trotz der sich vor ihm auftürmenden Mauer an Widerständen versuchte er, das Jagdgeschwader 71 nach seinen Vorstellungen aufzubauen.

Zu den Flugeigenschaften der F 104 befragt, die er in den USA kennenlernte und flog, erklärte er seinem Vorgesetzten General Kammhuber, Inspekteur der Luftwaffe, dass die Beschaffung dieser Maschine aufgeschoben werden müsse, um größere Verluste zu verhindern. Sein Kernsatz dazu: „Herr General, wir dürfen keine Flugzeuge kaufen, die wir nicht beherrschen können."

Die oberste deutsche Luftwaffenführung entschied anders. Die Folge davon war, dass über 100 F-104 „Starfighter" abstürzten und über 80 deutsche Piloten dabei ums Leben kamen.

„Wenn wir den Starfighter fliegen, brauchen wir keinen Krieg, um unsere Piloten umzubringen." So lauteten die Kommentare der alten Flieger, und Erich Hartmann war derselben Meinung.

Gegen Hartmann, der die Wahrheit aussprach, erhob sich bald eine groß angelegte Kampagne von Intrigen und Diffamierungen. Er wurde von seinem Kommando als Kommodore des JG 71 abgelöst und in die Ecke gestellt. So beförderte man ihn zum Oberst und verschaffte ihm den Posten eines Inspizienten der Jagdflieger im Luftwaffenamt in Köln-Porz, den er von 1963 bis 1970 ausführte.

Der erfolgreichste Flieger der Welt, ein Ritter ohne Furcht und Tadel, der selbst Hitler gegenüber nicht mit seiner Meinung und Überzeugung zurückhielt, quittierte 1970 „auf eigenen Wunsch" und schied am 30. September 1970 aus dem aktiven Dienst aus.

Zu seiner Rehabilitierung war er gezwungen, vier Prozesse zu führen, die er alle vier gewann. Dennoch blieb ihm eine Rehabilitierung versagt.

Die alten Jagdflieger prägten einen Slogan, der hier gut passt:

„Der Dank des Vaterlandes ist ein hinkender Esel, der die verdienten Soldaten niemals erreicht."

Einer der beiden Autoren des berühmten Buches über „Bubi" Hartmann hat dieses Schicksal auf einen einzigen, für alle anderen Katastrophen geltenden, gleichen Nenner gebracht, als er schrieb: „Kleine Leute, mit großen Aufgaben betraut, von denen sie nichts verstanden, haben versucht, der Karriere dieses tadellosen weltweit anerkannten Fliegers zu schaden. Sie schafften dies auch." Erich Hartmann besaß alle Anlagen und Kenntnisse, die einen Vorgesetzten und guten Mitmenschen ausmachten. Hinzu kamen seine Integrität und Wahrheitsliebe. Doch das sind Werte, die im Wertesystem der Bundesrepublik Deutschland immer weniger wichtig werden. Nach dem Ende seiner Dienstzeit bei der Bundeswehr wurde er Fluglehrer und bildete private Flugschüler aus.

Am 20. September 1993 wurde Erich Hartmann zur großen Armee abberufen. Viele seiner ehemaligen Kameraden trugen ihn zu Grabe. Unter ihnen die Generale Rall, Krupinski und Obleser. Auch die Bundeswehr ließ es sich nicht nehmen, mit Vertretern der beiden Jagdgeschwader 73 und 71 diesem einmaligen Flieger das letzte Geleit zu geben und wenigstens zu demonstrieren, dass sie die Entscheidung der obersten Bundeswehr-Spitze gegen Hartmann nicht mittrugen.

Auf seinen 825 Feindflügen konnte er insgesamt 352 Luftsiege erzielen, davon vier Luftsiege gegen westalliierte Gegner.

Erich Hartmann

Geboren am 19. April 1922 in Weissach (Amtsbezirk Vaihingen/Enz)
Verstorben am 20. September 1993 in Weil im Schönbuch
Letzter Dienstgrad: Hauptmann (Wehrmacht)/Oberst (Bundeswehr)
Ritterkreuz am 29. Oktober 1943 als Leutnant nach 148 Luftsiegen
420. Eichenlaub zum Ritterkreuz am 2. März 1944 als Leutnant nach 202 Luftsiegen
75. Eichenlaub mit Schwertern zum Ritterkreuz am 2. Juli 1944 als Oberleutnant nach 269 Luftsiegen
18. Eichenlaub mit Schwertern und Brillanten zum Ritterkreuz am 25. August 1944 als Oberleutnant nach 303 Luftsiegen
Deutsches Kreuz in Gold am 17. Oktober 1943
Gesamtzahl der Luftsiege: 352 anerkannte Abschüsse
Letzte Dienststellung: Kommandeur der I. Gruppe des Jagdgeschwaders 52

Gerhard Barkhorn

Gerhard Barkhorn war ein beliebter und hervorragender Offizier und zeigte seine menschliche Qualität im Umgang mit Untergebenen, denen er schnell zum Vorbild wurde.

Als sich der junge Heinz Ewald, der in der 6. Staffel des Jagdgeschwaders 52 flog, die von Kapitän Helmut Lipfert geführt wurde, bei Hauptmann Barkhorn melden musste, ging ihm der Allerwerteste auf Grundeis. Ausgefressen hatte er immer etwas, nur wusste er nicht, was es heute war.

Er trat vor den Kommandeur der II. Gruppe/Jagdgeschwader 52 und dieser eröffnete ihm, dass sein Katschmarek bei einem „Alleingang" gefallen sei und dass ab sofort er, Ewald, sein neuer Rottenflieger sei und damit zum Stab der Gruppe versetzt werden würde.

Barkhorn trat dicht an Ewald heran, der seine ersten Luftsiege bereits erfochten hatte, stieß ihm den Zeigefinger gegen die Brust und fragte dann:

„Können Sie fliegen?" – „Jawohl, Herr Hauptmann!"

„Können Sie schießen?" – „Jawohl, Herr Hauptmann!"

„Können Sie im Luftkampf dranbleiben?" – „Jawohl, Herr Hauptmann!"

„Können Sie sterben?" – „Jawohl, Herr Hauptmann!"

Nach diesem kurzen prägnanten Dialog erhielt Ewald sofort eine Me 109 mit dem Stabskennzeichen, dem „Winkel/Strich". Als Katschmarek von Hauptmann Barkhorn flog Leutnant Ewald in 138 Einsätzen dicht hinter dem Kommandeur, der von Juni 1943 bis Januar 1945 diese erfolgreiche Gruppe des Jagdgeschwaders 52 führte.

Doch wer war Gerhard Barkhorn?

Er wurde am 20. März 1919 in Königsberg in Ostpreußen geboren. Im November 1937 trat er, ein hochgewachsener dunkelhaariger junger Mann, als Fahnenjunker in die deutsche Luftwaffe ein und kam als Offiziersanwärter an die Luftkriegsschule 1 nach Dresden, wo er deren harte Friedensauslese mit Bravour durchlief. Im März 1938 begann er mit der Fliegerausbildung. Nach deren Abschluss brach der Krieg aus. Da Barkhorn unbedingt Jagdflieger werden wollte, ließ man ihn gewähren und noch im September 1939 wurde er zum Jagdflieger an der Jagdfliegerschule in Schleißheim ausgebildet. Im Oktober dieses Jahres flog er bereits die damals sagenumwobene Me 109, die ihre Probezeit im Spanienfeldzug bestanden hatte. Anschließend kam er für kurze Zeit zur Jagdergänzungsgruppe Merseburg, um dann im Januar zur 3. Staffel des Jagdgeschwaders 2 kommandiert zu werden, das den Namen des legendären Fliegerhelden des Ersten Weltkrieges, Manfred Freiherr von Richthofen, trug. Aber hier kam es außer zu einigen Aufklärungsflügen zu keinen Luftduellen und Luftsiegen – Barkhorn musste noch ein wenig länger, nur davon träumen.

Und seine Träume wurden noch lange nicht wahr, denn er wurde am 1. April 1940 ins Fliegerausbildungsregiment 10 nach Pardubitz versetzt, wo er bis zum 30. Juni 1940 als Leutnant und Kompanieoffizier tätig war. Ab dem 1. Juli zur 4. Staffel des Jagdgeschwaders 52

Gerhard Barkhhorn

kommandiert, wurde Barkhorn schließlich am 1. August 1940 zur 6. Staffel des Jagdgeschwaders 52 versetzt. Diesem Geschwader sollte er bis zum Januar 1945 angehören – eine so lange Zeit verbrachte kaum ein zweiter Jagdflieger bei ein und demselben Geschwader. Er flog in der Luftschlacht um England einige Male mit dem „Küken" Marseille zusammen, der ebenfalls der II. Gruppe, aber der 4. Staffel angehörte.

Bei seinen insgesamt 21 Einsätzen über England wurde er einmal über dem Kanal abgeschossen und musste stundenlang im Schlauchboot treibend auf seine Rettung warten.

Erst nach 120 Feindflügen, größtenteils als Rottenflieger, errang er an der Ostfront, wohin das Geschwader verlegt hatte, am 2. Juli 1941 seinen ersten Luftsieg über einen sowjetischen DB-3-Bomber.

Von nun an ging es mit Einzelabschüssen weiter. Im Verband des Geschwaders standen bereits einige Flieger, die von sich reden gemacht hatten und die eine Abschusszahl vorlegten, die Barkhorn nie zu erreichen glaubte. Trotzdem hatte er bis Ende 1941 zehn Luftsiege auf seinem Erfolgskonto und war am 1. November 1941 zum Oberleutnant befördert worden.

Vom 1. März 1942 bis zum 31. August 1943 war er Kapitän der 4. Staffel/Jagdgeschwader 52, die er zu immer neuen Aufgaben anspornte. Er selbst führte sie jedoch als Erster aus. Schließlich begann im Mai 1942 seine große Zeit anzubrechen. In diesem Monat erreichte er sieben Luftsiege, im Juni waren es schon 16 Abschüsse und im Juli 1942 erzielte er sogar 31 Luftsiege. Damit hatte er seine Erfolgsbilanz auf 64 Luftsiege hochgeschraubt.

Allerdings ging es auch mit seinen Mehrfachabschüssen aufwärts und am 19. Juli 1942 konnte er in zwei Starts sechs Gegner im Luftkampf überwinden und sie mit ihren Maschinen zu Boden schicken. Am darauffolgenden Tag erzielte er bei drei Einsätzen fünf Luftsiege. Er kämpfte weiter, nicht verbissen, eher methodisch und überlegt.

Aber auch ihn erwischte es: Am 25. Juli 1942 wurde er im Luftkampf so schwer verwundet, dass er für zweieinhalb Monate im Lazarett pausieren musste. Am 20. Juli 1942 hatte er bereits den Ehrenpokal des Oberbefehlshabers der Luftwaffe erhalten und wurde am 21. August 1942 mit dem Deutschen Kreuz in Gold ausgezeichnet. Nur zwei Tage später bekam er, als Oberleutnant, das Ritterkreuz verliehen.

Als er Anfang Oktober an die Ostfront zurückkehrte, konnte er gleich am 7. Oktober bei zwei Einsätzen vier russische Gegner abschießen. Über jene acht Einsätze an einem Tag, die von Behelfsplätzen in Russland gestartet wurden, wollte er nicht reden, aber andere sprachen für ihn: „Es war die Hölle, aber Barkhorn schlug selbst dem Teufel ein Schnippchen!"

Mit seiner Me 109, die er stets der Focke Wulf 190 vorzog, verstand er sich ausgezeichnet und nach seiner Ansicht war die Me 109 G-14 das beste deutsche Jagdflugzeug, das je gebaut wurde. Auch die Me 262 konnte ihm – trotz ihrer immensen Geschwindigkeit – nicht imponieren, denn „sie war nicht wendig genug und im Kurvenkampf konnte jeder andere Jäger in ihre große Kurve einfliegen und schießen." Darüber hinaus war seine Expertenmeinung über die Me 109 G-14 durch folgende Kernsätze geprägt: „Sie kann höllisch steigen und kurven. Sie ist leichter als alle anderen Me 109-Typen und besonders gut mit der 20-mm-MG-151-Kanone ausgestattet. Ich spürte, dass ich alles mit ihr anfangen konnte." Das zeigte sich mehrfach im Jahre 1943, als er in schneller Aufholjagd zu seinen ihm an Abschüssen überlegenen Kameraden aufschloss. Einmal kämpfte er gegen einen Gegner, der eine LaGG-3 führte. 45 Minuten dauerte der Kampf. Jedes Kunstflugmanöver wurde von beiden Piloten geflogen und einige neue hinzuerfunden. Das Jahr 1943 war von Erfolg gekrönt. Wo Barkhorn mit seiner Staffel und seit dem 1. September mit der von ihm übernommenen II. Gruppe des Geschwaders erschien, dort flogen die Fetzen.

Nach seinem 105. Luftsieg (den 100. Luftsieg erzielte er am 19. Dezember 1942) wurde ihm am 11. Januar 1943 als 175. Soldat der Wehrmacht das Eichenlaub zum Ritterkreuz verliehen und am 1. April 1943 wurde er zum Hauptmann befördert.

Am 30. November 1943 errang er als fünfter Jagdflieger überhaupt seinen 200. Luftsieg. Zum ersten Mal berichtete das Oberkommando der Wehrmacht im Wehrmachtsbericht des 2. Dezember 1943: „Hauptmann Barkhorn, Gruppenkommandeur in einem Jagdgeschwader, erzielte seinen 200. Luftsieg." Damit hatte er zur Spitzengruppe aufgeschlossen, ohne mit dem Erreichten zufrieden zu sein.

Schon am 23. Januar 1944 absolvierte er als erster deutscher Jagdflieger den 1.000. Feindflug, wobei er noch mit dem Abschuss einer Airacobra seinen 238. Luftsieg erzielte.

Bereits am 14. Februar 1944 verkündete der Wehrmachtsbericht, dass „der Gruppenkommandeur in einem Jagdgeschwader, Hauptmann Barkhorn, am 13. Februar seinen 250. Luftsieg errang."

Das war genau zehn Wochen nach der vorhergegangenen Meldung. Dazwischen lagen 50 weitere Abschüsse. Damit stand er damals an dritter Stelle in der Abschussliste der Asse.

Nach 251 Luftsiegen wurde Barkhorn am 2. März 1944 als dem 52. Soldaten der deutschen Wehrmacht das Eichenlaub mit Schwertern zum Ritterkreuz verliehen und am 1. April 1944 wurde er wegen Tapferkeit vor dem Feind vorzeitig zum Major befördert.

Inzwischen war er siebenmal selbst abgeschossen worden und musste einmal aussteigen und mit dem Fallschirm landen.

Ein achter Abschuss verlief ebenso glimpflich, dann aber passierte das, was jeder Flieger fürchtete. Es war im Mai 1944 und das JG 52 flog im Südabschnitt der Ostfront Begleitschutz für die Stukas unter dem Kommando von Hans-Ulrich Rudel, dem Panzerknacker aus der Luft. Der Stuka-Einsatz, es war der sechste Start an diesem Tage, verlief glatt, Rudel verlor keinen einzigen seiner Männer. Es war bereits 18.00 Uhr geworden und die Stukas waren kurz vor Überfliegen der eigenen Hauptkampflinie. Barkhorn, der zu dieser Zeit bereits 273 Abschussstriche auf seinem Leitwerk hatte, dachte, nach eigenen Worten, während der letzten Phase dieses turbulenten Tages daran, dass er möglicherweise noch seinen 275. Abschuss würde feiern können, als es geschah. Folgen wir seiner Darstellung über dieses Ereignis, das ihn um ein Haar für immer aus dem Rennen und aus dem Leben geworfen hätte: „Ich erhielt Meldung, dass russische Jäger in der Nähe seien, aber ich war müde und ein wenig fahrlässig. Ich blickte mich nicht um und das war mein Unglück, denn anstatt den 275. Abschuss in

Gerhard Barkhorn im Herbst 1942 auf dem Liegeplatz eines Stukageschwaders, wo zu diesem Zeitpunkt auch die 4. Staffel seines Jagdgeschwaders 52 lag.

den nächsten Tagen zu erreichen, sollte ich der Abgeschossene werden." Ein russischer Jäger hatte sich von hinten herangepirscht und mit einigen Salven überraschte er Barkhorn. Dessen Maschine wurde schwer getroffen. Sie stürzte ab und Barkhorn wurde nach der Bauchlandung schwer verwundet aus den Trümmern des Flugzeugwracks geborgen.

Nach vier Monaten Lazarettaufenthalt kehrte Gerhard Barkhorn zu seiner Gruppe nach Ungarn zurück. An der Spitze der Abschussliste stand nun bereits der junge Leutnant, dann Oberleutnant „Bubi" Hartmann. Er flog mit eiserner Energie weiter, es reihte sich Sieg an Sieg. Mit seinem 301. Luftsieg am 5. Januar 1945 stand er hinter Hartmann, als einer der beiden Flieger, die über 300 Abschüsse erzielt hatten.

Dass er einer der besten Piloten war, konnte an den erzielten Luftsiegen festgestellt werden. Dass er aber der absolut beste Gruppenkommandeur war, das sagte Johannes Steinhoff, der Barkhorn sehr gut kannte:

„Gerd ist meine erste Wahl von allen Jagdfliegern des Zweiten Weltkrieges. Er war der Beste unter den Besten und zugleich außergewöhnlich zuverlässig."

Am 16. Januar 1945 wurde er zur Westfront versetzt und übernahm dort das Jagdgeschwader 6 in der Reichsverteidigung. Eine weitere Würdigung wurde Barkhorn am 11. Februar 1945 zuteil, als er die Frontflugspange in Gold mit Anhänger „1.100" für über 1.100 Feindflüge verliehen bekam. Als aber „in letzter Stunde" General Galland seine Kampfgefährten rief, kam auch Barkhorn am 1. April zum Jagdverband 44. Er schulte auf die Me 262 um und flog zwei Einsätze mit diesem schnellen Vogel. Als er beim zweiten Einsatz einen Bomberverband angriff, fiel mitten im Kampf – zwei Bomber kokelten bereits – sein rechtes Düsentriebwerk aus. Er musste den Kampf abbrechen und flog gerade Richtung Platz, als er von einer Mustang angegriffen wurde. Mit nur einem Triebwerk war an kein Entkommen zu denken. Barkhorn stellte die Me 262 auf den Kopf und stürzte steil hinunter. Sein Ziel war eine kleine Lichtung im Wald. Beim Aufsetzen bäumte sich die Maschine auf und schleuderte über den Boden. Barkhorn wurde aus dem Sitz herausgerissen und das zurückgeschobene Kabinendach schlug ihm gegen den Hals. Für Barkhorn war nach diesem Absturz der Krieg zu Ende. Am 9. Mai geriet er in amerikanische Gefangenschaft, aus der er aufgrund seiner Verletzungen am 3. September 1945 entlassen wurde.

Er hatte während seiner 1104 Feindflüge, darunter über 500 Tieffliegerangriffe, 301 Gegner an der Ostfront abgeschossen, davon über 250 Jagdmaschinen. Er war damit nach Hartmann der erfolgreichste Jagdflieger der Welt.

Am 1. Januar 1956 trat Barkhorn in die Bundesluftwaffe ein, die soeben aus der Taufe gehoben wurde. Nach einer fliegerischen Auffrischung in England übernahm Barkhorn am 1. November 1956 als Staffelkapitän die 1. Staffel der Waffenschule der Luftwaffe 30 in Fürstenfeldbruck, deren Kommandeur er seit 1. Juli 1957 war. Vom 1. Oktober 1957 bis 31. Dezember 1962 führte er als Oberst und Kommodore das Jagdbombergeschwader 31 „Boelke“ in Noervenich. Anschließend kam er als Referent für fliegerische Ausbildung ins Bundesministerium der Verteidigung nach Bonn. Ab Juni 1963 befand sich Barkhorn in England, wo er als Jagdbomberführerstabsoffizier und Kommandoführer beim Luftwaffen-Erprobungskommando „P.1127“ in West Raynham für die Entwicklung von Senkrechtstartern mit tätig war. 1966 kehrte er zurück und wurde Kommandeur der Offiziersschule der Luftwaffe, führte aber weiterhin Kommandos in den USA zur Betreuung und Erprobung von P.1127/Kestrel. Zuerst zur Einweisung in den Stab kommandiert wurde Barkhorn am 1. April 1967 A3-Stabsoffizier der 4. ATAF (Allied Tactical Air Force) in Ramstein.

Am 10. September 1969 erhielt er seine vorzeitige Beförderung zum Brigadegeneral und war ab 1. Oktober 1969 als Chef des Stabes im Hauptquartier der AIRBALTAP (Air Baltic Approaches) in Karup in Dänemark für die Luftstreitkräfte Ostseezugänge zuständig.

Ab 1. Oktober 1973, wurde er zum Generalmajor befördert und zugleich Chef des Stabes im Hauptquartier der 4. ATAF in Ramstein. Sein letztes Kommando trat er am 1. Oktober 1974 als Chef des Stabes im Hauptquartier der 2. ATAF in Mönchengladbach an. Am 30. Juni 1975 verabschiedete sich Generalmajor Gerhard Barkhorn in den wohlverdienten Ruhestand.

Am 8. Januar 1983 starb Gerhard Barkhorn an den Folgen eines Verkehrsunfalls in der Nähe von Köln, der zwei Tag zuvor, durch ihn nicht verursacht, passiert war. Seine Frau Christl – ihr Name stand auf der linken Seite jeder seiner Me 109-Jagdmaschinen – verstarb noch am Unfallort. Am 14. Januar 1983 wurden Gerhard Barkhorn und seine Frau in Tegernsee beigesetzt, unter großer Anteilnahme der Bevölkerung, aber auch der ehemaligen

Kameraden vom Jagdgeschwader 52 und der Bundesluftwaffe, die einen Ehrenzug stellte. Generalleutnant Friedrich Obleser, Inspekteur der Luftwaffe, hielt am Grab eine ergreifende Trauerrede. General a. D. Johannes Steinhoff erinnerte an seine Freundschaft mit dem Ehepaar Barkhorn, bei deren Hochzeit er Trauzeuge war. Die Bundesluftwaffe brachte ihre kameradschaftliche Ehrerbietung auch zum Ausdruck, indem Oberst Overhoff, der damalige Kommodore des Jagdbombergeschwaders 31 „Boelke", das Ordenskissen von Gerhard Barkhorn trug. Erich Hartmann, der Barkhorn Zeit seines Lebens verehrte, hat ihm auch ein bleibendes Denkmal gesetzt, als er schrieb:

„Er war ein Mann und ein Führer im Kampf, für den seine Männer durchs Feuer gegangen wären. Jeder war stolz auf ihn und hätte sich für diesen Chef umbringen lassen."

Und auch jener unbekannte russische Pilot hatte Barkhorn viel zu verdanken, nämlich sein Leben. Eines Tages griffen Hartmann und Barkhorn einen russischen Jäger an, und Barkhorn schoss dessen Maschine aus kürzester Distanz in Brand. Als er den Russen abstürzen sah, flog Barkhorn zu ihm, setzte sich neben die abschmierende Maschine und bedeutete dem Russen durch Zurückschieben seines Kabinendaches auszusteigen. Der Russe folgte dem Rat seines Gegners und landete sicher mit dem Fallschirm. „Das war Gerhard Barkhorn: Ein Jägerführer, von dem jeder Jagdflieger träumt. Ein Führer und Kamerad, ein Freund und Vater für seine jüngsten Kameraden – der Beste, den ich jemals traf."

Damit Gerhard Barkhorn unvergessen bleiben möge, ist dieses Werk geschrieben. Aber nicht nur für ihn, sondern für alle, die hier genannt wurden und auch für jene, die ungenannt bleiben müssen, die aber ebenso ihr Leben in die Schanze schlugen, um Deutschland zu dienen. Als er starb, starb nicht nur ein Mitbegründer der Bundesluftwaffe, sondern ein Mensch, der ein großes Vorbild an Pflichtgefühl, Menschlichkeit und Kameradschaft war.

Gerhard Barkhorn

Geboren am 20. März 1919 in Königsberg
Verstorben am 8. Januar 1983 in Köln
Letzter Dienstgrad: Major (Wehrmacht)/Generalmajor (Bundeswehr)
Ritterkreuz am 23. August 1942 als Oberleutnant nach 64 Luftsiegen
175. Eichenlaub zum Ritterkreuz am 11. Januar 1943 als Oberleutnant nach 105 Luftsiegen
52. Eichenlaub mit Schwertern zum Ritterkreuz am 2. März 1944 als Hauptmann nach 251 Luftsiegen
Deutsches Kreuz in Gold am 21. August 1942
Gesamtzahl der Luftsiege: 301 anerkannte Abschüsse
Letzte Dienststellung: Flugzeugführer im Jagdverband 44 (Galland)

Günther Rall

Günther Rall

Mit seinen 275 Luftsiegen war Günther Rall eines der großen Asse der Jägerwaffe. Er wurde am 10. März 1918 in Gaggenau in Baden geboren, gehörte bereits als Knabe zum Christlichen Verein junger Männer und war als Pfadfinder – wie sich seine alten Schulfreunde zu erinnern wussten – einer der Besten. Nach Ablegung der Reifeprüfung trat er, eben achtzehn Jahre alt geworden, als Offiziersanwärter ins Heer ein. Am 4. Dezember 1936 kam er als Fahnenjunker nach Ludwigsburg zum Württembergischen Infanterieregiment 13, das der 25. Infanteriedivision eingegliedert war. An eine Fliegerkarriere dachte er zu dieser Zeit noch nicht. Er wollte Infanterieoffizier werden. Erst als er ein Jahr später auf der Heeresoffiziersschule zu Dresden einen Freund gewann, der Fliegeroffizier werden wollte und in Dresden die Luftkriegsschule besuchte, erwachte Ralls Interesse an dieser Sparte des Soldatenseins. So wurde ihm das Fliegen als aufregendes Abenteuer nahegebracht. Rall berichtete aus dieser Zeit:

„Ich war nur ein Stoppelhopser, ein Marschierer, also Infanterist, und als solcher hatte ich mich früh an den Dreck der Erde zu gewöhnen. Das Fliegen aber schien Zukunft zu haben. Es brachte einen gleichzeitig aus dem Dreck heraus. So sagte ich mir: ‚Fliegen wäre doch auch für mich das Richtige.' Ich bat um meine Versetzung zur Luftwaffe und erhielt diese auch."

Am 1. Juli 1938 kam Rall zur Flugzeugführerschule des Fliegerausbildungsregiments 13 nach Neubiberg. Er durchlief im Eiltempo bis zum Sommer 1939 alle Ausbildungsgänge und bestand seine Flugzeugführerprüfung mit Elan.

Daraus folgte Mitte Juli 1939 seine Versetzung zu Jagdfliegerschule nach Werneuchen, nördlich von Berlin. Diese Schule war Brutstätte für alle Fliegerasse der ersten Stunde. Hier wurde Günther Lützow, der in Spanien die ersten fünf Luftsiege errungen hatte, sein Ausbildungsleiter. Dass er auch diese Hürde leicht überspringen würde, war zu erwarten. Rall brachte die Eigenschaften mit, die einen angehenden Flieger auszeichnen mussten, wenn er erfolgreich werden wollte: ein gutes Auge, blitzschnelles Reaktionsvermögen und ein besonnenes, gewissermaßen gebremstes Draufgängertum.

Nach seiner Versetzung zur II. Gruppe des Jagdgeschwaders 52, wo er der 4. Staffel zugeteilt wurde, war er dort der jüngste Offizier des gesamten Geschwaders, das Patrouillenflüge entlang der deutsch-französischen Grenze durchführte. Nach einiger Zeit wurde er zur III. Gruppe des Geschwaders versetzt und kam als Flugzeugführer zur 8. Staffel.

Vom Liegeplatz in Mannheim aus wurde die III. Gruppe im Rahmen des Frankreichfeldzuges eingesetzt. Am 18. Mai 1940 erzielte er bei Metz seinen ersten Abschusserfolg, als es darum ging, einen deutschen Höhenaufklärer aufzunehmen und sicher zurückzugeleiten. Zwölf Curtiss P-36 standen ihnen plötzlich im Luftduell gegenüber. Rall schoss eine dieser US-Maschinen, die an Frankreich geliefert worden waren, nach kurzem Luftduell ab. Im Juli 1940, als es bereits zu Flügen über den Kanal ging, wurde vor allem Ralls III. Gruppe eingesetzt. „Jetzt hatten wir es täglich mit den schnellen Spitfires zu tun", meinte Rall. „Besonders negativ für uns alle wirkte sich der Befehl, möglichst dicht an die zu sichernden Bomber heranzugehen. Das war für solche Einsätze mörderisch langsam. Man hätte genauso gut unsere Jäger auf der Erde verbrennen können. Die Spitfires stürzten sich immer mit einem Höhenvorteil auf uns und schossen uns zusammen. Diese erbitterten Kämpfe versetzten dem Jagdgeschwader 52 bittere Schläge. Die III. Gruppe verlor rasch hintereinander auf diese Art und Weise ihren Kommandeur und zwei Staffelführer. Es waren die guten Männer Oberleutnant Ehrlich von unserer 8. Staffel und andere. So wurden nach vier Einsätzen über England in unserer Gruppe die Offiziere knapp." Diesen Missstand hatten Rall und auch die anderen aufgezeigt, ohne dass die Führung von dieser engen Bindung an die „lahmen Krähen", den Stukas, abgewichen wäre. So blieb auch nicht aus, dass auch Rall am 25. Juli 1940 mit 22 Jahren Staffelführer der 8. Staffel wurde. Er blieb bei der Staffel, bis diese bereits am 1. August, noch vor Beginn der Luftschlacht um England, herausgezogen wurde, weil sie „abgeflogen war" und zu viele Verluste erlitten hatte. Über Böblingen ging es zur Auffrischung nach Zerbst, später über Neuruppin nach Schönwalde. Im November 1940 war die Auffrischungsphase der Gruppe beendet und sie stand für neue Aufgaben bereit.

Aber es ging nicht an den Kanal zurück. Stattdessen verlegte die Gruppe nach Parndorf am Neusiedler See, und von dort aus ging es nach Bukarest weiter, um den Schutz der Ölanlagen von Ploesti und der umliegenden Gebiete der Erdölförderung und Erdölverarbeitung zu sichern. Ralls Spezialaufgabe war der Schutz des Hafens Konstanza und der dortigen Raffinerien.

Am 27. Mai 1941 wurde die III. Gruppe und mit ihr Ralls 8. Staffel auf den Peloponnes verlegt, um die über Kreta kämpfende und bereits stark zusammengeschmolzene II. Gruppe des Jagdgeschwaders 77 zu unterstützen. Dabei galt es, die Ju-52-Transporter zu schützen, aber auch viele Tiefangriffe auf noch vorhandene britische Stellungen zu fliegen.

„Der Kampf um Kreta war schrecklich, sogar aus der Luft gesehen. Hier fanden einige der blutigsten Kämpfe des gesamten Zweiten Weltkrieges statt. Wir wurden auch zum Abwurf der dringend benötigten Behälter mit Munition, Versorgungsgütern, Verbandsmaterialien und Waffen eingesetzt."

Nach Ende dieses zehntägigen Einsatzes wurde Rall mit seiner Staffel über Athen nach Rumänien verlegt. Hier trafen die neuen Baumuster der Me 109 F ein, die mit einem neuen Motor und abgerundeten Flächenenden ausgestattet waren. Nach einer Schnellunterrichtung wurde die Staffel am 23. Juni 1941, der Russlandfeldzug war gerade 24 Stunden alt, in den Raum Konstanza geleitet. Es galt jene russischen Verbände zu stoppen, die die wichtigsten Raffinerien Rumäniens dem Erdboden gleichmachen wollten.

Ein provisorischer Jägerstützpunkt wurde aufgebaut und der Ernst des Kampfes am Südflügel der deutschen Ostfront setzte ein. Es gelang Ralls 8. Staffel, in den nächsten fünf Tagen 50 russische Bomber abzuschießen, bevor sie ihre gefährliche Bombenlast abwerfen konnten. Kurz darauf, der deutsche Vorstoß im Süden der Ostfront hatte sich beschleunigt, wurde Rall mit seinen Männern dem Vorstoß des Heeres in Richtung Krim hinterhergeschickt. In der Schlacht um Rostow kam es zu einer Serie von Erfolgen für diese Handvoll Jagdflieger und

Rall brachte seine Abschussbilanz bis zum 28. November 1941auf 36 Luftsiege. Dafür hatte er schon am 17. November 1941 den Ehrenpokal des Oberbefehlshabers der Luftwaffe erhalten. Er war sicher, dass recht bald die 50 voll sein würden, aber der Start des 28. November 1941 belehrte ihn eines Besseren. Er griff auf dem Rückflug zum eigenen Feldflugplatz einige russischen Ratas an. Obgleich es beinahe dunkel war, nahm er den Kampf auf und schoss im ersten Anflug einen dieser Gegner ab. Dabei verfolgte er fasziniert den Absturz der Rata, die, einem Kometen gleich, einen Feuerschweif hinter sich herzog.

„Ich war durch den Aufschlagbrand geblendet. Ein zweiter Russe hatte sich hinter mich gehängt und zerschoss mir den Motor. Ich versuchte, eine Bauchlandung zu machen, kam aber mit zu hoher Landegeschwindigkeit herunter und setzte – im Dunkeln war dies nicht mehr erkennbar – dicht bei einem Geländeeinschnitt auf. Meine Maschine prallte vom Boden ab, wurde in die Luft zurückgeschleudert, um dann erneut hinunterzustürzen, genau gegen den jenseitigen fast senkrechten Abhang dieser Schlucht. Mein Kopf schlug hart gegen das Instrumentenbrett, ich wurde bewusstlos."

Deutsche Soldaten, die diesen Luftkampf gesehen hatten, bargen ihn aus der Maschine und Rall wachte in einem Feldlazarett wieder auf. Er konnte seine Beine nicht mehr bewegen. Im Bukarester Hauptlazarett wurde ihm dann eröffnet, dass sein Rückgrat an drei Stellen gebrochen sei. Vielleicht könne er später wieder gehen, aber Fliegen sei für immer vorbei.

Neun Monate rang Rall gegen seinen Körper. Dann konnte er tatsächlich wieder gehen. Aber er wollte fliegen! Ein Freund, der eine leitende Position in der Jagdfliegerschule Wien innehatte (Rall war seit einigen Monaten Patient in der Wiener Universitätsklinik, wo er auch seine spätere Frau Hertha kennenlernte, die dort als Ärztin tätig war), erlaubte ihm einige Starts mit einer alten Doppeldecker-Kiste, die erfolgreich verliefen.

Sofort meldete sich Rall, seit dem 15. Dezember 1941 Träger des Deutschen Kreuzes in Gold, als „gesund" zur alten Einheit zurück und reiste Anfang August 1942 nach Rostow, wo sein alter Haufen eingesetzt war. Hier stellte er fest, dass seine alten Kameraden ihm inzwischen um 40 bis 60 Abschüsse voraus waren.

In den nächsten Tagen schoss er fast jeden Tag einige Gegner ab, und schon am 15. August konnte er den 50. Luftsieg melden. Er war wie in einem Rausch, konnte wieder fliegen und auch wieder siegen. Nach seinem 66. Luftsieg, inzwischen zum Oberleutnant befördert, erhielt er am 4. September 1942 das Ritterkreuz. Danach ging die Siegesserie weiter und drei Monate nach seiner Rückkehr zum Geschwader hatte er am 22. Oktober 1942 sein Erfolgskonto auf 100 Luftsiege heraufgeschraubt und wurde dafür am 26. Oktober 1942 als 134. Soldat mit dem Eichenlaub zum Ritterkreuz ausgezeichnet. Zur Entgegennahme des Eichenlaubs wurde er am 2. November 1942 ins Führerhauptquartier befohlen. Anschließend erhielt er Heimaturlaub und heiratete seine Verlobte, die ihn in Wien betreut hatte und mit der ihn eine innige Liebe verband. In der Folgezeit stieg der Stern dieses jungen Fliegeroffiziers hoch empor. Mehrfach wurde er selbst abgeschossen und konnte jedes Mal notlanden, ohne weiter blessiert zu werden. Einmal musste er auch mit dem Fallschirm aussteigen, ohne dass etwas

Böses passiert wäre. Aber er hatte eine Glücksfee neben sich, die nach dem ersten schweren Schlag, der ihn fast für immer zum Krüppel gemacht hätte, stets bei ihm war und keine weitere Verletzung zuließ.

Rall kämpfte weiter. Nachdem er, mittlerweile zum Hauptmann befördert, Anfang 1943 an die Front zurückkehrte, setzte er seine Erfolgsserie fort. Am 18. März fiel die III. Gruppe auf den Feldflugplatz Kertsch IV auf der Krim ein, um am 2. April nach Taman, in den Kuban-Brückenkopf, zu verlegen. Bis zum 23. Mai konnte er hier seine Erfolgsbilanz auf 145 Luftsiege erhöhen. Anschließend musste er wegen seiner 1941 erlittenen Wirbelverletzungen, die Lähmungserscheinungen im rechten Bein verursachten, aus der Front gezogen werden. Am 25. Mai 1943 flog er mit einer Transportmaschine von Taman aus und begab sich auf den Weg nach Wien, wo mit Ruhe und Sorgfalt sein Bein wieder einigermaßen bewegungsfähig gemacht werden sollte. Das Kommando seiner 8. Staffel übergab er Leutnant Friedrich Obleser, der die Staffel bis zu seiner Rückkehr in Vertretung führte.

Allerdings wurde Rall in der letzten Juniwoche 1943, mitten in der Therapie, durch ein Telegramm sofort an die Front zurückbefohlen. Der Kommandeur der III. Gruppe, Major Hubertus von Bonin, übernahm das Jagdgeschwader 54 „Grünherz", das am Nordabschnitt der Ostfront eingesetzt war, weshalb Günther Rall zum Kommandeur der III. Gruppe des Jagdgeschwaders 52 ernannt wurde. Er musste seinen Genesungsurlaub umgehend abbrechen und sich an die Front begeben, wo er am 6. Juli 1943 seine Gruppe in Ugrim, einem Ort in der Nähe von Belgorod, fand. Damit war Günther Rall ab diesem Tag der Kommandeur der III. Gruppe des Jagdgeschwaders 52, der erfolgreichsten Jagdgruppe der deutschen Luftwaffe. Zu diesem Zeitpunkt war das Unternehmen „Zitadelle" im Gange, das vor allem bei den Jagdfliegern die höchste Einsatzbereitschaft erforderte.

Schon am 8. Juli 1943 erreichte er die Luftsiege 148 bis 151 und am 29. August 1943 erzielte er seinen 199. und 200. Luftsieg. Damit hatte er die Spitzengruppe erreicht und wurde an diesem Tag sogar im Wehrmachtsbericht genannt:

„Hauptmann Rall, Führer einer Jagdgruppe, errang am 29. August seinen 200. Luftsieg." Damit war Rall der dritte deutsche Jagdflieger, nach Hermann Graf und Hans Philipp, der diese hohe Abschusszahl erreicht hatte. Am 12. September 1943 erhielt er als Hauptmann und Kommandeur der III. Gruppe des Jagdgeschwaders 52 und als 34. Soldat der deutschen Wehrmacht das Eichenlaub mit Schwertern zum Ritterkreuz des Eisernen Kreuzes verliehen. Aber Günther Rall hatte noch lange nicht genug und setzte noch einen drauf, als er in den folgenden Wochen, nach der Rückkehr aus dem wohlverdienten Urlaub Ende September, immer wieder an der Spitze seiner Gruppe zu Feindflügen startete, oftmals vier bis fünf Mal an einem Tag. Alleine im Monat Oktober 1943 erzielte er 40 Luftsiege. So blieb es nicht aus, dass er bis zum 28. November 1943 den 250. Gegner vom Himmel heruntergeholt hatte und bereits am 30. November den 252. Die Frage, wann er die Brillanten erhalten würde, war vermutlich nur noch akademischer Art, denn die schienen ihm sicher. Am 29. November nannte der Wehmachtsbericht zum zweiten Mal den Namen dieses großen Jägers:

„In Luftkämpfen wurden am gestrigen Tage bei zwei eigenen Verlusten 49 Sowjetflugzeuge vernichtet. Major Rall, Gruppenkommandeur in einem Jagdgeschwader, errang am 28. November an der Ostfront seinen 250. Luftsieg."

„Die Faschistenkrähen", wie die russische Propaganda die deutschen Jäger nannten, hatten wieder einmal zugeschlagen.

Am 1. Dezember 1943 wurde Günther Rall in den Heimaturlaub geschickt, wo er am 11. Januar 1944 in der Wolfsschanze im ostpreußischen Rastenburg die Verleihungsurkunde zum Eichenlaub mit Schwertern von Hitler persönlich ausgehändigt bekam. Zudem wurde Rall wegen Tapferkeit vor dem Feind vorzeitig zum Major befördert.

Unterbrochen durch einen Zwischenstopp in Wien, wo er seine Frau besuchte, befand er sich ab dem 14. Januar 1944 wieder auf dem Weg zu seiner Einheit, auf die er in Nowo Krasnoje stieß. Hier setzte sich seine Siegesserie fort, und bis zum 18. April 1944, als er seine III. Gruppe des Jagdgeschwaders 52 verlassen musste, hatte er 273 Abschüsse bei circa 615 Feindflügen erzielt. Das war eines der besten Ergebnisse in der gesamten Jägerelite, vor allem, wenn man bedenkt, dass er dies über einen so langen Zeitraum erreichte.

Anschließend ging Rall als Kommandeur der II. Gruppe des Jagdgeschwaders 11 zur Reichsverteidigung nach dem Westen. Hier befehligte er diese speziell für Höheneinsätze ausgerüstete Gruppe, die dafür ausgebildet worden war, die US-Geleitjäger der Bomberströme, die in großen Höhen flogen, zu vernichten und dadurch den schwereren deutschen Jägern den direkten Angriff auf die Bomberströme zu ermöglichen.

Mit diesem Verband erzielte Rall eine Reihe Abschüsse, von denen allerdings nur zwei bekannt und anerkannt sind. Am 29. April 1944 holte er eine P-38 „Lightning" nördlich von Hannover vom Himmel, aber als er am 12. Mai 1944 zu einem dieser Höheneinsätze startete und einen Bomberverband angriff, tauchten mehrere P-47 „Thunderbolts" auf, von denen Rall eine abschießen konnte, eine andere aber erwischte ihn mit wenigen Feuerstößen. Dabei wurde ihm bei einem Treffer der Daumen der linken Hand weggerissen. Seine Maschine wurde schwer getroffen und Rall musste mit dem Fallschirm aussteigen. Stark aus der Wunde blutend landete er, ansonsten wohlbehalten, auf einem Acker. Im Lazarett wurde er versorgt, zog sich aber dort eine Diphterieinfektion zu, die ihn für weitere Wochen ans Lazarett fesselte, weshalb er von Mai bis November 1944 abermals für ein halbes Jahr aus dem Verkehr gezogen war. Nach der halbwegs gelungenen Genesung meldete er sich am 11. Dezember 1944 bei Generalleutnant Adolf Galland bedingt einsatzfähig. Galland versetzte ihn zur „Verbandsführerschule beim General der Jagdflieger" nach Königsberg in der Neumark, wo er Verbandsführerlehrgänge kommandierte. Schließlich wurde Rall am 20. Februar 1945 zum Kommodore des Jagdgeschwaders 300 „Wilde Sau" ernannt. Anfang Mai 1945 löste er in Ainring das Jagdgeschwader 300 auf und versuchte sich nach Hause durchzuschlagen. Dabei geriet er in amerikanische Gefangenschaft, aus der er aufgrund seiner Verletzungen nach kurzer Zeit entlassen wurde. In seinen über 621 Einsätzen kam er circa 300 Mal in Feindkontakt. Seine Gesamterfolge bezifferten sich auf 275 Luftsiege, davon drei im Westen – und es war nach den Aussagen vieler seiner Kameraden nur seiner zweimaligen langen Ausschaltung durch die Verletzungen zuzuschreiben, dass er nicht mindestens die 300er-Marke überschreiten konnte. Rall hatte – auch das war eine Rarität – nicht nur alle deutschen Jagdflugzeugtypen geflogen, sondern auch die alliierten Baumuster der P-38, P-47 und P-51. Am 1. Januar 1956 trat Günther Rall als Major der Bundeswehr bei. Seine erste Dienststellung war im Verteidigungsministerium in Bonn, wo er als Referent tätig war. Anschließend belegte er einen Auffrischungskurs an der Flugzeugführerschule in Landsberg und in den USA, danach wurde er zum Oberstleutnant befördert. Ab dem 1. Dezember 1957 war er wieder als Referent im Luftwaffenamt beim Verteidigungsministerium in Bonn tätig, genau ein Jahr später wurde er Leiter des Arbeitsstabes „F 104 Starfighter" im Führungsstab der Luftwaffe, um dann ab 1. Februar 1964 am 25. Lehrgang des NATO-Defence-College teilzunehmen. Als Mitglied der Führungsriege der neuen Bundesluftwaffe flog Rall in den USA die F-104 und wurde ab 1. September 1964, inzwischen zum Oberst befördert, Kommodore des mit dieser Maschine und der F-84 ausgestatteten Jagdbombergeschwaders 34 in Memmingen. Vom 1. April 1966 bis 11. Juni 1967 wurde er zum Inspizient der Fliegerverbände im Führungsstab der Luftwaffe in Köln-Wahn, ernannt. Anschließend wurde er, mittlerweile zum Brigadegeneral befördert, bis zum 31. März 1968 Kommandeur der 3. Luftwaffendivision in Kalkar, danach übernahm er, jetzt als Generalmajor und Kommandeur, die 1. Luftwaffendivision in Meßstetten. Ab dem 15. April 1969 war er Chef des Stabes der 4. ATAF in Ramstein. Vom 1. Oktober 1970 bis 31. Dezember 1970 war der zum Generalleutnant beförderte Günther Rall Kommandierender General Luftflotte in Köln-Wahn, danach wurde er zum Inspekteur der Luftwaffe im Bundesministerium der Verteidigung ernannt. Seine letzte Dienststellung übte er ab 1. April 1974 als ständiger Vertreter im Militärausschuss der NATO in Brüssel aus. Am 30. September 1975 ging Günther Rall als Generalleutnant in den wohlverdienten Ruhestand. Zuletzt lebte er in Bad Reichenhall, wo er im Oktober 2009 im Alter von 91 Jahren verstarb.

Günther Rall

Geboren am 10. März 1918 in Gaggenau, Kreis Rastatt/Baden
Verstorben am 4. Oktober 2009 in Bad Reichenhall/Oberbayern
Letzter Dienstgrad: Major (Wehrmacht)/Generalleutnant (Bundeswehr)
Ritterkreuz am 4. September 1942 als Oberleutnant nach 66 Luftsiegen
134. Eichenlaub zum Ritterkreuz am 26. Oktober 1942 als Oberleutnant nach 100 Luftsiegen
34. Eichenlaub mit Schwertern zum Ritterkreuz am 12. September 1943 als Hauptmann nach 200 Luftsiegen
Deutsches Kreuz in Gold am 15. Dezember 1941
Gesamtzahl der Luftsiege: 275 anerkannte Abschüsse
Letzte Dienststellung: Kommodore des Jagdgeschwaders 300

Otto Kittel

Otto Kittel wurde am 21. Februar 1917 in Kronsdorf, Kreis Jägerndorf, im Sudetenland geboren. Er gehörte vom Beginn seiner fliegerischen Laufbahn bis zu seinem Ende dem Jagdgeschwader 54 „Grünherz“ an und war der erfolgreichste Flieger dieses Geschwaders.

Im Januar 1939 trat er in die Luftwaffe ein und im November 1939 wurde er zum Flugzeugführer ausgebildet. Dabei durchlief er alle Eignungsprüfungen und Ausbildungslehrgänge, ohne besonders aufzufallen. Dennoch war er einer der Zuverlässigsten, wenn es darum ging, allen Anforderungen des Dienstes gerecht zu werden.

Im Februar 1941 kam Kittel, von seinen Vorgesetzten als „begabter und sicherer Flieger“ eingestuft, zur I. Gruppe des Jagdgeschwaders 54. Er hatte den Rang eines Unteroffiziers erreicht. Das Geschwader lag in Le Mans und hatte die Luftverteidigung der Normandie übernommen. Allerdings war die I. Gruppe, mit ihr die 2. Staffel, zu der Kittel stieß, in Jever geblieben. Am 31. Mai 1941 geriet er wegen technischer Schwierigkeiten während eines Sicherungsfluges in Schwierigkeiten und musste nahe Spiekeroog notwassern. Mit viel Glück entging er dabei einer Verletzung.

Schon seit Anfang April 1941 war das „Grünherz“-Geschwader mit Geschwaderstab, II. und III. Gruppe am Balkanfeldzug beteiligt. Nur Kittels I. Gruppe blieb während des Balkankrieges weiterhin dem Jagdgeschwader 1 in Jever unterstellt, zur Sicherung der Deutschen Bucht. Doch die Zeit von Otto Kittel sollte noch kommen. Als am 22. Juni 1941 der Feldzug gegen die Sowjetunion begann, stand auch Kittel vor seinem ersten scharfen Einsatz.

Kurz vor Beginn des Unternehmens Barbarossa verlegten der Geschwaderstab und die II. Gruppe/Jagdgeschwader 54 zunächst nach Trakehnen, während die I. Gruppe in Lindental und die III. Gruppe in Blumenfeld stationiert war, die dem Jagdgeschwader 54 unterstellte II. Gruppe/Jagdgeschwader 53 befand sich in Gerlinden.

Ab dem 22. Juni 1941 stand Kittel mit seiner Gruppe im Einsatz. Alle 120 Maschinen des Geschwaders überflogen am Morgen des ersten Kriegstages gegen die Sowjetunion die Grenze. Sie bildeten für die Kampfflugzeuge Geleitschutz, die gegen die litauischen, damals von der Sowjetunion annektierten Plätze Kowno, Kedainiai und Ponewiesch eingesetzt waren, um diese im Überraschungsschlag auszuschalten. Im Kampf gegen sowjetische Bomber, die von weiter zurückliegenden Flugplätzen starteten, gelang es Kittel, zwei derselben abzuschießen.

Sein Kommodore, Major Hannes Trautloft, war mit ihm zufrieden, auch wenn er am Anfang dieses Feldzuges nicht gerade mit Erfolgen glänzen konnte.

Während der weiteren Kämpfe der Heeresgruppe Nord in Richtung Leningrad, verlegte das Geschwader nacheinander auf die Plätze Dünaburg, Pleskau, Ostrow und Luga.

Als am 30. Juni ein großer feindlicher Bomberpulk unter Begleitschutz von etwa vierzig Il-2-Schlachtfliegern angriff, die ebenfalls je zwei 250-Kilo-Bomben mit sich führten, kam es zum ersten großen Luftduell „Adler gegen Falken“. Die I. Gruppe kam als Erste

Otto Kittel

im Alarmstart heraus. Als Rottenführer seines Staffelkapitäns flog Otto Kittel diesem Feind entgegen. Oberleutnant Seiler, Kapitän der 1. Staffel, gab bei Insichtkommen dieser Meute, zu der sich noch Sicherungsmaschinen der Typen I-16 und I-153 hinzugesellt hatten, den Angriff frei. Oberleutnant Rumpf, der vertretungsweise die 2. Staffel führte, der auch Kittel angehörte, tat ein Gleiches. Im Kampf gegen seine ersten Il-2-Gegner gelang es Kittel, zwei abzuschießen. Ein Angriff auf eine I-16 führte nicht zum Erfolg.

Als alle Maschinen heimgekehrt waren und der Gefechtsschreiber die Auswertung der bezeugten Abschüsse addierte, berichtete der Kommodore seinen Männern: „Wir haben heute 65 Russen abgeschossen!“ Otto Kittel erhielt das Eiserne Kreuz II. Klasse

Am 5. September 1941 erreichte das Geschwader den Flugplatz Siwerskaja. Von dort aus ging es am nächsten Tag nach Gatschina weiter. Diese beiden Plätze sollten im schnellen Wechsel mit den Plätzen Staraja Russa und Rjelbitzi – letzterer „Ringelpietz“ genannt – für fast zwei Jahre die Basen des JG 54 werden. Mit Kittels Abschüssen ging es zunächst nur sehr zögerlich weiter. Er hatte vor allem für prominente Luftsieger den Rottenflieger oder Katschmarek zu machen, was bedeutete, dass er den Kameraden den Rücken deckte und nur selten selber zu einem Angriff kam. (Vorab sei hier vermerkt, dass er etwa 100 Einsätze gewissermaßen als „Manndecker“ absolvierte.)

Dennoch schraubte er seine Erfolgsbilanz bis zum Winter auf zwölf Abschüsse herauf und erhielt am 13. Oktober 1941, nach elf Luftsiegen, das Eiserne Kreuz. I. Klasse, auf das er sehr stolz war.

Den ganzen Winter über flog er erfolglos. Erst am 20. März 1942 gelang es ihm – mit drei Maschinen seiner Staffel – auf „freier Jagd“ gegen einen P-40-Jägerpulk, zwei dieser gefährlichen Jagdmaschinen abzuschießen, bevor diese sich mit ihren Bordwaffen auf die deutschen Infanteristen am Boden stürzten. Bei dem letzten Abschuss wurde seine Frontscheibe vom Öl des abgeschossenen Gegners verschmiert. Er musste den Rückflug zum Horst antreten. Diese beiden Abschüsse waren die Nummern 14 und 15 in seinem Flugbuch.

Während in den nächsten Wochen die Temperatur anstieg, stand Kittel mit seinen Kameraden ununterbrochen im Einsatz. Einige Male war er als Rottenflieger eingesetzt, dann wieder in freier Jagd. So ging es bis zum 14. Mai – an diesem Tag schoss er zwei sowjetische „SB-2“-Bomber ab und erhöhte seinen Rekord auf 17 Abschüsse. Ein Alarmstart an diesem Tage ließ ihn als Erster abheben. Er flog mit gedrosseltem Motor, um die anderen herankommen zu lassen. Als er eine Höhe von 4.800 Metern erreicht und sein Atemgerät übergestülpt hatte, sah er 1.800 Meter tiefer die ersten Feindbomber, die ihm entgegenflogen. Es waren Tupolew SB-2, über ihnen schwirrten etwa 40 Jäger herum.

Er meldete: „Indianer über Möbelwagen!“

„Bomber zuerst angreifen!“, rief Hauptmann Philipp, der Gruppenkommandeur, zurück. Kittel jagte aus der Überhöhung mitten durch den Pulk der sichernden I-16, die hinter ihm zurückblieben, und schoss den anvisierten Gegner im ersten Anflug ab. Sekunden später sah er sich einer Rata gegenüber, die ihm gefolgt war. In einem erbitterten Kurvenkampf konnte er den Gegner abhängen und ein wenig später den zweiten SB-2-Bomber zur Erde schicken. Als er gerade auf dem Rückflug die russischen Linien überflog, flackerte das rote Warnlicht auf. Mit dem letzten Tropfen Sprit landete er.

Bis Ende des Jahres 1942 zeigte sein Erfolgskonto 21 Luftsiege an, wofür er am 21. Dezember 1942 den Ehrenpokal der Luftwaffe erhielt und zum Feldwebel befördert wurde.

In den nächsten Wochen erzielte er einige weitere Abschüsse. Tag um Tag wurden es einer oder einige mehr. Am 12. Januar 1943 schoss er in mehreren Einsätzen sechs sowjetische Flugzeuge ab, und bis zum 15. Februar 1943 hatte er es auf 35 Luftsiege gebracht.

Am 19. Februar 1943 holte er seinen 36. bis 39. Gegner vom Himmel. Als die Staffel am Morgen dieses Tages zum Feindflug startete, weil ein russischer Bomberverband gemeldet worden war, verlor der Feind in dem Gefecht 13 Bomber und sieben Begleitjäger.

Kittel hatte wie seine Kameraden im Januar 1943 in Krasnogwardeisk das neueste Modell der Fw 190 – die Fw 190 A-8 – erhalten, deren Bewaffnung aus vier 20-mm-Kanonen und zwei 13-mm-MGs bestand, und er war zuversichtlich, damit auch der Il-2 besser zu Leibe rücken zu können. Das sollte sich auch als richtig herausstellen.

Kittel hatte vier Gegner abgeschossen und wurde anschließend in den Geschwadergefechtsstand befohlen, wo ihm Major Trautloft mitteilte, dass er mit seinem 39. Abschuss zugleich den 4.000. Luftsieg des Geschwaders errungen hatte. Schließlich wurde Kittel am 26. Februar 1943 mit dem Deutschen Kreuz in Gold ausgezeichnet.

Die einzige Unterstützung im Kampf gegen die russischen Luftverbände im Nordabschnitt der Ostfront war das Jagdgeschwader 54. Es ging vor allem darum, die in Tiefangriffen über die Hauptkampflinie hinwegbrausenden Schlachtflieger Il-2 abzuwehren und damit der Infanterie spürbare Entlastung zu bringen. So entwickelte sich Otto Kittel in den folgenden Monaten zum Killer der russischen „Schlächter".

Am 7. März 1943 startete Kittel neben seinem Staffelkapitän Oberleutnant Götz zum Einsatz gegen einen Bomberverband. Kittel schoss aus dem Jagdschutz eine LaGG-3 ab, um unmittelbar danach eine weitere LaGG-3 nachfolgen zu lassen. Minuten später konnte er einen weiteren Bomber vernichten, für den es aber keinen Luftzeugen gab. Nach 70 Minuten Flugzeit fiel er dreimal mit den Tragflächen wackelnd (und damit die drei Luftsiege anzeigend) auf dem Platz in Krasnogwardeisk ein.

Am Morgen des 15. März startete Kittel mit einem Schwarm unter Oberleutnant Götz zu freier Jagd. Sie stießen auf einen Pulk von 20 Feindflugzeugen, die in freier Jagd angegriffen wurden. Kittel schoss eine MiG-3, seinen 47. Gegner, ab. Auf dem Rückflug hatte er eine Motorstörung, die ihn dazu zwang, etwa 45 Kilometer hinter der russischen Front notzulanden. Vier Tage dauerte der Rückmarsch. Einmal ging der Weg dabei mitten durch ein russisches Fliegerlager, das Otto Kittel in den Lumpen eines russischen Bauern durchwanderte. Als er die deutschen Linien erreichte, wurde er angerufen und nach der Parole gefragt, die er nicht wissen konnte. Er wählte ein einfaches Wort, das alle verstanden: „Arschloch!", brüllte er. „Ich bin Feldwebel Otto Kittel vom Jagdgeschwader 54." Man glaubte ihm, und eine Stunde später wurde er von einem Kübelwagen seines Geschwaders abgeholt. Er war heimgekehrt. Major Heinz Philipp freute sich wie ein Schneekönig, seinen Kameraden wiederzusehen. Er war es auch gewesen, der Kittel ferngetraut hatte. Am 1. April 1943 gab es Alarm. Diesmal ging es in Richtung Lowat, wo Schlachtflieger deutsche Stellungen beharkten. Zwei weitere Il-2 wurden von Kittel heruntergeholt.

Als Otto Kittel von dem nötigen Heimaturlaub zurückkehrte, war Major Philipp nicht mehr sein Kommandeur. Er war durch Hauptmann Reinhard Seiler abgelöst worden. Otto Kittel, der nunmehr den zweiten Stern eines Oberfeldwebels auf den Achselklappen trug, ging am 11. Juni 1943 wieder zur Sache. Sein erster Gegner, eine La-5, fiel nach wenigen Schüssen der hocharmierten Focke-Wulf 190 vom Himmel, was zugleich Kittels 50. Abschuss war.

Am 22. Juni folgten zwei Il-2-„Schlächter" nach, beim Angriff auf einen dritten wurde jedoch Kittels Maschine getroffen. Der Motor stotterte und fiel dann aus. Kittel legte eine gute Notlandung auf dem Feldflugplatz der Heeresfliegergruppe 122 hin, der sich in erreichbarer Nähe befand. In den nächsten Tagen musste er mit einer geliehenen Maschine fliegen und am 24. Juni 1943 konnte er seinen 54. und 55. Gegner überwinden.

Mit Beginn des Unternehmens „Zitadelle" begann für Otto Kittel die große Zeit. Schon am 13. Juli erkämpfte er seinen 70. Luftsieg und bis Ende des Monats hatte Kittel den 80. Gegner vom Himmel geholt. Am 14. September 1943 erzielte er die Luftsiege 100 bis 102. Als Feuerwehr an allen Fronten stand das Jagdgeschwader 54 danach an der Ostfront im Einsatz. Es kämpfte bei Wjasma-Briansk ebenso wie auf der Krim. Die Plätze Orel, Wjasma, Briansk, Witebsk, Kiew, Charkow und Poltawa sahen die „Gastspiele" des Jagdgeschwaders 54. Danach ging es nach Poltawa, Mamaia, Orscha und Newel, nach Winniza und Shitomir weiter. Neuer Geschwaderkommodore wurde nach der Abkommandierung von Hannes Trautloft Major Hubertus von Bonin.

Am 5. Juli kämpfte die I. Gruppe/Jagdgeschwader 54, während des Unternehmens „Zitadelle", über der Nordzange der Kursker Front. An diesem 5. Juli starteten 132 Il-2, geschützt durch 285 Jäger, gegen die deutschen Flugfelder, um diese auszuschalten. Seit 05.30 Uhr dieses Tages standen alle einsatzbereiten Maschinen des Jagdgeschwaders 54 am Feind. In den Vorwochen hatte Kittel seinen Rekord auf 56 Luftsiege gesteigert. Im Angriff auf die Il-2-Gruppe erzielte Kittel vier weitere Luftsiege. Am Nachmittag erfolgte der nächste Feindflug, und zwei weitere Luftsiege kamen hinzu. Der 6. Juli brachte drei weitere Abschusserfolge. Beinahe schulmäßig ging es nun Schlag auf Schlag. Viele von Kittels alten Kameraden und Freunden fielen in dieser erbitterten Luftschlacht über Kursk und Orel.

Auch Major Seiler, der ja die I. Gruppe führte, wurde an diesem Tag abgeschossen und dabei schwer verwundet. Sein Nachfolger sollte Major Gerhard Homuth werden, der am 1. August die Führung des Geschwaders antrat. Doch bereits bei seinem zweiten Einsatz am 2. August 1943 wurde er nach einem Luftkampf vermisst. Auch Oberleutnant Götz, Otto Kittels Staffelkapitän, der vertretungsweise die Gruppe führte, fiel am 4. August nach seinem 82. Luftsieg. Schließlich übernahm Hauptmann Walter Nowotny die verwaiste Gruppe.

Zudem hatte am 17. Juli das Geschwader den 6.000. Luftsieg erzielt. Bis Ende August hatten die Kursker Schlacht und die darauffolgenden Einsätze um Orel den Großteil der deutschen Luftwaffe gefressen. Insgesamt gingen in diesem Zeitabschnitt im Mittelabschnitt der Ostfront 1.272 deutsche Flugzeuge verloren.

In einer für ihn selbst und seine Kameraden unvorstellbaren Leistung brachte Kittel es bis zum 12. September auf 99 Luftsiege. Das hätte längst das Ritterkreuz sein müssen. Am Abend des 15. September musste der Staffelmaler den 103. und 104. Balken am Seitenleitwerk von Kittels Maschine anbringen. Er wurde von Major Nowotny zum Ritterkreuz eingegeben. Doch Kittel meinte dazu lächelnd: „Offenbar werde ich überhaupt nicht in der Geschwaderliste geführt." Otto Kittel flog weiter, schoss am 15. Oktober 1943 vier weitere Sowjets ab und erhöhte damit sein Abschusskonto auf 118 Luftsiege. Am 26. Oktober hatte er 122 bestätigte Abschüsse. Dreißig weitere, die er nicht zählte, waren auf Alleinflügen erzielt worden. Sein 127. Gegner wurde am 6. November abgeschossen. Am 29. Oktober 1943 erhielt er endlich, als Oberfeldwebel, das Ritterkreuz – mit einer Abschussliste, die längst des Eichenlaubs, wenn nicht sogar der Schwerter würdig gewesen wäre.

Nach dem wohlverdienten Ritterkreuz-Urlaub wurde er im Januar 1944 vorzeitig wegen Tapferkeit vor dem Feind zum Leutnant befördert und gleichzeitig als Fluglehrer zur Ergänzungsgruppe Ost nach Frankreich versetzt. Nach einer Reihe von Rückversetzungsanträgen durfte er Anfang März 1944 zu seinem Geschwader zurückkehren.

Er übernahm sofort die verwaiste 2. Staffel. Am 6. März war sein nächster Luftsieg fällig und bis zum 4. April stand er täglich dreimal im Einsatz. An diesem Tag hatte er seinen 150. Luftsieg errungen: Er schoss die Gegner 147 bis 151 vom Himmel und wurde am 11. April 1944 als 449. deutscher Soldat mit dem Eichenlaub zum Ritterkreuz ausgezeichnet. Ende Mai stand Kittel wieder an der Front und konnte am 30. Juni seinen 168. Luftsieg erzielen, der 180. fiel am 21. Juli – und bis Ende desselben Monats waren es bereits 189 Abschüsse. Otto Kittel blieb mit dem Jagdgeschwader 54 bei der Heeresgruppe Nord im Einsatz. Besonders bewährte er sich bei den schweren Abwehrkämpfen um Narwa im Sommer 1944 und den darauffolgenden Rückzugskämpfen nach Kurland. Bis zum 26. August 1944 hatte er die Zahl auf 200 heraufgeschraubt. Nach einem sagenhaften Einsatz am 27. Oktober konnte er sieben Abschüsse erzielen und die Luftsiege 248 bis 254 Luftsiege eintragen. Seinen 264. Erfolg erreichte Kittel am 19. November, wofür ihm am 25. November 1944, als Oberleutnant und dem 113. Soldaten der deutschen Wehrmacht, das Eichenlaub mit Schwertern zum Ritterkreuz verliehen wurde, zu dem er nach 230 Luftsiegen eingereicht worden war. Diese Zahl hatte er allerdings inzwischen schon weit überschritten. In Berlin stand er vor Hitler und nahm diese hohe Auszeichnung in Empfang, ehe er zu seinem letzten Heimaturlaub aufbrach. Als er Ende Januar 1945 an die Kurlandfront zurückkehrte, stand er sofort wieder im unermüdlichen Einsatz. Mittlerweile kannte jeder Infanterist in Kurland seinen Namen. Bei einem seiner vielen Einsätze konnte er seinen 265. Luftsieg erringen. Am 13. Februar 1945 erzielte er seinen 266. Luftsieg. Am darauffolgenden Tag startete er von seinem Fliegerhorst

und stieß mitten in einen Pulk von 14 Il-2 hinein. Bei der anschließenden Luftschlacht wurde er bei Dzukste südwestlich von Tuckum abgeschossen.
Dazu ein Bericht des Oberfähnrichs Renner:
Start von der Basis: Um 12.06 Uhr im Schwarm des Oberleutnants Kittel zur freien Jagd im Kampfraum Dzukste. Um 12.13 Uhr kam es in 150 Meter Höhe zum Luftkampf mit 14 Il-2, die in der Reihe fliegend deutsche Erdziele angriffen. Der Schwarm schob sich von der Seite her in die Reihe der Il-2-„Schlächter". In 100 Meter Entfernung rechterhand von Oberleutnant Kittel fliegend sah ich, wie er eine der Il-2 von hinten unten angriff, während hinter uns zwei weitere Il-2 steil hochzogen. Einen Augenblick später blitzte es an der Kabine auf und die Maschine ging in einer Rechtskurve im flachen Gleitflug nach unten. Das Flugzeug schlug mit der rechten Fläche zuerst auf und brannte sofort. Es rutschte noch bis zum 200 Meter entfernten Waldrand und brannte dann völlig aus. Ich umkreiste das Gebiet längere Zeit. Ein Fallschirmabsprung wurde von mir nicht beobachtet.

So weit der Bericht des Oberfähnrichs Renner. Die von Kittel angeschossene Il-2 stürzte ebenfalls ab und war zugleich der 267. Luftsieg. Die Absturzstelle von Kittels Focke-Wulf 190 A-8 lag circa sechs Kilometer von Dzukste entfernt, mitten in der Hauptkampflinie.

Am Abend nach Bekanntwerden dieses herben Verlustes von Otto Kittel, der in der Bestenliste aller Flieger der Welt an vierter Stelle steht, sagte sein erster Wart:
„Soldaten wie er sterben nicht! Sie gehen nur von uns. Aber in unseren Herzen leben sie weiter … als eine großartige Fliegerlegende."

Auf seinen 583 Feindflügen konnte Oberleutnant Otto Kittel 267 Luftsiege, alle an der Ostfront, erzielen. Eine seiner unübertroffenen Leistungen war, dass er bis zu seinem Fliegertod nicht ein einziges Mal abgeschossen wurde und mit nur einer seiner Jagdmaschinen über 100 Luftsiege erreichte. Natürlich war er der erfolgreichste Flugzeugführer des Jagdgeschwaders 54 und reihte sich an die vierte Stelle der erfolgreichsten Jagdflieger überhaupt.

Otto Kittel

Geboren am 21. Februar 1917 in Kronsdorf, Kreis Jägerndorf/Sudetenland
Gefallen am 14. Februar 1945 in Kurland südwestlich von Dzukste
Letzter Dienstgrad: Oberleutnant
Ritterkreuz am 29. Oktober 1943 als Oberfeldwebel nach 122 Luftsiegen
449. Eichenlaub zum Ritterkreuz am 11. April 1944 als Leutnant nach 151 Luftsiegen
113. Eichenlaub mit Schwertern zum Ritterkreuz am 25. November 1944 als Oberleutnant nach 264 Luftsiegen
Deutsches Kreuz in Gold am 26. Februar 1943
Gesamtzahl der Luftsiege: 267 anerkannte Abschüsse
Letzte Dienststellung: Staffelkapitän der 2. Staffel des Jagdgeschwaders 54 „Grünherz"

Walter Nowotny

Walter Nowotny

Walter Nowotny wurde am 7. Dezember 1920 in Gmünd in Niederösterreich geboren. Er stammte aus dem Waldviertel Österreichs. Seine Geburtsstadt Gmünd liegt an der Lainsitz, die man eher als Bach statt als Fluss bezeichnen könnte. Nach Ziehung der österreichisch-tschechischen neuen Staatsgrenze im Jahr 1919 wurde Gmünd mit einem Federstrich eine tschechische Stadt, in der die Schikanen gegen deutschstämmige Bürger an der Tagesordnung waren. Im tschechischen Teil von Gmünd musste Walter die Volksschule durchlaufen und kam 1930 in die Zisterzienserstiftschule Zwettl. Dort wurde er neben der weiteren schulischen Unterrichtung auch zum Sängerknaben ausgebildet. Nachdem er hier seine Abschlussprüfung geschafft hatte, besuchte er die Oberrealsschule in Waidhofen an der Thaya und nach der Versetzung seines Vaters, der Bahnbeamter war, jene zu Laa an der Thaya.

Bereits hier spielte der Sport eine größere Rolle als die Fächer Latein und andere, die nichts mit Technischem zu tun hatten.

Im Sommer 1936 fuhr er, sportbegeistert wie er war, mit dem Fahrrad schwarz über die österreichisch-tschechische Grenze und radelte bis nach Berlin. Er war seinerzeit ganze 16 Jahre alt. Von Berlin war er restlos begeistert.

Im Mai 1939 schaffte er die Matura mit einer guten Abschlussprüfung und ging anschließend in den Reichsarbeitsdienst. Dort war die Aufgabe, zusammen mit seinen Kameraden den Thaya-Mühlbach trockenzulegen.

Der Anschluss Österreichs an das Reich war gut ein Jahr zuvor geschehen, und Walter Nowotny meldete sich bereits am 26. Januar 1939 freiwillig zur Luftwaffe.

Am 1. Oktober 1939 wurde Nowotny Soldat und als Offiziersanwärter nach Breslau eingezogen. Auf der Luftkriegsschule 5 in Breslau-Schöngarten absolvierte er eine dreimonatige Grundausbildung und durfte danach das erste Mal in einer Kiste sitzen und den „Quirl rühren". Mit seiner Beförderung zum Fahnenjunker-Gefreiten und wenig später zum Unteroffizier wollte er Stukaflieger werden. Doch er wurde zu den Jagdfliegern geschickt und absolvierte somit in Wien-Schwechat seine Jagdfliegerausbildung. Ab dem 1. Juli 1940 war er endlich Fähnrich.

Erst am 15. November 1940 wurde er zur I./Ergänzungsjagdgruppe Merseburg versetzt, von wo aus der Schutz der Leunawerke durchgeführt wurde.

Am 1. Dezember erfolgte seine Versetzung zur Einsatzstaffel des Jagdgeschwaders 54. Hier sollte er zu dem großen Fliegerass werden, zu dem er sich bereits entwickelte.

Seine Versetzung zum aktiven Kampfverband, der 9. Staffel des Jagdgeschwaders 54 „Grünherz", erfolgte am 23. Februar 1941. Er war damit bei der „Teufelsstaffel" dieses Geschwaders gelandet, in der einige der besten Jagdflieger der Welt im Einsatz standen.

Aber schon nach vier Wochen versetzte man ihn in den Stabsschwarm der Ergänzungsgruppe des Jagdgeschwaders 54, wo er am 1. April 1941 zum Leutnant befördert wurde.

Mit der 1. Einsatzstaffel dieser Gruppe nahm er am Kampf gegen die Sowjetunion teil. Am 10. Juli 1941 absolvierte „Nowy“, wie er von seinen Kameraden genannt wurde, seinen ersten Feindflug im Nordabschnitt der Ostfront.

Das „Grünherz“-Geschwader hatte inzwischen bis nach Dünaburg verlegt. Dort schoss Nowotny über der baltischen Insel Ösel zwei I-153 ab, wenig später wurde er nach Abschuss eines dritten Gegners von einer russischen Rata erwischt und musste weit südlich der Insel Ösel notwassern. Im Schlauchboot paddelte Nowotny –wobei er die Hände benutzen musste, da sein Paddel über Bord gegangen war – drei Tage und drei Nächte, bis er die Küste erreichte und von einem lettischen Hilfswilligen aus der Ortschaft Mikelbaka gerettet wurde.

Am 8. August 1941 startete er wieder und schoss die Nummern vier bis fünf ab. Im September erhielt er nach zehn Abschüssen und einer Reihe Tiefangriffe das Eiserne Kreuz I. Klasse. Bei einem Tiefangriff auf ein russisches Schnellboot wurde sein „Vogel“ arg zerrupft. Bis er wieder klar war, durfte Walter Nowotny in Urlaub fahren, allerdings nicht nach Hause, sondern für ein paar Tage nach Königsberg. Von dort aber sollte es zum Heiratsurlaub in Heidenreichstein weitergehen. Auf dem Wege nach Königsberg kam er bei rutschiger Straße mit dem Auto vom Wege ab und landete im Wald. Ein Schlüsselbeinbruch hinderte ihn allerdings nicht daran, pünktlich zu seiner Hochzeit zur Stelle zu sein – mit dem Arm in der Schlinge, aber ansonsten wohlbehalten.

Nach dem Urlaub kehrte er wieder zu den Kameraden zurück, wo er am 11. März 1942 in die 3. Staffel des Jagdgeschwaders 54 eingereiht worden war, und startete sofort zum Einsatz. Doch nach dem Start fing seine Maschine zu brennen an. Er sprang hinaus, rannte ein paar Schritte und warf sich zu Boden. Eine Explosion riss seine Me 109 auseinander. Er war einmal mehr mit Glück davongekommen.

Bis zum Sommer 1942 verlief bei Nowy alles normal. Dann aber legte er los. Er schoss am Mittag des 2. August 1942 drei Gegner ab und konnte am Nachmittag vier weitere auf seinem Konto verbuchen. Das waren übrigens seine Luftsiege 48 bis 54. Am 7. August schoss er zwei weitere ab und am 11. August folgte noch ein weiterer Luftsieg, als er mit seinem Stabsschwarm auf den Feind traf. Auch sein Katschmarek Karl Schnörrer, nur kurz „Quax“ genannt (nach einem berühmten Fliegerfilm mit Heinz Rühmann als „Quax, der Bruchpilot“), war an diesem 11. August dabei. Sie sahen sich kurze Zeit später etwa 50 russischen Jägern gegenüber. Es entwickelte sich ein sehr ungleicher Luftkampf mit einem wilden Gekurbel. Nach 40 Minuten hatte keiner der vier deutschen Piloten auch nur einen Luftsieg errungen, denn zunächst galt es ja, die eigene Haut zu retten. Nur Nowy holte eine MIG-3 vom Himmel. Als die ersten roten Warnlampen aufleuchteten, hieß es abdrehen, um zum „Gartenzaun“ zurückzukehren.

In dieser Sekunde erhielt Nowotny einige Treffer, die seine beiden Flächen „Blasen treiben“ ließen (bei den Treffern in die Flächen treibt der Luftwiderstand das Metall der Fläche hoch). Sie konnten den Gegner abschütteln, doch Nowy wurde langsamer. Glücklicherweise konnte auch er, von Quax gedeckt, den Feldflugplatz Tuleblja erreichen. Als er auf dem Platz aufsetzte, schlugen Flammen aus dem Motor seiner Me 109 heraus. Er warf das Kabinendach ab, schnallte sich los und sprang in einem weiten Hüftsprung aus der noch rollenden Maschine. Vierzig Meter weiter barst die Me 109 auseinander. Der fast 15 Zentner schwere Motor wurde 70 Meter weit nach vorn geschleudert. Nowy blieb unverletzt. Für diese hervorragenden Leistungen wurde Nowotny nach 57 Luftsiegen am 21. August 1942 mit dem Deutschen Kreuz in Gold und am 4. September als Leutnant mit dem Ritterkreuz ausgezeichnet, nachdem er bereits am 14. Juli 1942 den Ehrenpokal des Oberbefehlshabers der Luftwaffe erhalten hatte.

Zwischen Ilmensee und Staraja Russa waren seine Gegner vom Himmel heruntergefegt worden. Schließlich übernahm er am 25. Oktober 1942 die 1. Staffel des Jagdgeschwaders 54. Nowotny schoss weiter ab und erreichte bis Ende des Jahres 61 Abschüsse.

Mit Wirkung vom 1. Februar 1943 wurde er zum Oberleutnant befördert. Im Februar/März 1943 konnte er mit seiner 1. Staffel 100 Gegner im Luftkampf besiegen – er selbst hatte sich mit 17 Luftsiegen daran beteiligt.

Am 26. März konnte Nowy seinen 79. Gegner abschießen und er schrieb an seine Eltern: „Nur noch 21 Luftsiege, dann habe ich die 100.“ Die konstante Aufwärtsentwicklung seiner Abschüsse wird in den wenigen Zeilen deutlich, die Nowy in sein eigenes Kriegstagebuch notierte: „82. Abschuss am 6. Mai 1943, 88. Abschuss am 1. Juni 1943, 114. Abschuss am 21. Juni 1943.“

Am 24. Juni 1943 startete Walter Nowotny mehrfach und erzielte an diesem einen Tag zehn Abschüsse, was seinen Rekord auf 124 brachte. Dann erhielt er Flugverbot. Sein Kommodore sagte ihm, dass er zum Eichenlaub eingereicht sei und dieses sehr bald erhalten würde. Was nicht eintraf, war diese Zusicherung, dafür bekam er ein Startverbot auferlegt, das erst Anfang August 1943 aufgehoben wurde. Schließlich wurde er am 10. August 1943 zum Kommandeur der I. Gruppe des Jagdgeschwaders 54 „Grünherz“ ernannt. Ab diesem Zeitpunkt wurde der schon einige Male im Wehrmachtsbericht genannte Nowotny fast täglich namentlich bekannt gemacht.

Nowy kämpfte weiter. Am 12. August schaffte er den 125. bis 128. Abschuss und allein am 13. August startete er vier Mal und schoss neun Gegner ab. Die Abschussliste wies danach die Nummer 137 auf. Ähnlich wie Otto Kittel schien aber auch Walter Nowotny nicht auf der „Mitgliederliste“ des Geschwaders zu stehen, denn als er den 183. Gegner abschoss, da gab es kein Eichenlaub, sondern eine Meldung im Wehrmachtsbericht am 2. September 1943:

„Die Luftwaffe vernichtete in der Zeit vom 30. August bis zum 1. September 127 Sowjetflugzeuge. Oberleutnant Nowotny, Führer einer Jagdfliegergruppe, erzielte gestern zehn Luftsiege.“ Bis zum 4. September 1943 hatte er 189 Luftsiege errungen und erhielt an diesem Tag – „endlich“, sagten alle seine Kameraden – als 293. Soldat der deutschen Wehrmacht das Eichenlaub zum Ritterkreuz.

Sein Siegeszug ging weiter. Es fielen mehr und mehr Gegner von seinen Kanonensalven getroffen vom Himmel. Am 6. September, zwei Tage nach der Verleihung des Eichenlaubs,

Hubertus von Bonin, der Kommodore des Jagdgeschwaders 54, bei Scherzen mit Heinz Nowotny

das durch Fernschreiben aus dem Führerhauptquartier avisiert worden war, erzielte er bereits seinen 192. Luftsieg. Walter Nowotny wurde wegen Tapferkeit vor dem Feind zum Hauptmann befördert.

Am 8. September 1943 erzielte er als vierter Jagdflieger den 200. Luftsieg. Doch er ruhte sich keinesfalls auf seinen Lorbeeren aus, sondern holte weitere Luftsiege ein, und als ihm am 22. September 1943 als 37. deutschen Soldaten das Eichenlaub mit Schwertern zum Ritterkreuz verliehen wurde, standen 218 Luftsiege auf seinem Konto.

Damit war er – wenn auch nicht für immer – an die Spitze der deutschen Jagdflieger getreten. Dicht hinter ihm lagen Major Philipp mit 203, Major Graf mit 202 und Hauptmann Rall mit 200 Abschüssen.

Als Nowotny an die Front zurückkehrte, ging es sofort mit Abschuss auf Abschuss weiter. Am 5. Oktober 1943 schoss er eine Jak-9 ab, am 7. Oktober folgten vier P-39 „Airacobras", und am 9. Oktober waren es sogar acht Luftsiege, die seine Erfolgsbilanz auf 231 Luftsiege erhöhten. Am 11. Oktober schoss er erneut vier russische Jagdmaschinen vom Himmel und am 12. folgten noch einmal drei. Schließlich gelangen ihm am 13. Oktober weitere sechs Abschüsse, was sein Erfolgskonto auf 244 Abschüsse hochschraubte. Am nächsten Tag wollte es Nowy wissen. Am Vormittag des 14. Oktober schoss er eine P-40 und eine LaGG-3 vom Himmel und während des zweiten Einsatzes am frühen Nachmittag erzielte er vier weitere

Luftsiege über sowjetische Jäger. Damit hatte Walter Nowotny bei nur etwa 430 Einsätzen als erster Jagdflieger 250 Luftsiege erzielt, was eine einmalige Leistung in der Geschichte des Luftkriegs darstellte. Zudem muss man die ungefähr 50 unbestätigten Abschüsse erwähnen, für die er keine Luftzeugen hatte. Für seine unvergleichliche Erfolgsserie wurde Nowotny am 19. Oktober 1943 als 8. Soldat der deutschen Wehrmacht mit dem Eichenlaub mit Schwertern und Brillanten zum Ritterkreuz ausgezeichnet.

Kurze Zeit nach dem Fernschreiben aus dem Führerhauptquartier, mit dem Hauptmann Nowotny ins Führerhauptquartier bestellt war, stand er Hitler gegenüber, der ihm die hohen Auszeichnungen überreichte.

In einer Sondersendung des Großdeutschen Rundfunks hörten die Menschen in Deutschland am 20. Oktober 1943 folgende Durchsage:

„Der Führer verlieh am 19. Oktober 1943 Hauptmann Walter Nowotny, Gruppenkommandeur in einem Jagdgeschwader, anlässlich seines 250. Luftsieges als achtem Soldaten der Wehrmacht das Eichenlaub mit Schwertern und Brillanten zum Ritterkreuz des Eisernen Kreuzes. Hauptmann Nowotny ist als Jagdflieger der sechste Träger dieser höchsten deutschen Tapferkeitsauszeichnung. Mit 250 Luftsiegen steht er an der Spitze aller deutscher Jagdflieger."

Zur Feier dieses Ereignisses ging es mit den Kameraden nach Wilna, wo es eine Bar und ausreichend zu trinken gab. Während dort gefeiert wurde, rief Generaloberst Ritter von Greim beim Geschwader an, um mitzuteilen, dass der Führer den neuen Ordensträger persönlich zu sprechen wünsche. Es gelang, die Leitung nach Wilna durchzustellen. Hitler sprach wenig später, ohne es auch nur zu ahnen, mit Nowotny selbst, der aus einer ‚schrägen Bar' in Wilna dieses Telefonat in Empfang nahm." Am nächsten Morgen lud die He 111 des Generalobersten Greim Nowotny und seinen Katschmarek ein und flog mit ihnen nach Rastenburg. Hitler schüttelte dem Flieger aus Niederösterreich die Hand. Nowy stellte im Abtreten noch seinen Rottenflieger „Quax" vor. Hitler gratulierte auch diesem zu seinem Kommandeur.

Wenig später wurde Quax Schörrer bei einem Luftkampf schwer verwundet. Er sprang mit dem Fallschirm ab, der sich nicht ganz öffnete. Er erlitt Brüche an beiden Beinen und einen Schädelbruch. Dennoch kam er durch und diente seinem Kommandeur weiter.

Nowy konnte vom 5. bis 12. November 1943 noch fünf Luftsiege erzielen, bevor er erneut Startverbot erhielt, um anschließend in den wohlverdienten Ritterkreuz-Urlaub zu gehen.

Walter Nowotny erhielt am 18. Januar 1944 den Ehrenring der Stadt Wien, die höchste Auszeichnung, die Österreichs Hauptstadt vergibt, mit einer Urkunde, deren Text wie folgt lautete: „Die Stadt Wien widmet ihrem Bürger Hauptmann Walter Nowotny in dankbarer Würdigung seines heldenhaften Einsatzes für Deutschlands Größe den Ehrenring der Stadt Wien."

Zudem erhielt er eine Reihe weiterer besonderer Auszeichnungen und Ehrungen, die sich nach dem Krieg als wertlos herausstellten, weil niemand mehr dazu stehen wollte.

Im Februar 1944 musste er nach 255 Luftsiegen seine Gruppe an der Ostfront verlassen, um die Leitung der Jagdfliegerschule I in Pau in den französischen Pyrenäen zu übernehmen.

Im April 1944 wurde diese Schule zum Jagdgeschwader 101, zu dessen Kommodore er avancierte.

Im Spätsommer 1944 verlegte das Jagdgeschwader 101 von Südfrankreich nach München. Wieder kurze Zeit später wurde er nach Lechfeld befohlen. Dort flog er den neuen Vogel, von dem Galland sagte: „Es ist, als ob ein Engel schiebt." Es war die Me 262, der erste einsatzfähige Turbojäger.

Erst im September kam er zur Erprobung des Düsenjägers zur Erprobungsstelle der Luftwaffe nach Rechlin, wo er auch Hanna Reitsch begegnete, der ersten Frau der Welt, die dieses Ungetüm flog und testete. Zwei Wochen später ging er nach Osnabrück. Von hier aus sollte er die einsatzbereiten Me 262 probeweise gegen die Bomberströme ansetzen.

Am 1. September 1944 zum Major befördert, wurde er am 25. jenes Monats Chef des „Kommandos Nowotny" Der Krieg aber war schneller als der Bau und die Frontreifmachung der Me 262. Immerhin gelang es Nowotny, einige der Düsenjäger auf den Einsatzhäfen Achmer und Hesepe bei Bramsche im Raum Osnabrück einsatzklar zu bekommen.

Am 7. Oktober startete Walter Nowotny auf einer Me 262 zum ersten Einsatz. Sein Bericht am anderen Morgen: „Ich habe den Bomber über meinen Platz getrieben und mit einem einzigen Feuerstoß abgeschossen."

Am Abend des 7. November 1944 trafen Generaloberst Keller und Generalleutnant Galland auf dem Flugplatz Achmer ein, wo Nowy mit einem Teil seines Kommandos lag. Am nächsten Morgen starteten einige der Düsenjäger zum Feindeinsatz. Als sie die Sprechfunkmeldungen verfolgten und zwei Maschinen abgeschossen waren, hielt es Nowy nicht auf dem Platz. Er startete trotz der Befehle Gallands zurückzubleiben und stieß auf einen Pulk viermotoriger Bomber. Er eröffnete auf einen viermotorigen B-24-"Liberator"-Bomber das Feuer und traf ihn, sodass er explodierte. Gleich danach schoss er noch einen der Begleitjäger, eine Mustang, in der Nähe von Hesepe ab.

Sekunden später rief Nowotny: „Ach du Scheiße … Meine Turbinen!"

Die Männer auf dem Platz sahen seine Me 262 durch die Wolken steil auf den Platz zustürzen. Dann flatterte eine weiße Fahne hinter der Maschine: „Der Fallschirm!", schrien die Männer durcheinander. Der Fallschirm löste sich zwar, öffnete sich aber nicht. Die Me 262 bohrte sich senkrecht in den Boden und explodierte in einem Aufschlagbrand.

Walter Nowotny war tödlich verunglückt. Galland und Keller konnten ihre Tränen nicht zurückhalten; „Quax", Nowotnys Rottenflieger, war wie versteinert. Nowotnys Fahrer, Gedecke, fuhr zur Absturzstelle und half weinend mit, den Leichnam des Freundes und Kameraden zu bergen. Im Schritttempo fuhr er den Toten zurück.

Die genaue Absturzursache konnte damals nicht geklärt werden. Erst lange nach dem Krieg erklärten amerikanische Unterlagen die mögliche Ursache. Demnach wollte Nowotny sich nach dem Ausfall eines Triebwerkes den angreifenden US-Jägern durch einen Sturzflug entziehen, konnte aber beim Durchstoßen der Wolkendecke seinen Düsenjäger nicht mehr rechtzeitig abfangen. Der Sarg des toten Fliegers wurde in der Wiener Hofburg aufgebahrt. Am

15. November 1944 fanden im großen Zeremoniensaal in der Wiener Hofburg ein feierlicher Staatsakt und die Trauerfeier statt. Anschließend erfolgte die Überführung des Sarges auf einer motorisierten Lafette über den Heldenplatz durch die Tore des Wiener Gefallenenehrenmals und über die Ringstraße zum Zentralfriedhof. Seine Kameraden des Jagdgeschwaders 54 hielten die Ehrenwache. „Quax" Schnörrer und Gordon Gollob trugen das Ordenskissen. Bei der Lueger-Kirche auf dem Zentralfriedhof wurde er in einem Ehrengrab der Stadt Wien zur letzten Ruhe gebettet. Hannes Trautloft, sein alter Kommodore hielt die Grabrede. Seine letzten Worte lauteten:

„Dein Geist bleibt wach, aus ihm werden neue Kämpfer geboren, die Dich als Vorbild in ihren Herzen tragen werden. Lebe wohl, mein guter Kamerad!"

Walter Nowotny konnte bei seinen 442 Feindflügen insgesamt 258 Luftsiege erzielen, davon 255 im Osten und drei im Westen, unter ihnen waren zwei viermotorige Bomber. Dabei wurde er elf Mal im Wehrmachtsbericht genannt. Der von ihm geführte Schwarm Nowotny, Schnörrer, Döbele und Rademacher erzielte von 1941 bis 1943 fünfhundert bestätigte Luftsiege. Auch in Epe bei Bramsche erinnert ein Ehrenmal an Nowotnys Fliegertod.

Walter Nowotny

Geboren am 7. Dezember 1920 in Gmünd/Niederösterreich
Gefallen am 8. November 1944 bei Epe, Kreis Bramsche/Niedersachsen
Letzter Dienstgrad: Major
Ritterkreuz am 4. September 1942 als Leutnant nach 57 Luftsiegen
293. Eichenlaub zum Ritterkreuz am 4. September 1943 als Oberleutnant nach 189 Luftsiegen
37. Eichenlaub mit Schwertern zum Ritterkreuz am 22. September 1943 als Hauptmann nach 218 Luftsiegen
8. Eichenlaub mit Schwertern und Brillanten zum Ritterkreuz am 19. Oktober 1943 als Hauptmann nach 250 Luftsiegen
Deutsches Kreuz in Gold am 21. August 1942
Gesamtzahl der Luftsiege: 258 anerkannte Luftsiege und circa 50 weitere unbestätigte Abschüsse
Letzte Dienststellung: Kommandeur des „Erprobungskommandos Nowotny"

Wilhelm Batz

Wilhelm Batz

Wilhelm Batz wurde am 21. Mai 1916 im oberfränkischen Bamberg geboren. Nach dem Abitur trat er im November 1935 als Freiwilliger für vier Jahre in die deutsche Luftwaffe ein. Batz kam zur Flugzeugführerschule des Fliegerausbildungsregiments 13 nach Neubiberg, wo er seine Grundausbildung ablegte. Ab 1. Februar 1936 begann seine Ausbildung als Flugzeugführer beim Fliegerausbildungsregiment 23 in Kaufbeuren. Schließlich absolvierte er die verschiedenen Lehrgänge und schloss sie erfolgreich ab. Sehr bald galt er bei seinen Vorgesetzten als ruhiger und besonnener Flugzeugführer mit einer großen Begabung für die Unterweisung jüngerer Kameraden. Diese Begabung zur Weitergabe des Wissens, das jeder Jagdflieger brauchte, ließen ihn sehr rasch zum Ausbilder für Freiwillige und zur Luftwaffe eingezogene Soldaten werden. Die Piloten, die aus seiner Obhut entlassen wurden, waren durch die Bank gute Flieger und wurden erfolgreiche Kämpfer. Durch ihn erhielt die Luftwaffe somit eine große Zahl erstklassiger Piloten. Aber nicht nur als Flieger-, sondern auch als Waffenspezialist war er anerkannt.

Ab dem Jahre 1937 diente Batz in Kaufbeuren als Fluglehrer beim Fliegerausbildungsregiment 23, der ehemaligen Fliegerersatzabteilung 25, der deutschen Luftwaffe. Das befehligte Oberstleutnant Vrbanic, der Wilhelm Batz als seinen besten Könner ansah, auf dessen technisches Wissen er immer wieder zurückgreifen konnte.

Batz unterrichtete Fähnriche und angehende Kriegsoffiziere. So wurde er vom Hilfslehrer zum bestallten Fluglehrer und brachte es besonders schnell zum Oberfeldwebel. Im November 1939 verließ er mit der Flugzeugführerschule des Fliegerausbildungsregiments 23 Kaufbeuren in Richtung Jüterbog-Damm und Reinsdorf, da sich ein Kampfverband auf ihrem Stammplatz eingenistet hatte. Erst im Juni kehrte das Fliegerausbildungsregiment 23 nach Kaufbeuren zurück. In dieser Zeit absolvierte Batz einen Offizierslehrgang an der Luftkriegsschule 2 in Berlin-Gatow.

Am 1. November 1940 zum Leutnant befördert, war er bis zum 31. Oktober 1942 als Gruppenfluglehrer für die A/B-Ausbildung (ein- und zweimotorige Flugzeuge) bei der Flugzeugführerschule in Kaufbeuren im Fliegerausbildungsregiment 23 eingesetzt.

Dank seiner außerordentlichen fliegerischen Begabung war Willi Batz für seine Flugschüler auf allen zur Verfügung stehenden Schulmaschinen ein exzellenter Lehrer, und ein unentbehrlicher Mann, wenn es darum ging, fertig ausgebildete Flieger zu den deutschen Frontgeschwadern zu entsenden.

Wilhelm Batz war keineswegs ein Prediger des blinden Draufgängertums, er bevorzugte vielmehr kluges taktisches Vorgehen im Rahmen der jeweiligen Flugformation. Das alles brachte den in den Einsatz kommenden Fliegern Erfolge und gute Überlebenschancen in kritischen Situationen. Später, als er bereits selbst eines der Asse des Jagdgeschwaders 52 war, gab er zu, dass er den Kurvenkampf nicht besonders liebte. Er meinte dazu, dass dies wohl eine Generationsfrage sei. Er war reifer, abgeklärter und berechnender als die jungen Flugzeugführer, die sich mit „Hurra" und Gebrüll in den Kurvenkampf stürzten. Batz selbst kam meist aus der Überhöhung, beobachtete eine Zeit lang den Gegner, passte den Moment seines Geradeausflugs ab, stürzte dann mit großem Fahrtüberschuss herab und durch den gegnerischen Verband hindurch und zog schließlich von unten hoch an die Feindmaschine heran, um sie wenig später abzuschießen. Besonders stolz war Batz später darauf, dass er während seiner Zeit beim Jagdgeschwader 52 keinen einzigen Katschmarek verloren hatte.

Als das dritte Kriegsjahr vorüber war und Wilhelm Batz inzwischen weit über 5.000 Flugstunden hinter sich gebracht hatte, hatten seine Vorgesetzten ein Einsehen und gaben seinem Gesuch, zur Frontfliegerei versetzt zu werden, statt. Am 1. November 1942 wurde er von der Flugschule Kaufbeuren nach Bad Aibling auf die Jagdfliegerschule 101 versetzt, die zuvor in Werneuchen stationiert gewesen und soeben aus Dänemark zurückgekommen war.

Obwohl er bereits viele verschiedene Typen von Schulflugzeugen geflogen war, wurde er zum ersten Mal mit den etwas älteren Flugzeugtypen der Serien „Dora" und „Emil" der Me Bf 109 konfrontiert. Doch sehr rasch hatte er sich an den schnittigen Jagdeinsitzer gewöhnt. Schließlich wurde Leutnant Wilhelm Batz aus dem Lehrdienst entlassen und zu einem fliegenden Verband kommandiert. Seine Enttäuschung war groß, als er nicht wie erwartet direkt zu einem Jagdgeschwader an die West- oder Ostfront versetzt wurde, sondern den Befehl erhielt, sich bei der Ergänzungsgruppe Ost in Frankreich zu melden.

Am 20. Dezember 1942 meldete sich Wilhelm Batz beim Kommandeur der Gruppe, Major Andres. Dieser wies ihn zur 2. Staffel, die in Saint-Jean-d'Angély, etwa 150 Kilometer von Bordeaux entfernt, stationiert lag. Obwohl Batz bereits Hunderte von Piloten selbst ausgebildet hatte, musste er hier noch einmal die forcierte Ausbildung zum Jagdflieger mitmachen. Am 1. Februar 1943 erhielt er endlich den Marschbefehl nach Russland zur II. Gruppe des Jagdgeschwaders 52. Sein Leben als Jagdflieger hatte begonnen.

Hier sollte er seine fliegerische Heimat finden. Zur Zeit seiner Ankunft dort hatte dieses Geschwader eine Reihe hoch ausgezeichneter Flieger in seinen Reihen. Der Kommandeur seiner Gruppe war Hauptmann Johannes Steinhoff, der bereits das Eichenlaub trug. Steinhoff forderte den Leutnant als Adjutant für seine Gruppe an, und als dieser protestierte, meinte er nur: „Alles zu seiner Zeit, Batz. Sie werden alles noch im überreichen Maße haben. Sie kommen so schnell wie möglich als mein Katschmarek raus."

Batz musste sich damit zufriedengeben und kam in den folgenden Wochen immer wieder als Rottenflieger des Kommandeurs zu Feindflügen.

Seinen ersten Luftsieg erzielte er am 11. März 1943 über eine LaGG-3 und am 13. März schoss er noch einen „Boston"-Bomber ab. Bei der Gruppenbesprechung lobte Steinhoff den Leutnant. Batz erhielt das Eiserne Kreuz II. Klasse.

Anschließend verlegte die II. Gruppe in den Kuban-Brückenkopf. Hier konnte er bis zum 15. August 1943 fünfzehn Luftsiege erringen. Bereits im Mai 1943 übernahm er, inzwischen zum Oberleutnant befördert, die 5. Staffel des Jagdgeschwaders 52. Acht sowjetische Bomber griffen eines Morgens den Fliegerhorst Anapa an und vernichteten fünf Me 109 und zwei Zelte. Batz hängte sich mit vier Kameraden an die acht abrauschenden Pe-2-Bomber. Batz schoss eine Spitfire ab und die Übrigen holten weitere drei Bomber vom Himmel. Barkhorn gratulierte Batz und gab der Hoffnung Ausdruck, dass nunmehr „der Knoten geplatzt" sei. Barkhorn konnte sich auf seine beiden Staffelkapitäne Batz und Lipfert verlassen. Sie veranstalteten bald ein wildes Durcheinander unter den Russenfliegern, als sie im Gegenzug den Platz der Feindbomber aufs Korn nahmen. Sie zerschossen die Gebäude und stürzten sich auf die abgestellten P-2-Maschinen. Elf Pe-2-Bomber brannten völlig aus.

24 Stunden später startete Batz mit dem Gruppenkommandeur zum Überwachungsflug. Er stieß auf vier Jak-1 (eine verbesserte Version des Rata-Jägers), griff eine dieser starken Maschinen aus überhöhter Position an und holte nach kurzer Kurbelei eine vom Himmel. Mit Barkhorn zusammen folgte er den abdrehenden Maschinen. Aus 90 Metern Distanz fegte er den nächsten Gegner herunter.

Bis zum 29. Oktober hatte er 36 Feindflugzeuge auf seinem Erfolgskonto, als die II. Gruppe und mit ihr die 5. Staffel auf die Krim verlegte. Am Kuban und über Kertsch kam es abschließend zu einer Reihe von Begegnungen mit dem Feind, der auf flachen Booten über die Lagunen schipperte. Hier stand auch Hauptmann Ulrich Rudel mit seiner Ju 87 im Einsatz und vernichtete über 80 dieser Boote. Die russische Absicht, den Rückzug der 17. deutschen Armee von Noworossisk zu verhindern, wurde dank des Einsatzes aller deutschen Fliegerkräfte vereitelt. Bis Ende April 1944 war die 17. Armee der drohenden Einkesselung und Vernichtung entkommen.

Das Jagdgeschwader 52 flog neben eigenen Einsätzen immer wieder Geleitschutz für die Stuka-Verbände. Allein am 19. April 1944 wurden 16 Gruppen Ju 87 mit insgesamt 294 Einsätzen sicher geleitet. Es waren – das sei in diesem Zusammenhang erwähnt – die I. Gruppe des Stukageschwaders 2 und die II. Gruppe des Stukageschwaders 77, die sich hier auf ihren Jagdschutz voll verlassen konnten.

Am 2. Dezember 1943 schossen die Jäger dieser Gruppe 23 Feindflugzeuge ab. Am 5. Dezember waren es 25, am 7. Dezember 12 und am 28. Dezember wiederum 18 sowjetische Flugzeuge, die hier vom Himmel heruntergeschossen wurden.

Doch zurück zu Wilhelm Batz, der am 14. November wegen besonderer Leistungen im Luftkrieg den Ehrenpokal des Oberbefehlshabers der Luftwaffe hatte. Im Duell mit zahlenmäßig weit überlegenen Fliegerkräften der roten Luftmacht gelangen ihm immer wieder Einzelabschüsse, Dubletten und auch mehrere Abschüsse täglich.

Als er nach einem dreifachen Sieg mit den Tragflächen wackelnd über den Platz flog und landete, hatte sein erster Wart allein 19 Einschüsse in seiner Zelle gezählt. Dennoch startete Batz, der nach seinen Worten „mit wackligen Knien gelandet war", drei Stunden darauf ein weiteres Mal. Es ging im Tiefflug gegen russische Landungsstellen. Batz und seine Männer schossen drei Boote zusammen und im zweiten Angriff auf Gegenkurs abermals zwei. Nachmittags wurde der Verband erneut in den „Skat" geworfen. Es ging gegen einen gemeldeten Bomberverband, der einen deutschen Gegenangriff zerschlagen wollte. Hier schoss Batz mit seiner Me 109 G-6 immer wieder mehrere Angreifer ab. Diese Maschine verfügte auch über die MK 108, eine 30-mm-Kanone und zwei MG 151/20 in Gondeln unter den Außenflügeln. Mit seiner 5. Staffel, die er elf Monate lang führen würde, stand er in Barkhorns II. Gruppe. Sie traten gegen jene Bomber an, die die deutschen Schnellbootstützpunkte zusammenwerfen wollten, die an der Südostküste des Schwarzen Meeres entstanden waren.

Von diesem Einsatzort aus ging es am 29. und 30. November 1943 nach Bagerowo. Hier schraubte Batz seinen Rekord auf 75 Abschüsse herauf und wurde von Oberleutnant Hrabak zum Ritterkreuz eingereicht. Aber es sollte noch viele Abschüsse so weitergehen, bevor ihm nach 101 Luftsiegen diese Auszeichnung verliehen wurde.

Bis kurz vor Jahresende waren von den 32 Maschinen der II. Gruppe des Jagdgeschwaders 52, die nach Bagerowo verlegt hatten, nur noch 15 übrig geblieben. Wilhelm Batz kurierte zu dieser Zeit eine Verwundung aus, anschließend erkrankte er allerdings und fiel für mehrere Wochen aus.

Bis zum 30. November hatte Barkhorn seinen 200. Luftsieg errungen. Major Rall von der III. Gruppe kam am 28. November auf 250 Luftsiege und am 13. Dezember trug sich „Bubi" Hartmann, ebenfalls von der III. Gruppe, mit 150 Abschüssen in die Rekordliste ein.

Zeit für Wilhelm Batz, mehr aus sich herauszugehen, schließlich war er am 28. Januar 1944 mit dem Deutschen Kreuz in Gold ausgezeichnet worden. Am 22. März 1944 konnte er seinen 100. und 101. Luftsieg feiern. Dafür wurde Oberleutnant Wilhelm Batz am 26. März 1944 mit dem Ritterkreuz ausgezeichnet und am 1. April 1944 zum Hauptmann befördert.

Als der Kampf auf der Krim zu Ende ging, wurde Batz am 19. April 1944 für den abgehenden Günther Rall Kommandeur der III. Gruppe des Jagdgeschwaders 52.

In dieser Gruppe führte Oberleutnant Gerd Treuberg die 7., Oberleutnant Obleser die 8. und Oberleutnant Hartmann die 9. Staffel. Für über fünf Monate wurde Batz Hartmanns Gruppenkommandeur. Einige Tage bevor er die III. Gruppe übernahm, wurde Batz am 14. April 1944 bei einem sowjetischen Tieffliegerangriff auf den Flugplatz durch Bomben- und Steinsplitter in der linken Gesichtshälfte und im Nacken leicht verwundet.

Das Geschwader hatte am 10. Mai 1944, dem Tag als die Räumung der Krim begann, seinen 9.000 Gegner abgeschossen. Im Kampf gegen jene Bomber und Schlachtflieger, die am Morgen des 29. Mai 1944 den Liegeplatz in Roman nördlich von Jassy überrollen wollten – es waren 375 Jäger und 370 Schlachtflugzeuge und Bomber – startete die III. Gruppe mit der 7. Staffel, der alle anderen nachfolgten.

Als sie nach einem dramatischen Fight wieder landeten, musste Batz den Platz zweimal anfliegen, um viermal wackeln zu können.

Zwei Stunden darauf erfolgte der nächste russische Angriff. Es folgte noch ein dritter Einsatz, den wiederum Batz anführte, wie bereits die zwei vorherigen. Und um 16.45 Uhr erfolgte der letzte Alarmstart. Letztendlich folgte noch ein weiterer Angriff. Batz, inzwischen zum Hauptmann befördert, hatte an diesem Tag insgesamt 15 Gegner abgeschossen. Dazu beglückwünschte ihn Dieter Hrabak mit folgenden Worten: „Dieser Tag wird in die Geschichte unseres ruhmreichen Geschwaders eingehen. Du bist bis auf zwei Abschüsse an unseren unvergessenen Jochen Marseille herangekommen."

Es war Batz 141. bis 155. Abschuss. Am 20. Juli erhielt er dafür das Eichenlaub zum Ritterkreuz.

Im Juni 1944 kam es zu mehreren Gefechten mit amerikanischen Bomberverbänden der 15. US-Luftflotte, die aus Italien kommend die Erdölfelder und Raffinerien in Ploesti sowie die rumänische Hauptstadt Bukarest angriffen. Hier gelang Wilhelm Batz der Abschuss von zwei P-51-"Mustang"-Jagdmaschinen und eines viermotorigen B-24-"Liberator"-Bombers.

Mit Beginn der russischen Großoffensive „Bagration" am 22. Juni 1944 ging es zurück. Bis Mitte Juli wurde Lemberg erreicht, dann wurden von Krakau aus weitere Angriffe geflogen.

Bis zu diesem Zeitpunkt hatte es Wilhelm Batz auf 188 Luftsiege gebracht. Am 20. Juli 1944 verlieh man ihm als dem 526. Soldaten der Wehrmacht das Eichenlaub zum Ritterkreuz, das er Ende August 1944, im Führerhauptquartier im ostpreußischen Rastenburg, von Hitler überreicht bekam.

Am 2. September erzielte Hauptmann Borchers den 10.000. Abschuss des Geschwaders, das ab 1. Oktober 1944 von dem neuen Kommodore Major Hermann Graf geführt wurde.

Nach seinem 200. Luftsieg am 17. August 1944 hatte Batz eine Reihe bitter errungener Siege erfochten. Mehrmals war er verwundet worden. Bis zum 29. Oktober 1944 hatte er 224 Luftsiege errungen.

Anfang des Jahres 1945 vollzog sich im Jagdgeschwader 52 ein größerer Umbruch bei den Kommandostellen. Als Major Barkhorn nach seinem 301. Luftsieg die II. Gruppe Mitte Januar 1945 verließ, um in der Reichsverteidigung das Jagdgeschwader 6 zu übernehmen, wurde Wilhelm Batz mit damals 227 Luftsiegen dessen Nachfolger als Kommandeur der II. Gruppe. Seine III. Gruppe wurde von Major Adolf Borchers übernommen, der von der I. Gruppe kam, während die I. Gruppe ab dem 1. Februar 1945 von Hauptmann Erich Hartmann geführt wurde. Batz führte seine „alte" II. Gruppe in Ungarn. Eine Reihe Verlegungen erfolgte aufgrund des überstarken Feinddrucks.

Am 16. April 1945 schoss Batz seinen 237. Gegner, eine Il 2, ab. Schließlich bekam er am 21. April 1945 als 145. Soldat der deutschen Wehrmacht das Eichenlaub mit Schwertern zum Ritterkreuz verliehen, nachdem er bereits kurz zuvor zum Major befördert worden war.

Die II. Gruppe verlegte über Hörsching nach Zeltweg und von dort wurde sie durch einen Befehl von General der Flieger Deichmann zum Ausweichen nach Neubiberg bei München angewiesen. Dadurch entgingen sie dem Schicksal des Geschwaderstabes und der I. und der III. Gruppe, die an die Russen ausgeliefert wurden und für viele Jahre in sowjetischer Gefangenschaft waren (siehe Kapitel zu Erich Hartmann).

Der Krieg war zu Ende. Es war für Batz eine große Erleichterung, dass seine II. Gruppe nicht den Weg in die sowjetische Gefangenschaft antreten musste. Er kam in ein amerikanisches Gefangenenlager bei Bad Aibling, aus dem er bereits, wie auch seine Männer der

II. Gruppe, im Sommer 1945 entlassen wurde. Major Batz konnte bei nur 445 Feindflügen 237 Luftsiege erringen, davon drei gegen westliche Gegner und darunter ein viermotoriger Bomber.

Ende 1955 folgte Wilhelm Batz der Bitte seiner Kameraden vom ehemaligen Jagdgeschwader 52 und bewarb sich bei der Luftwaffe der Bundeswehr. Besonders seine ehemaligen Vorgesetzten, wie Hrabak, Steinhoff, Barkhorn und Krupinski, hatten ihm dazu geraten. Sofort mit der Einstellung in die Bundesluftwaffe im Rang eines Majors erinnerte man sich an ihn als Ausbildungsfachmann für angehende Piloten, weshalb er zum Kommandeur der Flugzeugführerschule „S“ ernannt wurde, die er bis 1961 führte. Anschließend übernahm er das Lufttransportgeschwader 63 in Hohn, Kreis Rendsburg, das er von 1961 bis 1964 als dessen Kommodore führte. Mittlerweile zum Oberstleutnant befördert, wurde er am 30. September 1972 aus der Bundeswehr in den wohlverdienten Ruhestand verabschiedet.

Auch im Ruhestand ließ ihn seine alte Leidenschaft, die Jagd, nicht los. Schon im Krieg war Wilhelm Batz, wenn es die Zeit zuließ, mit seinen Offizierskameraden vom Jagdgeschwader 52 auf die Jagd nach Wild gegangen. Und nicht nur gegnerische Flugzeuge, sondern auch viele Wildtiere fielen seiner Treffsicherheit zum Opfer. In seinem oberfränkischen Heimatort Gerach-Mauschendorf bei Bamberg ging er bis zu seinem Lebensende dieser Leidenschaft nach. Am 11. September 1988 verstarb Wilhelm Batz im Klinikum Ebern in Unterfranken. Bei Leverkusen-Opladen, wo seine Familie lebte, fand er seine letzte Ruhestätte auf dem Quettinger Friedhof.

Wilhelm Batz

Geboren am 21. Mai 1916 in Bamberg/Oberfranken
Verstorben am 11. September 1988 in Ebern/Unterfranken, beigesetzt in Leverkusen
Letzter Dienstgrad: Major (Wehrmacht)/Oberstleutnant (Bundeswehr)
Ritterkreuz am 26. März 1944 als Oberleutnant nach 101 Luftsiegen
526. Eichenlaub zum Ritterkreuz am 20. Juli 1944 als Hauptmann nach 188 Luftsiegen
145. Eichenlaub mit Schwertern zum Ritterkreuz am 21. April 1945 als Major
nach 237 Luftsiegen
Deutsches Kreuz in Gold am 28. Januar 1944
Gesamtzahl der Luftsiege: 237 anerkannte Abschüsse
Letzte Dienststellung: Kommandeur der II. Gruppe des Jagdgeschwaders 52

Erich Rudorffer

Erich Rudorffer wurde am 1. November 1917 in Zwochau bei Leipzig geboren und wuchs in Leipzig auf. Dort besuchte er ein Gymnasium und meldete sich nach dem bestandenen Abitur 1936/37 bei der Verkehrsfliegerei. Er durchlief die lange, aber wichtige Ausbildung auf verschiedenen Typen. Bei Kriegsausbruch kam er zur Luftwaffe und war zunächst Kampfflieger. Schließlich wurde Rudorffer am 1. November 1939 als Feldwebel zur I. Gruppe des Jagdgeschwaders 2, dem berühmten Geschwader „Richthofen“, versetzt und der 2. Staffel zugeteilt. Er flog während des Westfeldzuges, erzielte sehr rasch erste Luftsiege, und wurde nach neun Luftsiegen mit dem Eisernen Kreuz II. und I. Klasse ausgezeichnet. Während der Luftschlacht um England erzielte er die nächsten Luftsiege und wurde am 28. Oktober 1940 zum Leutnant befördert. Am 21. April 1941 schoss Rudorffer etwa 50 Kilometer südlich von Jersey einen britischen zweimotorigen Bristol-Blenheim-Bomber ab und erzielte damit seinen 19. Luftsieg, wofür er am 1. Mai 1941 mit dem Ritterkreuz des Eisernen Kreuzes ausgezeichnet wurde. Inzwischen zum Oberleutnant befördert, kam er im Juni 1941 zur 6. Staffel der II. Gruppe des Jagdgeschwaders 2, die er am 11. November 1941 als Staffelkapitän übernahm. Während der britischen Non-Stop-Offensive im Sommer 1941 begann seine erste große Erfolgsserie. Bis zum 20. September 1941 hatte er seine Abschusszahl auf 35 erhöht, schoss am Tag darauf innerhalb von zehn Minuten drei Spitfires über dem Ärmelkanal ab und am 27. September folgte mit dem Abschuss einer weiteren Spitfire der 39. Luftsieg. Einer seiner besten Kameraden war hier der Oberfeldwebel Kurt Bühlingen, über den an anderer Stelle noch zu berichten sein wird. Hinzu kam der unverwüstliche Hans „Assi“ Hahn und eine Reihe anderer Flieger, mit denen Rudorffer um die Abschusszahlen wetteiferte. So kam er in zähen Anläufen näher und näher an die führenden Asse heran. Über dem Kanal und über England nahm er an diversen Einsätzen teil und einmal, als ihm zwei Spitfires im Nacken saßen, stieß er steil auf London herunter, dass die Zuschauer auf den Dächern ihre Köpfe einzogen, als er um Haaresbreite über die Häuser hinwegdonnerte und den beiden Verfolgern entkam. Mehrfach wurde er abgeschossen – sechsmal davon lag er auf See in einem Schlauchboot und wartete auf Rettung, welche von den diversen Seenotstaffeln auch geleistet wurde. Dabei sagte einer der Flugzeugführer, der ihn bereits dreimal aus dem Bach gezogen hatte: „Rudorffer, es ist viel einfacher, wenn du uns sagst, wann du startest, dann können wir uns gleich zum Rettungsflug fertigmachen.“ In seiner gesamten Laufbahn wurde Rudorffer nicht weniger als 16 Mal abgeschossen. Neun Mal musste er aufgrund von Maschinenschäden und anderen Ursachen aussteigen und mit dem Fallschirm abspringen. Man nannte ihn im Geschwader nur noch den „Unbesiegbaren“. Und das Glück blieb ihm sowohl im Westen, als auch im Osten immer treu. In vielen Einsätzen im Westen konnte er die Zahl seiner Luftsiege bis Ende 1941 auf 40 heraufschrauben, was für diesen Kriegsschauplatz über dem Kanal und über England eine gigantische Summe bedeutete und ihm am 9. Dezember 1941 das Deutsche

Erich Rudorffer

Kreuz in Gold einbrachte. Während an der Ostfront die Jagdgeschwader wahre Triumphe feierten, mussten die wenigen Jäger im Westen zusehen, dass sie nicht von der mehr und mehr erstarkenden britischen Jagdwaffe abgeschossen wurden. Seine nächsten Erfolge erreichte er im Juni 1942, als es ihm gelang, drei Spitfires abzuschießen. Während der alliierten Landung in Dieppe konnte Rudorffer am 19. August 1942 zwei weitere Spitfire-Jagdmaschinen vom Himmel schießen. Nach der alliierten Landung in Nordwestafrika am 8. November 1942 wurde die II. Gruppe/Jagdgeschwader 2 von Nordfrankreich aus zunächst nach San Pietro auf Sizilien und dann weiter nach Nordafrika verlegt. Die gesamte Gruppe war inzwischen mit der neuen Focke-Wulf 190 A ausgerüstet worden. Sie wurde von Hauptmann Dickfeld geführt, der seit dem 19. Mai 1942 das Eichenlaub trug und ein Freund Rudorffers war.

Kapitän der 4. Staffel war Oberleutnant Kurt Bühlingen; Erich Rudorffer führte die 6. Staffel der Gruppe. Auf seinem Konto standen bislang 45 schwer errungene Abschusserfolge. Die 5. Staffel wurde von Oberleutnant Wolf von Bülow geführt. Auf diesem Gefechtsfeld über Tunesien kam Erich Rudorffer immer wieder zu weiteren Abschüssen. Einige der merkwürdigsten und bemerkenswertesten sollten hier genannt werden:

Als er am 20. Dezember 1942, einem Sonntag, den ersten scharfen Einsatz flog, erreichte er eine der schnellen Spitfires, die er niederrang. Gleichzeitig mit ihm war auch Bühlingen über eine weitere Spitfire erfolgreich. Das war der Aufgalopp. Drei Abschüsse folgten am 8. Januar 1943. Als an diesem Tag sich der Gruppenkommandeur Adolf Dickfeld bei einem Startunfall verletzte, stand ihm Rudorffer in der Führung der Gruppe bei, zugleich wurde er in den Stab der II. Gruppe des Jagdgeschwaders 2 versetzt. Am 9. Februar starteten sechs Maschinen der II. Gruppe gegen die Maschinen einer französischen Staffel und der 81. Fighter-Bomber Group, die zu einem Aufklärungsflug gestartet waren. In Kurvenkämpfen, Aufschwüngen und steilen Sturzflügen gelang es Rudorffer, nacheinander sechs Gegner vom Typ P-40 abzuschießen. Nach der Landung und Neuaufrüstung der Maschinen befand sich Rudorffer in Sitzbereitschaft, als 18 P-38 der 94. Squadron einen Verband „Fliegende Festungen" der 310. Bomber Group zum Angriff gegen die um Kairouan gelegenen Landeplätze der Deutschen geleitete. Rudorffer ließ seine Staffel starten, setzte sich als Letzter hinter sie und dirigierte seine wenigen Maschinen gegen einen Feind, den er mit 24 B-17, 18 P-40, 20 P-38 und 20 Spitfires angab. Die Staffel von Rudorffer schraubte sich auf 6.500 Meter empor und stieß aus dieser Überhöhung auf die Bomber, die von den P-40 gedeckt wurden, welche sich beim Angriff zu einem Abwehrkreis zusammenschlossen. Innerhalb von sieben Minuten gelangen seinem Verband mehrere Abschüsse. Alle Gegner stoben in die vier Himmelsrichtung auseinander. Aber nur zwei Minuten darauf entdeckte Rudorffer etwa fünf P-38 „Lightning" unter sich, die gerade ihre Bordwaffenangriffe auf einen deutschen Platz flogen. Mit seinem Schwarm drehte er auf diesen Gegner ein und schoss um 14.21 Uhr und 14.22 Uhr jeweils eine Lightning ab. Oberfeldwebel Goltzsch brachte es hier ebenfalls auf zwei Abschüsse. Am 15. Februar griffen nach einigen Scharmützeln in der Luft die B-25-"Mitchell"-Bomber der 81. und 82. Squadron und der 12. Bomber Group erneut die Flugplätze bei Kairouan an. Maschinen der 1. Fighter-Bomber Group sicherten sie. In den anschließenden Kämpfen war Leutnant Rudorffer erneut einer der erfolgreichsten Piloten. Um 15.03 Uhr und 16.07 Uhr schoss er nordwestlich von Pichon zwei Gegner, und um 16.08 Uhr und 16.15 Uhr abermals zwei ab, diesmal über Sbeitla. Es waren allesamt Lightnings. Drei weitere Abschüsse folgten am gleichen Tag. Am 11. März 1943, einem Donnerstag, traten Teile der II. Gruppe mit Spitfires ostwärts Ousseltia ins Gefecht. Wieder war Rudorffer mit zwei Abschüssen erfolgreich. Es waren Maschinen der 52. Fighter-Bomber Group. Am darauffolgenden Tage schoss er im Raume Maktar eine B-17 ab, und, an die Kanalküste zurückgekehrt, am 15. Mai 1943 noch zwei Spitfires. Als der Afrikaeinsatz der II. Gruppe/Jagdgeschwader 2 zu Ende ging, hatte Leutnant Rudorffer zusätzlich zu seinen 45 im Westen erzielten Luftsiegen weitere 27 Gegner über der Wüste abgeschossen – mit den beiden Luftsiegen vom 15. Mai 1943 am Kanal kam damit auf 74 Abschüsse. Mittlerweile zum Hauptmann befördert, wurde Rudorffer im Juni 1944 nach Königsberg befohlen, um die IV. Gruppe des Jagdgeschwaders 54 „Grünherz", deren Kommandeur er wurde, aufzustellen. Am 1. August 1943 übernahm er dann die II. Gruppe des Jagdgeschwaders 54, die im Nordabschnitt der Ostfront kämpfte. Er sollte diese Gruppe bis zum Februar 1945 führen und mit ihr einen sagenhaften Siegeslauf durchleben. So konnte er schon am 11. Oktober 1943 die Luftsiege 98 bis 104 erzielen, und am 6. November gelang ihm sein Meisterstück, als er während eines Luftkampfes in circa 17 Minuten elf Luftsiege errang und am Abend nach insgesamt 14 abgeschossenen Feindflugzeugen, alle vom Typ Jak-9, seinen 120. Abschuss meldete. Schließlich erhielt Rudorffer am 11. April 1944 nach 134 Luftsiegen und seiner Beförderung zum Major als 447. deutscher Soldat das Eichenlaub zum Ritterkreuz. In seiner Gruppe befand sich eine Vielzahl der Asse der Tagjagd. Er ließ alle in den Einsatz, vergaß aber auch selbst das Kämpfen und Schießen nicht. Seine Erfolgsserie hielt an. Mehr und mehr der alten Kameraden, die vor ihm hoch ausgezeichnet worden waren und eine Vielzahl an Abschüssen erzielt hatten, ließ er hinter sich zurück, bis er sich an die siebte Stelle der Bestenliste der deutschen Jägerwaffe gesetzt hatte.

Der Kommodore, Oberstleutnant Anton Mader, beglückwünschte Rudorffer zu diesen glänzenden Erfolgen und sagte dazu: „Gut, dass du nicht wie erst vorgesehen in Jesau bei Königsberg die IV. Gruppe unseres Geschwaders aufgestellt hast, und stattdessen im Sommer zu uns gekommen bist, um die verwaiste II. Gruppe unseres gefallenen Hauptmann Jung zu übernehmen." Im Juni 1944 kam Rudorffer mit seiner II. Gruppe für kurze Zeit nach Finnland auf die Flugplätze Helsinki, Petäjarvi und Immola, wo die Gruppe im Rahmen des Gefechtsverbandes „Kuhlmey" bei den Abwehrkämpfen in Karelien eingesetzt war. Hier gelang es Rudorffer am 3. Juli 1944, innerhalb von vier Minuten fünf Il-2-„Schlächter" abzuschießen. Am 26. Juli erzielte er die Luftsiege 150 bis 155, und am 25. August schoss er weitere fünf sowjetische Flugzeuge ab. Bis zum 27. Oktober hatte er es auf 198 Luftsiege gebracht. Seit Ende September 1944 lag die II. Gruppe des „Grünherz"-Geschwaders in Libau-Grobin. Neben seinen vielen Einzelerfolgen erlebte er viele Erfolge in den großen Luftschlachten, in denen ihm Mehrfachabschüsse gelangen. Eine davon war jene Luftschlacht am 28. Oktober 1944, als er in einem dramatischen ersten und in drei nachfolgenden Luftgefechten insgesamt elf Gegner abschoss. Damit erzielte er die Abschüsse 199 bis 209. Am 5. November 1944 war sein 212. Abschuss auch sein letzter über der Kurlandfront. Als viertem Piloten des „Grünherz"-Geschwaders und als dem 126. Soldaten der deutschen Wehrmacht wurde ihm am 26. Januar 1945 das Eichenlaub mit Schwertern zum Ritterkreuz verliehen. Am 15. Januar 1945 versetzte man Erich Rudorffer, Major und Schwerterträger, zu der noch in Aufstellung befindlichen I. Gruppe des Jagdgeschwaders 7, das mit Me 262 ausgestattet war und von Oberst Johannes Steinhoff seit Dezember 1944 befehligt wurde. Rudorffers Gruppenkommandeur war Major Theo Weissenberger, der aber bereits am 21. Januar 1945 zum Geschwaderkommodore ernannt wurde. So war der Weg für Rudorffer frei – er wurde der neue Kommandeur der I. Gruppe des Jagdgeschwaders 7. Hier konnte er mit der Me 262 noch einmal zwölf Luftsiege erzielen: neun viermotorige Bomber und eine Tempest am 24. März und zwei P-51 „Mustangs" am 30. März 1945. Damit hatte sich sein Rekord auf 224 Luftsiege erhöht, von denen er 138 im Osten und 86 im Westen, einschließlich Afrika, erzielte und damit der einzige Flieger der deutschen Luftwaffe war, der im Osten wie im Westen Rekordabschüsse schaffte. Diese 224 Luftsiege erzielte er in nur 302 Luftgefechten. Insgesamt brachte er es auf über 1.000 Feindflüge. Mit Erich Rudorffer hatte die deutsche Jägerwaffe einen versierten, eisernen und ausdauernden Kämpfer in ihren Reihen, den auch nicht schrecken vermochte, dass er 16-mal selbst abgeschossen wurde und davon neunmal mit dem Fallschirm abspringen musste. Dass auch mal der „innere Schweinehund sich regte", wie der Flieger selbst bemerkte, wem sollte dies bei einer solchen Einsatzbereitschaft nicht verständlich erscheinen. Doch Rudorffer überwand sich immer wieder selbst, startete erneut und trug den Kampf aus, zu dem er als junger Oberfeldwebel im November 1939 bei der I. Gruppe des Jagdgeschwaders „Richthofen" angetreten war, weil „dieser Name für mich und für alle meine Kameraden eine besondere Verpflichtung bedeutete." Erich Rudorffer überlebte den Krieg und arbeitete bis zu seiner Pensionierung im Luftfahrtbundesamt.

Erich Rudorffer

Geboren am 1. November 1917 in Zwochau bei Leipzig
Letzter Dienstgrad: Major
Ritterkreuz am 1. Mai 1941 als Leutnant nach 19 Luftsiegen
447. Eichenlaub zum Ritterkreuz am 11. April 1944 als Major nach 134 Luftsiegen
126. Eichenlaub mit Schwertern zum Ritterkreuz am 26. Januar 1945 als Major nach 209 Luftsiegen
Deutsches Kreuz in Gold am 9. Dezember 1941
Gesamtzahl der Luftsiege: 224 anerkannte Abschüsse
Letzte Dienststellung: Kommandeur der I. Gruppe des Jagdgeschwaders 7 (Me 262)

Heinrich (Heinz) Bär

Heinrich (Heinz) Bär

Oskar-Heinrich Bär wurde am 25. Mai 1913 in Sommerfeld bei Leipzig geboren. Im Jahre 1928 trat er im Alter von nur 15 Jahren einem Segelfliegerclub bei und machte seine ersten fliegerischen Erfahrungen. Fragte man ihn damals, welchen Beruf er einmal gerne ausüben wollte, so gab er immer zur Antwort: „Pilot bei der deutschen Lufthansa."

Am 4. April 1934 trat er in Leipzig in die Kraftfahrabteilung 4 der Reichswehr ein und kam nach der Grundausbildung und der anschließenden Anlernung zum Werkzeugschlosser im Sommer 1935 zur Luftwaffe. Hier arbeitete er als Bordmechaniker in einem Kampffliegerverband. Neben seinen Aufgaben, der Wartung der verschiedenen Flugzeugtypen und Motoren, musste er auch oft Dienste als Wachsoldat schieben, was ihm gar nicht gefiel – er wollte lieber fliegen. Nach zähem Kampf schaffte er es schließlich: Vom 1. November 1937 bis zum 31. März 1938 war er zur Flugzeugführer-Schulung beim Fliegerausbildungsregiment 32 an der Flugzeugführerschule in Oldenburg abkommandiert, um anschließend an die Flugzeugführerschule nach Hildesheim versetzt zu werden, wo er zum Flugzeugführer ausgebildet wurde.

Ab dem 16. Mai 1938 absolvierte er seinen C-II-Schein an der Flugzeugführerschule C in Ludwigslust (Mecklenburg). Schließlich erfolgte vom 7. Juli 1938 bis 14. August 1938 seine Kommandierung an die Blindflugschule 2 in Neuburg an der Donau.

Am 1. September 1938 wurde Unteroffizier Bär zur I. Gruppe des Jagdgeschwaders 135 versetzt und der 1. Staffel zugeteilt. Hier flog er aber keine Me 109, sondern die Transportmaschinen der Gruppe, je eine dreimotorige Ju 52 und zweimotorige Ju 86. Damals schwor er auf diese schweren Maschinen und wollte nie in ein einmotoriges Jagdflugzeug einsteigen. Auch sein Staffelkapitän Oberleutnant Douglas Pitcairn und andere Jagdflieger konnten ihn vorerst nicht dazu umstimmen, Jagdflieger zu werden. Erst als er seine Ju 86 bei einigen Kunstflugmanövern derart überdrehte, dass er mit qualmendem Motor landen musste, setzte er sich – wenn auch immer noch äußerst unwillig – in das Cockpit einer Me 109. Aber von diesem Tag an wurde er nie mehr in einem mehrmotorigen Flugzeug gesehen. Nach einer improvisierten Jagdfliegerausbildung flog er bei Kriegsbeginn einsatzmäßig in der 1. Staffel der I. Gruppe des Jagdgeschwaders 51 an der Reichsgrenze im Westen. Das Geschwader stand unter dem Befehl von Oberst Theo Osterkamp, Ritter des Ordens „Pour le Mérite". Unteroffizier „Pritzl" Bär war vom ersten bis zum letzten Tage des Zweiten Weltkrieges im Einsatz.

Am 25. September 1939 gelang ihm als jungem Hasen der erste Abschuss einer französischen Curtiss Hawk 75, wofür er am 27. September 1939 mit dem Eisernen Kreuz II. Klasse ausgezeichnet wurde. In der Zeit vom Ausbruch des Krieges bis zum Beginn des Kampfes im Westen im Mai 1940 hatte Bär bereits 53 Feindflüge an der Westgrenze durchgeführt. Aber nach seinem 53. Flug bekam er von seinem Staffelkapitän Hauptmann Pitcairn ein zweiwöchiges Flugverbot verhängt. Bär hatte seinen Flugauftrag von zwei Tiefangriffen ignoriert, flog mehrere Tiefangriffe hintereinander und hatte dabei noch die Mindesthöhe von 20 Metern unterschritten, wobei auch seine Messerschmitt beschädigt wurde.

Mit Beginn des Westfeldzuges kämpfte Bär ab dem 1. Mai 1940 als Feldwebel über Frankreich. Er nahm an einigen Tiefflugangriffen gegen französische Flugplätze teil, schoss zwei weitere Gegner ab. Im Luftkampf über England und über dem Kanal, nunmehr unter Führung von Hauptmann Werner Mölders, der diesem Geschwader seinen unverwechselbaren Stempel aufdrückte, konnte Bär in der 1. Staffel fliegend mehrere Feindflugzeuge abschießen und wurde als junger Leutnant Schwarmführer. Er schoss hier insgesamt zehn Gegner ab und erhielt das Eiserne Kreuz I. Klasse.

Am 2. September 1940 eröffneten elf Spitfires im Luftraum über Ashford das Feuer auf ihn und seinen Rottenflieger. Bär wurde die Maschine zerschossen, er musste mit dem Fallschirm aussteigen. Von einer He 59 des soeben eingerichteten Seenotkommandos Cherbourg wurde er „aufgefischt". Später „soff ich noch zweimal mit meinen Kisten ab", berichtete er seinen Kameraden. „Man sagt ja, dass es warme und kalte Strömungen im Kanal gibt. Ich bin immer in die kalte gefallen!"

Bei einem der nächsten Einsätze über England schoss Bär einen Gegner derart zusammen, dass er hätte aussteigen müssen, was er allerdings nicht tat. Bär flog bis auf wenige Meter heran und sah, dass sein Gegner am Arm und an den Beinen verwundet war, wie dieser durch Zeichen zu verstehen gab. Bär geleitete ihn auf den eigenen Platz bei Calais und landete sicher neben ihm. Das war das Verhalten eines deutschen Fliegers, zu einer Zeit, als Sir Winston Churchill, der britische Kriegspremier, befahl, jede Besatzung, selbst die der Rote-Kreuz-Staffeln, abzuschießen und die Männer nicht heil zu Boden gehen zu lassen.

Werner Mölders wurde auf diesen Piloten aufmerksam und sagte in einem vertraulichen Gespräch mit seinem Adjutanten: „Dieser Flieger hat etwas, was ihn zu einem der Besten machen wird, wenn wir ihm helfen." Bär stand zu dieser Zeit unter ständiger Beobachtung durch Mölders. Als Bär im Westen seinen 16. Gegner abschoss, gehörte er bereits zu den Besten, und er wurde am 24. Mai 1941 mit der Frontflugspange für Jagdflieger in Gold ausgezeichnet.

Zu Beginn des Krieges gegen die Sowjetunion war das Jagdgeschwader 51 im Mittelabschnitt der Ostfront eingesetzt. Hier reihte sich in kürzester Zeit Erfolg an Erfolg. Am 30. Juni 1941 schoss er hintereinander fünf sowjetische SB-2-Bomber ab, schraubte die Zahl seiner Abschüsse auf 27 herauf und erhielt am 2. Juli 1941, nach 29 Abschüssen, das Ritterkreuz des Eisernen Kreuzes.

Am 20. Juli 1941 wurde er von Mölders zum Kapitän der 12. Staffel ernannt und bis zum 14. August hatte er die Zahl seiner Luftsiege hier im Osten auf 62 gesteigert. An diesem Tage erhielt er das 31. Eichenlaub zum Ritterkreuz und wurde gleichzeitig mit Rangdienstalter vom 1. August 1941 zum Oberleutnant befördert. Am 30. August schoss er acht feindliche Flugzeuge ab, was zugleich die Abschüsse 73 bis 80 bedeutete. Am nächsten Tag erhielt seine 12. Staffel den Befehl, Tiefangriffe auf russische Absprungplätze durchzuführen. Auch der Staffelkapitän Heinz Bär griff einen der Plätze mit Bordwaffen an, aber in dem Augenblick, in dem er sich absetzen wollte, wurde er von einer Rata beschossen. Bär trudelte bis auf 500 Meter hinunter, legte die Maschine in die Horizontale, löste die Verriegelung der Kabine, stieß sie ab und warf sich aus der Maschine hinaus. Er verstauchte sich bei der Landung beide Füße. Inzwischen explodierte seine Maschine einige hundert Meter vor ihm und Bär machte sich trotz höllischer Schmerzen auf den Weg zu den eigenen Linien, die etwa 40 Kilometer entfernt waren.

Da er wusste, dass bald russische Suchkommandos auftauchen würden, versteckte er sich bis zum nächsten Morgen im Gebüsch, nahm seine Auszeichnungen ab und steckte diese zusammen mit seiner Uhr und der Pistole in die Hosentasche. Um nicht aufzufallen, strich er sich das Haar nach vorne ins Gesicht, stopfte seine umgedrehte Lederjacke voll Heu und warf seine Fliegerstiefel weg. Als russischer Bauer getarnt machte er sich auf den Weg zu den eigenen Truppen. Nach drei Nächten erreichte er die eigenen Linien, wurde von einem deutschen Posten angerufen und nach der Parole gefragt. Er antwortete in bestem Sächsisch:

„Gommse mer nicht gomisch! (Kommen Sie mir nicht komisch!) Ich bin Oberleutnant Bär vom Jagdgeschwader 51 und bin 40 Kilometer gelaufen."

Wieder „zu Hause" wurde Bär mit großem Hallo empfangen. Aber Heinz Bär war so entkräftet, dass er für volle zwei Monate ins Lazarett kam. Anschließend ging er noch in den wohlverdienten Urlaub. Bereits am 1. September 1941 wurde er wegen Tapferkeit vor dem Feind vorzeitig zum Hauptmann befördert, die persönlich beim Reichsmarschall erfolgte, der von Bärs Abschuss und Flucht gehört hatte. Schließlich bekam Bär am 26. November 1941 noch das Verwundetenabzeichen in Schwarz verliehen.

Als er Anfang 1942 an die Front zurückkehrte, setzte er seine Erfolgsserie fort. Wieder bei der Staffel sicherte er am 12. Februar 1942 vor einem Pulk russischer Bomber, die von einem Jägergeleit gesichtet wurden. Mit seinen vier Schwarmmaschinen griff Bär an. Er schoss den 89. und 90. Gegner ab und erhielt am 16. Februar 1942 als 7. deutscher Soldat das Eichenlaub mit Schwertern zum Ritterkreuz. Bereits am 12. Februar hatte der Wehrmachtsbericht seinen 90. Luftsieg verkündet. „Pritzl" Bär war der 5. Jagdflieger, dem diese hohe Auszeichnung verliehen worden war. Als er nach der Verleihung der Schwerter im Führerhauptquartier Ende März 1942 zur Truppe zurückkehrte, wurde er am 12. Mai 1942 Kommandeur der I. Gruppe des Jagdgeschwaders 77 und musste damit sein altes Geschwader verlassen.

Am 19. Mai 1942 errang er in diesem neuen Geschwader seinen 98. bis 103. Luftsieg. Seine Luftsiege erzielte er auf der Krim, über der Halbinsel Kertsch und Sewastopol. Als die Gruppe im Juli 1942 den sowjetischen Kriegsschauplatz verließ, hatte er es auf 113 Abschüsse gebracht. Zuvor bekam Bär am 8. Juni 1942 das Deutsche Kreuz in Gold verliehen – nachdem ihm bereits am 1. Juni 1942 der Ehrenpokal des Oberbefehlshabers der Luftwaffe überreicht worden war. Zunächst verlegte Bärs Gruppe nach Sizilien und von dort aus weiter nach Nordafrika. Über Malta schoss er im Oktober vier Spitfires ab, um danach nach Ägypten zu verlegen. Am 27. Oktober 1942 erzielte Bär seinen ersten Abschuss in Afrika. Von diesem Zeitpunkt an ging es auch hier schnell aufwärts. Die III. Gruppe unter Hauptmann Ubben

Tunesien 1943: Heinz Bär (links im Bild) im Gespräch mit Herbert Brönnle (4./Jagdgeschwader), Armin Köhler (III./Jagdgeschwader 77) und dem Kommodore des Jagdgeschwaders 77, Joachim Müncheberg (rechts im Bild).

traf ein und Major Joachim Müncheberg übernahm die Geschwaderführung. Am 30. Oktober schoss Bär eine Curtiss ab. Das Deutsche Afrikakorps befand sich seit November von Alamein aus auf dem Rückzug. Die Flugplätze mussten laufend weiter nach Westen verlegt werden. Am 10. November 1942 errang er zwei weitere Luftsiege und einen Tag später gelang seiner I. Gruppe der Abschuss von elf Feindflugzeugen. Am 7. Dezember fielen zwei weitere Spitfires der 601. Squadron seinen Bordwaffen zum Opfer. Schon am nächsten Tag erzielte er erneut drei Abschüsse. Am 11. Dezember schoss er eine Curtiss ab und am 14. Dezember erreichte er weitere zwei Luftsiege. Mit einem Abschuss, den Bär am 19. Dezember 1942 erzielte, konnte der 1.000. Luftsieg der I. Gruppe des Jagdgeschwaders 77 gefeiert werden.

Das Geschwader präsentierte sich im Januar 1943 in folgender Spitzenbesetzung:

Kommodore:	Major Müncheberg
I. Gruppe:	Hauptmann Bär
II. Gruppe:	Hauptmann Hackl
III. Gruppe	Hauptmann Ubben

Alle drei Kommandeure und der Kommodore waren erfolgreiche Flieger. Am 5. und 6. Januar 1943 schoss Bär über dem Feindflugplatz Hamraiet zwei Bomber ab. Am 12. Januar wurde der

Einsatz dorthin wiederholt, wobei Bär diesmal vier Feindflugzeuge vom Himmel holte. Vom 25. bis zum 27. Januar errang Bär seinen 148. und 149. Luftsieg. Weitere Flugzeuge, Jäger und Bomber, fielen vom Himmel herunter, wenn Heinz Bär am Feind flog. Schließlich konnte er am 4. Februar 1943 eine viermotorige Boeing B-17 abschießen. Am 15. Februar schoss er über dem Feindflugplatz Thelepte zwei Spitfires vom Himmel.

Als am 1. März 1943 überraschend der General der Jagdflieger Adolf Galland auf dem tunesischen Flugplatz Fatnassa eintraf, hatte Bär kurz zuvor über der Marethlinie fünf Gegner abgeschossen. Er wurde durch Müncheberg dem General der Jagdflieger vorgestellt, der ihn zum Major beförderte. Zu diesem Zeitpunkt hatte Heinz Bär 164 Luftsiege erzielt.

Galland behielt den Namen des Fliegers im Gedächtnis und holte ihn 1945 in seinen Jagdverband 44, der mit der Me 262 ausgestattet war.

Schon am 3. März konnte Bär seinen 170. Luftsieg erringen. Am 26. März fiel der 178. Gegner vom Himmel. Am 24. März wurde er Zeuge, wie einige seiner Flieger sich um ein paar Jäger balgten und diese nicht herunterholen konnten. Er hatte zuvor mehrere Feindflugzeuge abgeschossen und rief nun wutentbrannt: „Lasst mich mal ran!“ Und er schoss die beiden hartnäckigen Gegner binnen drei Minuten ab.

Am 13. April erhielt die I. Gruppe des Jagdgeschwaders 77 mit der Bf 109 G-6 neue starke Maschinen. Bär schoss mit ihnen die ersten Gegner ab. Am 7. Mai 1943 wurde das Jagdgeschwader 77 aus Afrika zurückbefohlen. Nach der Rückkehr aus Afrika wurde er überraschend nach Carinhall, dem Hauptquartier von Reichsmarschall Hermann Göring, bestellt. Alle glaubten, dass nun die Brillanten an der Reihe seien, doch es gab für Bär nur Beschimpfungen. Göring meinte wörtlich:

„Eines muss ich Ihnen sagen, Bär. Die Jäger, und Sie sind darin eingeschlossen, haben in Afrika nur Scheiße gebaut! Sie sollen außerdem einige Einsätze nicht mitgeflogen sein.“

„Das stimmt nicht, Herr Reichsmarschall“, erwiderte Bär. Göring griff ihn jedoch weiter an, bezichtigte ihn der Feigheit, und Bär merkte, dass er in Afrika in irgendeinem Stab einen Feind sitzen hatte, der Göring alles über ihn, mit negativen Frisierungen der Fakten, mitgeteilt hatte. Bär konterte damit, dass er über Afrika inzwischen 61 Gegner abgeschossen habe. Und als Göring fragte, wie es denn gewesen sei, als Bärs Jäger keine Angreifer hätten abschießen können, antwortete er: „Da bin ich gestartet und habe alle vier abgeschossen, Herr Reichsmarschall und zwar binnen zehn Minuten.“

Bär blieb seinem Oberbefehlshaber keine Antwort schuldig. Hätte er nur ein paar Mal „Jawohl Herr Reichsmarschall“, gesagt, dann wäre er mit dem Goldenen Flugzeugführerabzeichen mit Brillanten nach Afrika zurückgekehrt. Aber Bärs Renitenz machte Göring rasend, der überwiegend „Ja-Sager“ gewöhnt war. Aber das war eben „Pritzl“ Bär.

Zum Schluss sagte Göring nur noch: „Major Bär, stehen Sie still! Ich degradiere Sie wegen Insubordination und Vernachlässigung Ihrer Pflichten als Gruppenkommandeur zum Staffelkapitän.“

„Du wolltest den Dicken auf den Arm nehmen, Heinz, aber dafür ist er einfach zu schwer“, ärgerte ihn sein Gruppenadjutant, als er ihm von diesem Gespräch berichtete. Bär kam wieder zu seiner Gruppe zurück und führte sie weiter. Völlig abgeflogen und erschöpft wurde er am 19. August 1943 zum Kommandeur der Ergänzungsgruppe Süd in Südfrankreich ernannt. Göring, aber auch der Luftwaffenführungsstab, bei dem Bär durch seine Eigenwilligkeiten und seinen unkonventionellen Führungsstil ebenfalls in Ungnade gefallen war, ließen ihn das spüren. So wurde er am 28. Dezember 1943 zur 6. Staffel des Jagdgeschwaders 1 in die Reichsverteidigung versetzt. Aber schnell zeigte sich auch hier sein Können. Zwischen dem 10. Februar und dem 6. März 1944 konnte er 16 westalliierte Feindflugzeuge abschießen, darunter 13 viermotorige Bomber. Jetzt bemerkten die „oben" nicht nur seine hervorragenden fliegerischen Jagdfliegerqualitäten, sondern auch seine besonderen Führungseigenschaften. Somit konnten sie ihn nicht mehr übergehen und ernannten Bär am 15. März 1944 zum Kommandeur der II. Gruppe des Jagdgeschwaders 1. Am 22. April 1944 erkämpfte er den 200. Luftsieg und wurde schließlich am 12. Mai 1944, nach dem Tode des Geschwaderkommodores Walter Oesau, als Kommodore des Jagdgeschwaders 1 ernannt. Diese Pflicht erfüllte er jedoch nur wenige Tage, da das Geschwader dann von Oberstleutnant Herbert Ihlefeld übernommen wurde.

Am 1. Juni 1944 wurde Bär zum Kommodore des Jagdgeschwaders 3 „Udet" ernannt. Doch Göring hatte ihn immer noch „auf dem Kieker" und Bär hätte nicht einmal die Brillanten zum Ritterkreuz bekommen, wenn er 500 Gegner abgeschossen hätte. Er übernahm das verwaiste Jagdgeschwader 3 „Udet", das in der Reichsverteidigung beinahe täglich im Einsatz war. Bär führte dieses Geschwader erfolgreich und startete immer wieder mit wechselnden Gruppen. Zur Abwehr der alliierten Landung in der Normandie flog das Jagdgeschwader 3, unter der Führung von Heinz Bär, verlustreiche Einsätze an der Invasionsfront, bevor es im September 1944 zur Auffrischung ins Reich zurückverlegt wurde. Die nächsten Einsätze des Geschwaders erfolgten während der Ardennenoffensive. Am 18. Dezember schoss Bär drei feindliche Jäger und einen viermotorigen Bomber vom Himmel. In den zunehmend härteren Abwehrkämpfen gegen die riesigen Bomberarmaden konnte Bär immer wieder zu Erfolgen gelangen. Am frühen Morgen des 1. Januar 1945 startete der zum Oberstleutnant beförderte Bär mit dem gesamten Geschwader zum Unternehmen „Bodenplatte", bei dem es darum ging, mit allen verfügbaren Jägern einen Überraschungsschlag gegen die alliierten Flugfelder in den Niederlanden und Belgien zu führen. Der einzig erfolgreiche Verband, der seine Aufgabe löste, war Bärs Jagdgeschwader 3, das den Flughafen Eindhoven ausradierte und auf dem Rückflug noch die von der Aufklärung zurückkehrenden Thyphoons der 439. Squadrons dezimierte. Bär selbst schoss zwei britische Jäger ab. Allerdings wurde dieser Erfolg mit dem Tode von zehn erfahrenen Piloten bezahlt, die nicht mehr zu ersetzen waren.

Bär fasste das Ergebnis von „Bodenplatte" mit den Worten zusammen: „Dieser Einsatz hat uns das Genick gebrochen!" Er behielt Recht, denn die Tagjagd hatte durch diesen Angriff 214 Maschinen und ihre Flugzeugführer verloren. 18 weitere Flugzeugführer fielen durch Verwundung aus. Das Jagdgeschwader 3 stand noch bis Mitte Januar 1945 im Einsatz, als Hitler am 15. Januar befahl, sieben Jagdgeschwader aus der Reichsverteidigung herauszulösen und auf dem Ostkriegsschauplatz zum Einsatz zu bringen. Schließlich übernahm er am 14. Februar 1945 die III. Gruppe des Ergänzungs-Jagdgeschwaders 2 in Lechfeld, wo eine Schulung auf dem Düsenjäger Me 262 stattfand und die ersten Volksjäger vom Typ He 162 erprobt wurden. Als Kommandeur dieser Gruppe flog er zum ersten Mal diese „schnellen Vögel".

Er holte in den beiden ersten Starts je eine Thunderbolt vom Himmel und konnte in den nächsten Wochen seine Erfolgsbilanz auf der Me 262 auf 16 Abschüsse heraufschrauben. In diesem letzten Monat des Kampfes hätte Bär mehrfach noch die Brillanten erhalten müssen. Aber der Bannfluch des Reichsmarschalls galt. Als Galland wegen seiner Verwundung im Luftkampf des 26. April ins Lazarett musste, wurde Bär letzter Kommodore dieses Verbandes. Er musste unmittelbar vor der bedingungslosen Kapitulation seine eigene Me 262 sprengen.

Heinz Bär hatte auf über 1.000 Feindflügen 221 Luftsiege errungen, davon 96 im Osten, 65 im Mittelmeerraum und Afrika und 60 in der Reichsverteidigung, darunter waren mindestens 21 viermotorige Bomber. In der Reichsverteidigung konnte er von seinen 60 Luftsiegen, 16 mit dem Düsenjäger Me 262 erringen Damit war er mit 125 Westabschüssen nach Hans-Joachim Marseille der erfolgreichste gegen die westalliierte Luftmacht und liegt in der Rangliste der Jagdflieger an 8. Stelle. Er selbst wurde 18 Mal abgeschossen oder musste notlanden. Nach seiner Gefangenschaft ließ er sich in Braunschweig nieder und wurde Einflieger auf Sportmaschinen. Bei einem seiner vielen Test- und Vorführungsflüge kam es am 28. April 1957 in Braunschweig-Waggum während eines Manövers, das im Tiefflug mit einer Drehung beendet werden sollte, zu einem Zwischenfall. Die Maschine gehorchte dem Ruder nicht und stieß aus 50 Metern Höhe direkt auf die Erde hinunter. Heinz Bär, der Sieger in 221 Luftkämpfen, verunglückte mit dieser Sportmaschine tödlich. Er war einen Monat zuvor 44 Jahre alt geworden.

Heinrich (Heinz) Bär

Geboren am 25. Mai 1913 in Sommerfeld bei Leipzig
Verunglückt am 28. April 1957 beim Absturz seiner Sportmaschine in Braunschweig-Waggum
Letzter Dienstgrad: Oberstleutnant
Ritterkreuz am 2. Juli 1941 als Leutnant nach 29 Luftsiegen
31. Eichenlaub zum Ritterkreuz am 14. August 1941 als Oberleutnant nach 62 Luftsiegen
7. Eichenlaub mit Schwertern zum Ritterkreuz am 16. Februar 1942 als Hauptmann nach 90 Luftsiegen
Deutsches Kreuz in Gold am 8. Juni 1942
Gesamtzahl der Luftsiege: 221 anerkannte Abschüsse
Letzte Dienststellung: Kommandeur des Jagdverbandes 44

Hermann Graf

Hermann Graf

Hermann Graf wurde am 24. Oktober 1912 in Engen/Baden geboren. Bereits während seiner Kinderzeit war er ein guter Sportler und begeisterter Fußballer. Seine schulischen Interessen lagen auf dem Gebiet der Geografie. Den Gesangsunterricht hätte sich der Musikpädagoge auf dem Gymnasium schenken können – Grafs Stimme war dazu völlig ungeeignet.

Im Frühjahr 1925 erlebte Hermann Graf – noch von der Erde aus – das erste Flugzeug, das über ihn hinwegflog. Bis zu seiner Schulentlassung war dies aber der einzige Kontakt zur fliegenden Zunft. Erst im Jahre 1932 kam er im Alter von 20 Jahren zur Segelfliegergruppe seiner Heimatstadt. Nachdem er alles, was ein Segelflieger erreichen konnte, geschafft hatte, meldete er sich im Sommer 1935 zur Luftwaffe und wurde nach der Grundausbildung zum Flugzeugführer ausgebildet, indem er am 2. Juni 1936 zur Flugzeugführerschule nach Karlsruhe versetzt wurde. Am 31. Mai 1938 hatte er seine Ausbildung zum Piloten abgeschlossen und kehrte nach Ende seiner Dienstzeit zunächst in den Verwaltungsdienst zurück.

Im April 1939 absolvierte er seine Reservistenübung, machte dort erfolgreich einen Unteroffizierslehrgang mit und wurde Offiziersanwärter (der Reserve, versteht sich).

Am 31. Juli 1939 kam Graf dann durch Freiwilligenmeldung zur 2. Staffel des Jagdgeschwaders 51. Er war bereits Feldwebel, als der Polenfeldzug begann. Seine Gruppe blieb im Westen. Hier flog er 21 Einsätze entlang der französisch-deutschen Grenze, die nichts erbrachten als die Vervollkommnung seiner Flugkünste. Am 20. Januar 1940 wurde Graf als Fluglehrer zur Ergänzungs-Jagdgruppe Merseburg kommandiert und am 1. Mai 1940 zum Leutnant befördert.

Es war Oberleutnant Mayer, Staffelkapitän der 2./Jagdgeschwader 51, der ihm bei der Ausbildung noch gesagt hatte, dass er keine Me 109 fliegen dürfe, weil er keine Jagdschule absolviert habe. Aber diese Drohung bewahrheitete sich nicht und Graf wurde auch auf der Me 109 E geschult und brachte es sogar zum Ausbilder.

Schließlich erreichte ihn am 6. Oktober 1940 seine Kommandierung zum Jagdgeschwader 52 nach Berlin-Schönwalde, wo er der 9. Staffel des Geschwaders zugeteilt wurde. Schon am 14. Oktober verlegte die Gruppe nach Rumänien, wo er der deutschen Militärmission angehörte. Erneut als Fluglehrer eingesetzt, bildete er rumänische Flugzeugführer aus. Ende Mai 1941 verlegte die III. Gruppe nach Griechenland zur Unterstützung der deutschen Truppen, besonders der Fallschirmjäger, auf Kreta. Hierbei flog Graf mehrere Tieffliegerangriffe auf britische Ziele, zu einem Luftkampf kam es jedoch nicht.

Im Juni 1941 ging es wieder zurück nach Rumänien und ab Anfang August kam auch er an der Ostfront zum Einsatz. Am 4. August 1941 erzielte er seinen ersten Luftsieg. Es war eine I-16 (Rata), die nach kurzer Kurbelei vom Himmel fiel. Der 28-jährige Reservist hatte es geschafft. Seine Kameraden jedoch, die durchweg sechs bis acht Jahre jünger waren als er, erwarteten keine besonderen Leistungen von ihm. Aber das war zu kurzsichtig gedacht –

wenn sie auch zunächst richtig zu liegen schienen. Am 5. August flog Graf nacheinander drei Einsätze, ohne zum Abschusserfolg zu kommen. Beim vierten Start galt es Stukas zu begleiten. Etwa 1.000 Meter über Ralls 8. Staffel flog die 9. Staffel. Als sie sahen, dass Rall sich mit 20 Feindjägern herumschlug, stießen sie herunter, Graf als einer der Ersten. Als er auf eine Rata einschwenkte, sah er sich auf einmal von einer anderen verfolgt, die ihm dicht im Nacken hing. Dennoch konnte er die Rata voraus abschießen, um Sekunden später eine ganze Salve einzufangen. Es krachte in der Zelle. Der Motor begann zu spucken und in einem rasanten Abschwung tauchte Graf aus der Gefahrenzone heraus, um sich schnell dem „Gartenzaun", wie der eigene Horst genannt wurde, zu nähern. Als er Biala Zerkow erreichte, schaffte er trotz eines zerschossenen Reifens die Radlandung.

Begleitschutzflüge für die Stukas folgten. Bei Kanew schoss er eine MiG-3 ab. Über Uman ging es in Richtung Kriwoi Rog. Er hatte erst drei Abschüsse auf seinem Konto, und war dreimal um ein Haar dem eigenen Abschuss entronnen. Alle Kameraden schüttelten bedenklich den Kopf. Man besorgte schon den Schnaps, um das Fell des langen Leutnants – er war inzwischen zum Leutnant der Reserve befördert worden – zu versaufen. Aber Graf lernte, schoss in den nächsten Wochen einige weitere Gegner ab und stand am 6. September 1941 bei fünf Luftsiegen.

Am 23. September trafen neue Me 109 beim Geschwader ein. Sein erster Überführungsflug wurde ein Erfolg, als er eine „abgesprengte" DB 3 erwischte. Der siebte und achte Abschuss folgten rasch aufeinander. Allerdings forderte der 8. Luftsieg vom 27. September auch sein Opfer. Beim Abschuss eines DB-3-Bombers wurde die nagelneue Me 109 durch das Abwehrfeuer des Bordschützen regelrecht durchsiebt. Dennoch brachte Graf die Maschine heil nach Hause und schaffte, trotz erneut zerschossenen Reifens, eine sichere Radlandung.

Vom Flugfeld Tschaplinka startend, erzielte er Ende Oktober seinen 15. und 16. Luftsieg. Wenige Tage später war seine Erfolgsbilanz auf 20 angestiegen. Am 25. war bei Aibar eine J 61 vom Himmel gefallen, bei Juschin war es die 18. und wieder im Raume Aibar binnen zweier Minuten die 19. und 20. Feindmaschine, die seinen Bordwaffen zum Opfer gefallen waren.

Als der Oktober zu Ende ging, verlegte die III. Gruppe des Jagdgeschwaders 52 auf die Krim. Am 1. November errang Graf seinen 21. Luftsieg. Hier einige kurze Notizen aus Grafs Tagebuch: „8. November 1941: Südlich von Rostow fällt meine 22. Er wollte mich rammen. Ein verdammt zäher Brocken.

23. November 1941: Über dem Kohlenbecken von Rostow ging es vom 9. November bis 23. November bis zur Nummer 27, meiner ersten Il-2.

Innerhalb von sieben Minuten schaffte ich am 29. November zwei weitere Abschüsse. Beides DB-3-Bomber. Am selben Nachmittag kreiste ich mit Freund Retzlaff bei Bataisk über einem russischen Flugplatz. Als vier Ratas starteten, stieß ich auf eine I-16 herunter. Mit einem Aufschlagbrand ging diese Maschine in den Boden. Mein dritter Erfolg an einem Tag. Am 6. Dezember waren es abermals drei Abschüsse, die ich bei Asow schaffte und damit meinen Rekord auf 34 Maschinen heraufschraubte." Zur Hilfeleistung für die Waffen-SS unter

Gruppenführer Sepp Dietrich starteten Graf und Grislawski zur Stellung der Kameraden am Mius, wo einige klapprige Doppeldecker I-5 Stellungen der Waffen-SS-Männer beharkten. „Zwei Angriffsstöße und fünf dieser ‚Nähmaschinen' lagen auf der Schnauze." Zwei davon von Graf und drei von Grislawski abgeschossen. Damit waren 37 Gegner vernichtet, und Dickfeld vom Gruppenstab hatte ebenfalls 37 Abschüsse. An diesem Tag kam Gruppenführer Dietrich zu den Jägern, um sich persönlich mit Handschlag und einigen Pullen hochkonzentrierter Gaben zu bedanken.

Täglich saßen nun die Männer in ihren Kisten. Immerhin winkte, wie sie wussten, bei vierzig Abschüssen das Ritterkreuz. Aber Graf erhielt den „Dödel" erst bei 45 Abschüssen am 24. Januar 1942. Am 15. Dezember 1941 hatte er bereits für besondere Leistungen im Luftkrieg den Ehrenpokal des Oberbefehlshabers der Luftwaffe erhalten.

Damit hatte der „reifere Jüngling", wie er zuerst ein wenig spöttisch genannt wurde, seine Kameraden, die schon lange dabei waren, hinter sich gelassen und zog nun den ersten großen Spurt an, der ihn vom 61. Luftsieg bis zum 104. binnen 17 Tagen nach vorn preschen lassen sollte. Der 50. Luftsieg war am 23. März 1942 fällig und am 6. April fielen die Nummern 59 und 60. Im gleichen Monat wurde Graf mit dem Deutschen Kreuz in Gold ausgezeichnet und Staffelführer der 9. Staffel, die als „Karaya-Staffel" Berühmtheit erlangte und als die erfolgreichste deutsche Jagdstaffel des Zweiten Weltkrieges in die Geschichte eingehen sollte.

Ab dem 29. April setzte Graf zu einem Abschussrekord an, den man ruhig als phänomenal bezeichnen konnte. Nach Erreichen des 105. Luftsieges wurde Graf als 93. deutscher Soldat mit dem Eichenlaub zum Ritterkreuz ausgezeichnet. Das geschah am 17. Mai 1942.

Am 30. April waren es sechs Erfolge an einem Tag gewesen und Generaloberst von Richthofen hatte Graf ein Anerkennungsschreiben geschickt. Inzwischen war Grafs 9. die berühmte 9. geworden, in der neben ihm selbst auch solche Asse wie Grislawski, Füllgrabe, Süss, Steinbatz, Klein, Emberger und Köppen flogen.

Am 2. Mai 1942 erzielte Graf sieben Luftsiege und am 8. Mai noch einmal sieben Abschüsse. Schließlich gelang es ihm am 13. Mai, sechs weitere Sowjets vom Himmel zu schießen. Am 14. Mai hatte er sogar acht Luftsiege an einem Tag errungen. Es waren die Abschüsse Nr. 97 bis 104. Als siebter deutscher Jagdflieger hatte er die magische Grenze der hundert Abschüsse überschritten. Das Eichenlaub, das ihm sein Gruppenkommandeur verlieh, war provisorisch in der Flugwerft aus einem russischen Silberstück gefertigt worden.

Als sie am anderen Tag nach Konstarrinowka flogen und sich Graf anschließend zum Schlafen unter seine Kiste legte, tauchte ein Landser in kurzer Hose, Turnschuhen und Zivilhemd bei ihm auf. Graf kroch unter der Maschine hervor und der vermeintliche „Landesschütze" entpuppte sich mit dem Aufsetzen seiner goldbetressten Mütze als General des IV. Fliegerkorps, der ihm mitteilte, dass ihm nunmehr – nur zwei Tage nach dem Eichenlaub – auch die Schwerter verliehen worden seien (als 11. deutscher Soldat). Der General gratulierte und nahm ihn mit in seinen Gefechtsstand, wo sich Graf erst einmal waschen konnte. Sein Abschusskonto stieg am 21. Mai auf 107 an. Am 23. Mai schoss Graf um 16.28 Uhr seinen

108. Gegner ab. Am Abend erfuhr er, dass er am nächsten Tage ins Führerhauptquartier musste, um dort das Eichenlaub und die Schwerter in Empfang zu nehmen. Mit ihm flog Adolf Dickfeld, der das Eichenlaub errungen hatte, nachdem auch er 101 Gegner vom Himmel heruntergeholt hatte. Alles was Rang und Namen hatte, war versammelt. Neben Generalfeldmarschall Keitel, General Bodenschatz, Reichsmarschall Göring und seinem Stellvertreter war auch Admiral Dönitz anwesend. „Hitler", so Graf, „beeindruckte durch seine Kenntnis schwieriger technischer Details."

Auf dem Rückweg zu seinen Kameraden kaufte er auf einem der Bahnhöfe eine Zeitung. In großen Lettern sprang ihm eine Meldung entgegen: „Leutnant Leopold Steinbatz fand den Fliegertod." Sein bester Freund war tot. Steinbatz war der erste Oberfeldwebel der Jagdwaffe, der für 83 Abschüsse posthum die Schwerter erhalten hatte. Er hatte bis dahin 99 Gegner abgeschossen. Von nun an kämpfte das Jagdgeschwader 52 im Raume westlich und über Stalingrad. Dazu Hermann Graf: „Wir flogen am 22. August das erste Mal über den Don in Richtung Stalingrad. Noch lag diese Stadt weit hinter der Front. Als wir einem russischen Schlachtfliegerverband begegneten, der von Jägern geleitet wurde und unserer Front entgegenflog, griffen wir an. Um 13.55 Uhr und um 14.03 Uhr fielen eine Il-2 und eine Jagdmaschine als meine 128. und 129. Abschüsse. Am 23. und am 24. August wurden es insgesamt 135."

Am 2. September führte Graf seine 9. Staffel zum Angriff, nachdem er am 30. August die Zahl von 140 Abschüssen erreicht hatte. Er erzielte fünf Luftsiege, hatte damit die Zahl von 145 Abschüssen erreicht, und am 4. September war es dann so weit. Fünfmal fielen Feindmaschinen seinen Waffen zum Opfer. Als zweiter Jagdflieger hatte Graf, nach Gordon Gollob, seinen 150. Luftsieg errungen. Am 5. September ging es weiter, am 6. September waren es wieder drei und am 8. ging der 155. Gegner auf Tiefe. Generaloberst von Richthofen kam zur Gratulationstour. Als er Graf die Hand schüttelte, sprang dessen Hund Ajax dem Oberbefehlshaber der Luftflotte 4 auf den Rücken. Es herrschte „Hundeverbot" beim Fliegenden Personal, weil diese schon einige Unfälle provoziert hatten. Generaloberst von Richthofen änderte das Verbot um. Der einzige Zusatz dazu lautete nunmehr: „Mit Ausnahme der beiden Setter des Oberleutnants Graf sind Hunde auf dem Flugfeld verboten."

Bei Versorgungs- und Geleitflügen gegen Stalingrad schoss Graf immer wieder einzelne Feindflugzeuge und Dubletten ab. Am 15. September 1942 fiel der 172. Gegner im Luftkampf, aber zugleich hatte Graf wieder großes Glück. Ein Kanonentreffer durchschlug seine Kabine ohne ihn zu verletzen. Und das Glück blieb weiter an seiner Seite. Am folgenden Tag zählten die Bordwarte dreißig Treffer in seiner Me. Am 19. September erhielt seine Maschine Flaktreffer in die Tragfläche und noch am Abend des gleichen Tages kam er nur mit einem halben Seitenruder vom Feindflug zurück.

Als Graf am Morgen des 16. September von einem Alarmstart mit zwei Luftsiegen zur „Liegewiese" zurückkehrte, wurde er von Hauptmann Wilcke empfangen. „Gratuliere Graf!", sagte Wilcke freudig erregt. „Soeben ist ein Funkspruch eingegangen, dass Ihnen anlässlich Ihres 172. Luftsieges die Brillanten verliehen worden sind." Graf erhielt eine Stunde später die Einladung des „Dicken", direkt nach Carinhall zu kommen. Dort überreichte Göring ihm das Goldene Flugabzeichen mit Brillanten, eine Auszeichnung, die nicht mehr als etwa 45-mal verliehen wurde.

Als 5. Soldat der deutschen Wehrmacht erhielt er das Eichenlaub mit Schwertern und Brillanten zum Ritterkreuz am 16. September 1942. Generaloberst von Richthofen gratulierte unmittelbar danach und teilte dem hochgewachsenen (und nach Görings Meinung viel zu schmalen) Graf mit, dass er ihn wegen Tapferkeit vor dem Feind zum Hauptmann befördert habe. Bis zum 21. September hatte Graf bereits seinen 185. Gegner niedergerungen und am 23. September erfolgte sozusagen der Paukenschlag nach den Brillanten. Dazu Graf (in gekürzter Form):

„Gestern am 23. September war mein großer Tag. Wir starteten noch in der Morgendämmerung. Heinrich Füllgrabe war auch dabei. In 3.000 Metern Höhe schlichen wir Richtung Wolga. Plötzlich vor uns zwei schnelle Bomber mit fünf Jägern, die darüber hingen. Wir drehten, setzten uns hinter sie und schossen. In einer halben Minute waren drei Gegner abgeschossen. Wir kurbelten mit den letzten Jägern. Dann löste ich mich und stieß den Bombern nach. Einer davon fiel unter meinen Feuerstößen. Sechs Feindmaschinen waren abgeschossen, vier durch mich. Bei unserem vierten (!) Einsatz am Nachmittag gelang mir ein fünfter, um 14.30 Uhr der sechste, um 14.31 Uhr der siebte, um 14.33 Uhr der achte Abschuss – alles Bomber. Am Abend flog ich mit der ‚gelben Drei' mit leichter Bewaffnung (eine 2-cm-Kanone und zwei MGs) los und schoss von 16.38 bis 16.55 Uhr noch einmal drei Gegner ab. Damit hatte ich an diesem Tage zehn Russen überwunden. Der letzte war mein 197. Luftsieg und gleichzeitig der 500. der 9. Staffel, die ich führen durfte."

Am 25. September erzielte er zwei weitere Luftsiege, am 26. September schoss Graf seinen 200. Gegner im Luftraum über Stalingrad ab und am Nachmittag folgten die Nummern 201 und 202. Am Abend kam der Ablösungsbefehl, außerdem erhielt er Startverbot. Es ging mit der Staffel zum Geschwader zurück, das am Terek lag.

Wenige Tage darauf erhielt Graf ein Fernschreiben: „Major Graf sofort zum Reichsmarschall." Wenige Stunden später stand er mit Herbert Ihlefeld vor dem Reichsmarschall. Graf, seit dem 1. Oktober 1942 wegen Tapferkeit vor dem Feind zum Major befördert, trat nun einen längeren Kururlaub und einige Vortragsreisen an. Zudem hatte er jetzt mehr Zeit und konnte sich vermehrt mit der von ihm gegründeten Luftwaffen-Fußballmannschaft „Die roten Jäger" befassen. Ende Januar 1943 wurde Graf als Kommandeur der Ergänzungs-Jagdgruppe Ost nach Bordeaux beordert. Hier forcierte er die Ausbildung der an die Front kommenden Jagdpiloten. Schon im März 1943 wurde er mit der Aufstellung eines „Versuchskommandos für Höhenflug" beauftragt, das aus der Jagdgruppe Süd entstand und am 15. August in Jagdgeschwader 50 umbenannt wurde. Mit diesen Maschinen wurde ein Weltrekord für Kolbenmotoren mit 14.300 Metern Höhe aufgestellt. Vor allem sollten die schnellen Mosquito-Aufklärermaschinen ausgeschaltet werden. Graf fühlte sich hier fehl am Platze, dennoch schoss er im Juni 1944 über Groningen eine Mosquito und am 6. September zwei viermotorige

Bomber B-17 im südwestdeutschen Raum ab, ehe er am 16. Dezember 1943 als Kommodore das Jagdgeschwader 11 in der Reichsverteidigung übernahm. Als Kommodore startend, vernichtete er bis zum 6. März 1944 vier viermotorige Bomber und am 8. März folgte noch eine Mustang. Damit hatte er sein Erfolgskonto auf 210 Luftsiege erhöht.

Am 29. März 1944 kam es zu einem Luftgefecht mit einer Überzahl amerikanischer Jäger nördlich von Hannover. Graf gelang es, eine der Mustangs abzuschießen, aber nachdem seine Me schwere Treffer erhalten hatte, rammte er eine weitere Mustang-Maschine, die mit ihrem Piloten bei Schwarmstedt abstürzte. Der verwundete Hermann Graf konnte unter Aufbietung all Kräfte seine Maschine verlassen und mit dem Fallschirm abspringen. Dabei wurde er schwer verwundet und kam ins Lazarett.

Am 1. Oktober 1944 kehrte er, laut umjubelt und inzwischen zum Oberst befördert, zu seinem alten Jagdgeschwader 52 nach Russland zurück. Er führte diesen Verband bis zum Kriegsende und weigerte sich, sich als Kommodore von seinem Verband abzusetzen. Mit seinem Verband, dem „Sturmregiment Graf“, schlug er sich, nachdem die Männer die Flugzeuge gesprengt hatten, durch Böhmen und ergab sich am 8. Mai 1945 bei Pisek amerikanischen Einheiten. Nur wenige Tage später wurden sie am 17. Mai 1945 den Russen übergeben. Zusammen mit „Bubi“ Hartmann ging er in sowjetische Gefangenschaft, aus der er am 12. Januar 1950 zurückkehrte. Bis Kriegsende hatte Hermann Graf in 830 Feindflügen 212 Luftsiege errungen, davon zehn im Westen in der Reichsverteidigung, darunter sechs viermotorige Bomber, eine Mosquito und drei Mustang-Jäger. Hermann Graf verstarb mit 76 Jahren am 4. November 1988 in seinem Geburtsort Engen.

Hermann Graf

Geboren am 24. Oktober 1912 in Engen/Baden
Verstorben am 4. November 1988 ebendort
Letzter Dienstgrad: Oberst
Ritterkreuz am 24. Januar 1942 als Leutnant nach 45 Luftsiegen
93. Eichenlaub zum Ritterkreuz am 17. Mai 1942 als Leutnant nach 104 Luftsiegen
11. Eichenlaub mit Schwertern zum Ritterkreuz am 19. Mai 1942 als Leutnant nach 105 Luftsiegen
5. Eichenlaub mit Schwertern und Brillanten am 16. September 1942 als Oberleutnant nach 172 Luftsiegen
Deutsches Kreuz in Gold im April 1942
Gesamtzahl der Luftsiege: 212 anerkannte Abschüsse
Letzte Dienststellung: Kommodore des Jagdgeschwaders 52

Heinrich Ehrler

Heinrich Ehrler wurde am 14. September 1917 in Oberbalbach in Nordbaden geboren. Er trat 1936 in die Luftwaffe ein und kam zur Flakartillerie. Nach seiner Ausbildung nahm er als Flakartillerist im Rahmen der Legion Condor am Spanischen Bürgerkrieg teil. 1940 begann er seine Ausbildung zum Flugzeugführer, die er stark abkürzen durfte, indem er intensiv die fliegerische Ausbildung durchführte. So wurde er rasch zu einem geschickten und überlegten Flieger. Nach der Jagdfliegerausbildung wurde Ehrler am 1. Februar 1941 zur 4. Staffel des Jagdgeschwaders 77 versetzt, das in Norwegen stationiert lag. Hier gelang Ehrler im Mai 1941 vor der westnorwegischen Küste der Abschuss eines britischen Blenheim-Bombers.

Ab November 1941 wurde die 4. Staffel/Jagdgeschwader 77 Jagdgruppe z.b.V., um dann im Januar 1942 endgültig in 4. Staffel/Jagdgeschwader 5 umbenannt zu werden. Jetzt war Ehrler bei den neu aufgestellten, schon nach kurzer Zeit legendären „verschollenen" Geschwader, dem Jagdgeschwader 5, von dem in der herkömmlichen Jagdfliegerliteratur nur sehr wenig oder gar nichts berichtet wird – nicht einmal über jenes Dreigestirn Weissenberger, Schuck und Ehrler, die im hohen Norden Kriegsgeschichte schrieben.

Das Jagdgeschwader 5 flog Schutzangriffe zur Sicherung der Häfen Kirkenes und Petsamo vor russischen Bomberangriffen, es griff die russischen Zentren im hohen Norden, Murmansk und die Bahnlinie nach Murmansk in rollenden Angriffen an und unternahm Jagdvorstöße überall dorthin, wo es brannte. Vor allem aber sicherten sie den Luftraum über dem XIX. Gebirgskorps „Norwegen" des Generals Dietl, zudem den Luftraum über dem III. finnischen Korps, das sich in ihrem Bereich befand, und dem deutschen XXXVI. Gebirgskorps.

Dass sie später auch Jagdschutz für die Kampfgruppen der Kampfgeschwader 26 und 30 waren, während diese Angriffe gegen die Nordmeerkonvois flogen, lag in der Natur der Sache. Auch hier zeichnete sich das Jagdgeschwader 5 besonders aus. Sie waren nur immer eine kleine Schar, eine verschworene Gemeinschaft von Fliegern. So zählten alle Einheiten in diesem riesigen Raum im Februar 1942 lediglich 165 Maschinen, von denen Ende April nur noch 113 einsatzbereit waren. Ihnen gegenüber standen etwa 3.000 sowjetische Maschinen aller Klassen, die in guten Feldflughäfen lagen und von der Flak, die um diese Häfen – vor allem aber um Murmansk – aufgebaut waren, vorbildlich unterstützt wurden. Eine der wesentlichen Aufgaben war der Schutz der deutschen Geleitzüge zur Versorgung der Gebirgsjäger gegen die Einheiten der sowjetischen Eismeerflotte und die Bekämpfung sowjetischer Landungsversuche von der Fischerhalbinsel aus über die Motowskibucht in die offenen Flanken der Gebirgstruppen an de Liza- und Titowkabucht. Hier errang Ehrler weitere Luftsiege und wurde Mitte Mai 1942 zur 6. Staffel des Eismeergeschwaders kommandiert, die er als Leutnant seit dem 22. August 1942 anführte, zu der außer ihm noch Theodor Weissenberger und Rudolf Müller gehörten. Sehr schnell reifte Ehrlers verschworene Gemeinschaft zur „Expertenstaffel" heran. Bereits im Juli 1942 bekam er für seine besonderen Leistungen im Luftkrieg den Ehrenpokal des Oberbe-

Heinrich Ehrler

fehlshabers der Luftwaffe überreicht. Nach 64 Abschüssen wurde ihm am 4. September 1942 das Ritterkreuz verliehen, und im Oktober 1942 wurde er wegen Tapferkeit vor dem Feind zum Oberleutnant befördert. Der 25. Januar 1943 sah den Start von fünf Maschinen der Staffel Ehrlers. Sie starteten vom Platz Alakurtti und flogen dem Feindflugplatz Louhi an, von dem ihnen starkes Flakfeuer entgegenschlug. Im Tiefangriff ging es gegen die hier in Boxen abgestellten 30 Jak- und LaGG-Flugzeuge. Etwa 15 davon gingen in Flammen auf.

Am 18. März 1943 erreichte Ehrlers Staffel den 500. Feindabschuss, wofür er noch am selben Tag mit dem Deutschen Kreuz in Gold ausgezeichnet wurde. Der Start am 27. März stand für Ehrler unter keinem guten Stern. Binnen vier Minuten gelang es dem Oberleutnant, mitten in einen Pulk von 15 Kittyhawks hineinstoßend, fünf davon abzuschießen, ehe er sich plötzlich von der Salve einer aus dem Rücken anfliegenden Kittyhawks eingedeckt sah. Es knallte in seiner Kabine. Hier Ehrlers Bericht: „Ich werde von dickem Qualm eingehüllt. Ein überschweres MG-Geschoss war dicht hinter meinem Motor eingedrungen, hatte die Kanonenzuführung getroffen und dabei eines meiner 2-cm-Geschosse zur Entzündung gebracht. Ich spürte ein paar Splitter im Bein und in der Hand, die aber kaum schmerzten. Im Blick zu meinen Tragflächen sehe ich, dass die linke ein riesiges Loch aufweist, an der rechten war der Randbogen weggerissen. Ich muss mich schweren Herzens zur Umkehr entschließen. Das war mein Glück, denn – wie sich später herausstellte – war auch das Gasgestänge meiner „Gustav" angeschlagen und hing nur noch an einem dünnen Faden, der in einem neuen Luftkampf mit Sicherheit gerissen wäre."

Am 13. April startete die Expertenstaffel Ehrler abermals zu einem spektakulären Einsatz. Es gelang ihr an diesem Tage, 18 Feindflugzeuge abzuschießen. Nach 58 Minuten landete die Staffel wieder in Salmijärvi. Oberleutnant Ehrler hatte sechs Gegner vom Himmel heruntergeholt und Weissenberger hatte es ihm gleichgetan.

Bis dahin hatte also Oberleutnant Ehrler 83 Luftsiege auf seinem Konto, während Oberfeldwebel Müller, einer der ganz Großen der Staffel, diese Liste mit 91 Luftsiegen anführte und Weissenberger mit 77 Erfolgen nachfolgte.

Als Oberleutnant Handrick das Geschwader verlassen musste, das nunmehr von Major Günther Scholz geführt wurde, übernahm Heinrich Ehrler, inzwischen wegen Tapferkeit vor dem Feind am 1. Juni 1943 zum Hauptmann befördert, die III. Gruppe des Jagdgeschwaders 5. Nach 112 Luftsiegen hatte er zusammen mit seinem Staffelkameraden Theo Weissenberger am 2. August 1943 als 265. Soldat der deutschen Wehrmacht das Eichenlaub zum Ritterkreuz erhalten, das er noch im August 1943 im Führerhauptquartier in Rastenburg mit einigen anderen Assen der Tag- und Nachtjagd verliehen bekam. Der anschließende Urlaub war der erste, den man Ehrler erteilte und er nutzte ihn aus, während der Staffelkapitän der 9. Staffel/Jagdgeschwader 5, Hauptmann Hans Hermann Schmidt, ihn vertrat. Als er im November 1943 wieder die Führung der III. Gruppe übernahm, setzte er seinen Siegeszug fort. Am 25. November folgten die Luftsiege 117 bis 120 und am 17. März 1944 erzielte er acht weitere. Als Oberstleutnant Scholz im Mai 1944 zum Jagdfliegerführer Norwegen ernannt wurde, übergab er das Geschwader an Major Ehrler. Oberleutnant Dörr führte von nun an die III. Gruppe, dessen 7. Staffel von da an Walter Schuck führte.

Am 25. Mai startete Major Ehrler mit seinem Rottenflieger Unteroffizier Rudolf Artner und Teilen seines Geschwaders gegen russische Bomber und Jäger in der Stärke von etwa achtzig Maschinen, die versuchten, ein nordwärts von Betlevaag stehendes deutsches Geleit zu vernichten. Es waren insgesamt 19 Bf 109 der 9. Staffel, die mit dem Kommodore und dessen Katschmarek flogen. Im Angriff gegen den Jagdschutz gelang es Ehrler, nacheinander vier sowjetische Kampf- und Jagdflugzeuge abzuschießen. Damit erzielte er die Luftsiege 147 bis 150, wobei er im Luftkampf eine P-40 als 150. Gegner bezwang. Die Staffel kehrte ohne jeden Verlust mit 33 Abschüssen, darunter 20 Bosten-Bomber, zu den Horsten zurück.

An nächsten Morgen startete Ehrler erneut mit den 19 Maschinen der Gruppe und stieß abermals auf einen Feindverband in Stärke von 80 bis 100 Maschinen. Zehn Boston-Bomber, zehn P-40, neun Il-2 und acht Airacobras wurden vom Himmel heruntergefegt. Ehrler war mit dem 151. bis 155. Abschuss erfolgreich; sein Rottenflieger konnte seinen 4. und 5. Luftsieg erringen. Abermals landeten die Eismeerjäger ohne eigene Verluste.

Rudi Artner war der bevorzugte Rottenflieger des Kommodore. Auch der unverwüstliche Schuck flog mit diesem sicheren Schützen mit den guten Augen sehr gern und erfolgreich. Artner erzielte insgesamt – als Rottenflieger eine Seltenheit – 20 Luftsiege. Er trug die Goldene Frontflugspange und die Eisernen Kreuze II. und I. Klasse, und erhielt den Ehrenpokal des Oberbefehlshabers der Luftwaffe. Als Major Ehrler ostwärts von Salmijärvi aus zwei riesigen Pulks von Il-2-Schlachtfliegern und Jägern am 22. Oktober 1944 seinen 199. Gegner abschoss, wartete das gesamte Geschwader auf den 200. Luftsieg und die dann doch endlich fällig werdenden Schwerter, zu denen Ehrler bereits eingereicht worden war.

Dazu kam es aber nicht, sondern zu einer Maßnahme gegen den Kommodore, die jeden Mann seines Geschwaders mit Abscheu erfüllte. Man schrieb den 12. November 1944, als die deutsche Funkstation auf der Insel Doenna einen Lancaster-Verband registrierte und die Meldung weitergab. Es gab wenig später Fliegeralarm. Oberleutnant Gayko, der mit seiner 9. Staffel zu Umrüstung auf Fw 190 mit 22 Maschinen in Bardufoss lag, sah beim Hinaustreten aus seiner Unterkunft bereits die ersten Viermotorigen in nur 1.000 Metern den Platz überfliegen. Er fuhr sofort mit Hauptmann Dörr zur Startbahn und eilte zum Jägerleitstand. 18 seiner Maschinen waren soeben gestartet. Er jagte hinterher, aber die Feindflugzeuge konnten nicht mehr abgefangen werden. Kommodore Heinrich Ehrler hielt es nicht länger in seinem Gefechtsstand aus. Er war gerade von seinem Verlegungsflug von Banak nach Bardufoss dort eingetroffen. Mit seinem Rottenflieger startete er sofort an der Spitze der dort liegenden Staffel. Er nahm die Jagd auf eine Lancaster auf, die aber die Grenze nach Schweden überflog und damit in Sicherheit war. Die III./Jagdgeschwader 5, die als einziger Jagdverband in Nordnorwegen lag, wurde um 09.10 Uhr alarmiert. Hauptmann Dörr, Kommandeur der III. Gruppe, startete mit seinem Rottenflieger Schulz sofort. Nach dem Start hörten die beiden Flieger: „Flakfeuer über Tromsø!“ Um diese Zeit wurde das deutsche Schlachtschiff *Tirpitz* in Tromsø angegriffen. Als sie in Tromsø eintrafen, war von diesem Feindverband nichts mehr zu sehen. Die III./Jagdgeschwader 5 war viel zu spät alarmiert worden. Dass die deutschen Jagdflieger „Tromsø nicht gefunden haben", war ein Märchen. Vielmehr war das Jagdgeschwader 5 weit über Lappland und die Tundra verstreut eingesetzt. Ebenso wenig trifft die Behauptung zu, der Kapitän der *Tirpitz* habe mit den Jagdfliegern in Verbindung gestanden. Beim Untergang des Schlachtschiffes *Tirpitz* verloren 1204 Seeleute das Leben, 880 Mann konnten gerettet werden.

Die Gerichtsverhandlung sollte drei Tage, vom 17. bis 20. Dezember 1944, dauern. Alle Beteiligten der Luftwaffe, der Flak und der Luftnachrichtentruppe und die Marineleitung in Oslo wurden vor ein Kriegsgericht gestellt, denn es war diesem Bomberverband gelungen, die *Tirpitz* zu versenken und nun musste ein Schuldiger gefunden werden. Diesen fand man in Major Ehrler, der bei der Kriegsgerichtsverhandlung zu drei Jahren und zwei Monaten Festungshaft verurteilt wurde, doch die Strafe wurde kurz danach zu zwei Jahren und zwei Monaten Festungshaft umgewandelt. Weiterhin wurde Heinrich Ehrler zum einfachen Soldaten degradiert, unter Verlust aller Orden und Ehrenzeichen – und dies, obgleich er in keiner Weise in dieses Geschehen verwickelt war. Man konstruierte, dass Ehrler als Jägerleitoffizier einen Portepeeunteroffizier eingesetzt hatte, was gegen einen Befehl verstoßen sollte, den niemand kannte. Des Weiteren wurde Ehrler vorgeworfen, er sei nur gestartet, um seinen 200. Luftsieg zu erringen, statt seine Jagdmaschinen per Bodenkontrolle aus zu führen.

Das Gegenteil war der Fall. Erstens hatte keiner die Luftflotte 5 „Nord" oder das Jagdgeschwader 5, geschweige denn Ehrler informiert, wohin die bereits beschädigte *Tirpitz* verlegt werden würde, obwohl bereits einige Angriffe gegen sie erfolgt waren. Zweitens fehlte jeder Einsatzbefehl zum Schutz der *Tirpitz*. Major Ehrler fügte all diese Versäumnisse zu einem Verteidigungsbeitrag zusammen, dennoch wurde ihm und Dörr die Hauptschuld zugesprochen, völlig entgegen den Tatsachen. Und der Reichsmarschall, der Mann, der die Eismeerjäger mehrfach gelobt hatte? Er schwieg und verteidigte seine Jäger nicht.

Doch allem Anschein nach schien dieses Urteil sogar der deutschen Reichsregierung zu streng zu sein. Oder lag es vielleicht an den vielen Eingaben und Gegendarstellungen, die seine Kameraden und Freunde bis hin in die höchsten Regierungsstellen einreichten und die Ehrlers Unschuld bewiesen? Jedenfalls traf noch im Januar 1945 folgende Meldung aus dem Führerhauptquartier ein: „Das Urteil gegen Major Ehrler bestätige ich mildernd dahingehend, dass an Stelle der Gefängnisstrafe eine Festungshaft von drei Monaten Dauer tritt. Der Rangverlust fällt fort. Die Verbüßung der Festungshaft setze ich aus, um dem Verurteilten Gelegenheit zur Frontbewährung zu geben. Gez. Adolf Hitler." Major Ehrler wurde im Februar 1945 aus der Haft entlassen. Aber er war ein gebrochener Mann. Am 27. Februar 1945 traf er in Brandenburg-Briest ein. Ehrler sollte danach weiterreisen und in Danzig-Neufahrwasser das Jagdgeschwader 51 „Mölders" als Kommodore zu übernehmen. Nach einem klärenden Gespräch des Kommodore vom Jagdgeschwader 7, Major Weissenberger und Oberleutnant Schuck mit General Kammhuber, durfte Ehrler bei seinen Freunden im Jagdgeschwader 7 bleiben. Als Nachfolger für das Jagdgeschwader 51 wurde Major Heinz Lange ausersehen. Major Heinrich Ehrler blieb beim Jagdgeschwader 7 und wurde dem Geschwaderstab zugeteilt. So hatte Weissenberger einen Freund und hervorragenden Einheitsführer an seiner Seite. Noch einmal machte Ehrler von sich reden, als er mit der Me 262 mehrere Luftsiege errang. Seinen 200. Luftsieg hatte er bereits am 20. November 1944, noch im Jagdgeschwader 5, erreicht.

Am 21. und 22. März 1945 konnte er mit dem Düsenjäger je eine B-17 „Flying Fortress“ abschießen, am 23. März schoss er bei Chemnitz zwei viermotorige B-24 „Liberator“ ab und am 31. März folgte noch der Abschuss einer P-51 „Mustang“.

Am 4. April 1945 startete er mit dem Kommodore Major Weissenberger und dem Geschwaderstab zu seinem letzten Einsatz über Berlin. Ehrler schoss an diesem Tage zwei B-17-Bomber ab und nachdem er keine Munition mehr hatte, rammte er eine dritte B-17. Seine letzten Worte über Funk an seinen Freund Theo Weissenberger lauteten: „Theo, hier ist Heinrich. Habe zwei Viermots abgeschossen und keine Munition mehr. Ich ramme. Auf Wiedersehen in Walhall!“ Nach der Landung berichtete Weissenberger, dass er sofort in die Richtung Ehrlers geschaut habe. Aber außer einer Me 262, die eine lange Rauchfahne hinter sich herziehend der Erde entgegenstürzte, konnte er nichts erkennen. Ein abstürzender Bomber war nicht zu sehen. Ob Ehrler tatsächlich gerammt hatte oder seine Maschine vorher von den Heckschützen des Bombers abgeschossen wurde, bleibt eines der ungeklärten Rätsel im Zweiten Weltkrieg. Sein Leichnam wurde am nächsten Tag bei Scharlippe, Kreis Stendal, in der Altmark gefunden und in Stendal beigesetzt. Damit fand ein großer deutscher Jagdflieger sein Ende. Die oberste deutsche Führung hatte es versäumt, ein so wichtiges Schiff wie die *Tirpitz* genügend zu sichern, welches als „Fleet in Being“ eine so große Gefahr für Großbritannien darstellte. Sie trifft die Schuld, und doch wurde sie auf den Schultern eines vorbildlichen Jagdführers abgeladen. Bei seinen über 400 Feindflügen konnte er 208 Luftsiege erzielen, davon neun im Westen, darunter sieben viermotorige Bomber.

Heinrich Ehrler

Geboren am 14. September 1917 in Oberbalbach/Nordbaden
Gefallen am 4. April 1945 im Luftkampf über Scharlippe, Kreis Stendal/Altmark
Letzter Dienstgrad: Major
Ritterkreuz am 4. September 1942 als Leutnant nach 64 Luftsiegen
265. Eichenlaub zum Ritterkreuz am 2. August 1943 als Hauptmann nach 112 Luftsiegen
Ehrler war, wie auch Weissenberger, zu den Schwertern eingereicht worden, die er jedoch nicht erhalten hat.
Deutsches Kreuz in Gold am 18. März 1943
Gesamtzahl der Luftsiege: 208 anerkannte Luftsiege
Letzte Dienststellung: Jagdpilot im Geschwaderstab des JG 7 (Düsenjagdgeschwader)

Theodor Weissenberger

Theodor Weissenberger wurde 21. Dezember 1914 in Mülheim am Main geboren. Bereits als Jüngling hatte es ihm die Fliegerei angetan. Seine ersten Segelflüge absolvierte er 1935 beim Deutschen Luftsportverband. Im Oktober 1936 trat er der Luftwaffe bei und kam zur 2. Kompanie der Flieger-Ersatzabteilung 14 nach Detmold. Nach der erfolgreichen Ausbildung zum Flugzeugführer nahm er wieder seine Tätigkeit als Segelfluglehrer auf, schulte aber zwischendurch als Reservist auf den neuesten Typen der Luftwaffe. Bis zum 20. Juli 1941 hatte er 645 Segelflüge absolviert, war in der Rhön, in Schlesien und Bayern geflogen.

Erst im Januar 1937 begann er mit dem Motorflug, um seinen letzten Start im April 1945 zu absolvieren, was eine Gesamtzahl von 1.654 Motorstarts bedeutete. Bis dahin hatte er mehr als 700.000 Flugkilometer zurückgelegt, alle Maschinen der Luftwaffe, einschließlich der Me 262 geflogen, war mit dem Fallschirm mehr als einmal in kritischer Lage abgesprungen und hatte diverse Bauchlandungen hingelegt. Vom Feldwebel der Reserve brachte er es zum Geschwaderkommodore.

Da er Reservist war, hatte er eine lange Anlaufzeit zurückzulegen, ehe er das erste Mal gegen den Gegner starten durfte. Als älterer erfahrener Fluglehrer war er gegenüber den jungen Leutnants nicht eben sehr diensteifrig, wie er sich überhaupt mit höheren Dienstgraden schwer tat. Einige Male musste er von seinem Chef herausgehauen werden.

Seine Erfolge beruhten allein auf seinem Einsatzwillen und seinem Können, gepaart mit untrüglichem Instinkt für das mit seiner Maschine Machbare. Er kämpfte unerbittlich war nicht zu besiegen, in welcher Kiste er auch immer flog.

Dank seiner Segelflugerfahrung gelang es ihm einmal, als er über Murmansk einen Lagerschaden erlitt, mit stotterndem Motor seine Kiste die 70 Kilometer bis zur deutschen Front an der Liza zurückzufliegen, indem er immer die beste Thermik suchte und auch fand. Als er heil zurückkehrte, konnte er freudestrahlend melden: „Ich bin mit der Me 110 gesegelt." Das hatte er schon einmal bei einem Überführungsflug über Nordfinnland geschafft, als er nach seinen Worten „eine Bombenthermik erwischte" und, das Gas voll zurücknehmend, die schwere zweimotorige Me 110 einwandfrei auf Höhe hielt.

Von der Zerstörerschule Neubiberg traf Feldwebel Weissenberger am 14. September 1941 in Kirkens ein, wo die „Dackelstaffel", die 1. Zerstörerstaffel des Jagdgeschwaders 77, in Erwartung weiterer Einsätze lag. Einig Wochen vergingen, in denen nicht geflogen werden konnte. Als dann aber am 24. Oktober 1941 Flugwetter war, startete Feldwebel Weissenberger zum ersten Feindflug und schoss um 12.35 Uhr eine I-153 der Russen ab. Nach diesem Einstand ging es Schlag auf Schlag, wenn auch vorerst nur in größeren Abständen gestartet werden konnte.

Am 24. Januar 1942, Theo war zum Oberfeldwebel befördert worden, flog er mit Oberleutnant Franzisket zur Eisenbahnjagd gegen die Murmanbahn. Nordostwärts des Bahnhofs

Theodor Weißenberger

Bojaskoje schoss er einen Jäger I-18 ab. Eine Hurricane folgte nach. Am 1. Februar 1942 wurde er zum Oberfeldwebel der Reserve befördert. Während der Begleitschutzflüge im Februar kam Weissenberger erneut zum Erfolg. Am 25. Februar schoss er um 11.14 Uhr und 11.22 Uhr zwei Hurricanes ab.

Nun wurde die 1. (Z)/Jagdgeschwader 77 in 10. (Z)/Jagdgeschwader 5 umbenannt – bis dato war es dem Geschwader, das ja erst in Teilen bestand, unterstellt gewesen.

Im April brachte es Weissenberger auf insgesamt acht Luftsiege, drei davon am 15. des Monats westlich von Murmansk. Am 25. April ging es mit einem Teil der Staffel gegen einen russischen Kampfverband von 20 Pe-2. Südlich der Motowski-Bucht schoss Weissenberger zwei davon ab, die brennend zu Boden stürzten. Als er den dritten Gegner angriff und ihm das Leitwerk wegschoss, erhielt er einen Treffer in den rechten Tank. Sekunden später stand der rechte Motor in Flammen. Weissenberger drehte ab und schlug sich mit einem Motor zu den deutschen Linien durch, wo er seine Kiste auf dem Bauch landete. „Es war die schöne Maschine von Oberleutnant Koch, mit der Kennung LN+BR“, bemerkte er, nachdem er mit seinem Funker Unteroffizier Pfeiffer von Oberleutnant Widowitz mit einem Fieseler Storch abgeholt wurde.

Am 15. Mai war der 20. Gegner fällig, wieder eine Hurricane. Durch die Aufstellung einer IV. Gruppe/Jagdgeschwader 5, erfolgte am 26. Juni 1942 die Umbenennung der „Dackelstaffel“ in 13. (Z)/Jagdgeschwader 5 und die Me-110-Zerstörer blieben in den Begleitaufgaben der Bomber und Stukas und der Sicherung der deutschen Seegeleite um die Fischerhalbinsel herum erfolgreich. Sie verhinderten, dass die Transporte stärker dezimiert wurden. Schließlich wurde Theo Weissenberger am 1. Juli 1942 zum Leutnant der Reserve befördert.

Beim Begleitschutz in der zweiten Augustwoche für die Bf 110 von Leutnant von Rabenau, in der aufgrund einer Weisung von ganz oben auch der Frontberichter, Sonderführer Kuhnke, mitfliegen sollte, konnte Weissenberger zwei Feindmaschinen abschießen, die sich diese Bf 110 zum Ziel erkoren hatten. Aber die Maschine von Rabenau erhielt einen Treffer in den linken Motor. Weissenberger geleitete sie zurück. Noch war sie über dem Niemandsland, als die Leistung des angeschossenen Motors ausfiel und Bordfunker Schröder und Kuhnke aussteigen mussten. Von Rabenau wollte die Bf 110 zurückbringen. Als es nicht mehr weiterging, setzte von Rabenau seine Maschine auf einer Lichtung auf. Die Bf 110 explodierte beim Aufsetzen.

Weissenberger flog sechs Einsätze, um die beiden abgesprungenen Kameraden zu finden. Eine Arado der Seenotstaffel Nord suchte ebenfalls. Schließlich starteten Weissenberger und Hauptmann Schmidt noch einmal in Kirkenes. Kuhnke und Schröder wurden entdeckt und an Bord der mitfliegenden und auf einem See wassernden Arado genommen. Als zwei MiG-3 angriffen, schoss Weissenberger, in 50 Meter Höhe fliegend, beide ab. Das waren der 21. und 22. Luftsieg.

Als Unteroffizier Weissenberger, Theos Bruder, wegen des Ausfalles beider Motoren im Niemandsland notlanden musste, startete Theo, inzwischen zum Leutnant befördert und mit beiden Eisernen Kreuzen ausgezeichnet, sofort mit einem Storch, der von Unteroffizier Krischkowski geflogen wurde, zur Absturzstelle. Beim zweiten Flug gelang es Weissenberger, seinen Bruder zu finden und ihn sicher zum Platz Alakurrti zurückzubringen.

Inzwischen war Leutnant Weissenberger am 10. September 1942 zur 6./Jagdgeschwader 5 versetzt worden. 23 Luftsiege hatte er mit der Bf 110 errungen, zudem in Tiefangriffen 15 Lokomotiven, zwei Flakstellungen, eine Funkstation, einen Bahnhof an der Murmanbahn und circa zehn größere Baracken vernichtet. Dafür erhielt er am 8. September 1942 das Deutsche Kreuz in Gold – den Ehrenpokal des Oberbefehlshabers der Luftwaffe hatte er bereits am 28. Mai 1942 bekommen.

Nun sollte sich seiner Serie auf der Bf 109 fortsetzten.

Am Nachmittag des 15. September startete Theo Weissenberger das erste Mal mit der 6./Jagdgeschwader 5 zur freien Jagd in den Raum Murmashi. Staffelkapitän war Oberleutnant Ehrler. Zehn Bf 109 erreichten den feindlichen Flugplatz. Etwa 30 Gegner, überwiegend Curtiss P-40, warfen sich ihnen entgegen. Es kam zu rasanten Kurvenduellen, in denen Weissenberger um 14.31 Uhr den ersten Abschuss errang. Um 14.33 Uhr folgte die nächste Curtiss in Richtung Erdboden.

Am 22. September schoss Leutnant Weissenberger binnen zweier Minuten zwei Hurricane ab. Damit kamen zu seinen 23 Luftsiegen auf der Bf 110 schon fünf weitere auf der Bf 109 hinzu. In rascher Folge wuchs diese Zahl: Am 27. September erreichte Weissenberger fünf weitere Abschüsse. Doch um ein Haar wäre er am 22. Oktober nicht mehr zu seinem Flugplatz zurückgekehrt, als er einen Aufklärer Focke-Wulf 189 begleitete, westlich von Murmansk mit seiner Me 109 F-4 Pech hatte und einen Motorfresser ihn in eine schwierige Lage brachte. Aber schließlich war er Segelflieger! Er stellte die Luftschraube auf Segelstellung und gelangte auf die eigene Frontseite, wo er mit dem Fallschirm ausstieg. Nach acht Stunden Fußmarsch traf er auf einen Fernspähtrupp der Gebirgsjäger, die ihn mit zurück nahmen. Eine Woche später war er wieder am Feind, um am 30. Oktober fünf Curtiss in zwei Feindflügen vom Himmel zu schießen. Am 13. November erhielt er nach 38 Abschüssen das Ritterkreuz.

Im Februar 1943 flog Weissenberger mit seinen Kameraden nach Kandalakscha. Der 39. Abschuss war hier fällig, und am 6. März schoss er vier Feindjäger ab. Auch am 12. März war die „Weiße 4" Weissenbergers mitten im Getümmel, das an diesem Tage mit fünf weiteren Luftsiegen des Fliegers endete. Es würde einfach zu weit führen, diese Siegesserie vollständig aufzuzählen und den Rahmen dieser Übersicht bei Weitem sprengen, wenn man den Einsatz dieses Eismeerjägers weiter minutiös verfolgen würde.

Über Murmansk häuften sich die Erfolge, am 13. April waren es sechs Abschüsse und am 8. Juni waren es wieder fünf Feindjäger, die seine Erfolgsbilanz auf 91 Luftsiege erhöhten. Am 15. Juni 1943 wurde Weissenberger zum Staffelkapitän der 7. Staffel des Jagdgeschwaders 5 „Eismeer" ernannt, was ihn wohl anspornte, weiter Feindflugzeuge vom Himmel zu schießen. Am 22. Juni 1943, dem zweiten Jahrestag von „Barbarossa", erfolgte der Jagdvorstoß seiner Staffel in den Raum Murmansk-Murmashi. Als Weissenberger von diesem Einsatz zurückflog, hatte er den 92., 93., und 94. Gegner bezwungen. Seinen 104. Luftsieg erzielte er am 4. Juli 1941, an diesem Tag schoss er sieben (den 98. bis 104.) Gegner ab. Am 25. Juli schoss er weitere fünf Gegner vom Himmel und erhielt am 2. August 1943 als 266. Soldat der Wehrmacht das Eichenlaub zum Ritterkreuz des Eisernen Kreuzes als Oberleutnant nach 112 Luftsiegen.

Am 30. September 1943 wechselte er wieder als Kapitän zur 6. Staffel des Jagdgeschwaders 5, setzte aber unaufhörlich seine Erfolgsserie fort.

Unmittelbar bevor die gesamte II. Gruppe/Jagdgeschwader 5 zu ihrem Verlegungsflug von der Eismeerfront in den Nordraum der russischen Landfront um Newel-Leningrad-Ilmensee verlegte, schoss Weissenberger am 25. März über der Fischerhalbinsel als Abschluss zwei Boston-Bomber, zwei Il-2 und eine Hurricane ab und erzielte damit die Luftsiege 149 bis 153. Am 26. März 1944 wurde Weissenberger mit der Führung der II. Gruppe des Jagdgeschwaders 5 betraut. Am 20. April verlegte er die II. Gruppe in den Nordabschnitt der Ostfront und erhöhte hier bis zum 18. Mai 1944 seine Zahl der Luftsiege auf 175. Am 1. Juni 1944 erfolgte seine Beförderung zum Hauptmann wegen Tapferkeit vor dem Feind. Unter seiner Führung, er hatte bereits am 4. Juni in Herzogenaurach als Nachfolger von Major Carganico die Führung der I. Gruppe/Jagdgeschwader 5 übernommen, sollten sich die Eismeerjäger nun über Frankreich und in der Reichsverteidigung bewähren.

Seinen ersten Gegner im Westen schoss er am 7. Juni 1944 ab. Es war eine US-Thunderbolt. Zwanzig Minuten später vernichtete er eine weitere Maschine dieses Typs. Die Nummern 3, 4 und 5 folgten kurze Zeit später an diesem Tage in insgesamt 44 Minuten Flugzeit. Am Abend des 8. Juni folgten die Siege 181 und 182, wieder zwei Thunderbolts. Am 7. Juli waren es drei P-47 und am 19. Juli wurden drei Typhoon und eine Mustang zu Boden geschickt. Thunderbolts, Spitfires und Typhoons folgten in regelmäßiger Reihenfolge. Am 25. Juli 1944 errang er seinen 199. und 200. Abschuss (zwei Spitfires), was bedeutete, dass er bei den schweren Luftkämpfen an der Invasionsfront innerhalb von etwa 60 Tagen 25 Luftsiege gegen den westalliierten Gegner erreicht hatte.

Am 30. Juli 1944 musste Hauptmann Weissenberger seine Gruppe verlassen. Es ging zunächst nach Bad Wiessee in Urlaub. Kurz darauf wurde die Gruppe auf die neu zur Front gekommene Bf 109 G-14 umgeschult. Hier in Wunstorf blieb sie bis Mitte Oktober. Die Gruppe wurde am 14. Oktober in III. Gruppe/Jagdgeschwader 6 umbenannt und gehörte damit zum „Horst-Wessel-Geschwader".

Hauptmann Weissenberger nahm Ende November von ihr Abschied, um nach einer kurzen Umschulung auf den Düsenjäger Me 262 am 1. Dezember 1944 Kommandeur der I. Gruppe des Jagdgeschwaders 7, des neuen Düsenjägergeschwaders, zu werden. Zum Major befördert, übernahm er am 15. Januar 1945 nach der Ablösung von Steinhoff als Kommodore das Jagdgeschwader 7 und errang auf der Me 262 bis Kriegsende noch einmal acht Luftsiege, davon über drei B-17 „Flying Fortress" (deutsch: Fliegende Festung) am 18. März 1945. Als der Krieg zu Ende ging, hatte er die stolze Abschusszahl von 208 Luftsiegen erreicht. Der

Vorschlag für die Schwerter zum Eichenlaub, zu denen er am 19. Januar 1945 eingereicht worden war und die der tapfere Flieger seit Langem verdient hatte, wurde am 20. Februar 1945 jedoch abgelehnt.

Bei seinen über 500 Feindflügen konnte Theodor Weissenberger insgesamt 208 Luftsiege erzielen, darunter 175 an der Eismeerfront und am Nordabschnitt der Ostfront, davon waren 146 Jagdmaschinen, 15 Il-2-„Schlächter“ und 14 Bomber. Unter seinen 33 Westabschüssen befanden sich sieben viermotorige Bomber.

Neben diesem großartigen „Eismeerjäger“ gab es zwei weitere 200-Siege-Inhaber, die nicht weniger aufsehenerregende Leistungen vollbrachten, ohne dass dieses ein wenig im Abseits liegende Geschwader besonders bekannt geworden wäre.

Theodor Weissenberger verunglückte am 10. Juni 1950 tödlich bei einem Autorennen auf dem Nürburgring.

Theodor Weissenberger

Geboren am 21. Dezember 1914 in Mühlheim am Main/Hessen
Verstorben am 10. Juni 1950 auf dem Nürburgring (verunglückt)
Letzter Dienstgrad: Major
Ritterkreuz am 13. November 1942 als Leutnant nach 38 Luftsiegen
266. Eichenlaub zum Ritterkreuz am 2. August 1943 als Oberleutnant nach 112 Luftsiegen
Eingereicht zu den Schwertern, die jedoch abgelehnt wurden.
Deutsches Kreuz in Gold am 8. September 1942
Gesamtzahl der Luftsiege: 208 anerkannte Abschüsse
Letzte Dienststellung: Kommodore des Jagdgeschwaders 7 (Me 262)

Hans Philipp

Hans Philipp wurde am 17. März 1917 in Meißen geboren. Nach bestandenem Abitur im Jahre 1935 meldete sich der begeisterte Segelflieger Hans Philipp freiwillig zur Luftwaffe. Nach seiner Arbeitsdienstzeit trat er im April 1936 als Offiziersanwärter der Luftwaffe bei. Er durchlief die friedensmäßige Ausbildung und wurde am 1. Januar 1938 zum Leutnant befördert. Bevor seine Umschulung zum Jagdflieger begann, gehörte er einer Stukagruppe an. Nach seiner abgeschlossenen Jagdfliegerausbildung kam er am 1. Juli 1938 zur 1. Staffel des Jagdgeschwaders 138, der vormaligen Jagdgruppe „Wien-Aspern", die anschließend in 1. Staffel/Jagdgeschwader 76 umbenannt wurde.

Bei Kriegsbeginn in 4. Staffel/Jagdgeschwader 54 umbenannt, stand er mit dieser Staffel in Polen im Einsatz und schoss dort seinen ersten Gegner im Luftkampf ab. Während des Westfeldzuges konnte er weitere sieben Luftsiege erzielen und bei der Luftschlacht über England schoss er 15 britische Gegner ab. Am 22. Oktober 1940 bekam er, seit 26. August 1940 Staffelkapitän der 4. Staffel/Jagdgeschwader 54, nach zwanzig Luftsiegen das Ritterkreuz. Außerdem erhielt er am 28. September 1942 den Ehrenpokal des Oberbefehlshabers der Luftwaffe.

„Fips", wie er von seinen Freunden genannt wurde, war mit seiner Staffel immer wieder gegen England unterwegs und zeigte sich hier als guter Flieger, der das direkte Duell mit einem gleichwertigen Gegner schätzte. Gegen Bomber mochte er nicht so gern angehen, denn die „waren groß wie Scheunentore und man konnte einfach nicht vorbeischießen. Um sie zu überwinden, brauchte man nicht fliegen zu können."

Seine Angriffe ähnelten tödlichen Florett-Duellen – und trotz dieser kompromisslosen Haltung nahm er an allen Freuden teil, die das Leben bieten konnte. So war er in den Bars von Lille ebenso zu Hause wie in jenen zu Riga und andernorts.

Während des Balkanfeldzuges konnte er zwei jugoslawische Me 109 abschießen, und mit Beginn des Feldzuges gegen die Sowjetunion begann sein kometenhafter Aufstieg in die erste Riege der deutschen Jagdflieger.

Als er nach den ersten Einsätzen in Russland nach 62 Luftsiegen am 24. August 1941 als 33. deutscher Soldat das Eichenlaub zum Ritterkreuz erhielt, wusste jeder seiner Kameraden, dass man von „Fips" noch viel hören würde. Bis zum Ende des Jahres 1941 hatte er es auf 72 Abschüsse gebracht.

Am 6. Februar 1942 erzielte er den 75. Luftsieg und am 15. Februar 1942 avancierte er als Hauptmann zum Kommandeur der I. Gruppe des Jagdgeschwaders 54 „Grünherz". Immer noch startete er bei jeder sich bietenden Gelegenheit mit seinem Stabsschwarm. So schraubte er seinen Rekord höher und höher, und nach der Verleihung des Eichenlaubs mit Schwertern zum Ritterkreuz am 12. März 1942, das er erst erhielt, als sein Rekord schon auf 86 Luftsiegen stand, schoss er in einigen sensationellen Duellen gegen eine große Übermacht am 31. März 1942

Hans Philipp

seinen 100. Gegner ab. Dazu beglückwünschte ihn der „Dicke“ am nächsten Tag mit einem persönlichen Handschreiben, dessen Text erhalten geblieben ist:

Lieber Hauptmann Philipp!

Ihr 100. Luftsieg erfüllt mich mit Stolz und Bewunderung. Zu diesem hervorragenden Erfolg spreche ich Ihnen meine besondere Anerkennung aus. Möge ihr heldenhafter Einsatz von neuen Erfolgen gekrönt sein.

Gez. Göring

Reichsmarschall des Großdeutschen Reiches und Oberbefehlshaber der Luftwaffe

In Philipps Gruppe waren Oberleutnant Nowotny, Oberleutnant Graf von Matuschka und Hauptmann Koall Staffelkapitäne. Sie alle waren erfolgreiche Jagdflieger.

Zweimal binnen weniger Tage wurde Philipp im Wehrmachtsbericht genannt. Am 7. Juni 1942 nach seinen Luftsiegen 101 bis 103, und am 27. desselben Monats, als er den 108. bis 110. Luftsieg errang. Schließlich verlieh man ihm am 18. Juni 1942 das Deutsche Kreuz in Gold. Seit März dieses Jahres trug er bereits die Schwerter zum Ritterkreuz mit Eichenlaub und es schien nur eine Frage der Zeit, bis er die höchste deutsche Auszeichnung erhalten würde.

Als die Pressemitteilung vom 4.000. Abschuss des Jagdgeschwaders 54 verlautbart wurde, stand in diesem Bericht folgender Wortlaut:

„An der Tagesbilanz des Geschwaders von 33 abgeschossenen Gegnern war der Träger des Eichenlaubs mit Schwertern zum Ritterkreuz, Hauptmann Hans Philipp, mit seinem 168. und 169. Luftsieg dabei. Außerdem Eichenlaubträger Leutnant Stotz mit seinem 158. und 159., Oberleutnant Beißwenger mit seinem 137. und Major Hahn mit seinem 107. Luftsieg.“

Am 17. März 1943 erzielte er die Abschüsse 200 bis 203 und war damit der zweite deutsche Jagdflieger nach Hermann Graf, der diese hohe Abschusszahl erreichte. Das Phänomenale dabei war, dass er die letzten 80 Luftsiege in nur 78 Tagen errungen hatte.

Als Major Philipp am 1. April 1943 Kommodore des Jagdgeschwaders 1 wurde, das in der Reichsverteidigung kämpfte und die Hauptlast der Abwehrkämpfe gegen die westalliierte Luftoffensive trug, musste er seine alten Kameraden, die Freunde und Mitkämpfer in Hunderten von erbittert geführten Einsätzen verlassen. Aber er kämpfte weiter und errang weitere Luftsiege, bis sich sein Konto auf 206 Erfolge erhöht hatte, von denen er 25 im Westen erzielt hatte. Ein Viermot-Bomber stand noch auf seiner Erfolgsliste.

Nur vier Tage vor seinem Tod schrieb Oberstleutnant Philipp an seinen alten Kommodore, Oberst Hannes Trautloft:

„Manchmal wäre es für mich noch tunlich, wenn der ‚Alte‘ hinter mir stünde. Sie können gar nicht ermessen, Herr Oberst, wie man sich hier zusammenreißen muss. Man wohnt zu bequem, Mädchen gibt es genug und der Kampf in der Luft ist verdammt schwer. Der Gegner ist schwer bewaffnet, die Boeings sind in einer vielfachen Übermacht vorhanden.

Gegen zwanzig Russen, die einen anknabbern wollen, ist es ja noch eine Lust, aber die Kurve, hinein in 70 Fortresses lässt alle Sünden des Lebens an einem vorüberziehen. Wenn man sich auch selbst dazu in der Gewalt hat – peinlicher ist es, alle Piloten des Geschwaders, bis zum jungen, unerfahrenen Gefreiten in diesen Feuerofen hineinzwingen zu müssen und zu wissen, dass sie dazu gar nicht genügend ausgebildet sind."

Als am 8. Oktober 1943 der Einflug von etwa 400 amerikanischen viermotorigen Bombern mit starkem Jagdschutz im Anflug auf Bremen gemeldet wurde, ahnte noch keiner, dass es für das Jagdgeschwader 1 ein schwerer Tag werden sollte. Der am 1. Oktober 1943 zum Oberstleutnant beförderte Hans Philipp führte sein Geschwader an den Feind, griff bei Nordhorn einen Pulk viermotoriger Bomber an und schoss eine B-17 heraus. Anschließend sah man noch seine Focke-Wulf 190, wie sie im flachen Winkel in einer Wolke verschwand. Wenige Stunden später fand man die Leiche des Kommodore nahe der Straße nach Neuenhaus an der holländischen Grenze. Sie lag unter einer einzelnen Fichte. Die Untersuchung ergab, dass sich sein Fallschirm nicht geöffnet hatte. An diesem für das Jagdgeschwader 1 so unglücklichen Tag gingen bei der Abwehr des amerikanischen Bomberverbandes auf Bremen weitere 33 deutsche Jagdflugzeuge verloren. Unter diesen war die „Rote 3" des Kommodore Oberstleutnant Hans Philipp. Hans Philipp hatte die Me 109 ebenso wie die Fw 190 geflogen – mit ihm starb ein herausragender deutscher Jagdflieger und eine außergewöhnliche Persönlichkeit. Der Wehrmachtsbericht des 12. Oktober 1943 würdigte ein letztes Mal diesen tapferen, allezeit fröhlichen Flieger:

„Der Kommodore eines Jagdgeschwaders, Oberstleutnant Hans Philipp, Inhaber des Eichenlaubs mit Schwertern zum Ritterkreuz des Eisernen Kreuzes, fand im Luftkampf den Heldentod. Mit ihm verliert die Luftwaffe einen der hervorragendsten Jagdflieger und Verbandsführer, der 206 Luftsiege errungen hat."

In seiner Heimatstadt Meißen wurde Hans Philipp beigesetzt. Auf dem Findling, der seinen Namen trägt, befindet sich oben ein Hoheitsadler und darunter ein Band mit dem Ritterkreuz.

Hans Philipp

Geboren am 17. März 1917 in Meißen/Sachsen
Gefallen am 8. Oktober 1943 über Nordhorn
Letzter Dienstgrad: Oberstleutnant
Ritterkreuz am 22. Oktober 1940 als Oberleutnant nach 20 Luftsiegen
33. Eichenlaub zum Ritterkreuz am 24. August 1941 als Oberleutnant nach 62 Luftsiegen
8. Eichenlaub mit Schwertern zum Ritterkreuz am 12. März 1942 als Hauptmann nach 86 Luftsiegen
Deutsches Kreuz in Gold am 18. Juni 1942
Gesamtzahl der Luftsiege: 206 anerkannte Luftsiege
Letzte Dienststellung: Kommodore des Jagdgeschwaders 1

Walter Schuck

Walter Schuck wurde am 30. Juli 1920 in Frankenholz im Saarland geboren. Bereits mit 16 Jahren bewarb er sich zum freiwilligen Dienst bei der Luftwaffe, wo er auch angenommen wurde. Nach Ableistung des Reichsarbeitsdienstes ging es ab dem 1. November 1937 zur Grundausbildung nach Quakenbrück, die er bei der 2. Kompanie der Flieger-Ersatzabteilung 24 ableistete. Nach einem halben Jahr harter Ausbildung kam er am 1. April 1938 zur Flughafenbetriebskompanie des Kampfgeschwaders 254 nach Gütersloh, das mit Ju 86 ausgerüstet war. Walter Schuck bewunderte diese „großen Kisten" und von da an stand für ihn fest, dass er einmal so einen Bomber fliegen würde. Tatsächlich gelang es ihm, eine Versetzung zur Segelfliegerschule nach Schüren bei Meschede im Sauerland zu bekommen. Endlich durfte er fliegen lernen. Hier legte er seine ersten Hüpfer aber auch schon längere Alleinflüge ab. Nach sechs Wochen Segelfliegerausbildung kehrte er nach Gütersloh zur Flughafenbetriebskompanie zurück. Schließlich wurde er Anfang Februar 1939 zur Luftfahrttechnischen Schule nach Bonn-Hangelar geschickt, wo er eine gründliche technische Ausbildung an verschiedenen Flugzeugmustern erhielt. Ab 1. Mai 1939 kam er zur A/B Schulung wieder nach Quakenbrück, aber diesmal zum Fliegerausbildungsregiment 82, das ab November 1939 nach Cottbus verlegte. Hier folgten die weiteren Ausbildungsschritte, so wurde er im Motorflug ausgebildet, erhielt im Mai 1940 den Flugzeugführerschein und wurde Mitte Juni 1940 an die Jagdfliegerschule 1 nach Werneuchen versetzt. Hier machte er seine erste Bekanntschaft mit der Me 109. Nach Abschluss der Jagdfliegerschule war Walter Schuck ein voll ausgebildeter Jagdflieger. So dachte er, dass er nach Frankreich zu einem Frontverband kommen würde, um sich an der Luftschlacht um England zu beteiligen. Doch es sollte anders kommen. Am 2. September 1940 wurde er zur 3. Staffel der Ergänzungs-Jagdgruppe nach Merseburg kommandiert. Walter Schuck, der erst Bomber- und dann Fernaufklärerpilot werden wollte, merkte bald, dass er der Typ Einzelkämpfer war, den Draufgängertum und Zähigkeit in besonderem Maße auszeichneten.

Aber er musste noch warten, bis er seine Fähigkeiten zeigen konnte. Am 6. Oktober 1940 wurde er zum Jagdgeschwader 3 versetzt, kam aber zur Ergänzungsstaffel nach Saint-Omer-Wizernes. Wieder konnte er keine Fronteinsätze fliegen, brachte es aber immerhin am 1. Dezember 1940 zum Unteroffizier. Am 10. Februar 1941 wurde seine Einheit in 10. Staffel der Ergänzungs-Jagdgruppe 3 umbenannt und nach Saint-Jean-d'Angély nach Südfrankreich verlegt. Die nächsten Monate verliefen ziemlich eintönig. Zumeist standen Sicherungs-, Übungs- oder Aufklärungsflüge, aber auch einige Verlegungen auf dem Programm. So fiel die Gruppe am 15. April 1941 in Krakau ein, ging am 29. Juni nach Bergen aan Zee (Holland), um schließlich seit dem 9. September 1941 nach Esbjerg (Dänemark) zu verlegen. Am 29. Dezember 1941 kam der Befehl zur Verlegung nach Norwegen. Gleichzeitig wurde Walter Schucks Staffel in 7. Staffel/Jagdgeschwader 5 umbenannt und in die III. Gruppe

Walter Schuck

des Jagdgeschwaders 5 eingereiht. Als am 22. April 1942 die III. Gruppe nach Petsamo in Nordfinnland verlegte, war er als Unteroffizier ein völlig unbeschriebenes Blatt. Aber es gelang ihm, relativ bald seinen ersten Abschuss zu erzielen: am 15. Mai über eine MiG-3. Am 1. September 1942 wurde er als Schwarmführer zur 9. Staffel kommandiert und am 1. Dezember zum Feldwebel befördert. Bis Ende des Jahres 1942 sollte er es auf 18 Luftsiege bringen. Am 19. Mai 1942 wurde er mit dem Eisernen Kreuz II. Klasse und am 14. Juni 1942 mit dem Eisernen Kreuz I. Klasse ausgezeichnet. Anfang des Jahres 1943 begann er weiter an seiner Erfolgsbilanz zu arbeiten. Besonders der 22. Mai 1943 ließ erkennen, welches Potenzial und jagdfliegerisches Talent in Schuck steckte. In zwei Starts konnte er je zwei gegnerische Jagdmaschinen abschießen. Am Morgen waren es eine Hurricane und eine Airacobra und am Abend fielen ihm noch einmal zwei Airacobras zum Opfer. Den Ehrenpokal des Oberbefehlshabers der Luftwaffe hatte er bereits am 23. März 1943 bekommen und das Deutsche Kreuz in Gold erhielt er am 24. Juni 1943 nach 39 Luftsiegen. Schuck setzte seine Siegesserie kontinuierlich fort und schoss am Nachmittag des 14. September 1943 bereits seinen 50. Gegner ab. Dass er einmal neben Ehrler und Weissenberger die Abschussliste seines Geschwaders mit anführen sollte, damit rechnete er am allerwenigsten. Er war inzwischen als Fahnenjunker-Feldwebel zum Staffelführer seiner 9. Staffel des Geschwaders ernannt worden und erhöhte sein Abschusskonto bis Ende des Jahres 1943 auf 61 Luftsiege.

1944 war Walter Schucks großes Jahr. Am 17. März 1944 schoss er über Vardø-Kiberg und der Fischerhalbinsel sieben sowjetische Flugzeuge ab und am 7. April 1944 konnte er sechs weiter Gegner bezwingen und sein Erfolgskonto auf 84 Luftsiege erhöhen.

Hier ein Bericht seines Einsatzes am 23. März 1944, als er mit seiner Staffel Begleitschutz für die Jagdbomberstaffel des Geschwaders fliegen sollte, die die Motowski-Bucht anflog, um ihre 250-Kilo-Bomben auf die Landestellen des Gegners zu werfen.

Die Jäger mussten ständig Schleifen und Kehren fliegen, um nicht den langsameren Jagdbombern zu weit vorauszukommen. Schucks Rottenflieger war an diesem Tage Heinfried Wiegand, der die ersten Gegner meldete, noch ehe sie das Zielgebiet erreicht hatten. Der Jagdschwarm musste nun den Kampf gegen etwa 20 Hurricanes und Airacobras aufnehmen. Dazu teilte Schuck den Schwarm auf und flog mit seinem Katschmarek jene Gruppe der Gegner an, die auf die anfliegenden Jabos eindrehten. Schuck schoss wild durch die Gegend, um die Feindjäger zunächst vom Angriff auf die Jagdbomber abzulenken, was ihm auch gelang. Feldwebel Schuck konnte aus nur 60 Metern Distanz eine der mit der 3-cm-Kanone bewaffneten Airacobras abschießen.

Während des Luftkampfes am 13. Oktober 1943, bei dem es zwischen Kiberg und Ekerö gegen 70 Kampf-, Schlacht- und Jagdflugzeugen der Russen zu einem zahlenmäßig ungleichen Duell kam, erreichte Oberfeldwebel Schucks Schwarm zuerst die Boston-Bomber. Das erste dieser Torpedoflugzeuge wurde von ihm in drei Feuerstößen abgeschossen. Vier Feindjäger, die sich während dieses Duells hinter ihn geschoben hatten, verloren binnen weniger Minuten zwei Maschinen. Als die Maschinen der III. Gruppe gegen 14.00 Uhr landeten, hatte Schuck seine Erfolge an diesem Tage auf zwei erhöht. Am 8. April 1944, sein Abschusskonto stand auf 84 Luftsiegen, erhielt er das Ritterkreuz des Eisernen Kreuzes. Ab Mai 1944 führte Schuck die 7. Staffel des Eismeergeschwaders an den Feind. Schon am 15. Juni 1944 erzielte er die Abschüsse 96 bis 101. Ein besonderer Einsatz musste am 17. Juni 1944 geflogen werden, als es galt, die vor der Varanger-Halbinsel stehenden deutschen Versorgungsschiffe vor einem aus Murmansk kommenden russischen Torpedo- und Schlachtfliegereinsatz zu sichern.

Die III. Gruppe erhielt dazu den Einsatzbefehl und startete unmittelbar nach dem Alarm. Aber gerade erst vom Boden abgehoben, hatten sie schon Feindkontakt. Schuck setzte sich hinter eine russische Maschine, schoss diesen Gegner mit dem ersten Feuerstoß ab und zog etwa 50 Meter höher, um hinter den nächsten Gegner zu gelangen, der nach einer Minute steil nach unten wegging und mit einem Aufschlagbrand zerschellte. Drei weitere Angreifer folgten nach. Unmittelbar darauf wurden hinter der Nordwestküste der Fischerhalbinsel Boston-Bomber gemeldet.

Schuck machte Zielwechsel, stieß zu den Bombern durch und schoss den sechsten Gegner ab. Er wurde durch die Druckwelle förmlich emporkatapultiert und direkt hinter einen weiteren Gegner geschleudert, der schräg von unten angeflogen und getroffen wurde. Als der rechte Motor des Gegners brannte, sprang der Schütze aus dem Heckstand ab. Brennend stürzte diese Boston ins Meer. Damit hatte Oberfeldwebel Schuck drei Curtiss, zwei Boston und zwei Il-2 in einem Einsatz vernichtet. All dies geschah zwischen 07.32 Uhr und 08.04 Uhr.

Nachdem die Maschinen zum Auftanken und Aufmunitionieren gelandet waren, starteten sie am Abend ein zweites Mal. Schuck schoss bei seinem zweiten Einsatz an diesem Tage drei Il-2-Schlachtflugzeuge ab; auf dem Rückweg, als sie von Il-2-Schlachtfliegern, Pe-21 und 18 Airacobras angegangen wurden, holte er noch eine elfte Maschine, eine Airacobra, herunter. Aber noch war dieser ereignisreiche Tag für Schuck noch nicht zu Ende. Als ein Aufklärer am frühen Morgen des 18. Juni über dem Platz erschien, warf er sich in seine Maschine, die wieder startklar gemeldet worden war, startete und schoss auch noch diese Spitfire ab. Der Pilot konnte sich mit dem Fallschirm retten. Damit hatte Oberfeldwebel Schuck innerhalb von 24 Stunden zwölf Luftsiege errungen.

Von Schucks Staffel wurden am 27. Juni, genau zehn Tage, nachdem Schuck mit seinem Dutzend insgesamt 113 Luftsiege errungen hatte, erneut über 25 Maschinen abgeschossen. Diesmal schrieben sich Norz und Dörr mit jeweils zwölf Luftsiegen in die Abschlussliste ein. Am 17. Juli waren es 26 Luftsiege, die die Staffel erzielte. Von diesen gingen weitere sieben auf Schucks Konto. Am 22. Juli 1944 waren es erneut sieben Luftsiege und am 28. Juli folgten noch einmal zwei Abschüsse. Mit der Umstellung im Juli 1944 wurde die 7. Staffel von Franz Dörr, der seit Mai 1944 Kommandeur der III. Gruppe/Jagdgeschwader 5 war, zur 10. Staffel gemacht, die der seit dem 1. Juli 1944 zum Leutnant beförderte Walter Schuck weiter befehligte. Leutnant David „Fritz“ Wollmann war neuer Rottenflieger von Schuck, der seine alte Nummer 10 als Kennzeichen an der Maschine behielt. Höhepunkte brachten schließlich der 17. August mit 40 und der 23. August mit 29 Abschüssen, an denen Schuck

Heinrich Ehrler (im Vordergrund) führte erst die III./Jagdgeschwader 5 und wurde dann zum Kommodore dieses Jagdgeschwaders im Hohen Norden ernannt. Im Hintergrund rechts von ihm ist Walter Schuck zu erkennen.

mit je vier und fünf Luftsiegen beteiligt war. Sechs bis acht Alarmstarts waren bei dem guten Wetter mit beinahe 20 Stunden Tageslicht dort im hohen Norden normal. Am 23. August erzielte Schuck seine Luftsiege 150 bis 154, und am 30. September konnte er anlässlich der Verleihung des Eichenlaubs, das er als 616. Soldat der deutschen Wehrmacht erhielt, auf 171 Luftsiege zurückblicken.

Der Herbst 1944 sah Schuck in weiteren schweren Einsätzen mit seiner 10. Staffel. Am 2. November 1944 flog er nach Deutschland, wo ihm Göring das Eichenlaub überreichte und gleichzeitig zum Oberleutnant beförderte. Anschließend folgte der wohlverdiente Urlaub und am Neujahrstag des Jahres 1945 war er als Trauzeuge seines Freundes und Kampfgefährten Theo Weissenberger auf dessen Hochzeit eingeladen. Weissenberger, der die I. Gruppe des Düsenjagdgeschwaders 7 befehligte, nahm Schuck beiseite und flüsterte ihn ins Ohr: „Walter, ich habe Dich bereits angefordert – außerdem will ich sowieso der Reihe nach alle erfolgreichen Eismeerjäger zu mir holen!" Weissenberger sollte mit diesem Vorhaben erfolgreich sein.

Einige Tage später kehrte Schuck über Berlin und Oslo zu seiner 10. Staffel des Jagdgeschwaders 5 zurück. Bis zum 16. Februar 1945 konnte er seine Abschusserfolge beim Jagdgeschwader 5 auf 198 Luftsiege emporschrauben, bevor er sich am 5. März 1945 bei seinem neuen Kommodore Major Weissenberger, seinem guten Freund vom „Eismeergeschwader", beim Jagdgeschwader 7 in Brandenburg-Briest meldete. Weissenberger holte auch seinen früheren Kommodore, den Major Ehrler, dem man übel mitgespielt hatte, zum Düsenjägergeschwader 7, damit der „abgeschobene" Kommodore bei ihnen bleiben konnte. Walter Schuck kam in die Stabsstaffel der I. Gruppe des Jagdgeschwaders 7, bevor er am 26. März 1945 die 3. Staffel des Düsenjagdgeschwaders übernahm. In dieser letzten Phase des Krieges stellte Walter Schuck noch einmal sein großes Können unter Beweis, als er mit der Me 262 acht amerikanische Flugzeuge abschoss. Am 24. März 1945 konnte er mit seiner Me 262 zwei US-Mustang-Jäger zwischen Leipzig und Dresden abschießen. Am 28. März folgte eine weitere Mustang im Raum Stendal und am 7. April holte er im Raum Wittenberge erneut eine solche Maschine vom Himmel. Schließlich konnte Schuck am 10. April 1945 vier viermotorige B-17 „Flying Fortress" innerhalb von acht Minuten im Raum Oranienburg abschießen, bevor er von einer P-51 „Mustang" abgeschossen wurde, dessen Pilot Joseph Peterburs nach dem Krieg sein Freund wurde. Walter Schuck sprang mit dem Fallschirm ab und überlebte den Krieg. Die P-51 „Mustang" mit Joseph Peterburs und seinem Rottenflieger griffen anschließend den Flugplatz von Jüterbog an, beide wurden von der Platzflak abgeschossen und gerieten in Gefangenschaft. Damit brachte Schuck seinen anerkannten Rekord auf 206 Luftsiege, die er bei über 500 Feindflügen erreicht hatte. Von den über 30 Luftsiegen, die er zudem erzielte hatte, für die es jedoch keine Zeugen gab, nicht zu reden. Dies focht ihn ebenso wenig an wie alle seine Kameraden, denn was machte es schon aus, ein paar mehr oder weniger auf dem Konto zu haben, wenn die Schreibstubenhengste die längst fälligen Schwerter zum Ritterkreuz mit Eichenlaub nicht herausrücken wollten. Auf alle Fälle gehörte er mit Ehrler und Weissenberger zu den drei erfolgreichsten Eismeerjägern.

Nach dem Krieg erwarb er die Schweizer Sportfliegerscheine und war für mehrere Jahre als Fluglehrer und als Berater bei der Syrischen Luftwaffe tätig. 1961 beendete er seine fliegerische Tätigkeit. Zu den bereits genannten Orden und Ehrenzeichen erhielt Walter Schuck noch das Verwundetenabzeichen in Schwarz, das Flugzeugführerabzeichen und das finnische Mannerheim Kreuz sowie die Frontflugspange in Gold mit Anhänger für 500 Fronteinsätze.

Walter Schuck

Geboren am 30. Juli 1920 in Frankenholz/Saarland
Letzter Dienstgrad: Oberleutnant
Ritterkreuz am 8. April 1944 als Fahnenjunkerfeldwebel nach 84 Luftsiegen
616. Eichenlaub zum Ritterkreuz am 30. September 1944 als Leutnant nach 171 Luftsiegen
Deutsches Kreuz in Gold am 24. Juni 1943
Gesamtzahl der Luftsiege: 206 anerkannte Luftsiege
Letzte Dienststellung: Staffelkapitän der 3. Staffel des Jagdgeschwaders 7 (Me 262)

Anton Hafner

Als Sohn des Spenglermeisters Anton Hafner und seiner Ehefrau Aloisia, geborene Kneer, war es für den jungen Anton Hafner, am 2. Juni 1918 als zweiter Sohn in Erbach bei Ulm (Württemberg) geboren, selbstverständlich, dass er nach der Schulentlassung in die Spenglerlehre ging. Sein Vater bildete ihn aus. Anschließend trat er in das väterliche Geschäft ein.

Vom 2. November 1938 bis zum 25. März 1939 kam er seiner Arbeitsdienstpflicht nach. Bereits hier erkannten seine Kameraden, dass in dem kleinen Anton ein harter Arbeiter und Sportler steckte, der aber nichts anbrennen ließ, wenn es galt, einen Scherz auszuhecken.

Bei seiner Musterung am 15. Juni 1939 meldete er sich zur Luftwaffe und gelangte tatsächlich, das war nicht immer selbstverständlich, am 20. Juli dieses Jahres als Rekrut zur Schule des Fliegerausbildungsregiments 23 nach Kaufbeuren, später zum Fliegerausbildungsregiment 53 in Plattling. Im September 1940 kam er zur Flugzeugführerschule A/B 122 nach Gutenfeld in Ostpreußen, danach zu den Jagdfliegerschulen nach Magdeburg und Stolp-Reitz. Dort wurde er am 1. August 1940 Gefreiter. Am 1. Dezember 1940 wurde er zur 4. Staffel der Ergänzungs-Jagdgruppe des Jagdgeschwaders 51 versetzt, wo er bis zum 23. Februar 1941 verblieb und auf seinen Einsatz im Geschwader des bereits zur Legende gewordenen Majors Werner Mölders wartete. Am 23. Februar wurde „Toni", wie ihn seine Kameraden nannten, zur 6. Staffel des Jagdgeschwaders 51 versetzt, und bis zum 31. Mai erlebte Hafner die ersten Einsätze über Frankreich und dem Kanal. Bereits am 18. März musste er wegen eines Motorschadens bei Mardyck notlanden und erlitt eine Kopfverletzung, die ihn aber nicht daran hinderte, bei der Truppe zu bleiben. Seine Me 109 E machte dabei 80 Prozent Bruch.

Mit dem Jagdgeschwader 51 unter Werner Mölders, der bereits das Eichenlaub trug, ging es am 1. Juni 1941 nach Osten. Das Geschwader fiel auf einigen Plätzen im Generalgouvernement ein.

Am 22. Juni begann der Russlandfeldzug. Am selben Tag wurde Oberstleutnant Mölders als zweitem deutschen Soldaten das Eichenlaub mit Schwertern zum Ritterkreuz verliehen. Am dritten Tage des Feldzuges gegen die Sowjetunion musste die Staffel, der Hafner angehörte, einen russischen Bomberverband angreifen, der eine deutsche Marschgruppe attackierte. Als „Heckenspringer" ging es im Tiefflug los. Hafner schoss hier den ersten Gegner, einen Bomber, vom Typ SB-2, ab.

In den nächsten Tagen zeigte es sich, dass dieser Rottenflieger nicht nur seinen Staffelkapitän gut zu schützen, sondern dass er ebenso gut zu schießen wusste. Am 25. Juni war der zweite fällig. Es war wieder ein SB-2-Bomber, dessen linker Motor zerschossen wurde. Der 29. Juni sah die Staffel wieder in Tiefangriffen. Hafner erhielt Flaktreffer in den Rumpf. Der nächste Tag sah ihn abermals im Feuer der gut schießenden Russenflak. Ein Flächenwechsel war notwendig. Mit Leutnant Günther Rübell flog er als Katschmarek die nächsten Einsätze. Als sie am 3. Juli auf fünf Gegner stießen, griffen sie an. Hafner schoss in nur wenigen Minu-

Anton Hafner

ten zwei Bomber ab. Rübell holte einen herunter und den nächsten erledigte Hafner mit einem einzigen gut gezielten Feuerstoß. Nach zwei Luftsiegen wurde der Gefreite Hafner mit dem Eisernen Kreuz II. Klasse ausgezeichnet und am 1. Juli wegen Tapferkeit vor dem Feind zum Unteroffizier befördert.

Bei einem Rata-Angriff auf den Liegeplatz der II. Gruppe starteten Oberleutnant Stengel, Staffelkapitän der 6. Staffel/Jagdgeschwader 51, mit Hafner und einigen anderen Kameraden. Im Steigflug begriffen, erkannten sie hinter den Jägern einen dichten Pulk DB-3-Bomber, die noch sehr weit entfernt waren. Drei dieser Bomber waren jedoch bereits nahe herangekommen.

Die Bomber schossen aus allen „Knopflöchern". Genau in die Kanzel getroffen, musste Hafner, der im Gesicht blutete, den Einsatz abbrechen. Nach der Landung musste sein Kabinendach mit einer Brechstange geöffnet werden, weil sich eines der russischen Geschosse in den oberen Rahmen des Kabinendaches verklemmt hatte. Hafner behielt dieses Geschoss als Talisman.

Am 10. Juli flog er bereits wieder gegen russische Truppen, die den deutschen Dnjepr-Übergang abwehren wollten. Vier Jagdbomberstarts waren an diesem Tage fällig.

Am 13. flogen die Maschinen der Sechsten Einzelerkundung. Hafner sichtete zwei Doppeldecker der Russen, die plötzlich heruntergingen und auf einer Lichtung landeten. Er stieß nach und zerschoss die Maschinen. In sein Tagebuch trug er ein: „Die Besatzungen mussten zu Fuß heimgehen."

Am 17. Juli erhielt er einen weiteren Flaktreffer. Mit der letzten Umdrehung des Quirls stand er wieder auf dem Fliegerhorst. Zwei Tage vorher hatte Oberst Werner Mölders die ersten Brillanten zum Ritterkreuz mit Eichenlaub und Schwertern erhalten.

Am 23. Juli flog Hafner mit einem Kameraden freie Jagd. Sie stießen auf fünf DB-3-Bomber und griffen sofort an. Diese drehten gleich weg; Hafner jagte „mit voller Pulle" hinterher und schoss einen ab. Das Eiserne Kreuz I. Klasse wurde ihm am Abend dieses Tages verliehen. Bis zum 23. Dezember 1941 waren es 14 Luftsiege. Er erhielt bereits jetzt – infolge seiner vielen Tief- und Jagdbombereinsätze – die Frontflugspange in Gold.

Bis zum 34. Luftsieg, der am 27. April 1942 fällig war, verging die Zeit im Kampf gegen den russischen Winter und gegen immer wieder angreifende Bomberverbände. Nach seinem 34. Luftsieg wurde er eben an diesem 27. April mit dem Ehrenpokal der Luftwaffe „für besondere Leistungen im Luftkrieg" ausgezeichnet, und am 22. Mai erhielt er noch das Deutsche Kreuz in Gold. Die Beförderung zum Feldwebel wegen Tapferkeit vor dem Feind erfolgte genau einen Monat darauf. Wiederum vier Tage später, am 5. Juli 1942, wurde Hafner an einem sagenhaften Siegestag, an dem er den 35. bis 41. Luftsieg errang, im Wehrmachtsbericht genannt.

Als er am 23. August für 60 Luftsiege das Ritterkreuz erhielt, hatte er diese Zahl bereits wieder überschritten und konnte am 24. August den 62. Luftsieg in sein Flugbuch eintragen lassen. Anschließend ging es in den wohlverdienten Urlaub nach Hause. Am 14. November 1942, nur knapp eine Woche nach der alliierten Landung in Nordwestafrika, wurde seine II. Gruppe in den tunesischen Kampfraum geworfen, um die wenigen hier fliegenden Jäger zu verstärken. Hier hatten Teile des legendären Wüstengeschwaders, des Jagdgeschwaders 27, insbesondere die II. Gruppe unter Major Rödel und die I. Gruppe/Jagdgeschwader 77, gegen einen übermächtigen Feind zu kämpfen. Die III. Gruppe/Jagdgeschwader 77 sollte noch hinzugekommen. Als Anton Hafner nach seinem Ritterkreuzurlaub zurückkehrte, wurde ihm mitgeteilt, dass er zur 4. Staffel des Jagdgeschwaders 51 versetzt worden sei.

Oberleutnant Georg Seelmann (seit dem 6. Oktober 1941 Ritterkreuzträger) griff am 28. November mit seiner 4. Staffel (die 5. war ebenfalls in Afrika eingetroffen) einen Bomberverband an, der die „Sturen 18" genannt wurde. Dieser wurde von P-38 „Lightnings" gesichert. Hafner schoss einen Stirling-Bomber ab. Zwei Tage darauf sah sich Hafner in ein Luftgefecht mit einer P-38 verwickelt, die er ebenfalls abschoss. Insgesamt erzielte die Staffel fünf Bomber- und sieben Jägerabschüsse in diesem Duell. Das war am 30. November. Am 1. Dezember flog die 4. Staffel Geleitschutz für die Stukas. Hafner erzielte hier seinen 70. und 71. Abschuss mit der Vernichtung von zwei Spitfire-Jagdmaschinen. Am 2. Dezember war der 72. einzutragen.

Der 5. Dezember brachte erneut eine Dublette zum 74. und 75. Luftsieg. Der 18. Dezember sah Hafner auf einem Feindflug gegen einen amerikanischen Bomberverband. Auf dem Anflugweg konnte Hafner zwei P-38 „Lightning" abschießen – sein 78. und 79. Luftsieg. Der 80. bestätigte Luftsieg, wieder eine Lightning, war erst am 28. Dezember fällig.

Als Anton Hafner am 2. Januar 1943 im Kampf mit 20 Spitfire über Tunis abgeschossen wurde und mit dem Fallschirm abspringen musste, hatte er 82 Luftsiege bei insgesamt 381 Starts hinter sich gebracht. Er erlitt bei der Landung eine doppelte Fraktur des rechten Oberarms. Seine Zeit als Flugzeugführer schien zu Ende zu sein. Vom Kriegslazarett in Neapel aus wurde er über das Reservelazarett Garmisch-Partenkirchen ins Reserve-Lazarett II nach Ulm in seine Heimat verlegt, wo er bis zum 6. Juli verblieb, ehe es ihm gelang, wieder zu seinem alten „Haufen" zurückzukehren.

Am 1. August 1943 zum Oberfeldwebel befördert, kehrte er im August 1943 zum Jagdgeschwader 51 „Mölders" zurück und wurde jetzt der Stabsstaffel des Geschwaders zugeteilt. Schließlich erhielt er am 1. September 1943 seine Ernennung zum Offiziersanwärter als Kriegsoffizier (KrO).

Einige Tage nach seiner Rückkehr nach Russland erzielte er den 84. Luftsieg. Innerhalb weniger Wochen schraubte er seinen Rekord auf 100 Luftsiege. Am 15. Oktober 1943 erzielte er innerhalb von sechs Minuten die Luftsiege 98 bis 100.

In kurzen Abständen folgten der 106. (am 20. Oktober), der 111. (am 28. Oktober) und der 115. (am 11. November) Luftsieg. Die Ehrungen blieben nicht aus. Am 2. November erhielt er die Frontflugspange in Gold mit Anhänger. Bis zum Jahresende 1943 brachte er sein Erfolgskonto auf 118 Luftsiege. Während seines Urlaubs heiratete er auf dem Standesamt Erbach seine Verlobte. Seine Heimat verlieh ihm im Dezember, als er zum zweiten Urlaub dort weilte, den Ehrenbürgerbrief und überschrieb ihm ein Baugrundstück, auf dem er sich und seiner Frau, die er im vergangenen Dezember geheiratet hatte und die nun ihr erstes Kind erwartete, ein Haus und eine Werkstatt bauen sollte, sobald der Krieg beendet und er heil nach Hause gekommen war.

Anfang Januar 1944 kehrte er an die Front zurück und erhöhte rasch seine Erfolgsbilanz. Bis zum 28. März 1944 hatte er es auf 135 Luftsiege gebracht, wofür er am 11. April 1944 als 452. Soldat der deutschen Wehrmacht mit dem Eichenlaub zum Ritterkreuz ausgezeichnet wurde. Abermals wurde er im Wehrmachtsbericht genannt. Wenige Tage darauf stand er mit seinen Fliegerkameraden Grislawski, Lang, Schack und Kittel in der Reichskanzlei vor Hitler, um diese Auszeichnung aus dessen Hand entgegenzunehmen. Am 1. März 1944 erfolgte seine Beförderung zum Leutnant und bereits im Mai 1944 wurde Anton Hafner wegen Tapferkeit vor dem Feind zum Oberleutnant befördert. Am 15. Mai übernahm er die 8. Staffel des Jagdgeschwaders 51 als Staffelkapitän. Unter seinen Mechanikern hieß er nach wie vor „Toni" und nicht „Herr Leutnant".

Für den Kapitän der 8. Staffel war jeder Mann bereit, durch das Feuer zu gehen. Für das ganze Geschwader war er zu einer legendären Gestalt geworden, ähnlich dem unvergessenen Kommodore Mölders. Am 25. Juni 1944 wurde Hafner zum dritten Mal im Wehrmachtsbericht genannt, da seine Staffel und eine zweite der III. Gruppe am 24. Juni ohne eigenen Verlust 16 Feindjäger abgeschossen hatten und Hafner mit fünf Abschüssen (bis zum 144. Luftsieg) dabei war.

Zwei Tage später waren es bereits 150, am 21. August fiel der 175. Gegner vom Himmel und bis zum 28. September waren es 189 geworden. Mitte August wurde seine 8. Staffel in 10. Staffel/Jagdgeschwader 51 „Mölders" umbenannt.

Am 26. August wurde der tapfere Offizier Vater eines Jungen. Als das Telegramm eintraf, stand er in erbitterten Kämpfen, sodass er seine Staffel nicht verlassen konnte.

Während der Luftkämpfe am 16. Oktober 1944 über Ostpreußen konnte Hafner, mit vier Maschinen seiner Staffel startend, über Gumbinnen und Goldap seinen 199. bis 202. Luftsieg erringen. Ein großer Eichenkranz mit einer silbernen 200 belohnte ihn nach der Landung. Als erstes hatte er eine Il-2 getroffen, drei Minuten darauf eine zweite vom Himmel gefegt. Im Laufe des Tages holte er noch zwei sowjetische Jagdmaschinen vom Himmel.

„Anton, das wird wieder ein Startverbot geben und das bedeutet für dich das Eichenlaub mit Schwertern zum Dödel", meinte Hauptmann Joachim Brendel, der als Kommandeur die III. Gruppe führte.

„Spinne ruhig weiter", erwiderte Hafner gelassen. „Sie haben mich nicht auf der Liste."

Am 16. Oktober erreichten russische Panzerverbände Gumbinnen. Am folgenden Tag startete Hafner mit seiner Staffel und schoss sechs Minuten nach dem Alarmstart seinen 203. Gegner, eine Pe-2 ab. Eine Stunde später führte er seine Staffel zum nächsten Flug, und nach einer wilden Kurbelei konnte er eine Jak-7 abschießen, was zugleich sein 204. Luftsieg war. Während er im zweiten Anflug eine weitere Jak aufs Korn nahm, schob sich eine Jak über ihn.

Sie eröffnete eine halbe Sekunde vor Hafner das Feuer. Die Me 109 wurde heruntergedrückt, streifte einen Baum und stürzte ab. Hafner konnte nicht mehr aussteigen und verlor beim Aufprall auf den Boden sein Leben. Der Absturzort lag ostwärts Gumbinnen, an der Straße nach Ebenrode bei Schweizersfelde in Ostpreußen.

In Altkirch, südostwärts von Tilsit, wurde sein Leichnam aufgebahrt. Am 19. Oktober 1944 wurde Anton Hafner mit allen militärischen Ehren in Huetenfeld zur letzten Ruhe gebettet, dem Ehrenmal der Gefallenen des Ersten Weltkrieges gegenüber. Niemand weiß, was aus dieser Grabstätte geworden ist.

Auf seinen 795 Feindflügen, darunter 175 Jagdbomber-Einsätze, konnte Anton Hafner 204 Luftsiege erringen, davon 20 gegen westliche Gegner in Tunesien.

Nach dem Kriege suchte Hafners Bruder Alfons nach dem amerikanischen Offizier, den Anton Hafner am 18. Dezember 1942 bei Tunis abgeschossen hatte. Nach drei Jahren Suche hatte die Familie Erfolg und fand den US-Flieger, den damaligen Leutnant Norman Widen. Er besuchte Alfons 1961 in Deutschland und legte am 1. Mai am Gefallenenehrenmal in Erbach, der Geburtsgemeinde Anton Hafners, einen großen Lorbeerkranz nieder. Seine zwei weißen Schleifen trugen folgende Aufschrift:

Dem ritterlichen Jagdflieger Anton Hafner,
Oberleutnant im Jagdgeschwader „Mölders“,
von Norman I. Widen, Major in den USAF.

Anton Hafner

Geboren am 2. Juni 1918 in Erbach bei Ulm
Gefallen am 17. Oktober 1944 bei Schweizersfelde in Ostpreußen
Letzter Dienstgrad: Oberleutnant
Ritterkreuz am 23. August 1942 als Feldwebel nach 60 Luftsiegen
452. Eichenlaub zum Ritterkreuz als Leutnant nach 135 Luftsiegen am 11. April 1944
Deutsches Kreuz in Gold am 22. Mai 1942
Gesamtzahl der Luftsiege: 204 anerkannte Luftsiege
Letzte Dienststellung: Kapitän der 10. Staffel des Jagdgeschwaders 51 „Mölders“

Helmut Lipfert

Helmut Lipfert wurde am 6. August 1916 in Lippelsdorf, Kreis Saalfeld, in Thüringen geboren und kam erst verhältnismäßig spät zur Luftwaffe. Er wurde nach bestandenem Abschluss seiner Lehre Arbeitsdienstmann und avancierte wegen seiner raschen Auffassungsgabe und zupackenden Art rasch zum Arbeitsdienstführer. In diesem Beruf ging er zunächst völlig auf, denn in der Erziehung junger Menschen sah er eine ihm angemessene Aufgabe. Doch bald wusste er, dass diese Tätigkeit nicht sein endgültiges Metier sein würde. Lipfert meldete sich zur Panzerwaffe und trat am 3. November 1937 in die Nachrichtenabteilung 37 der 1. Panzerdivision in Weimar ein. Mit der 1. Panzerdivision erlebte er als Unteroffizier den Polen- und Frankreichfeldzug mit. Seine Faszination für das Fliegen, überhaupt die technischen und mechanischen Details, bewegten ihn dazu, ein Gesuch zum Eintritt in die Luftwaffe einzureichen.

So meldete er sich Anfang 1941 freiwillig zur Luftwaffe und wurde nach der allgemeinen Tauglichkeitsprüfung angenommen. Sogleich begann die Ausbildung des Flugschülers bei einem Flieger-Ausbildungsregiment. Am 1. Dezember 1941 startete er zu seinem ersten Alleinflug und wenige Wochen später wurde er an die Jagdfliegerschule kommandiert, um hier zum ersten Mal der Me 109 gegenüberzustehen. Von den Flugeigenschaften des Messerschmitt-Jägers war Lipfert regelrecht begeistert. Am 16. Juni 1942 wurde er als Feldwebel zum Kriegsoffiziersanwärter ernannt und am 1. August 1942 zum Leutnant befördert. Als die Ausbildung zum Jagdflieger zu Ende ging, dachte er, dass er bald zu einem fliegenden Verband kommandiert werden würde. Seine Enttäuschung war groß, als er jedoch nicht wie erwartet direkt zu einem Jagdgeschwader an die West- oder Ostfront versetzt wurde, sondern sich bei der Ergänzungsgruppe Ost in Frankreich melden sollte.

Anfang September 1942 meldete sich Helmut Lipfert beim Kommandeur der Gruppe, Major Andres. Dieser wies ihn zur 2. Staffel, die in Saint-Jean-d'Angély, etwa 50 Kilometer von Bordeaux entfernt, stationiert lag.

Lipfert musste hier noch einmal die Ausbildung zum Jagdflieger forciert mitmachen. Endlich – am 26. November 1942 – erhielt er den Marschbefehl nach Russland zur II. Gruppe des Jagdgeschwaders 52. Sein Leben als Jagdflieger hatte begonnen.

Am 10. Dezember 1942 meldete er sich in Maikop beim Kommodore des Jagdgeschwaders 52 Dietrich Hrabak. Dieser teilte Lipfert kurzerhand der II. Gruppe des Geschwaders zu, die zu der Zeit in Kotelnikowo lag. Am 16. Dezember 1942 traf er auf dem trostlosen Feldflugplatz ein und meldete sich beim Kommandeur der II. Gruppe, Hauptmann Johannes Steinhoff, der ihn nach der Begrüßung der 6. Staffel zuwies, die von Oberleutnant Rudolf Resch geführt wurde.

Am 18. Dezember 1942 konnte er zu seinem ersten Feindflug starten. „Damit hatte ich", wie Lipfert einmal bemerkte, „gegenüber meinen erfahrenen und erfolgreichen Kameraden ein

Helmut Lipfert

gehöriges Maß an Aufholarbeit zu leisten." Am 30. Januar 1943 auf seinem 18. Feindflug begann er mit dieser „Aufholjagd", als er im Südabschnitt der Ostfront beim Jagdgeschwader 52 kämpfend eine La-5 im Luftduell besiegte und die erste Eintragung in sein Flugbuch erfolgte, die einen Abschuss meldete.

Für die ersten Abschüsse bis zur 100-Abschussmarke, die er zunächst für unerreichbar fern hielt, benötigte er genau elf Monate. Bis zu seinem letzten, dem 203. Abschusserfolg, benötigte er abermals 14 Monate. Dazwischen lagen erbitterte Kämpfe gegen russische und US-Gegner.

Dreimal wurde er von der russischen Bodenabwehr abgeschossen, als er Entlastungsangriffe für die Infanterie flog. Insgesamt musste er 15-mal notlanden, davon wurde er 13-mal durch russische Flak und zweimal durch Jäger abgeschossen, ohne dabei jemals verwundet zu werden. Dies veranlasste seine Kameraden, ihn gelegentlich „Jung-Siegfried" zu nennen, der ja einen besonderen Schutzpanzer gehabt haben soll.

Ab April 1943 kämpfte Helmut Lipfert mit seinen Kameraden über dem Kuban-Brückenkopf und erzielte weitere Erfolge. Als er ab dem 6. September 1943 die 6. Staffel führte, hatte er es zu 20 Luftsiegen gebracht. Nach der Beförderung zum Oberleutnant am 1. April 1944 wurde er schließlich zum Staffelkapitän seiner 6. Staffel ernannt. Seit November 1943 kämpfte die II. Gruppe wieder auf der Krim – in dieser Zeit platzte bei Helmut Lipfert der Knoten, denn die Luftsiege reihten sich jetzt nahtlos aneinander. Als er Ende Dezember 1943 in den wohlverdienten Heimaturlaub fuhr, hatte er bereits 80 Luftsiege auf seinem Erfolgskonto stehen. Am 13. Dezember 1943 mit dem Ehrenpokal des Oberbefehlshabers der Luftwaffe ausgezeichnet, erhielt er am 28. Januar 1944 das Deutsche Kreuz in Gold. Am 5. April 1944 wurde ihm nach zur Einreichungszeit vorgelegten 90 Luftsiegen das Ritterkreuz des Eisernen Kreuzes verliehen. Am 11. April 1944 schoss er über der Krim seinen 99. und 100. Luftgegner vom Himmel und als die Halbinsel im Mai 1944 geräumt werden musste, hatte er es schon auf 117 Luftsiege gebracht. Ab Juni 1944 stand die II. Gruppe/Jagdgeschwader 52 zum Schutz der rumänischen Ölfelder bei Ploesti im harten, erbitterten Kampf gegen den westalliierten Gegner, der mit seinen viermotorigen Bombern und deren Begleitjägern von Italien aus startend in den rumänischen Luftraum eindrang. Am 11. Juni gelang Lipfert der Abschuss einer B-17 „Flying Fortress" bei Tateroi.

Viele seiner Feindflüge wurden von seinem Katschmarek Leutnant Ewald begleitet, der neben Lipfert auch als Sicherer hinter Barkhorn flog. Wie seine erfolgreichen Kommandeure brachte Ewald legendäre Leistungen und errang mit 82 Luftsiegen, zu denen er 396 Feindflüge benötigte, das Ritterkreuz.

Zunächst als Staffelkapitän, dann als stellvertretender Gruppenkommandeur und schließlich als Kommandeur der I. Gruppe des Jagdgeschwaders 53 stand Lipfert in über 700 Feindflügen seinen Mann.

Von Husy am Dnjestr aus flog er täglich mehrere Einsätze als Jagdschutz für das Schlachtgeschwader 2 unter dem Major, dann Oberstleutnant Hans-Ulrich Rudel. Hier einer seiner Berichte über einen „Sternflug“, zu dem sich alle einsatzbereiten 70 deutschen Jäger am 24. Juni 1944 sammelten, um gegen über 200 US-Bomber und mehr als 100 Begleitjäger zu kämpfen. Von drei Flugfeldern wurde gestartet und über Buzow zur Angriffsformation gesammelt. „Jede Menge US-Blech kommt auf uns zu“, warnte einer der vorn fliegenden Piloten. Dann rief Hauptmann Lipfert seiner 6. Staffel zu: „Achtung an alle kleinen Brüder! Indianer sitzen hinter dem dritten Möbelwagenpulk!“ (Jäger fliegen hinter dem dritten Bomberpulk).

Sie flogen in 7.000 Metern Höhe in der Gruppe versammelt und mussten versuchen, diesen Bomberverband zu zersprengen, bevor er die Raffinerien von Ploesti erreichte.

Die II. Gruppe des Jagdgeschwader 52 konnte leider nur 27 Maschinen einsetzen, davon war Lipferts 6. Staffel mit neun Me 109 vertreten.

Alle Maschinen flogen mit schnellster Fahrt jenem 80 Meter breiten Feuerstreifen entgegen, der ihnen aus den 12-mm-MGs der Bordschützen der Bomber entgegenzischte.

„Schnauze auf Schnauze!“, rief Lipfert über die Bord-Bord-Verbindung. Der Anflug dauerte ganze sechs Sekunden, dann zogen sie dicht über diesen 45 Maschinen starken Bomberpulk hinweg, aus dem zwei Bomber herausfielen und mehrere andere Rauchspuren zeigten.

„Kommen Sie mir nicht zu nahe, Ewald, meinen Randbogen kann ich mir selber verbeulen“, warnte Lipfert den Kameraden, der sehr nahe aufgeschlossen hatte. Dann fuhr Lipfert fort: „Kommt ran, aufschließen. Viktor! Viktor!“

Der Restverband dieser Bombergruppe platzte nach dem letzten „Durchgang“ auseinander. Nun ging es gegen die begleitenden Mustangs. Im Kurvenkarussell mussten einige eigene Maschinen Notlandungen machen, während vier Mustangs für immer zu Boden gingen.

Lipfert und sein Katschmarek, Unteroffizier Tamen, landeten wohlbehalten in Buzow. Leutnant Ewald konnte in letzter Sekunde aus seiner brennenden Maschine aussteigen und wurde mit schweren Verletzungen ins Lazarett geschafft.

Lipferts Abschusskonto wies nach diesem Tage eine US-Viermotorige auf. Ihr folgten in wildem Durcheinander LaGGs, Jaks und Airacobras. Am 24. Oktober 1944 konnte Lipfert mit dem Abschuss einer Jak-7 seinen 150. Luftsieg erzielen. Am Ende des Jahres 1944 zeigte seine Erfolgsbilanz 166 Abschüsse an. Im Januar 1945 konnte er 13 Luftsiege erringen, einmal, am 4. Januar, gelangen ihm vier Abschüsse an einem Tag. Ein andermal wurde er von hinten angegangen, wobei sich herausstellte, dass er von einem jungen Kameraden der eigenen Staffel angegriffen wurde. „Können Sie nicht sehen, Sie Idiot?“, brüllte Lipfert über die Bord-Bord-Verständigung. „Wollen Sie unbedingt einen Eigenen abschießen?“

Es ging noch einmal glimpflich ab, wie alle Situationen, denen sich Lipfert im Verlauf des Krieges ausgesetzt sah.

Im Angriff gegen mehrere La-5 schoss Lipfert eine dieser Maschinen ab. Der Pilot stieg mit dem Fallschirm aus und Lipfert ließ ihn ruhig niedergehen. „Mord war nicht unser Geschäft!“, so Lipfert. Zum Hauptmann befördert, übernahm Lipfert in Ungarn am 15. Februar 1945 die I. Gruppe des „Pik-Ass“-Geschwaders, des Jagdgeschwaders 53, als dessen Kommandeur ausfiel. Er kam auch mit diesen Männern gut zurecht und konnte auch mit ihnen Abschüsse erzielen. So am 8. April 1945, als er seinen 200. Gegner, eine La-7 abschoss und in den nächsten Tagen noch drei weitere sowjetische Jagdmaschinen folgen ließ, ehe der 8. Mai 1945 den Kämpfen ein Ende setzte. Am 17. April 1945 wurde Helmut Lipfert von General Deichmann das 837. Eichenlaub zum Ritterkreuz überreicht. Als Ende April 1945 die I. Gruppe/Jagdgeschwader 53 aufgelöst wurde, kehrte Lipfert zu seiner „alten" II. Gruppe/Jagdgeschwader 52 zurück, wo er sich noch für kurze Zeit in die 7. Staffel einreihte, die damals von Leutnant Heinz Ewald in Vertretung geführt wurde. Bei Kriegsende geriet er in amerikanische Gefangenschaft, aus der er nach kurzer Zeit entlassen wurde.

Mit seiner Siegesserie von 203 Abschüssen zählte Lipfert zu den 15 erfolgreichsten deutschen Jagdfliegern, obgleich er zunächst zwei Jahre gegenüber den frühen Luftkampfexperten aufzuholen hatte. Auf seinen über 700 Feindflügen erzielte Hauptmann Helmut Lipfert 203 Luftsiege, weitere 27 Abschüsse blieben unbestätigt, davon drei Westabschüsse (zwei Viermots). Zudem versenkte er zwei Schnellboote und zerstörte etwa 30 Lastkraftwagen am Boden. Nach dem Krieg wurde Helmut Lipfert Lehrer und starb am 10. August 1990 in Einbeck in Niedersachsen.

Helmut Lipfert

Geboren am 6. August 1916 in Lippelsdorf, Kreis Saalfeld/Thüringen
Verstorben am 10. August 1990 in Einbeck/Niedersachsen
Letzter Dienstgrad: Hauptmann
Ritterkreuz am 5. April 1944 als Leutnant nach 90 Luftsiegen
837. Eichenlaub zum Ritterkreuz am 17. April 1945 als Hauptmann nach 203 Luftsiegen
Deutsches Kreuz in Gold am 28. Januar 1944
Gesamtzahl der Luftsiege: 203 anerkannte Abschüsse
Letzte Dienststellung: Kommandeur der I. Gruppe/Jagdgeschwader 53 „Pik-Ass" bzw.
für kurze Zeit am Kriegsende (als Flugzeugführer bei der 7. Staffel) bei der II. Gruppe
des Jagdgeschwaders 52 im Einsatz

Walter Krupinski

Walter Krupinski

Walter Krupinski wurde am 11. November 1920 in Domnau, Kreis Friedland, in Ostpreußen geboren. Nach bestandenem Abitur im März 1939 und fünf Monaten Reichsarbeitsdienst in Westpreußen kam er im Mitte September 1939 zur Luftwaffe. Nach der Fliegerausbildung in Neukuren in Ostpreußen beim Fliegerausbildungsregiment 11 und bei der Luftkriegsschule 2 in Berlin-Gatow absolvierte er seine Jagdfliegerausbildung in Wien-Schwechat auf der Jagdfliegerschule 5. Von dort aus ging es am 1. Oktober 1940 zur Jagdergänzungsgruppe Merseburg, aber bereits nach zwei Wochen wurde er zur Jagdergänzungsstaffel des Jagdgeschwaders 52 versetzt, das nacheinander in Krefeld, Cognac und Döberitz stationiert lag. Als einer der jüngsten neben Gerhard Barkhorn konnte Krupinski, der bei seinen Kameraden „Graf Punski" genannt wurde, nicht von Anfang an in das Geschehen seines Jagdgeschwaders 52 eingreifen. Als er am 1. Februar 1941, soeben erst zum Leutnant befördert, zur 6./Jagdgeschwader 52 kam, flog er als Rottenflieger, oft von „Mäcki" Steinhoff. Das war zu einer Zeit, als auch der noch etwas ältere Barkhorn das karge Brot eines Rottenfliegers essen musste. Sehr schnell zeigte Krupinski, dass er einer der Besten war, wenn es darum ging, durch Zähigkeit und Ausdauer, verbunden mit einer meisterhaften Beherrschung seiner Maschine, Erfolge zu erzielen. Im September 1941 gelang ihm der erste Abschuss, für den er das Eiserne Kreuz II. Klasse erhielt. Im Dezember 1941 hatte er bereits sieben Abschüsse erreicht, als er das Eiserne Kreuz I. Klasse erhielt. Im selben Monat verlegte die II. Gruppe nach Jesau in Ostpreußen zur Auffrischung und kam erst im April 1942 in den Südabschnitt der Ostfront zurück. Nach 20 Abschüssen erhielt er im Mai 1942 den Ehrenpokal des Reichsmarschalls und nach 50 Abschüssen am 27. Oktober das Deutsche Kreuz in Gold. Am 29. Oktober 1942 hatte er seinen 56. Luftsieg bereits hinter sich, als er das Ritterkreuz erhielt.

Er kämpfte in der 6. Staffel dieses Geschwaders und war immer dabei, wenn es darum ging, russische Bomber von den wichtigen Verbindungsstellen fernzuhalten oder den Kameraden vom Heer die tückischen Il-2-„Schlächter" zu ersparen.

Als das Jahr 1942 zu Ende ging, hatte Krupinski die stolze Summe von 65 Luftsiegen auf seinem Konto. Er selbst wurde in diesem Jahr dreimal abgeschossen: im September 1942 durch Flakbeschuss und Fallschirmabsprung am Terek, am 26. Oktober erhielt er im Luftkampf einen Streifschuss am rechten Oberschenkel, blieb aber bei der Truppe und schließlich wurde er Ende November 1942 im Kaukasus abgeschossen, wobei er erneut mit dem Fallschirm abspringen musste, leichte Knie- und Gesichtsverletzungen erlitt und ins Lazarett von Maikop eingeliefert wurde. Anschließend wurde er in die Heimatlazarette Liegnitz und Braunsberg verlegt, und nach seiner Entlassung trat er seinen Genesungsurlaub an.

Ab 1. Januar 1943 bekam er seine Versetzung als Jagdlehrer zur 2. Staffel der Jagd-Ergänzungsgruppe Ost nach Frankreich, deren Standorte Saint-Jean-d'Angély und La Rochelle waren. Freundschaften entwickelten sich zwischen den U-Boot-Männern der U-Boot-Basis

La Rochelle und Krupinskis Jägern. Krupinski selbst nahm an Probetauchübungen teil, während einige U-Boot-Offiziere in der Arado 96 mitfliegen durften. Besonders mit den Männern von U 262, das unter dem Kommando von Kapitänleutnant Heinz Franke stand, entstand eine enge Freundschaft. So überreichte Krupinski das Wappen des Jagdgeschwaders 52 an Kapitänleutnant Franke, der es als Turmwappen an U 262 anbringen und als Mützenabzeichen tragen ließ. Nach seiner Beförderung zum Oberleutnant am 1. Februar 1943 kehrte er Mitte März 1943 zum Geschwader zurück, um nunmehr die 7. Staffel als Kapitän zu übernehmen. Über ein Jahr lang sollte er sie in Russland führen. Im April 1943 verlegte die III. Gruppe in den Kuban-Brückenkopf und rasch stellten sich wieder die ersten Erfolge ein. Aber auch Niederlagen kennzeichneten seinen Weg. So wurde er am 4. Mai 1943 abgeschossen und musste mir dem Fallschirm abspringen, wobei er bei der Landung in einem Baum hängen blieb und leichte Verletzungen davontrug. Seine Zähigkeit und der kaum übertroffene Angriffsgeist ließen ihn aber sich immer wieder in eine Jagdmaschine setzen und den Kampf mit den sowjetischen Fliegern aufzunehmen. Er schoss oft ab, wurde aber auch selbst abgeschossen. Noch im Mai 1943 wurde während eines Luftkampfes seine Maschine schwer getroffen und begann zu brennen. Krupinski machte auf eigenem Gebiet eine Bauchlandung, aber ausgerechnet auf einem von deutschen Pionieren gelegten Minenfeld. Als seine Messerschmitt über das Minenfeld schlitterte, gingen natürlich einige hoch und Krupinski glaubte, dass es Artillerieeinschläge wären, die da rings um seine Maschine explodierten. Er wollte aussteigen und in Deckung gehen, aber ein Infanteriefeldwebel rettete ihm sein Leben, in dem er ihm die Ursache der Explosionen zurief. Krupinski, der schon mit einem Fuß auf der Tragfläche stand, kletterte, trotz der vor sich hin kokelnden Maschine, wieder ins Cockpit zurück und musste ungefähr noch zwei Stunden warten, bis ihn die Heeressoldaten aus seiner Misere befreit hatten. Aber er hatte Glück, außer leichten Verbrennungen, kam er ungeschoren davon. Am 3. Juli wurde er bei Ugrim durch Flak abgeschossen und erlitt bei der Notlandung eine Kopfverletzung.

Am 5. Juli begann das Unternehmen „Zitadelle", die letzte große Offensive der deutschen Wehrmacht im Osten. An diesem Tag erzielte er zwei Luftsiege und schraubte seine Erfolgsbilanz auf 90 Abschüsse hoch. Bei der Landung an diesem Tag stieß er mit einer anderen Me 109 zusammen und wurde schwer verletzt. Krupinski kam ins Lazarett nach Charkow, später wurde er ins Lazarett Braunsberg überwiesen. Anfang August 1943 kehrte er zur 7. Staffel, die zu der Zeit in Charkow-Rogan lag, zurück. In den oftmals an Dramatik nicht zu übertreffenden Einsätzen erzielte Krupinski mehr und mehr Luftsiege und seine Erfolgsserie schnellte rasch in die Höhe. Bereits am 18. August konnte Krupinski den 100. Luftsieg melden. Am 27. September folgten die Luftsiege 124 bis 127 und am 12. Oktober war der 150. Abschuss fällig. Mehrmals sah er sich in schwierigster Lage, aus der er nur durch seinen Katschmarek und seinen Stabsschwarm herausgehauen wurde, um sich dann seinerseits für seine Kameraden ins Getümmel zu stürzen. Bis zum 30. November 1943 hatte es Krupinski auf 173 Luftsiege gebracht, als er im Dezember seinen wohlverdienten Heimaturlaub antrat, dem sich ein

Kururlaub in Bad Wiessee anschloss. Erst Ende Februar 1944 kehrte er wieder an die Front zurück und erzielte bis zum 16. März noch vier Luftsiege im Osten, zudem konnte er drei russische Panzer vom Typ T-34 am Boden zerstören.

Seine Kameraden Barkhorn, Batz und Hartmann mochten diesen immer zu neuen Streichen aufgelegten Kameraden gern und sie achteten seinen Einsatzwillen sehr hoch. Deshalb herrschte Trauer, als Krupinski im März 1944 nach über 177 Luftsiegen das Geschwader verlassen musste, um in der Reichsverteidigung, zur Kommandeurs-Einweisung, die 1. Staffel des Jagdgeschwaders 5 in Herzogenaurach zu übernehmen. Zusammen mit Barkhorn, Hartmann und Wiese vom Jagdgeschwader 52 wurde ihm Ende April auf dem Berghof von Hitler das Eichenlaub überreicht, das ihm am 2. März 1944 als 415. deutschen Soldaten nach 174 Luftsiegen verliehen wurde. Nun kämpfte er auch am Himmel über dem Reich mit eiserner Härte und Disziplin. Bereits bei seinen ersten Einsätzen schoss er eine viermotorige B-17, zwei Mustangs und eine Thunderbolt ab. Krupinski selbst wurde bei Magdeburg abgeschossen, kehrte aber sofort, trotz leichterer Verletzungen, zu seiner Staffel zurück. Seit 1. Mai 1944 Hauptmann, übernahm er Mitte Mai 1944 als Kommandeur die II. Gruppe des Jagdgeschwaders 11. Bis Ende des Monats schoss er zwei Thunderbolts und drei Mustangs, letztere bei Magdeburg, ab. Damit hatte er sein Erfolgskonto auf 186 Abschüsse hochgeschraubt. Zu Beginn der alliierten Invasion in der Normandie wurde die Gruppe nach Beauvais verlegt, um in den nächsten Wochen in die harten Luftkämpfe an der Invasionsfront mit einzugreifen. Krupinski gelangen hier die Abschüsse 187 bis 191. Am 12. August traf es ihn wieder: Er wurde abgeschossen und musste mit dem Fallschirm aus seiner brennenden Maschine abspringen. Mit Verbrennungen an den Händen und im Gesicht kam er ins Lazarett nach Marburg.

Am 27. September 1944 wurde er zum Kommandeur der III. Gruppe des Jagdgeschwaders 26 „Schlageter" ernannt. Bis Ende des Jahres 1945 konnte er die Anzahl seiner Luftsiege auf 195 erhöhen. Als Ende März 1945 seine Gruppe aufgelöst wurde, schickte ihn der neu ernannte Inspekteur West, Oberst Priller, der frühere Geschwaderkommodore des Jagdgeschwaders 26, zum Fliegerhorst Lechfeld in Süddeutschland, um auf den Düsenjäger Me 262 umzuschulen. Nach einer fröhlichen Nacht mit General Galland und Oberst Steinhoff startete Krupinski am 2. April 1945 nach einer kurzen Einführung von Steinhoff mit der Me 262 zu seinem ersten Erprobungsflug im Jagdverband 44. Gemeinsam mit Galland, Steinhoff, Neumann, Leutnant Fährmann und Unteroffizier Schallmoser startete er zum letzten Angriff. Ihre Maschinen waren mit den neuen Raketenrosten ausgestattet, aus denen 24 R4M-Raketen geschossen werden konnten. Dazu Krupinski: „Es war einfach fantastisch!", womit er die gewaltige Geschwindigkeit der Me 262 meinte. Es gelangen ihm noch zwei Abschüsse mit dem Düsenjäger im Jagdverband 44. Am 5. Mai geriet er bei Salzburg in US-Kriegsgefangenschaft, aus der er am 26. September 1945 entlassen wurde. Anfang 1945 erhielt er für seine fünf Verwundungen das Verwundetenabzeichen in Gold sowie die Frontflugspange in Gold mit der Anhängerzahl „1.100". Auf seinen über 1.100 Feindflügen konnte er 197 Luftsiege erzielen, davon 20 im Westen, darunter mindestens zwei viermotorige Bomber. Zudem konnte er drei Panzer zerstören. Vom 15. Dezember 1952 bis 31. Oktober 1955 war Krupinski als Gutachter im Amt Blank tätig. Ab 1. November trat er als Major und Referent im Bundesministerium der Verteidigung der Bundeswehr bei. Vom 18. Januar bis zum 14. September 1956 erfolgte seine fliegerische Auffrischung in verschiedenen Lehrgängen in England, ab dem 30. September 1956 war er dann Einsatzstabsoffizier an der Waffenschule der Luftwaffe 30 in Fürstenfeldbruck. Anschließend war er ab dem 13. November 1956 als Kommodore mit der Aufstellung des Jagdbombergeschwaders 33 in Büchel betraut. Krupinski führte dieses Geschwader bis zum 31. Dezember 1962. Während dieser Zeit wurde er am 14. August 1958 zum Oberstleutnant und am 26. Juni 1961 zum Oberst befördert.

Am 1. Januar 1963 wurde er als Referatsleiter in den Führungsstab der Luftwaffe ins Bundesministerium der Verteidigung versetzt. Schließlich wurde er am 7. Juli 1966, gerade zum Brigadegeneral befördert, zum Kommandeur des Deutschen Luftwaffenausbildungskommandos in Fort Bliss/USA ernannt, das er bis zum 18. November 1968 führte. Danach wurde er als Inspizient für Flugsicherheit ins Luftwaffenamt nach Köln-Wahn kommandiert. Am 1. Juli 1969 zum Generalmajor befördert, übernahm er als Kommandeur die 3. Luftwaffendivision in Kalkar, die er bis zum 30. September 1971 führte.

Vom 1. Oktober 1971 bis zum 27. Oktober 1974 war er Chef des Stabes der 2. Allied Tactical Air Force (ATAF) in Mönchengladbach und wurde am 15. Mai 1973 mit dem Verdienstkreuz I. Klasse des Verdienstordens der Bundesrepublik Deutschland ausgezeichnet. Anschließend wurde Krupinski zum Kommandierenden General Luftflottenkommando in Köln ernannt, der er bis zum 8. November 1976 blieb. Am 9. Juli 1975 wurde er mit Wirkung vom 1. Mai 1975 zum Generalleutnant befördert. Am 9. November 1976 verabschiedete sich Walter Krupinski wegen der sogenannten Rudel-Affäre in den Ruhestand.

Walter Krupinski verstarb am 7. Oktober 2000 in Neunkirchen-Seelscheid knapp einen Monat vor seinem 80. Geburtstag.

Walter Krupinski

Geboren am 11. November 1921 in Domnau, Kreis Friedland, in Ostpreußen
Verstorben am 7. Oktober 2000 in Neunkirchen-Seelscheid
Letzter Dienstgrad: Hauptmann (Wehrmacht)/Generalleutnant (Bundeswehr)
Ritterkreuz am 29. Oktober 1942 als Leutnant nach 56 Luftsiegen
415. Eichenlaub zum Ritterkreuz am 2. März 1944 als Oberleutnant nach 174 Luftsiegen
Deutsches Kreuz in Gold am 27. Oktober 1942
Gesamtzahl der Luftsiege: 197 anerkannte Abschüsse
Letzte Dienststellung: Flugzeugführer im Jagdverband 44 (Düsenjäger)

Anton Hackl

Anton Hackl wurde am 25. März 1915 in Regensburg in der Oberpfalz als Sohn eines Schreinermeisters geboren und trat 1933 in Regensburg in das Infanterieregiment 20 ein. Dieses Regiment, in dem er eine Funkerausbildung absolvierte, gehörte zur 10. bayerischen Division der Reichswehr.

Im Jahr 1934 ging er als Kraftfahrer zur Luftwaffe. Erst im Oktober 1936 gelang es ihm, nach Halberstadt versetzt zu werden und bei der Flugzeugführerschule des Fliegerausbildungsregiments 52 bzw. der ehemaligen Flieger-Ersatzabteilung 22 mit der Fliegerausbildung zu beginnen. Er durchlief die übliche Friedensausbildung, nach der jeder der in dieser Ausbildung stehenden Soldaten entweder ein vollgültiger Flieger war oder die Fliegertruppe zu anderer Verwendung verlassen musste. Als Unteroffizier zur Jagdfliegerei versetzt, stand Hackl ab 1. April 1938 im fliegenden Kader des Jagdgeschwaders 333 und war dort der II. Gruppe zugeführt worden. Aus dieser Jägergruppe sollte später die II. Gruppe des Jagdgeschwaders 77 werden. Zu Beginn des Krieges als Feldwebel zum Grenzschutz im Westen eingesetzt, wurde er im Februar 1940 auf die Luftkriegsschule 3 in Wildpark-Werder kommandiert und kam als Leutnant am 1. Mai 1940 zur 5. Staffel des Jagdgeschwaders 77 zurück.

Seine Staffel stand zur Sicherung an der norwegischen Küste bei Stavanger, wo er auch seine ersten vier Abschüsse im Juni 1940 erzielte. Mit Beginn des Russlandfeldzuges wurde sie nach Osten verlegt. Ab dem 29. Juli 1941 führte er als Oberleutnant die 5. Staffel, die im Süden der Ostfront im Einsatz stand. Am 1. August 1941 erzielte Hackl seinen fünften Luftsieg (bzw. seinen ersten im Osten) und bis Ende des Jahres 1941 hatte er es auf 27 Abschüsse gebracht. Anfang Dezember 1941 verlegte die II. Gruppe/Jagdgeschwader 77 nach Wien-Aspern zur Auffrischung und Umrüstung auf die Me 109 F. Am 23. Januar 1942 wurde Hackl zum Staffelkapitän der 5. Staffel ernannt.

Erst Mitte März 1942 kehrte die II. Gruppe an die Front vor Sewastopol auf der Krim zurück. Hier erhöhte Hackl seine Erfolgsquote ziemlich rasant. Am 26. März erzielte er die Luftsiege 29 bis 31 und am 20. April war der 40. Abschuss fällig.

Am 25. Mai 1942 wurde ihm als Oberleutnant nach 48 Luftsiegen das Ritterkreuz verliehen. Den eigentlich verdienten Urlaub lehnte er mit der Begründung ab, dass er seine Kameraden und auch die Soldaten des Heeres nicht im Stich lassen könnte. Mittlerweile zum Hauptmann befördert, stieg seine Erfolgsbilanz von nun an steil nach oben. Am 10. Juni errang er den 60. Luftsieg, der 70. fiel am 12. Juli und am 23. Juli 1942 folgten die Abschüsse 79 bis 84. Die Luftsiege 90 bis 92 wurden am 26. Juli errungen und am 3. August konnte er mit den Abschüssen einer Pe-2 und zwei Il-2 die Luftsiege 100 bis 102 feiern. Am 7. August 1942 erhielt er nach 106 Luftsiegen das 109. Eichenlaub zum Ritterkreuz als Hauptmann.

Anfang September 1942 kehrte Hackl zu seiner 5. Staffel zurück, die im Frontbereich vor Woronesh und Jelez ihre Feindeinsätze flog. Sogleich begann er, seine Erfolgsserie fortzusetzen,

Anton Hackl

obwohl in diesem Gebiet relative Ruhe herrschte. So konnte er am 4. September drei Luftsiege erringen, am 5. September folgten weitere drei Abschüsse und bis zum 19. September stand seine Erfolgsbilanz bei 118 Luftsiegen.

Kurz darauf wurde seine Einheit nach Afrika verlegt. Auf afrikanischem Boden führte er die II. Gruppe des Jagdgeschwaders 77 und war eines der Asse auf dem afrikanischen Kriegsschauplatz. Einer seiner Piloten, mit dem ihn eine enge Freundschaft verband, war Leutnant Ernst-Wilhelm Reinert, der ebenfalls schon 103 Luftsiege errungen hatte.

Bereits am 20. Dezember konnte er über dem tunesischen Luftraum zwei P-40 abschießen und die Zahl seiner Luftsiege auf 120 erhöhen.

Am 14. Januar 1943 gelang ihm sein 124. Abschuss. Immer wieder kam Hackl in Afrika zu Luftsiegen, die oftmals sehr schwer erkämpft werden mussten, denn die Piloten der Royal Air Force waren fantastische Kurvenkämpfer und tollkühne Draufgänger. Hinzu kam, dass die Royal Air Force beinahe ebenbürtige Flugzeuge und ein Vielfaches an Maschinen zur Verfügung hatte und so auch immer frische Soldaten in den Kampf schicken konnte.

Im Februar 1943 wurde er beim Versuch, einen viermotorigen Bomber anzugreifen, von den Begleitjägern des Typs „Lightning" angegriffen und an Kopf und Hand schwer verwundet. Nach der Notlandung konnte er in ein Lazarett gebracht werden. Wieder genesen, wollte er zu seinem alten Geschwader zurück, doch er wurde im Sommer 1943 in den Stab des Jagdgeschwaders 11 versetzt und in der Reichsverteidigung eingesetzt. Hier konnte er am 25. Juni und 29. Juli 1943, an der deutschen Nordseeküste, je eine viermotorige B-17 abschießen. Am 1. Oktober wurde Hackl zum Kommandeur der III. Gruppe des Jagdgeschwaders 11 ernannt. Bis zum Jahresende 1943 konnte er vier weitere Viermots abschießen und seine Erfolgskonto auf 130 Luftsiege aufstocken. Schon zu dieser Zeit konnte man seine Entwicklung hin zum erfolgreichen Verbandsführer, aber vor allem zum „Viermot-Töter", erkennen. So schoss er am 11. Januar 1944 zwei B-17 „Flying Fortress" ab, am 10. und 24. Februar folgte je ein Abschuss eines viermotorigen Bombers und am 18. März fegte er drei Liberators vom Himmel. Am 15. April 1944 wurde er nach dem Abschuss einer P-38 „Lightning" selbst abgeschossen und verwundet. Am 1. Mai 1944 erfolgte seine Beförderung zum Major und bis Ende Mai 1944 erreichte Hackl seinen 150. Luftsieg. Nach insgesamt 162 Luftsiegen wurde ihm am 12. Juli 1944 als dem 78. Soldaten der deutschen Wehrmacht das Eichenlaub mit Schwertern zum Ritterkreuz verliehen. Ende Juli 1944, nach 165 Abschüssen, wurde Hackl zum Kommodore des Jagdgeschwaders 76, einem Schulgeschwader, ernannt.

Er war in der gesamten Kriegszeit inzwischen achtmal abgeschossen worden und schrieb kurz vor seinem Tode an den Autor:

„Wenn du abgeschossen wirst, musst du, falls du nicht schwer verwundet bist, sofort wieder starten, weil dich sonst dein innerer Schweinehund nicht mehr lässt."

Genau so verfuhr Hackl, und selbst als er im Oktober 1944 die II. Gruppe des Jagdgeschwaders 26 „Schlageter" führte, hielt ihn nichts davon ab, mit seinen Männern gegen die gewaltigen viermotorigen Bomberschwärme anzutreten und zu kämpfen. Ende des Jahres

1944 stand sein Erfolgskonto bei 172 Luftsiegen, darunter einen der seltenen Abschüsse eines Mosquito-Schnellbombers bei Köln. Als in den frühen Morgenstunden des 1. Januars 1945 das Unternehmen „Bodenplatte" anlief, konnte Hackl bei Brüssel eine Spitfire abschießen.

Am 14. Januar 1945 schoss er im Luftkampf mit amerikanischen Jägern eine Thunderbolt und eine Mustang ab, damit war ihm der 174. und 175. Abschuss gelungen.

Ende Januar 1945 wurde er dann Kommodore des Jagdgeschwaders 300, flog vom Fliegerhorst in Jüterbog aus seine Einsätze gegen die feindliche Übermacht und erzielte seinen 176. Luftsieg. Sein letztes Kommando übernahm er am 20. Februar 1945 als Kommodore des Jagdgeschwaders 11 in Strausberg. Von hier aus flog er noch gegen die übermächtigen Roten Luftflotten und schoss bis Kriegsende noch 16 sowjetische Flugzeuge ab.

Nach der Kapitulation geriet er in britische Kriegsgefangenschaft, aus der er bereits im September 1945 nach Regensburg entlassen wurde. 192 anerkannte Luftsiege hatte er bei über 1.000 Feindflügen (teilweise auch Erdeinsätze) errungen und dabei 61 Luftsiege im Westen und in Tunesien erzielt, darunter 34 viermotorige Bomber und eine Mosquito abgeschossen. Achtmal war er teils schwer verwundet worden. Er stand vom ersten bis zum letzten Kriegstag im Einsatz und war einer der bedeutendsten Jagdflieger im Zweiten Weltkrieg.

Anton Hackl verstarb am 10. Juli 1984 in Regensburg.

Anton Hackl

Geboren am 25. März 1915 in Regensburg/Bayern
Verstorben am 10. Juli 1984 in Regensburg
Letzter Dienstgrad: Major
Ritterkreuz am 25. Mai 1942 als Oberleutnant nach 48 Luftsiegen
109. Eichenlaub zum Ritterkreuz am 7. August 1942 als Hauptmann nach 106 Luftsiegen
78. Eichenlaub mit Schwertern zum Ritterkreuz am 12. Juli 1944 als Major
nach 162 Luftsiegen
Gesamtzahl der Luftsiege: 192 anerkannte Abschüsse (Hinzu kommen
weitere 24 Abschüsse, die unbestätigt sind.)
Letzte Dienststellung: Kommodore des Jagdgeschwaders 11 in Strausberg

Joachim Brendel

Joachim Brendel wurde am 27. April 1921 in Ulrichshalben bei Weimar in Thüringen geboren. Er kam erst nach Kriegsausbruch zur Luftwaffe und hatte seine Ausbildung soeben beendet, als der Russlandfeldzug begann, und er seine ersten Einsätze – meistenteils als Jagdbomber in der 2. Staffel des Jagdgeschwaders 51 – flog, dessen Kommodore Werner Mölders war. Seinen ersten Luftsieg konnte er auf seinem vierten Feindflug am 29. Juni 1941 gegen einen DB-3-Bomber erringen, wobei er den Großteil seiner Munition „vergurkte", wie er selber später beschrieb.

Erst am 31. März 1942 erzielte er den zweiten Abschuss und erhöhte seine Abschussbilanz bis zum 12. Dezember 1942 im härtesten Getümmel der Ostfront Schritt für Schritt auf 10 Luftsiege, und das bereits bei 225 Feindflügen. Seit 17. Mai 1942 trug er das Deutsche Kreuz in Gold.

Dann kam das Jahr 1943. Am 17. Januar folgten die Abschüsse 15 bis 18, denen bis zum 24. Februar 1943 der 20. nachfolgte. Am 18. März erzielte er den 25. Luftsieg und erhielt danach den Ehrenpokal des Oberbefehlshabers der Luftwaffe.

Erst im Frühjahr 1943 konnte er zur direkten Jägerei übergehen. Immer wieder musste er als Rottenflieger, für seinen Gruppenkommandeur Erich Leie oder Staffelkapitän Edwin Thiel, herhalten, weil er sich nie abhängen ließ, auch wenn sein zu schützender Staffelkapitän oder Gruppenkommandeur die tollsten Kapriolen flog. Am 22. April 1943 übernahm er die 1. Staffel des Jagdgeschwaders 51 „Mölders".

Am 10. Juni konnte er seinen 40. Luftsieg erringen, wie das Flugbuch bescheinigte. Am 9. Juli fiel auf seinem 412. Feindflug bereits sein 50. Gegner vom Himmel. Der Juli 1943 war mit 32 Abschüssen für ihn besonders erfolgreich, obwohl er am 28. Juli von der Flak abgeschossen wurde und schwer verwundet mit dem Fallschirm abspringen musste. Brendel kam erst wieder im September an die Front, konnte aber am 15. desselben Monats bereits seinen 75. Luftsieg erringen. Am 22. November 1943 flog er bereits seinen 551. scharfen Einsatz und vollbrachte mit sechs Luftsiegen an diesem Tag eine gute Leistung, mit der er seine Erfolgsbilanz auf 101 Abschüsse hochschraubte. Am 1. Juli 1943 zum Oberleutnant befördert, wurde ihm am 22. November 1943 als Oberleutnant nach 101 Luftsiegen das Ritterkreuz verliehen.

In den folgenden elf Monaten erzielte er weitere Erfolge. Im Kampf gegen die gefürchteten Il-2-„Schlächter" wurde er mehrmals verwundet, da die zweite Besatzung im Heckstand der Il-2-Schlachtflugzeuge mit dem Heck-MG sich die Gegner vom Hals zu halten wusste. Am 29. März 1944 wurde Brendel erneut abgeschossen, konnte aber notlanden und kam diesmal ohne Verletzung davon. Keine vier Wochen später, am 27. April, rammte ihn eine russische Jagdmaschine und er musste erneut mit dem Fallschirm abspringen. Am 1. April 1944 zum Hauptmann befördert, übernahm er am 1. September des Jahres die III. Gruppe des

Joachim Brendel

Jagdgeschwaders 51, das nach dem Tode des Kommodore Oberst Werner Mölders den Ehrennamen „Mölders" erhalten hatte. Bei seinem 792. Einsatz kam er auf die legendäre Zahl von 150 Luftsiegen. Das war am 22. Oktober 1944, und mancherorts wurde das bereits lange fällige Eichenlaub für Brendel vorausgesagt, das er dann allerdings erst am 14. Januar 1945 nach 153 Luftsiegen und als 697. Soldat der deutschen Wehrmacht erhielt.

Mit seiner Jagdgruppe flog er anfangs im Mittelabschnitt der Ostfront und ab 1945 von Ostpreußen aus. Alleine 1945 konnte Joachim Brendel noch 37 Luftsiege erringen. Am 25. April 1945 erzielte er seinen 189. Luftsieg. Es war zugleich sein letzter Start im Zweiten Weltkrieg.

Von seinen insgesamt 950 Feindflügen startete er bei 162 Aktionen zur Unterstützung der schwer ringenden Infanterie. Während dieser Einsätze hatte er sich über vierhundertmal mit russischen Jägern und Schlachtfliegern auseinanderzusetzen. Einmal nach einem Kurvenkampf mit einer Jak-9 musste er eine Notlandung machen, ein anderes Mal musste er nach einer Kollision mit einer Jak-9 mit dem Fallschirm aussteigen. Unter seinen Abschüssen befanden sich 88 der gefürchteten sowjetischen Il-2-„Schlächter".

All diese Gefechtssituationen überstand er und kehrte nach nur sehr kurzer Kriegsgefangenschaft in die Heimat zurück. Joachim Brendel starb am 7. Juli 1974 in Köln im Alter von 53 Jahren.

Joachim Brendel

Geboren am 27. April 1921 in Ulrichshalben bei Weimar in Thüringen
Verstorben am 7. Juli 1974 in Köln
Letzter Dienstgrad: Hauptmann
Ritterkreuz am 22. November 1943 als Oberleutnant nach 101 Luftsiegen
697. Eichenlaub zum Ritterkreuz am 14. Januar 1945 als Hauptmann nach 153 Luftsiegen
Deutsches Kreuz in Gold am 17. Mai 1942
Gesamtzahl der Luftsiege: 189 anerkannte Abschüsse
Letzte Dienststellung: Kommandeur der III. Gruppe des Jagdgeschwaders 51 „Mölders"

Max Stotz

Max Stotz

Max Stotz wurde am 13. Februar 1912 in Schwechat-Mannswörth bei Wien geboren. Er trat 1933 als Alpenjäger in das österreichische Bundesheer ein und meldete sich zwei Jahre später zur Fliegertruppe. Nach seiner Ausbildung zum Jagdpiloten kam er als Flugzeugführer zur weltweit bekannten österreichischen Kunstflugstaffel. Nach dem Anschluss Österreichs ans Deutsche Reich trat er zur deutschen Luftwaffe über und kam zur 1. Staffel des Jagdgeschwaders 76, die aus der ehemaligen österreichischen Jagdgruppe Wien-Aspern hervorging und 1939 in II. Gruppe/Jagdgeschwader 54 umbenannt wurde. Max Stotz flog jetzt in der 4. Staffel des „Grünherz“-Geschwaders und erkämpfte sich im Polenfeldzug das Eiserne Kreuz II. Klasse. Am 7. November 1939 konnte er seinen ersten Luftsieg über einen französischen Gegner erringen. Während des Westfeldzuges war er mit zwölf Luftsiegen einer der besten seines Geschwaders.

Nachdem die Luftschlacht um England begonnen hatte, fielen ihm zwei weitere britische Flugzeuge zum Opfer, bevor er selbst abgeschossen und verwundet in ein Lazarett übergeführt wurde.

Für seine bis dato besonderen Leistungen im Luftkrieg erhielt er am 20. September den Ehrenpokal des Oberbefehlshabers der Luftwaffe. Während des Südostfeldzuges im April 1941 erzielte er seinen 16. Abschuss. Mit Beginn des Feldzuges gegen die Sowjetunion glänzte er durch seine schon fast todesmutigen Tieffliegerangriffe auf Panzer, Artillerie- und Flakstellungen, Lokomotiven und Fahrzeugkolonnen der Roten Armee. Mit seinen rasant errungenen Luftsiegen rückte er jetzt rasch in die Spitzengruppe seines Geschwaders vor und wurde am 1. Dezember 1941 mit dem Deutschen Kreuz in Gold ausgezeichnet. Bereits Ende Mai 1942 stand sein Erfolgskonto bei 46 Abschüssen, und nach 53 Luftsiegen erhielt er am 19. Juni 1942 als Oberfeldwebel das Ritterkreuz des Eisernen Kreuzes. Damit war er einer der bekanntesten und erfahrensten Jagdflieger des Jagdgeschwaders 54. In den nächsten Wochen und Monaten erzielte er Luftsieg auf Luftsieg. Bereits am 29. Oktober 1942 konnte er über der Ostfront seinen 100. Luftsieg erkämpfen, wurde am 30. Oktober 1942 als 137. Soldat der Wehrmacht mit dem Eichenlaub zum Ritterkreuz ausgezeichnet und wegen Tapferkeit vor dem Feind zum Leutnant befördert. Nach einem kurzen Urlaub kehrte er im November 1942 wieder an die Front zurück.

Stotz zeigte sich stets als guter Kamerad und Freund, der immer einsprang, wenn Not am Mann war. Seine Luftkämpfe waren Meisterstücke des Kurven- und Kunstfluges. Er wurde fast nie selbst getroffen, so nahe er auch an den Feind heranging.

Am 30. Dezember 1942 konnte er über dem Ilmensee innerhalb von wenigen Minuten zehn Luftsiege erringen. Am 26. Januar 1943 erreichte Stotz mit sechs Abschüssen seinen 150. Luftsieg, dem am 20. Februar der 160. Luftsieg folgte. Inzwischen zum Oberleutnant befördert, wurde er am 7. April 1943 zum Staffelkapitän der 5. Staffel des Jagdgeschwaders 54

„Grünherz" ernannt. Schließlich errang er am 29. Mai 1943 seinen 170. Luftsieg – damit gehörte er zu den Assen der Jagdfliegerei. Aber die harten und schweren Luftkämpfe zeigten auch ihre Wirkung und so wurde Max Stotz am 2. Juli 1943 in den wohlverdienten Urlaub geschickt. Als er am 10. August an die Front zurückkehrte, führte er für kurze Zeit vertretungsweise die II. Gruppe und nur wenige Tage darauf hatte er den 189. Luftsieg errungen.

Am 19. August startete Hauptmann Stotz mit seinem Stabsschwarm zu einem Angriff in Richtung Witebesk. Als sie weit über russischem Gebiet waren, wurden sie von zwei Seiten durch sowjetische Jäger angegriffen. Der Schwarm zog sich auseinander und nahm den Kampf auf. Stotz schoss sich mit zwei Gegnern herum, erzielte auch Treffer, wurde dann aber von einer dritten Jak-9 aus größerer Überhöhung angegriffen und erhielt schwere Treffer. Stotz drehte weg, er spürte offenbar die ersten Flammen aus dem Motor herausschlagen, sprang sofort ab, wie seine Kameraden bestätigten. Sie konnten noch beobachten, wie sein Fallschirm etwa sechs Kilometer hinter den sowjetischen Linien in einem Waldstück niederging. Seit diesem Zeitpunkt gilt Max Stotz als vermisst. Die Jagdfliegerei hatte mit ihm einen ihrer talentiertesten Jagdflieger verloren. Posthum wurde er noch zum Hauptmann befördert. Auf seinen über 700 Feindflügen konnte er 189 Luftsiege erringen, davon 15 im Westen und einen in Jugoslawien.

Max Stotz

Geboren am 13. Februar 1912 in Schwechat-Mannswörth/Niederösterreich (bei Wien)
Vermisst seit dem 19. August 1943 im Luftkampf bei Witebesk
Letzter Dienstgrad: Hauptmann (posthum)
Ritterkreuz am 19. Juni 1942 als Oberfeldwebel nach 53 Luftsiegen
137. Eichenlaub zum Ritterkreuz am 30. Oktober 1942 als Oberfeldwebel
nach 100 Luftsiegen
Deutsches Kreuz in Gold am 1. Dezember 1941
Gesamtzahl der Luftsiege: 189 anerkannte Abschüsse
Letzte Dienststellung: Kapitän der 5. Staffel des Jagdgeschwaders 54 „Grünherz"

Joachim Kirschner

Joachim Kirschner wurde am 6. Juli 1920 in Niederlössnitz bei Radebeul in Sachsen geboren. Nachdem er sich am 26. August 1939 freiwillig zur Luftwaffe gemeldet hatte, kam er am 1. Oktober 1939 zur Grundausbildung zur 2. Kompanie des Flieger-Ausbildungsregiments 51 nach Weimar-Nohra. Anschließend, am 15. November 1939, wurde er zur Luftkriegsschule 1 nach Dresden-Klotzsche versetzt, wo er die ersten Schritte zur Flugzeugführerausbildung absolvierte.

Am 1. Juni 1940 zum Leutnant befördert, wurde er am 1. Juli 1940 zur Jagdfliegerschule 5 versetzt. Nach seiner Jagdfliegerausbildung kam er im Sommer 1941 zur Ergänzungsstaffel des Jagdgeschwaders 3 nach Holland. Hier gelang ihm am 20. August 1941 der Abschuss einer Spitfire. Im Dezember 1941 bekam Joachim Kirschner den Marschbefehl nach Wiesbaden-Erbenheim, wo die II. Gruppe des Jagdgeschwaders 3, die von der Ostfront zurückkam, neu aufgerüstet wurde. Hier erfuhr Kirschner, dass er zur 5. Staffel der II. Gruppe versetzt worden war. Die Gruppe wurde mit neuen tropentauglichen Jagdmaschinen vom Typ Me Bf 109 F-4/Trop ausgerüstet, da sie für einen Einsatz im Mittelmeerraum vorgesehen war. Am 26. März 1942 gelang Joachim Kirschner über Malta der zweite Abschuss: erneut eine Spitfire. Kurz darauf verlegte die II. Gruppe/Jagdgeschwader 3 wieder nach Russland zur Unterstützung der deutschen Sommeroffensive. Dabei fiel sie auf dem Feldflugplatz Charkow-Roganj ein. Während dieser Zeit wurde Kirschner am 2. Juni 1942 mit der Frontflugspange in Gold ausgezeichnet.

Im August 1942 wurde Kirschner kurzfristig für einige Wochen zur 2. Staffel versetzt, um dann im September 1942 die 5. Staffel des Jagdgeschwaders 3 als Staffelführer zu übernehmen. Am 8. November 1942 erzielte er mit dem Abschuss einer LaGG-3 den 52. Luftsieg, wofür er am 3. Dezember 1942 mit dem Deutschen Kreuz in Gold und am 21. Dezember mit dem Ehrenpokal des Oberbefehlshabers der Luftwaffe ausgezeichnet wurde. Nur zwei Tage später bekam er das Ritterkreuz des Eisernen Kreuzes verliehen und wurde am 1. Februar 1943 zum Oberleutnant befördert.

Als am 5. April 1943 die II. Gruppe/Jagdgeschwader 3 „Udet“ zum I. Fliegerkorps auf den Kuban-Brückenkopf nach Anapa verlegte, waren die II. Gruppe und mit ihr die 5. Staffel offiziell dem Jagdgeschwader 52 unterstellt. Joachim Kirschner hatte bis zu diesem Zeitpunkt 72 Luftsiege erzielt. Über dem Kuban-Brückenkopf gelang ihm in nur 19 Tagen der Abschuss von 37 sowjetischen Flugzeugen, womit er bis zum 29. April 1943 eine Abschusszahl von 109 feindlichen Flugzeugen erreichte. Anfang Mai 1943 wurde die II. Gruppe/Jagdgeschwader 3 in den Raum Belgorod verlegt. Auch hier erhöhte sich sein Erfolgskonto laufend. Am 5. Juli 1943, dem ersten Tag des Unternehmens „Zitadelle“, erzielte Joachim Kirschner die Luftsiege 149 bis 157. Am 27. Juli 1943 gelang ihm der 170. Abschuss, wofür er am 2. August 1943, als 267. Soldat der deutschen Wehrmacht, mit dem Eichenlaub zum Ritterkreuz des Eisernen

Joachim Kirschner

Kreuzes ausgezeichnet wurde. Anschließend wurde die II. Gruppe/Jagdgeschwader 3 zurück in die Reichsverteidigung befohlen. Über Deutschland erzielte Joachim Kirschner, mit den Abschüssen von vier viermotorigen B-17-Bombern und einer Spitfire, erneut fünf Erfolge.

Nach seiner Beförderung zum Hauptmann am 18. Oktober 1943 erfolgte seine Versetzung als Kommandeur der neu aufgestellten IV. Gruppe zum Jagdgeschwader 27, das zu dieser Zeit noch in Griechenland lag. Hier ging es mit seinen Abschüssen weiter aufwärts. Binnen weniger Wochen konnte er, aus den Räumen Kalamaki und Podgorica startend, 13 Gegner vom Himmel holen. Ob über Valona oder Aigina – immer wieder waren Hauptmann Kirschner und Feldwebel Bartels erfolgreich! Nachdem sie in den albanischen und südjugoslawischen Raum verlegt worden waren, holte seine Gruppe am 15. November 1943 ohne eigene Verluste 14 Lightnings vom Himmel, hinzu kam noch eine B-25 „Mitchell".

Nach der Besetzung von Samos verlegte die Gruppe nach Skopje in Südserbien. Einige Schwärme fielen in Mostar, Tirana und Skutari ein.

Als am 6. Dezember 1943 für die IV./Jagdgeschwader 27 eine schmerzliche Verlustserie begann, startete Hauptmann Kirschner immer wieder. So auch am 17. Dezember 1943. Beim ersten Einsatz dieses Tages fielen drei eigene Piloten im Duell mit Spitfires. Bei einem späteren Einsatz an diesem 17. Dezember 1943 wurde der Schwarm des Gruppenkommandeurs Hauptmann Joachim Kirschner von aus dem Sonnenlicht herausstürzenden Spitfires überrascht, wobei die Me 109-Maschinen des Gruppenkommandeurs und seines Rottenfliegers abgeschossen wurden. Kirschner konnte noch, nachdem seine Maschine zusammengeschossen worden war, mit dem Fallschirm aussteigen. Er wurde auch vom Boden aus beschossen, kam aber heil bei Metković/Kroatien herunter. Mehrere Tage lang wurde er gesucht, in der Hoffnung, ihn noch lebend finden zu können. Dann aber wurde durch Gefangenenaussagen (die sich später bestätigten) bekannt, dass ihn Partisanen der 29. Kommunistischen Brigade auf grausame Weise umgebracht hatten.

Joachim Kirschner

Geboren am 7. Juni 1920 in Niederlössnitz bei Radebeul/Sachsen
Gefallen am 17. Dezember 1943 (von Partisanen nach dem Absprung ermordet)
Letzter Dienstgrad: Hauptmann
Ritterkreuz am 23. Dezember 1942 als Leutnant nach 52 Luftsiegen
267. Eichenlaub zum Ritterkreuz am 2. August 1943 als Oberleutnant
nach 170 Luftsiegen
Deutsches Kreuz in Gold am 3. Dezember 1942
Gesamtzahl der Luftsiege: 188 anerkannte Abschüsse
Letzte Dienststellung: Kommandeur der IV. Gruppe des Jagdgeschwaders 27

Kurt Brändle

Kurt Brändle

Kurt Brändle wurde am 19. Januar 1912 in Ludwigsburg in Württemberg geboren. Nach Ausbildung zum Flugzeugbaumeister 1937 wurde er zum Jagdflieger ausgebildet und am 1. Juni 1938 zum Leutnant der Reserve befördert. Nur ein Jahr später wurde er als aktiver Offizier zum Oberleutnant befördert. Von Kriegsbeginn an wurde er bei der 4. Staffel des Jagdgeschwaders 53 „Pik-Ass" eingesetzt. Während des Westfeldzuges erzielte er seine ersten beiden Abschüsse, wurde jedoch am 26. Mai 1940 nach einem Zusammenstoß mit einer Do-17-Kampfmaschine verwundet. Als er nach Wiederherstellung der Gesundheit an die Front zurückkam, war gerade die Luftschlacht um England in der heißen Phase. Am 26. August 1940 wurde Brändle mit der Führung der 5. Staffel des Jagdgeschwaders 53 betraut. Während dieser Luftkämpfe über England und dem Kanal konnte er zehn britische Flugzeuge abschießen. Zu Beginn des Feldzuges gegen die Sowjetunion schoss er weitere 16 Flugzeuge ab, bevor seine Jagdgruppe in den Mittelmeerraum verlegte, um zur Niederkämpfung der britischen Inselfestung Malta eingesetzt zu werden. Über Malta konnte er zwei weitere Abschüsse erringen und wurde am 25. Februar 1942 mit dem Deutschen Kreuz in Gold ausgezeichnet.

Am 1. März 1942 zum Hauptmann befördert, übernahm er am 15. April 1942 die II. Gruppe des Jagdgeschwaders 3 „Udet". Als er mit seiner Gruppe an den Südabschnitt der Ostfront und auf die Krim ging, stand sein Erfolgskonto bereits bei 30 Luftsiegen und nach 60 Luftsiegen wurde ihm am 1. Juli 1942 das Ritterkreuz des Eisernen Kreuzes verliehen. Schon am 23. August folgten die Luftsiege 100 bis 102. Dafür erhielt Brändle am 27. August 1942 als 114. Soldat der Wehrmacht das Eichenlaub zum Ritterkreuz. Nach einem mehrwöchigen Urlaub kehrte er an die Front zurück und nahm ab November 1942 an den Luftkämpfen um Stalingrad teil. Am 11. November 1942 erzielte er den 110. Luftsieg. Dies war eine stolze Zahl, zumal er auch eine Reihe von Tiefangriffen zur Unterstützung der schwer ringenden Infanterie im Großraum der Steppe auf dem Wege nach Stalingrad flog, wohin das Geschwader die 6. Armee begleitete. So erlebte er alle Höhen und Tiefen dieses dramatischen Feldzuges nach Stalingrad mit und war zeitweise auch auf dem kleinen Flugplatz Pitomnik im Stalingrader Kessel eingesetzt, von wo aus er sich mit nur einigen wenigen einsatzbereiten Maschinen den übermächtigen russischen Luftstreitkräften entgegenwarf.

Am 1. Februar 1943 erzielte er den 123. bis 125. und am 31. Mai 1943 den 144. Abschuss. Von da an gelang es ihm bis zum 5. Juli 1943, in immer neuen verbissen geführten Kämpfen weitere Luftsiege zu erreichen. Hier erwies er sich als Kommandeur seiner Gruppe ebenso wie als Führer seines Stabschwarmes als vorbildlicher Vorgesetzter, eiserner Kämpfer und Helfer, der oftmals für seine Kameraden in letzter Stunde zur Rettung wurde.

Als am 5. Juli 1943 das Unternehmen „Zitadelle" begann, meldete Brändle an diesem Tag die Luftsiege 147 bis 151. Seine II. Gruppe erhielt Anfang August 1943 den Befehl, in den Westen zu verlegen. Brändle hatte mittlerweile seine Abschussbilanz auf 169 Luftsiege erhöht.

Kurt Brändle am Leitwerk seiner Me 109, die mit Abschussstrichen übersät ist.

Nach Auffrischung im Reich kämpfte auch Brändles Gruppe in der Reichsverteidigung. Für die jungen Nachwuchsflieger war er ein Vorbild an Mut und Kühnheit und nie erlahmender Einsatzbereitschaft. In den nächsten Wochen brachte er elf westalliierte Gegner zum Absturz. Am 3. November 1943 startete Brändle mit einigen Jagdmaschinen seiner Gruppe zur Abwehr eines Angriffs mittlerer amerikanischer Bomber und deren Begleitjäger gegen Amsterdam. Er wurde sofort in Luftkämpfe mit den US-Jägern verwickelt und schoss zwei Thunderbolts ab. Anschließend traf es ihn selbst: Er wurde von der Übermacht der Thunderbolt-Maschinen westlich von Amsterdam über See abgeschossen. Sein Leichnam wurde einige Tage später an den Strand geschwemmt. Auf ungefähr 700 Feindflügen hatte Major Kurt Brändle 180 Luftsiege errungen, davon etwa 25 im Westen, darunter einige Viermots.

Kurt Brändle

Geboren am 19. Januar 1912 in Ludwigsburg/Württemberg
Gefallen am 3. November 1943 westlich von Amsterdam (über der See abgeschossen)
Letzter Dienstgrad: Major
Ritterkreuz am 1. Juli 1942 als Hauptmann nach 60 Luftsiegen
114. Eichenlaub zum Ritterkreuz am 27. August 1942 als Hauptmann nach 101 Luftsiegen
Deutsches Kreuz in Gold am 25. Februar 1942
Gesamtzahl der Luftsiege: 180 anerkannte Abschüsse
Letzte Dienststellung: Kommandeur II. Gruppe/Jagdgeschwader 3 „Udet“

Günther Josten

Günther Josten wurde am 7. November 1921 in Rhynern, Kreis Hamm, in Westfalen geboren. Im Januar 1940 trat er in die Luftwaffe ein und kam im November 1941 nach seiner Ausbildung zum Jagdpiloten als Unteroffizier zur Jagdgruppe „Drontheim“. Sie unterstand der Luftflotte 5, die in Norwegen und Finnland, vor allem an der Eismeerfront, eingesetzt war.

Seine Tätigkeit beschränkte sich darauf, eigene Aufklärer sicher zu geleiten, auch selbst Aufklärung zu fliegen und ab und zu im Einsatz gegen feindliche Kriegsschiffe tätig zu werden. Auch flog er oft Küstenschutz- und Sicherungsaufgaben für die eigenen Marinestreitkräfte. Hier warteten natürlich nicht die großen Herausforderungen und Erfolge auf ihn, die er als junger Flieger suchte.

Bis Ende August 1942, als er zur I. Gruppe des berühmten Jagdgeschwaders 51 „Mölders“ versetzt und der 3. Staffel zugeteilt wurde, hatte er noch keinen bestätigten Abschuss zu verzeichnen.

Erst am 23. Februar 1943 erzielte er in Russland seinen ersten Luftsieg. Er kämpfte mit seiner Gruppe – das Geschwader war aus Mangel an genügend Jagdfliegern über einen möglichst breiten Frontabschnitt verteilt worden – im Mittelabschnitt der Ostfront, um nach der Umrüstung des Geschwaders auf die Focke-Wulf 190 in Jesau zunächst nach Ljuban, dann wieder in den Mittelabschnitt der Ostfront zu verlegen.

Im Unternehmen „Zitadelle“ erzielte das Geschwader, das für diesen Einsatz wieder auf breiter Front vereinigt worden war, hervorragende Ergebnisse bei der Bekämpfung des Gegners. So brachte Josten am 10. Juli 1943 drei sowjetische Jagdmaschinen zum Absturz, denen am 13. Juli fünf Il-2-„Schlächter“ folgten. Von da an gelangen ihm die Abschüsse fast spielerisch. Als er am 22. September 1943 an die Luftkriegsschule 4 nach Fürstenfeldbruck kommandiert wurde, hatte sein Erfolgskonto bereits 82 Luftsiege aufzuweisen, wofür er am 17. Oktober 1943 mit dem Deutschen Kreuz in Gold ausgezeichnet wurde. Seit dem 1. Juli 1943 Feldwebel, wurde er zum Offiziersanwärter ernannt und am 31. August 1943 bekam er den Ehrenpokal des Oberbefehlshaber der Luftwaffe überreicht. Nachdem er am 3. Februar 1944 zu seiner Staffel zurückgekehrt war, schoss er zwei Tage darauf zwei sowjetische Boston-Bomber ab und wurde noch als Oberfeldwebel nach 84 Abschüssen am 5. Februar 1944 mit dem Ritterkreuz ausgezeichnet.

Am 11. Mai 1944 zum Leutnant befördert, konnte Josten eine stattliche Abschusszahl in dieser und der darauffolgenden Zeit erzielen. Schon am 2. Mai hatte er den 90. Luftsieg errungen und am 20. Juli fiel der 100. Gegner seinen Kanonengarben zum Opfer. Zwei Tage zuvor hatte er seine Ernennung zum Staffelkapitän der 3. Staffel des Jagdgeschwaders 51 „Mölders“ erhalten – als verdiente Anerkennung seiner Leistungen und Führungsqualitäten.

Am 18. September gelang ihm über Warschau der Abschuss einer B-17 „Flying Fortress“ aus einem Verband Viermots, die Versorgungsgüter für die polnische Befreiungsarmee ab-

Günther Josten

warfen. Wegen vorbildlicher Tapferkeit erfolgte die Beförderung zum Oberleutnant am 1. November 1944. Bis zum Ende des Jahres 1944 hatte er sein Erfolgskonto auf 139 Luftsiege hochgeschraubt. Als er am 16. Februar 1945 kurz hintereinander fünf russische Il-2 abschießen konnte, waren dies die Abschüsse 146 bis 150. Von Ostpreußen aus startend erhielt er am 28. März 1945 nach 161 Luftsiegen als 810. Soldat das Eichenlaub zum Ritterkreuz und übernahm am 12. April 1945 als Kommandeur die Führung der IV. Gruppe des Geschwaders. Am 25. April 1945 konnte er noch einmal sieben sowjetische Flugzeuge bezwingen und die Zahl der bestätigten Luftsiege zum Ende des Krieges auf 178 erhöhen. Hinzu kamen etwa weitere 25 Abschüsse, die wegen fehlender Zeugen nicht anerkannt werden durften.

Ende April 1945 wurde er als Gruppenkommandeur von Major Heinz Lange abgelöst, der zugleich noch Kommodore des Jagdgeschwaders 51 „Mölders" war. Oberleutnant Günther Josten ging in den Stab der IV. Gruppe.

Josten hatte seine hohe Abschusszahl mit nur 420 Feindflügen erzielt. Bedenkt man, dass er dabei etwa 80 Jagdbombereinsätze geflogen hatte und über 60 seiner abgeschossenen Gegner die stark gepanzerten Il-2-Schlachtflieger waren, zeugt dies von der hohen Kunst dieses Jagdfliegers. Günther Josten wurde selber kein einziges Mal abgeschossen, was für seine fliegerischen Fähigkeiten, aber auch für die Überlegenheit seiner Einsätze spricht. Damit war er bis zum Ende des Krieges einer der herausragendsten Nachwuchspiloten der deutschen Luftwaffe.

Nach Kriegsende geriet er in Gefangenschaft. 1956 trat Günther Josten in die Bundeswehr ein und kam als Hauptmann zur Waffenschule der Luftwaffe 10 nach Jever. Von 1962 bis 1967 stand er als Kommodore an der Spitze des Jagdgeschwaders 71 „Richthofen" in Nörvenich. Seine letzte Dienststellung von 1972 bis 1981 war stellvertretender Kommandeur der 4. Luftwaffendivision in Aurich.

Am 31. März 1981 ging er als Oberst im Generalstab (i.G.) in den wohlverdienten Ruhestand. Günther Josten verstarb am 7. Juli 2004 in Aurich/Ostfriesland.

Günther Josten

Geboren am 7. November 1921 in Rhynern, Kreis Hamm/Westfalen
Verstorben am 7. Juli 2004 in Aurich/Ostfriesland
Letzter Dienstgrad: Oberleutnant (Wehrmacht)/Oberst im Generalstab (Bundeswehr)
Ritterkreuz am 5. Februar 1944 als Oberfeldwebel nach 84 Luftsiegen
810. Eichenlaub zum Ritterkreuz am 28. März 1945 nach 161 Luftsiegen
Deutsches Kreuz in Gold am 17. Oktober 1943
Gesamtzahl der Luftsiege: 178 anerkannte Abschüsse
Letzte Dienststellung: im Stab der IV. Gruppe des Jagdgeschwaders 51 „Mölders"

Johannes Steinhoff

Johannes Steinhoff

Hannes oder „Mäcki“ Steinhoff war nicht nur ein tapferer Soldat, sondern darüber hinaus eine der hervorragendsten Führungspersönlichkeiten, die die Luftwaffe hervorbrachte. Er war von Beginn des Zweiten Weltkriegs an bis zu dessen Ende in vollem Einsatz und flog Maschinen vom Doppeldecker bis zur legendären Me 262 (und nach dem Krieg als Inspekteur der Bundesluftwaffe auch die schnellsten US-Flugzeugtypen).

Johannes Steinhoff wurde am 15. September 1913 in Bottendorf (Roßleben) an der Unstrut geboren. Nach bestandenem Abitur schloss sich ein mehrjähriges Studium in Jena an, das er zwei Jahre durchhielt, ehe er sich im Jahr 1934 entschloss, als Offiziersanwärter in die Reichsmarine einzutreten. Als Oberfähnrich wechselte er dann zur wiedererstandenen Luftwaffe und begann 1936 mit seiner Ausbildung zum Jagdfliegerpilot, die er in der alten friedensmäßigen Breite in allen Ausbildungsschritten durchlief. Am 1. April 1936 wurde er zum Leutnant befördert. Seit Ende 1938 führte er eine provisorisch aufgestellte Nachtjagdstaffel im Lehrgeschwader 1. Bei Ausbruch des Zweiten Weltkrieges war er, gerade 26 Jahre alt, bereits Staffelkapitän der 10. (Nachtjagdstaffel) des Jagdgeschwaders 26 „Schlageter“, der einzigen Nachtjagdstaffel, die damals im Westen und an der Nordseeküste im Einsatz stand. Mit dieser Einheit erlebte er die erste große Luftschlacht des Zweiten Weltkrieges über der Deutschen Bucht am 14. und 18. Dezember 1939. Am 18. Dezember gelangen ihm mit seiner Me 109 zwei Luftsiege über britische Wellington-Bomber.

Am 1. Februar 1940 wurde er Kapitän der 4. Staffel des Jagdgeschwaders 52. Am 10. Mai 1940, dem ersten Tag des Frankreichfeldzuges, brachte er zwei Blenheim-Bomber zum Absturz. Johannes Steinhoff flog in der Luftschlacht über England, er kämpfte an der Ostfront und war in Nordafrika mit dabei. Schließlich landete er wie viele seiner Kameraden in der Reichsverteidigung.

Im Westen konnte er acht Luftsiege erkämpfen. Mit dem Einsatz seines Geschwaders über der Sowjetunion steigerte sich die Zahl seiner Abschüsse rasch auf 35. Am 30. August 1941 wurde Oberleutnant Johannes Steinhoff das Ritterkreuz verliehen, nachdem er am 18. August 1941 den Ehrenpokal des Oberbefehlshabers der Luftwaffe erhalten hatte. Bereits am 2. Dezember 1941 war der 50. Luftsieg fällig.

Zum Hauptmann befördert, wurde Steinhoff am 1. März 1942 zum Kommandeur der II. Gruppe/ Jagdgeschwader 52 ernannt. Sein Nachfolger als Kapitän der 4. Staffel war der spätere Schwerterträger und zweitbeste Jagdflieger der Welt, Gerhard Barkhorn.

Am Himmel über der Sowjetunion kämpften Adler gegen rote Falken und Steinhoff konnte binnen 13 Monaten auf diesem Kriegsschauplatz die Zahl seiner Abschüsse auf 101 erhöhen. Am 2. September 1942 wurde ihm als dem 115. Soldaten der Wehrmacht für diese Leistung das Eichenlaub zum Ritterkreuz verliehen. Anschließend ging er in den wohlverdienten Urlaub. Aus seiner Zeit in Russland ist ein Ereignis noch heute in aller Munde, wenn von diesen Zeiten des Jagdgeschwaders 52 die Rede ist: Einmal hatte er an einem Tag sechs Erfolge zu verbuchen. Auf dem Rückflug meldete sich einer seiner Männer mit Kühlerschaden ab. Steinhoff und einer seiner Rottenflieger begleiteten ihn zurück und hielten die russischen Jäger ab, bis der junge Flieger seinen Horst erreicht hatte und mit stehender Latte eine Bauchlandung hinlegte.

Ein heiteres Erlebnis aber geht auf eine frühere Zeit zurück, auf die Zeit während der Englandeinsätze. Von einem Begleitschutzauftrag zurück hörten Steinhoffs Männer plötzlich die Stimme eines Piloten, der offenbar in Panik zu geraten drohte: „Ich bin allein, ich bin ganz allein", rief dieser aus. Aber Steinhoff belehrte ihn eines Besseren, indem er im knappen Luftwaffenton sagte: „Du bist nicht allein, Junge! Eine Spitfire hängt Dir am Arsch!" Das war zwar makaber, brachte den Ausrastenden aber binnen Sekundenschnelle wieder auf Draht. Der Mann kehrte wohlbehalten zum Einsatzhorst zurück, dankte dem Staffelkapitän und wurde später ein ausgezeichneter Flieger.

Dass Steinhoff noch vor Kriegsbeginn bei einer Erprobungs-Nachjagdstaffel diente, ist weniger bekannt. Er betrachtete die damalige Art der Nachtjagd jedoch als wenig wirksam. Dies sagte er auch, als er wenige Tage nach Kriegsausbruch zu einer Konferenz für Nachtjagdtechnik nach Berlin befohlen wurde. Er meldete sich nach Görings Vortrag zu Wort und als der „Dicke" ihm zunickte, legte er los und bemerkte, dass sich die Jagdfliegerei nach Richthofens Tod sehr verändert habe. Weiter kam er nicht, denn Göring donnerte ihn an: „Setzen Sie sich auf ihren kleinen Hintern, junger Mann! Bevor sie mitreden können, müssen sie noch einige Erfahrungen sammeln!"

Die sammelte Steinhoff denn auch, aber der Nachtjagd war er nie zugetan, weil ihm die vielen jungen Männer leid taten, die hier ziemlich sinnlos geopfert wurden. (Später war die Nachtjagd anders strukturiert und konnte auf technische Hilfsmittel zurückgreifen, die vorher nicht vorhanden gewesen waren. Damit war auch die Jagd am nächtlichen Himmel mehr und mehr erfolgreich.)

Im Winter 1942/43 kämpften Steinhoff und das gesamte Jagdgeschwader 52 an der Front bei Stalingrad, um den Transportflugzeugen der Luftwaffe den nötigen Schutz für die eingeschlossene 6. Armee zu geben. Am 2. Februar 1943, dem Tag, an dem die 6. Armee in Stalingrad kapitulierte, erreichte Steinhoff seinen 150. Luftsieg.

Am 1. April 1943 übernahm Johannes Steinhoff nach 156 Luftsiegen, inzwischen zum Major befördert, das Jagdgeschwader 77 in Tunesien. In seinem Werk „Die Straße von Messina" berichtet Johannes Steinhoff über seine Zeit auf afrikanischem Boden, auf Sizilien und über dem Mittelmeer auf packende Weise. In Italien führte er erfolgreich das Jagdgeschwader 77.

Am 25. August 1943 gelang es ihm, in der Nähe von Foggia innerhalb von vier Minuten vier P-38-„Lightning"-Maschinen abzuschießen. Seinen 168. Luftsieg erzielte er am 1. Dezember 1943 mit dem Abschuss einer „Mosquito" und am 1. April 1944 wurde er zum Oberstleutnant befördert. Als Steinhoff am 28. Juli 1944 als dem 82. Soldaten der Wehrmacht das Eichenlaub mit Schwertern zum Ritterkreuz verliehen wurde, hatte er unter Beweis gestellt,

Johannes Steinhoff während einer Feier im Sommer 1943 in Italien. Nach dem Attentat auf Hitler, am 20. Juli 1944, wurde befohlen, dass der „Deutsche Gruß" in der ganzen Wehrmacht auszuführen sei. Bis dahin wurde er z. B. bei Feierlichkeiten wie hier im Bild ausgeführt.

dass er einer der Besten war. Dass er darüber hinaus auch gegenüber dem „Dicken" die gleiche Unerschrockenheit bewahrt hatte, zeigte sich, als es zum großen Duell zwischen dem Reichsmarschall und den „aufmüpfigen" Fliegeroffizieren kam, denen eine Reihe der Besten, so auch Lützow und Steinhoff, ihren Tribut zollen mussten (siehe dazu auch das Kapitel über Lützow).

Über Ungarn schoss er im September 1944 vier weitere gegnerische Maschinen ab. Schließlich wurde er am 1. Oktober 1944 vorzeitig zum Oberst befördert, und im Dezember 1944 übernahm er als Kommodore das Jagdgeschwader 7, das als erster Verband der Luftwaffe mit dem Düsenjäger Me 262 ausgerüstet wurde. Mit diesem Geschwader warf er sich den feindlichen Bomberströmen entgegen und konnte zwei viermotorige Bomber abschießen. Wegen Differenzen mit Göring und der Luftwaffenführung wurde er bereits Mitte Januar 1945 wieder abgelöst. Der Oberst Johannes Steinhoff wurde wieder Flugzeugführer und stand im Jagdverband 44 als Adjutant von Generalleutnant Galland im abschließenden Einsatz.

Am 18. April 1945 startete er in München-Riem mit Galland und Krupinski zu einem Einsatz gegen einen US-Bomberverband. Seine Me 262 trug dabei 48 Raketen in den Holmen unter den Tragflächen. Als er seinen Düsenjäger beschleunigte und zum Start ansetzte, geriet er in die schlecht ausgebesserten Bombenkrater und kam nicht hoch, da die Maschine zu schwer beladen war. Als die Me 262 zu schieben begann und ausbrach, wusste Steinhoff, dass er sie nicht mehr rechtzeitig auf Höhe bringen konnte. Abbrechen konnte er den Start auch nicht mehr, da die Geschwindigkeit bereits zu hoch war. Steinhoff zog und zog an dem Knüppel, aber die schwer beladene Maschine wollte einfach nicht fliegen. Sekunden später prallte sie am Ende des Platzes gegen eine Böschung, wobei das Fahrwerk abgerissen wurde. Die Me 262 wurde noch einmal kurz in die Höhe katapultiert, dann schlug sie hart auf und schlitterte noch einige Sekunden über den Boden. Beide Triebswerkgondeln schleiften über den Boden und gerieten in Brand. Oberst Steinhoff versuchte alles, um aus der brennenden Maschine herauszukommen. Gerade als er aus dem Cockpit aussteigen wollte, explodierten noch die Raketen unter den Tragflächen und schossen über den Acker. Oberst Steinhoff, dessen Fliegerkombi bereits Feuer gefangen hatte, konnte die Maschine verlassen, aber er trug sehr schwere Verbrennungen davon. Volle zwei Jahre lang musste er sich vielen plastischen Operationen unterziehen, ehe er im Jahre 1947 aus dem Lazarett entlassen wurde. Schließlich ließ Steinhoff im Jahre 1969 eine weitere Operation vornehmen, bei der ihm ein britischer Chirurg neue Augenlider modellierte. Erst danach konnte Steinhoff, 24 Jahre nach seinem schrecklichen Unfall, seine Augen wieder schließen.

Johannes Steinhoff flog 993 Feindeinsätze, davon 105 Tiefangriffe als Jagdbomber. Dabei erzielte er 178 Luftsiege, darunter 155 im Osten, vier Viermots, eine Mosquito und sechs mit der Me 262. Er zerstörte bei seinen Einsätzen 25 Lastkraftwagen, einen Spähwagen, ein Schnellboot und ein Motorboot. Zu seinen Auszeichnungen zählten – neben den bereits erwähnten – die Eisernen Kreuze der II. und I. Klasse, das Verwundetenabzeichen in Gold, die Frontflugspange in Gold mit der Anhängerzahl „900", das Flugzeugführerabzeichen und Beobachterabzeichen und das Krimschild. Während des Krieges wurde Steinhoff insgesamt zwölf Mal abgeschossen, dabei hatte er immer Glück, bis zum schicksalhaften 18. April 1945, als er mit der Me 262 verunglückte und schwerste Verbrennungen erlitt.

Bis 1952 verdiente er mit dem Bemalen von Keramikgefäßen und als Angestellter einer Werbeagentur sein Geld, dann holte ihn der öffentliche Dienst zurück in die Dienststelle Blank, der „Keimzelle" der heutigen Bundeswehr. Zudem war er von 1952 bis 1954 Mitglied der Delegation bei Verhandlungen der EVG (Europäischen Verteidigungsgemeinschaft) in Paris. 1955 trat er als Oberst in die Bundeswehr ein und wurde Leiter der Abteilung VI im Führungsstab der Luftwaffe in Bonn. Diese Funktion hatte er bis 1960 inne und war damit zugleich stellvertretender Stabschef der Bundesluftwaffe. Während dieser Zeit kam er zur Auffrischung seiner Düsenflugzeugkenntnisse in ein Ausbildungscamp in die USA – er war der erste deutsche Soldat, der auf modernen Düsenflugzeugen ausgebildet wurde. Bereits am 1. Oktober 1958 zum Brigadegeneral befördert, folgte am 1. Dezember 1961 die Beförderung zum Generalmajor, danach war Steinhoff mehrere Jahre als deutscher Vertreter im NATO-Lenkungsausschuss in Washington D. C. tätig.

1963 übernahm er in Aurich die 4. Luftwaffendivision, ab 1965 war er Chef des Stabes für „Aircent" (Alliierte Streitkräfte in Europa-Mitte) und am 15. Mai 1965 wurde er zum

Generalleutnant befördert. Steinhoff hatte sich mittlerweile im Ausland hohes militärisches Ansehen verdient. So bekam er von den Amerikanern 1965 die Auszeichnung „Pilot des Jahres“. Schließlich wurde er 1966 zum Inspekteur der Luftwaffe im Bundesministerium der Verteidigung ernannt, wo es ihm schnell gelang, die Unfallrate mit dem Starfighter drastisch einzuschränken.

Seine Tätigkeit als Vorsitzender des Militärausschusses der NATO in Brüssel von 1971 bis 1974 war der Höhepunkt seiner soldatischen Laufbahn. Inzwischen war er zum Vier-Sterne-General befördert worden und erhielt das Große Bundesverdienstkreuz im Stern. Neben diesem Orden wurde ihm 1970 der amerikanische Orden „Legion of Merit“ verliehen, und im März 1972 erhielt er die Insignien des Kommandeurs der französischen Ehrenlegion (Légion d'honneur).

Am 31. März 1974 ging der General Steinhoff in den Ruhestand und verbrachte seinen Lebensabend in Wachtberg-Pech bei Bonn. Er verstarb dort am 21. Februar 1994 und wurde von Hunderten Kameraden zur letzten Ruhe geleitet. Drei Jahre nach Steinhoffs Tod wurde dem in Mecklenburg-Vorpommern stationierten Jagdgeschwader 73 der Traditionsnamen „Steinhoff“ verliehen.

Johannes Steinhoff

Geboren am 15. September 1913 in Bottendorf (Roßleben) an der Unstrut/Thüringen
Verstorben am 21. Februar 1994 in Wachtberg-Pech bei Bonn
Letzter Dienstgrad: Oberst (Wehrmacht)/Vier-Sterne-General (Bundeswehr)
Ritterkreuz am 30. August 1941 als Oberleutnant nach 35 Luftsiegen
115. Eichenlaub zum Ritterkreuz am 2. September 1942 als Hauptmann nach 101 Luftsiegen
82. Eichenlaub mit Schwertern zum Ritterkreuz am 28. Juli 1944 als Oberstleutnant nach 168 Luftsiegen
Gesamtzahl der Luftsiege: 178 anerkannte Abschüsse
Letzte Dienststellung: Adjutant und Flugzeugführer im Jagdverband 44 (Düsenjäger)

Ernst-Wilhelm Reinert

Ernst-Wilhelm Reinert

Ernst-Wilhelm Reinert wurde am 2. Februar 1919 in Köln-Lindenthal geboren. Schon früh entdeckte er seine Leidenschaft für die Fliegerei und trat mit 13 Jahren bereits dem Deutschen-Luftsport-Verein bei, wo er sehr schnell das Segelfliegen erlernte. Reinert gehörte vom ersten bis zum letzten Kriegstage der fliegenden „Zunft" der Jägerei an. Im April 1939 trat er in die Luftwaffe ein. Nach Stationen bei der Ersatz-Jagdstaffel des Jagdgeschwaders 77 in Wien im Herbst 1940 nahm er mit der 4. Staffel des Jagdgeschwaders 77, zu der er im Juni 1941 kommandiert worden war, am Russlandfeldzug teil. Als Unteroffizier und Flugzeugführer in der 4./Jagdgeschwader 77 hatte er mehr und mehr die Aufgaben eines Rottenfliegers zu bewältigen. Am 8. August 1941 konnte er seinen ersten Abschuss, eine I-16 „Rata", melden. Bis Ende des Jahres 1941 hatte Reinert 24 Abschüsse auf seinem Erfolgskonto und bekam am 7. Februar 1942 den Ehrenpokal des Befehlshabers der Luftwaffe überreicht.

Weitere Abschüsse folgten in kurzen Abständen und so sollte nur etwa ein Jahr vergehen, bis er auf die Zahl von 100 Abschüssen gekommen war. Zuvor erhielt er zwei Auszeichnungen: das Deutsche Kreuz in Gold am 18. Mai 1942 und das Ritterkreuz als Unteroffizier nach 53 Luftsiegen am 1. Juli 1942. Allein im Juli 1942 konnte er 29 Luftsiege erringen, wurde aber bei einem Luftkampf am 23. Juli 1942 verwundet. Als er im September 1942 wieder zur Staffel zurückkehrte, gelang es ihm in kurzer Zeit, weitere 17 Flugzeuge auf seinem Erfolgskonto zu verbuchen. Am 3. Oktober 1942 konnte er auf dem Ostkriegsschauplatz seinen 100. bis 103. Luftsieg erzielen und reihte sich somit in die Schar der „Hunderter-Jäger" ein.

Am 5. Oktober 1942 erhielt er noch als Feldwebel das 131. Eichenlaub zum Ritterkreuz des Eisernen Kreuzes. Ende 1942 kehrte er zu seiner Einheit nach Tunesien zurück, wo sein Geschwader unter Major Müncheberg mit drei Gruppen vertreten war.

Hier konnte Reinert seine fliegerischen Fähigkeiten und sein großartiges Können unter Beweis stellen. Bis dahin hatte er gegen sowjetische Flieger gekämpft. In Tunesien galt es, sich auch gegen US-amerikanische und britische Fliegerasse zu bewähren. Hier in Afrika konnte Leutnant Reinert in einer Reihe erfolgreicher Einsätze sein Erfolgskonto vom Januar bis April 1943 um 51 Luftsiege heraufschrauben. Seine Siegesserie in Afrika begann am Samstag, den 2. Januar 1943, mit dem Abschuss einer Kittyhawk, setzte sich mit einem Spitfire-Abschuss am 7. Januar fort und brachte mit zwei weiteren Spitfires und einer Kittyhawk am 11. Januar 1943 den ersten Höhepunkt, der noch am selben Tage mit dem Abschuss zweier Kittys auf insgesamt 110 Luftsiege gesteigert wurde.

Am 19. Januar schoss er eine B-25 ab, der am 20. Januar zwei P-40F folgten. Weitere Luftsiege folgten kontinuierlich und am Montag, dem 1. März 1943, schoss Reinert am Nachmittag eine Boston und zwei P-38 ab. Am 4. März wurde sein Rottenflieger Unteroffizier Bruno Weidlich abgeschossen. Es gelang ihm trotz Verwundung, mit dem Fallschirm abzuspringen und glücklich zu landen. Am 7. März erhöhte Reinert mit zwei Abschüssen sein

Konto auf 130 Luftsiege. Am Vormittag des 13. März konnte Reinert zwei Gegner überwinden, um am Nachmittag mit vier Luftsiegen gegen acht angreifende Airacobras erfolgreich sein. Mehrfachabschüsse folgten, und am 1. April vernichtete Reinert binnen acht Minuten drei Spitfires, um am Nachmittag abermals zwei Gegner abzuschießen. Am 4. April wiederholte er seinen Mehrfachabschuss, als er um 14.28 Uhr, 14.31 Uhr und 14.32 Uhr drei Luftsiege, alle Kittyhawks, errang. Am Montag, den 19. April 1943, verbuchte Leutnant Reinert seinen 150. Luftsieg, es war eine Spitfire. Diesen 150. Luftsieg erreichte er übrigens als zehnter deutscher Jagdflieger. Wegen Tapferkeit vor dem Feind wurde er am 20. April 1943 zum Leutnant befördert.

Während des Überführungsfluges von Tunesien nach Sizilien am 8. Mai 1943 konnte Leutnant Reinert einen britischen Marinejäger vom Typ „Martlet" über dem Meer abschießen, obwohl sich zwei Männer des Bodenpersonals im Rumpf seiner Me 109 befanden.

Im August 1943 wurde er Kapitän der 1./Jagdgeschwader 77. Nach seinem 160. Luftsieg am 13. August 1943 wurde er zu einer Notwasserung vor der Küste gezwungen und entkam nur mit knapper Not dem Ertrinken.

Am 3. April 1944, nach 165 Luftsiegen, wurde Reinert als Staffelkapitän zur 1. Staffel des Jagdgeschwaders 27 versetzt, übernahm aber schon im Mai 1944 für kurze Zeit die 8. Staffel/Jagdgeschwader 27, aus der bis Ende des Monats Mai 1944 die 12. Staffel, später dann die 14. Staffel/Jagdgeschwader 27 wurde. Am 27. Dezember 1944 konnte er mit dem Abschuss einer Auster seinen 174. Luftsieg erringen, der zugleich sein letzter im Krieg werden sollte.

Ernst-Wilhelm Reinert kurz vor dem Abflug mit seiner Me 109.
Ein letzter Blick zurück in die Kamera, bevor er sein Kabinendach verschließt.

Ab dem 2. Januar 1945 führte er als Kommandeur die IV. Gruppe des Jagdgeschwaders 27, erhielt am 1. Februar 1945 nach 174 Luftsiegen als 130. Soldat das Eichenlaub mit Schwertern zum Ritterkreuz des Eisernen Kreuzes. Ende März 1945 wurde er noch zum Jagdgeschwader 7 versetzt und auf die Me 262 umgeschult. Er kam jedoch mit dieser Maschine nicht mehr zum Einsatz.

Von den 174 Luftsiegen hatte Reinert 71 Abschüsse im Westen errungen, darunter zwei viermotorige Bomber und 103 Abschüsse im Osten.

Insgesamt absolvierte er 715 Feindflüge, auf denen er außer den aufgezählten Flugzeugen im Luftkampf noch 16 Flugzeuge und 10 Panzer am Boden vernichtete.

Nach dem Krieg geriet Reinert in amerikanische Kriegsgefangenschaft, aus der er nach einem halben Jahr in die Heimat entlassen wurde.

1956 trat er in die Bundeswehr ein und durchlief zunächst die amerikanische Fliegerausbildung in Fürstenfeldbruck. In Büchel (Eifel), wohin er im Anschluss versetzt worden war, stellte er am 1. Dezember 1957 die ALMA-Staffel mit auf und wurde ihr Staffelkapitän. Anfang 1958 erfolgte die Verlegung der Staffel nach Nörvenich, wo am 20. Juni das Jagdbombergeschwader in Dienst gestellt wurde. Hier wurde der Aufbau der neuen Luftwaffe maßgeblich vorangetrieben. Nach weiteren Versetzungen wurde Reinert im Jahre 1969, mittlerweile zum Oberstleutnant befördert, Kommandeur des Fliegerhorstes Westerland auf Sylt – dies war gleichzeitig seine letzte Laufbahnstation. Dort konnte er noch die neue F-104G „Starfighter" erproben.

1972 zog sich Reinert, da der Stützpunkt Westerland aufgelöst wurde, aus dem aktiven Militärdienst zurück. Anschließend absolvierte er die Ausbildung zum Heilpraktiker und ließ sich als solcher in Bad Pyrmont nieder, wo er bis 1988 praktizierte. Dort verstarb er im Alter von 88 Jahren am 5. September 2007.

Ernst-Wilhelm Reinert

Geboren: Am 2. Februar 1919 in Köln-Lindenthal
Verstorben am 5. September 2007 in Bad Pyrmont
Letzter Dienstgrad: Hauptmann (Wehrmacht)/Oberstleutnant (Bundeswehr)
Ritterkreuz am 1. Juli 1942 als Unteroffizier nach 53 Luftsiegen.
131. Eichenlaub zum Ritterkreuz am 6. Oktober 1942 als Feldwebel nach 103 Luftsiegen.
130. Schwerter mit Eichenlaub zum Ritterkreuz am 1. Februar 1945 als Oberleutnant nach 174 Luftsiegen
Deutsches Kreuz in Gold am 18. Mai 1942
Gesamtzahl der Luftsiege: 174 anerkannte Abschüsse
Letzte Dienststellung: Kommandeur der IV. Gruppe des Jagdgeschwaders 27 (Wehrmacht)/ Kommandeur des Fliegerhorstes Westerland

Günther Schack

Günther Schack

Günther Schack wurde am 12. November 1917 in Bartenstein, Ostpreußen, geboren. Bereits im Jahr 1937 versuchte er, zur Luftwaffe zu gelangen, wurde jedoch aus medizinischen Gründen (da er zuvor einen Sportunfall hatte) als wehruntauglich ausgemustert. Danach begann er ein Studium an den technischen Hochschulen in Stuttgart und Aachen. Als er am 2. September 1939 nach Ausbruch des Krieges den zweiten Versuch startete, klappte es und er konnte mit der Ausbildung zum Piloten beginnen. Am 18. März 1941 wurde der Gefreite Schack zur 7. Staffel/Jagdgeschwader 51 kommandiert und reihte sich in die Phalanx jener Männer ein, die „Vati" Mölders um sich versammelte.

Seinen ersten Luftsieg erzielte er, inzwischen zum Unteroffizier befördert, als ihm sein Staffelkapitän am 23. Juli 1941 einen Abschuss „freigegeben" hatte. Zwei weitere Abschüsse gelangen ihm noch im Jahr 1941. Bis Ende 1942 konnte er 23 Luftsiege verbuchen, dann war der Bann gebrochen. Von da an folgte ein Luftsieg dem anderen. Am 26. Februar 1943 erhielt er, mittlerweile zum Feldwebel befördert, das Deutsche Kreuz in Gold, nachdem er bereits kurz zuvor, am 16. Januar 1943, mit dem Ehrenpokal des Oberbefehlshabers der Luftwaffe ausgezeichnet worden war.

Am 1. April 1943 wurde er nach 48 Luftsiegen als Jagdlehrer zur Ergänzungsgruppe Ost nach Frankreich versetzt. Aber nach drei Monaten war er bereits wieder an der Front, jetzt bei der 8. Staffel/Jagdgeschwader 51 „Mölders". Während des Unternehmens „Zitadelle" konnte er weitere vier Luftsiege erzielen. Von da an stiegen seine Abschusserfolge schlagartig an. Im August 1943 gelangen ihm binnen eines Monats 40 Abschüsse. So konnte er bis zum 3. September 1943 seine Erfolge auf 100 Abschüsse erhöhen. Wegen Tapferkeit vor dem Feind wurde er zum Leutnant befördert, was für den bescheidenen Mannschaftsdienstgrad ein gewaltiger Sprung nach vorn war. Er nahm sich vor, dieser bevorzugten Beförderung auch gerecht zu werden, was ihm auch gelang. Nach 116 Luftsiegen wurde ihm am 29. Oktober 1943 das Ritterkreuz verliehen. Anschließend ging er in den wohlverdienten Urlaub. Am 8. Dezember 1943 wurde er zum Staffelkapitän der 9./Jagdgeschwader 51 befördert. Nachdem er eine Ende Februar 1944 erlittene Verwundung auskuriert hatte und Mitte April 1944 aus dem Lazarett zurückkam, holte er sogleich seinen 133. Gegner vom Himmel. Dafür wurde ihm am 20. April 1944 als dem 460. Soldaten der deutschen Wehrmacht das Eichenlaub zum Ritterkreuz verliehen. Schack war in seinem Geschwader geradezu eine Legende geworden. Als Gefreiter und Rottenflieger hatte er ganz unten begonnen, sich aber dank seines besonderen Könnens und seines Mutes schließlich in die Gemeinschaft der erfolgreichsten deutschen Jäger hinaufkatapultiert. Seine Abschusserfolge kletterten immer höher: Am 13. August 1944 erreichte er die magische Zahl 150 und schließlich sogar die Zahl 170. Am 6. Oktober 1944 wurde er abgeschossen und musste zum vierten Mal mit dem Fallschirm abspringen. Bis zu diesem Zeitpunkt hatte er 166 Luftsiege errungen. Am 16. Dezember 1944 wurde er zum Kommandeur der

Eine Me 109 F des Jagdgeschwaders 51 im Russlandwinter 1941/1942 ist zwischen Schneewällen abgestellt. Eine ganze Reihe Benzinfässer liegen für die Betankung bereit.

I. Gruppe des Jagdgeschwader 51 „Mölders“ befördert und schoss bis zum 7. April 1945 weitere acht Gegner ab. Am 12. April 1945 wurde er noch einmal abgeschossen und musste erneut mit dem Fallschirm aussteigen.

Am 28. April 1945 übernahm er als Kommandeur die IV. Gruppe des Jagdgeschwaders 3, die er bis Ende des Krieges führte. Am Ende des Krieges hatte er bei insgesamt 780 Feindflügen – von denen weit über 100 als Katschmarek geflogen wurden, mit kaum einer Chance, selbstständig einen Abschuss zu erzielen – die stolze Zahl von 174 Luftsiegen errungen, die kaum ein anderer aus dem Mannschaftsstand hervorgegangener Flieger erreichte.

Günther Schack

Geboren am 12. November 1917 in Bartenstein/Ostpreußen
Verstorben am 14. Juni 2003 in Nideggen-Schmidt
Letzter Dienstgrad: Hauptmann
Ritterkreuz am 29. Oktober 1943 nach 116 Luftsiegen
460. Eichenlaub zum Ritterkreuz am 20. April 1944 nach 133 Luftsiegen
Deutsches Kreuz in Gold am 26. Februar 1943
Gesamtzahl der Luftsiege: 174 anerkannte Abschüsse
Letzte Dienststellung: Kommandeur der IV. Gruppe des Jagdgeschwaders 3 „Udet“

Emil Lang

Emil Lang wurde am 14. Januar 1909 in Talheim bei Heilbronn in Württemberg geboren. Vor dem Krieg war er ein bekannter Leichtathlet und als Flieger bei der Deutschen Lufthansa. Zu Beginn des Krieges wurde er Transportflieger. Da er ein breites und mächtiges Gesicht, wie eine Bulldogge hatte, wurde er von allen nur „Bully" genannt. Viele seiner Kameraden kannten nicht einmal seinen richtigen Vornamen. Er war der „Großvater" der Luftwaffenkämpfer, denn als er die Jagdfliegerausbildung im Jahr 1942 begann, war er bereits 33 Jahre alt. Aber er kannte die Fliegerei, war bald auf der Me 109 ebenso wie auf der Fw 190 zu Hause und handhabte diese Flugzeugtypen bravourös.

Nach einer „Schnellausbildung" im Herbst 1942 kam er Anfang 1943 zur 1./Jagdgeschwader 54 an die Ostfront. Zu dieser Zeit war er bereits Leutnant. Im März 1943 gelangen ihm die ersten Abschüsse. Im April 1943 wurde „Bully" Lang zur 5. Staffel des Jagdgeschwaders 54 versetzt, danach gelang ihm im zweiten Halbjahr 1943 eine sagenhafte Serie: In einem Zeitraum von nur 21 Tagen schoss er 72 Feindflugzeuge ab. In diese Leistung eingeschlossen war der absolute Weltrekord von 18 durch mehrere Zeugen bestätigte Abschüsse, die er am 3. November 1943 in nur drei Einsätzen zwischen 09.31 Uhr und 14.49 Uhr erzielte. Dieser

Eine Me 109 des Jagdgeschwaders 54 mit Beschussschäden am Leitwerk im harten russischen Winter 1941/1942.

Emil Lang

Serie kam nur Hans-Joachim Marseille und August Lambert mit jeweils 17 Abschüssen nahe. Am 22. November 1943 erhielt er als Leutnant nach 119 Luftsiegen das Ritterkreuz und wurde wegen Tapferkeit vor dem Feind zum Oberleutnant befördert. Zwei Tage später, am 25. November, wurde er noch mit dem Deutschen Kreuz in Gold ausgezeichnet und wiederum nur zwei Tage darauf erhielt er den Ehrenpokal des Oberbefehlshabers der Luftwaffe. Anfang April 1944 stand er mit 144 Luftsiegen ganz oben und erhielt am 11. April 1944 das Eichenlaub zum Ritterkreuz. Abermals wurde er wegen Tapferkeit vor dem Feind vorzeitig zum Hauptmann befördert. „Bully" Lang ließ keine einzige Gelegenheit aus, wenn es darum ging, im Alarmstart hinter russischen Schlachtbombern und Jagdflugzeugen herzupreschen und den Kampf aufzunehmen.

Nach 144 Luftsiegen im Osten stand er mit der 9. Staffel/Jagdgeschwader 54 ab Mai 1944 in der Reichsverteidigung. Als im Westen die Invasion begann, verlegte man seine Staffel an die Invasionsfront nach Frankreich. Auch hier zeigte „Bully" Lang sein Können. Am 14. Juni 1944 erzielte er seinen 150. Luftsieg. Als er am 29. Juni 1944 zum Kommandeur der II. Gruppe des Jagdgeschwaders 26 „Schlageter" ernannt wurde, hatte er 159 Luftsiege erzielt. Auch beim Jagdgeschwader 26 brachte er überragende Leistungen. In den nächsten Wochen schraubte er seine Luftsiege bis auf 173 hoch, die er in nur 403 Feindflügen erzielte.

Am 3. September 1944 startete er bei St. Trond gegen einfliegende US-Thunderbolts und eröffnete sofort das Gefecht. Durch einen unglücklichen Treffer in der Hydraulik fiel sein Fahrwerk heraus, was die Geschwindigkeit herabsetzte. Wenig später wurde er abgeschossen und stürzte aus nur 200 Metern tödlich ab.

Emil Lang

Geboren am 14. Januar 1909 in Talheim/Württemberg
Gefallen am 3. September 1944 im Raum St. Trond/Belgien
Letzter Dienstgrad: Hauptmann
Ritterkreuz am 22. November 1943 als Leutnant nach 119 Luftsiegen
448. Eichenlaub zum Ritterkreuz am 11. April 1944 als Oberleutnant nach 144 Luftsiegen
Deutsches Kreuz in Gold am 25. November 1943
Gesamtzahl der Luftsiege: 173 anerkannte Luftsiege
Letzte Dienststellung: Kommandeur der II. Gruppe des Jagdgeschwaders 26 „Schlageter"

Heinz Schmidt

Heinz Schmidt

Heinz Schmidt, „Johnny“ genannt, wurde am 20. April 1920 in Bad Homburg in Hessen geboren. Er trat am 10. November 1938 in die Luftwaffe ein, kam im Juli 1940 zur 2. Staffel der Ergänzungs-Jagdgruppe „Merseburg“ und begann anschließend im August 1940 seine fliegerische Laufbahn als Gefreiter bei der 4. Staffel der II. Gruppe/Jagdgeschwader 52, die im August am Kanal lag. Hier kämpfte er vor allem in der Begleitung deutscher Kampfflugzeuge und war wiederholt als Katschmarek seiner Vorgesetzten in der Gruppe tätig, ohne dass er zu irgendwelchen Erfolgen hätte kommen können. Erst mit Beginn des Russlandeinsatzes, der das Geschwader unter dem Kommando von Major Trübenbach und danach von Major Wilhelm Lessmann im Einsatz sah, kam er zu ersten Erfolgen. Dritter Kommodore, unter dem Schmidt dort diente, war Oberstleutnant Friedrich Beckh, der das Geschwader am 2. Juni 1942 übernahm. Nach Hauptmann Erich Woitke, der am 3. November 1940 die II. Gruppe übernahm, wurde Hauptmann Johannes Steinhoff sein Gruppenkommandeur. Er sollte diese Gruppe genau ein Jahr und 23 Tage führen. Unter ihm erreichte Heinz Schmidt seine ersten großen Erfolge.

Im Oktober 1941 musste er etwa 70 Kilometer hinter der Front notlanden, konnte sich aber nach sechs Tagen zu den eigenen Frontlinien durchschlagen. Am 1. Februar 1942 zum Leutnant befördert, erzielte er am 19. Juli 1942 seinen 50. Luftsieg, wofür er am 13. August 1942 mit dem Deutschen Kreuz in Gold ausgezeichnet wurde. Am 6. Juli 1942 war ihm bereits der Ehrenpokal des Oberbefehlshabers der Luftwaffe überreicht worden. Nach seinem 75. Luftsieg erhielt er am 23. August 1942 das Ritterkreuz des Eisernen Kreuzes. Bereits am 1. August 1942 wurde Heinz Schmidt wegen Tapferkeit vor dem Feind zum Oberleutnant befördert. Nun ging es Schlag auf Schlag. Keine vier Wochen später erhielt „Johnny“ Schmidt nach 102 Luftsiegen als 124. Soldat der deutschen Wehrmacht das Eichenlaub zum Ritterkreuz.

Das war eine stolze Leistung, aber, wie Schmidt am Tage der Verleihung sagte, „nicht das Ende der Fahnenstange“. Dies alles hielt ihn nicht davon ab, immer wieder zu starten und mit Dubletten und einmal fünf Abschüssen an einem Tag zurückzukehren, bis er am 7. Januar 1943 seinen 125. Luftgegner bezwang. Am 15. Januar 1943 wurde er über dem Asowschen Meer abgeschossen und musste mit dem Fallschirm abspringen. Er marschierte zwei Nächte lang über das Eis dieses zugefrorenen Meeres und hatte nur einen Pelzstiefel an. Seine Schulter war zerschmettert, sein rechter Arm ausgekugelt. Dennoch erreichte er die eigenen Linien, verbrachte danach aber die nächsten vier Monate in verschiedenen Lazaretten.

Als er am 25. Mai 1943 Staffelkapitän der berühmten 6. Staffel/Jagdgeschwader 52 wurde, wurde kräftig gefeiert. In den folgenden Monaten reihte sich Luftsieg an Luftsieg, was sein Erfolgskonto stetig erhöhte. Bei seinem Start am 5. September 1943 war er wieder erfolgreich: Wie seine Kameraden berichteten, schoss er zwei russische Jagdmaschinen ab. Dann war er

Auch die Russische Luftwaffe hatten leistungsfähige Jagdflugzeuge wie diese Jak-3.

aber plötzlich verschwunden und blieb vermisst, obwohl er noch im Luftkampf mit sowjetischen Jägern gesehen worden war. Er war, so das Ergebnis der Nachforschungen, versehentlich von einem ungarischen Jäger abgeschossen worden.

Bis zu seinem Abschuss hatte er in 712 Feindflügen 173 Gegner abgeschossen und es war abzusehen, dass er noch erfolgreicher geworden wäre.

Heinz Schmidt

Geboren am 20. April 1920 in Bad Homburg/Hessen
Vermisst seit dem 5. September 1943 bei Markor/Sowjetunion
Letzter Dienstgrad: Hauptmann (posthum)
Ritterkreuz am 23. August 1942 als Leutnant nach 75 Luftsiegen
124. Eichenlaub zum Ritterkreuz am 16. September 1942 als Leutnant nach 102 Luftsiegen
Deutsches Kreuz in Gold am 13. August 1942
Gesamtzahl der Luftsiege: 173 anerkannte Abschüsse
Letzte Dienststellung: Staffelkapitän 6. Staffel/Jagdgeschwader 52

Horst Ademeit

Horst Ademeit wurde am 8. Februar 1912 in Breslau in Schlesien geboren. Er kam als ehemaliger Sportflieger zur Luftwaffe, absolvierte seine fliegerische Ausbildung noch in Friedenszeiten und wurde dann als Unteroffizier der Reserve zum Jagdflieger ausgebildet.

Im Frühjahr 1940 zur 3. Staffel des Jagdgeschwaders 54 versetzt, nahm er am Frankreichfeldzug und an der Luftschlacht über England teil. Über England erzielte er am 18. September 1940 seinen ersten Luftsieg, wurde dabei jedoch selbst abgeschossen und vom deutschen Seenotrettungsdienst aus dem Kanal gefischt. Am 4. Oktober schoss er ein britisches Spitfire-Aufklärungsflugzeug ab. Anschließend wurde er zur 1. Staffel des Jagdgeschwaders 54 versetzt.

Zu dieser Zeit lag die I. Gruppe des Jagdgeschwaders 54 an der Deutschen Bucht in Jever. Als das Geschwader in den Osten verlegte, wurde Ademeit zum Leutnant befördert und zeichnete sich zunächst ganz besonders durch seine grandiosen Tiefangriffe aus. Dazwischen gelang es ihm immer wieder, auf russische Jäger, Bomber und Schlachtflieger zum Angriff zu kommen. Bis zum 6. Mai 1942 errang er so seinen 21. Luftsieg. Schon am 8. Dezember 1941

Hauptmann Ademeit beglückwünscht den Gefreiter Schnorrer zu einem Luftsieg. In der Mitte freut sich ein Wart mit.

Horst Ademeit

erhielt er den Ehrenpokal des Oberbefehlshabers der Luftwaffe und am 25. Februar 1942 wurde er mit dem Deutschen Kreuz in Gold ausgezeichnet. Der 11. Januar 1943 sah ihn nach zwei Abschüssen an diesem Tage bei der Zahl 34 angekommen und am 18. Februar war sein Rekord auf 40 Abschüsse geklettert.

Als Ademeit am 7. März 1943 Staffelkapitän der 6. Staffel/Jagdgeschwader 54 wurde, hatte der Kommodore Major Trautloft seine besondere Befähigung erkannt und ihn auf den richtigen Platz gestellt. Am 4. April 1943 erzielte er seinen 53. Luftsieg und wurde zum Ritterkreuz eingereicht, das er am 16. April 1943 erhielt. Von da an ging es rasant bergauf und es wunderte niemanden im Jagdgeschwader 54, als er am 15. Januar 1944 die magische Zahl von 100 anerkannten Abschüssen erreichte, die außer ihm nur noch einige wenige Jagdflieger erreichen sollten. Am 4. Februar 1944, inzwischen wegen Tapferkeit vor dem Feind zum Hauptmann befördert, übernahm Ademeit offiziell als Kommandeur die I. Gruppe des Jagdgeschwaders 54 „Grünherz" und wurde damit Nachfolger des legendären Hauptmannes Nowotny. Nachdem er seinen 120. Luftsieg errungen hatte, wurde er am 2. März 1944 mit dem 414. Eichenlaub zum Ritterkreuz ausgezeichnet, das Hitler ihm auf dem Berghof überreichte. Anfang August 1944 führte er sogar das Jagdgeschwader 54 kommissarisch.

Seine Abschusserfolge stiegen stetig weiter an und als er die Zahl 166 erreicht hatte, traf auch ihn das Schicksal vieler seiner Fliegerkameraden. Es war der 7. August 1944, als er etwa zehn Kilometer ostwärts von Kreuzburg in Kurland im Tiefflug eine russische Il-2 verfolgte, die er bereits angeschossen hatte. Man nimmt an, dass seine Maschine (eine Fw 190) Treffer durch russisches MG oder eine Flakkanone erhalten hatte. Er verschwand im Tiefflug hinter den russischen Linien und gilt seit diesem Tage als vermisst. Danach wurde er posthum zum Major befördert. Seine 166 Luftsiege, davon zwei im Westen, erzielte er in 600 Feindflügen, von denen etwa 100 Tiefangriffe und Geleitflüge waren.

Horst Ademeit

Geboren am 8. Februar 1912 in Breslau
Vermisst seit dem 8. August 1944 bei Dünaburg/Lettland
Letzter Dienstgrad: Major (posthum)
Ritterkreuz am 16. April 1943 als Leutnant nach 53 Luftsiegen
414. Eichenlaub zum Ritterkreuz am 2. März 1944 als Hauptmann nach 120 Luftsiegen
Deutsches Kreuz in Gold am 25. Februar 1942
Gesamtzahl der Luftsiege: 166 anerkannte Abschüsse
Letzte Dienststellung: Kommandeur der I. Gruppe/Jagdgeschwader 54 „Grünherz"

Wolf-Dietrich Wilcke

Wolf-Dietrich Wilcke

Wolf-Dietrich Wilcke wurde am 11. März 1913 in Schrimm in der Provinz Posen in Westpreußen geboren. Wegen seiner würdevollen Haltung gegenüber jedermann wurde er gleich zu Beginn seiner Karriere der „Fürst“ genannt. Dieser Spitzname kennzeichnet seinen vornehmen Charakter, die unbedingte Fürsorge auch für den letzten seiner Untergebenen und sein kompromissloses Eintreten für die Ehre seiner Staffel, seiner Gruppe und seines Geschwaders.

Bereits ab 1934 diente er in einem Artillerieregiment der Wehrmacht. Im Jahr 1935 trat er als Oberfähnrich der neu formierten Luftwaffe bei. Er vollendete seine Jagdausbildung in Perleberg und wurde am 1. April 1936 zum Leutnant befördert. Anschließend kam er zum Jagdgeschwader 132. Im Herbst 1937 war er als Ausbilder an der Jagdfliegerschule in Werneuchen tätig. Zu Jahresbeginn 1939 nahm er für kurze Zeit mit der Jagdgruppe 88 am Einsatz der Legion Condor im Spanischen Bürgerkrieg teil, wofür er mit dem Spanienkreuz in Bronze mit Schwertern ausgezeichnet wurde. Er kehrte jedoch sehr bald wieder nach Deutschland zurück und kam zu der im Aufbau befindlichen III. Gruppe/Jagdgeschwader 53, dessen Kommandeur Werner Mölders war. Mit ihm verband Wilcke seit seinem Spanieneinsatz ein freundschaftliches Verhältnis. Am 18. September 1939 wurde er mit dem Aufbau und der Führung der 7. Staffel des Jagdgeschwaders 53 betraut. Als der Zweite Weltkrieg begann, war Wilcke Staffelkapitän und kam als Hauptmann zu seinen ersten Luftsiegen. Der erste Luftsieg gelang ihm am 7. November 1939 mit dem Abschuss einer Potez 637 bei Völklingen. In der Zeit bis zur Verlegung seiner Gruppe – der III. Gruppe/Jagdgeschwader 53, deren Kommandeur er vom 13. August 1940 bis Mai 1942 war – nach Russland hatte er es im Westen auf 13 Luftsiege gebracht. In Russland gelangen ihm sehr rasch die Luftsiege 14 bis 25, was für ihn das Ritterkreuz bedeutete, das ihm am 6. August 1941 als Hauptmann verliehen wurde.

Im Dezember 1941 verlegte seine Gruppe nach Sizilien und blieb auf diesem Kriegsschauplatz bis Mai 1942. Von dort starteten sie zu Einsätzen nach Nordafrika und kämpften vor allem über Malta, wo Wolf-Dietrich Wilcke vier Luftsiege errang.

Zum Geschwaderstab des Jagdgeschwaders 3 „Udet“ zurück nach Russland versetzt, wurde er am 5. Juli 1942 mit der Führung des Geschwaders beauftragt, um am 12. August 1942 Kommodore dieses Jagdgeschwaders zu werden. Hier konnte er ab Juni 1942 seine besonderen Qualitäten als Jäger unter Beweis stellen. So gelang es ihm bereits am 6. September 1942, seinen 100. Luftsieg zu erringen, wofür ihm am 9. September 1942 als dem 122. Soldaten der deutschen Wehrmacht das Eichenlaub zum Ritterkreuz verliehen wurde. Anschließend benötigte er nur wenig mehr als drei Monate, um in einer Reihe sagenhafter Luftduelle die Abschusszahl 150 zu erreichen. Er war der vierte deutsche Jagdflieger, dem diese hohe Abschusszahl gelang. Am 3. November 1942 wurde er mit dem Deutschen Kreuz in Gold ausgezeichnet und nach vier weiteren Luftsiegen erhielt Major Wolf-Dietrich Wilcke als 23. deutscher Soldat das Eichenlaub mit Schwertern zum Ritterkreuz. Nach zwei weiteren Luftsiegen erhielt er Startverbot, wurde aber am 1. Februar 1943 zum Oberstleutnant befördert. Im März 1943 führte er sein Geschwader bei den Kämpfen im Kuban-Brückenkopf vom Boden aus. Ab Mai 1943 war er Führer des Jägerleitstands „Apulien" in Süditalien und wurde danach mit seinem Geschwader zurück ins Reich verlegt und in der Reichsverteidigung eingesetzt. Standort des Geschwaderstabes war Mönchengladbach. Aber der am 1. Dezember 1943 zum Oberst beförderte Wolf-Dietrich Wilcke wollte unbedingt sein Geschwader in der Luft führen. Obwohl er striktes Startverbot hatte, startete er ab Februar 1944 erneut und konnte in der Folgezeit eine P-38, eine B-24 „Liberator" und zwei B-17-Bomber vom Himmel holen. Am 6. März 1944 musste er nach einem Gefecht mit feindlichen Flugzeugen in Neuruppin notlanden. Obwohl sein Flugzeug völlig zerstört wurde, konnte er heil aus dem Wrack steigen. Am 23. März 1944, auf seinem 732. Feindflug, führte er sein Geschwader gegen einen amerikanischen Bomberverband bei Braunschweig, wobei ihm der Abschuss einer weiteren B-17 gelang. Während des Gefechts, das sich daraufhin im Luftraum über Schöppenstedt mit vier Mustang-Jägern entwickelte, schoss er seinen 162. und letzten Gegner, eine P-51 „Mustang", ab. Anschließend wurde er selbst abgeschossen.

Er starb im Wrack seiner Messerschmitt Bf 109 G-6. Der „Fürst", der verehrte Kommodore des Jagdgeschwaders 3 „Udet", hatte seinen letzten Einsatz mit dem Leben bezahlt.

Wolf-Dietrich Wilcke

Geboren am 11. März 1913 in Schrimm, Provinz Posen/Westpreußen
Gefallen am 23. März 1944 bei Schöppenstedt/Niedersachsen
Letzter Dienstgrad: Oberst
Ritterkreuz am 6. August 1941 als Hauptmann nach 25 Luftsiegen
122. Eichenlaub zum Ritterkreuz am 9. September 1942 als Hauptmann nach 100 Luftsiegen
23. Eichenlaub mit Schwertern zum Ritterkreuz am 23. Dezember 1942 als Major nach 154 Luftsiegen
Deutsches Kreuz in Gold am 3. November 1942
Gesamtzahl der Abschüsse: 162 anerkannte Abschüsse
Letzte Dienststellung: Kommodore des Jagdgeschwaders 3 „Udet"

Hans-Joachim Marseille

Hans-Joachim Marseille wurde am 13. Dezember 1919 in Berlin-Charlottenburg als Sohn des Heeresoffiziers Siegfried Marseille, der 1944 als Generalmajor an der Ostfront fiel, und seiner Ehefrau Charlotte geboren. Auf dem Prinz-Heinrich-Gymnasium legte er im Alter von siebzehneinhalb Jahren als einer der Jüngsten das Abitur ab. Von April bis Oktober 1938 absolvierte er seine Arbeitsdienstzeit in Osterholz-Scharmbeck bei Bremen und auch auf seinem Spaten stand der Sinnspruch des Arbeitsdienstes: „Ob arm, ob reich, ich mach euch gleich!"

Am 7. November 1938 ging Jochen, wie er meist genannt wurde, als aktiver Offiziersanwärter zur Luftwaffe. Nach seiner Grundausbildung wurde er im März 1939 zum Fahnenjunker ernannt.

Auf einem Miniflugzeug mit dem Namen „Stieglitz" (benannt nach dem Singvogel) unternahm er seine erste Flugübung. Am 1. November 1939 ging es zur Jagdfliegerschule 5 nach Wien-Schwechat, wo er Fähnrich wurde. Hier flog sich Jochen auf der damals legendären Me 109 ein und obgleich er kein vorbildlicher Soldat war, erhielt er die Benotung: „Als Flugzeugführer besonders befähigt." Ein Kamerad kleidete diese Befähigung Jochens in die Worte: „Gebt ihm Flügel und er hebt ab und fliegt los."

Hans-Joachim Marseille sollte später innerhalb von sechs Monaten alle deutschen Auszeichnungen zum Ritterkreuz erlangen, was in dieser kurzen Zeit keinem seiner Fliegerkameraden jemals gelang. Dennoch war er nicht der Typ des blindwütigen Schießers, sondern ein durchaus klug und kühn kalkulierender Jagdflieger, der sich auf sein gutes Auge und seine außerordentlichen Reflexe verlassen konnte. Darüber hinaus war er ein junger Mann, der sich trotz seiner körperlichen Unterlegenheit durchzusetzen wusste und der so etwas wie ein „Playboy" war, wenn es einen solchen Ausdruck damals schon gegeben hätte. Vor allem aber war er durch und durch Flieger.

Von Wien-Schwechat aus kam Marseille zum „Werkschutz für die Leunawerke" und am 10. August 1940 wurde er zur I./(Jagd-)Lehrgeschwader 2 nach Calais-Marck versetzt. Am 13. August startete er zu seinem ersten Feindflug gegen England. Es war der „Adlertag". Am Sonnabend, den 24. August, erzielte er über Kent seinen ersten Luftsieg und erhielt das Eiserne Kreuz II. Klasse.

Als er am 2. September 1940 eine Spitfire abschoss, wurde er dabei mehrfach getroffen und warf seine „kranke Kiste" bei Cap Gris-Nez auf den Strand. Wenige Tage darauf musste er ein weiteres Mal notlanden, glücklicherweise wieder auf der richtigen Seite des Kanals. Er hatte wieder einen Gegner abgeschossen, aber sein Staffelkapitän meinte, dass solche Abschüsse, bei denen jedes Mal eine eigene Maschine verloren gehe, zu teuer seien.

Am 15. September 1940 gelang es Marseille, in einem längeren Luftduell einen weiteren Gegner abzuschießen. Er erhielt dafür das Eiserne Kreuz I. Klasse. Am 18. September flog er bereits als Rottenführer und errang über England seinen 5. Luftsieg. Am 23. September erhielt

Hans-Joachim Marseille

er im Luftkampf einen Motortreffer und fiel in den Kanal. Glücklicherweise fischte ihn eine He 59 des Seenotdienstes nach nur 20 Minuten wieder aus dem Wasser. Am Sonntag, den 28. September 1940, errang Marseille seinen siebten Luftsieg. Wieder wurde in diesem Gefecht auch er getroffen und musste ein drittes Mal bei Cap Gris-Nez notlanden.

Wenig später wurde er abermals über See abgeschossen. Diesmal war es für ihn eine wahre Tortur, aber er wurde geborgen und konnte diesen Schrecken überwinden. Anfang Oktober wurde Marseille zur 4. Staffel/Jagdgeschwader 52 nach Peuplinge versetzt. Die Staffel führte Oberleutnant Johannes Steinhoff. Hauptmann Herbert Ihlefeld hatte ihm eine gute Beurteilung mitgegeben und beendete diese mit den Worten: „Er hat sehr gute Anlagen, sich auf allen Gebieten einzuschalten und die ihm gestellten Aufgaben zu erfüllen." Dass er immer zu Streichen aufgelegt war und schon einige Verwarnungen erhalten hatte, wurde auf seine Jugend und Frische zurückgeführt und toleriert.

Bei der 4. Staffel des Jagdgeschwaders 52 aber kam es anders. Oberleutnant Steinhoff missbilligte beinahe alles an Marseille: seine unvorschriftsmäßige Uniform, den zu langen Haarschnitt und die verwaschene Fliegerbluse. Er wurde als einziger der Fähnriche, die die Beförderung zum Oberfähnrich erwarteten, nicht befördert. In einer Beurteilung, die dem Geschwaderkommodore erstellt werden musste, hielt Staffelkapitän Steinhoff Marseille für „nicht zum Offizier geeignet". Damit schien die Karriere dieses jungen Fliegers beendet, noch ehe sie begonnen hatte.

Selbst als er einmal einen Gegner abschoss, wurde er gerügt, weil er sich von seiner Position als Katschmarek entfernt hatte. So wurde Marseille zur I. Gruppe des Jagdgeschwaders 27 (3. Staffel) versetzt. In Döberitz meldete er sich am 21. Januar 1941 bei Hauptmann Neumann, dem Gruppenkommandeur. Dies sollte seine Rettung werden, denn dieser Mann, ein erfahrener Flieger mit guter Menschenkenntnis, erkannte bald, dass er es bei Marseille mit einem kommenden Fliegerass zu tun hatte.

Mit „Neumanns Bunter Bühne", der I. Gruppe/Jagdgeschwader 27, ging Marseille nach Afrika. Vorab aber nahm er am Morgen des 6. April 1941 am Angriff der 3. Staffel des Jagdgeschwaders 27 gegen Jugoslawien teil. Als Höhensicherung stand er mit seinem Rottenflieger Rainer Pöttgen im Einsatz. Aber der Balkan blieb für Marseille nur ein kurzes Intermezzo, das nur wenige Tage dauerte. Die ersten Maschinen der I. Gruppe/Jagdgeschwader 27 trafen am 18. April 1941 auf dem Flugplatz Ain el Gazala in Nordafrika ein, an der Spitze der Kommandeur der Gruppe Hauptmann Edu Neumann. Nach einigen besonderen Show-Einlagen traf auch Marseille in El Gazala ein (siehe dazu das im selben Verlag erschienene Werk „Hans-Joachim Marseille – Der erfolgreichste Jagdflieger des Afrikafeldzuges").

Am 23. April 1941 startete Marseille zum ersten Flug über afrikanischem Boden. Nach dem zweiten Start dieses Tages schoss er eine Hurricane bei Tobruk ab. Den dritten Start dieses Tages beendete er mit einer Bauchlandung auf dem eigenen Platz. Er hatte 30 Treffer in die Zelle bekommen. In den nächsten Wochen schoss er immer wieder einzelne Gegner bzw. Dubletten ab. Am 24. September 1941 gelang ihm der Abschuss von fünf Gegnern (eine

Martin 167 und vier Hurricanes) an einem Tag. Schließlich erhielt er am 3. November 1941 den Ehrenpokal des Oberbefehlshabers der Luftwaffe und am 24. November 1941 das Deutsche Kreuz in Gold.

Seinen 50. Abschuss erzielte er am 21. Februar 1942, wofür er einen Tag später mit dem Ritterkreuz ausgezeichnet wurde. Unermüdlich arbeitete er an seiner jagdfliegerischen Vervollkommnung und beherrschte schließlich sein Flugzeug derart, dass er jedem Gegner gewachsen war. Im Mai 1942 stiegen seine Abschusserfolge sprunghaft an und er schoss mehr und mehr Gegner ab. Am 3. Juni 1942 waren es sechs Gegner, die er binnen elf Minuten vom Himmel herunterholte. Dafür wurde er am 6. Juni 1942 als 97. Soldat der deutschen Wehrmacht mit dem Eichenlaub zum Ritterkreuz ausgezeichnet. Am 17. Juni wiederholte er diese großartige Leistung mit abermals sechs Abschüssen in sieben Minuten. Für 101 Luftsiege wurde ihm dann am 18. Juni 1942 nach 101 Luftsiegen das 12. Eichenlaub mit Schwertern zum Ritterkreuz verliehen.

Am 1. September 1942 schoss er in den drei Einsätzen dieses Tages 17 (!) gegnerische Flugzeuge ab. Dies ist eine Zahl, die immer wieder von ausländischen, vor allem englischen Fliegern angezweifelt wurde, aber die genaue Nennung der Abschussorte, der Flugzeugtypen und der Zeitangaben zeigen zweifelsfrei, dass es so war.

Marseille hatte eine völlige neue Kampftaktik gegen die im Verteidigungskreis fliegenden Gegner entwickelt, die nur er allein beherrschte und die ihn zu dem berühmten „Stern von Afrika“ machte. Für die Abschüsse 5 bis 13, die er am späten Vormittag dieses legendären 1. September erzielen konnte, benötigte er sage und schreibe nur zehn Minuten.

Von der Verleihung des Ritterkreuzes nach 50 Abschüssen bis zum 150. Luftsieg, den er als dritter deutscher Jagdflieger am 15. September 1942 erzielte, hatte er alles an Auszeichnungen errungen, die es in der Deutschen Luftwaffe gab, einschließlich der höchsten italienischen Tapferkeitsauszeichnung, der Medaglia d'Oro (die goldene Tapferkeitsmedaille), die ihm der Duce persönlich am 6. August 1942 überreichte und das Goldene Flugzeugführerabzeichen mit Brillanten, das ihm der Reichsmarschall der Luftwaffe, Hermann Göring, übergab.

Nach seiner Auszeichnung am 3. September 1942 mit den Brillanten als vierter deutscher Soldat und der bevorzugten Beförderung zum Hauptmann gab es nichts mehr, was Marseille noch zu gewinnen hatte. Dass dies seine Einsatzfreude nicht schmälerte – trotz der Ermüdungserscheinungen, die sich auch bei diesem begnadeten Flieger zeigen mussten –, bewies der 26. September 1942, als er über der El-Alamein-Front den 152. bis 158. Luftsieg errang, also abermals sieben Gegner vom afrikanischen Himmel herunterholte. Noch am 16. September 1942 wurde dieser junge Fliegeroffizier wegen Tapferkeit vor dem Feind vorzeitig zum Hauptmann befördert – und war dabei mit 22 Jahren der jüngste Hauptmann der Wehrmacht.

Am 30. September 1942 stürzte Hans-Joachim Marseille während seines 382. Feindflugs südlich der Weißen Moschee von Sidi Abdel Rahman – ohne Feindeinwirkung – tödlich ab. Das Triebwerk seiner neuen Bf 109 G war aus ungeklärter Ursache in Brand geraten. Jochen konnte noch abspringen, prallte aber dabei gegen das Leitwerk seiner Maschine. Er war sofort tot oder verlor dadurch zumindest das Bewusstsein – denn er stürzte mit ungeöffnetem Fallschirm zu Boden.

Am 2. Oktober 1942 wurde er auf dem Heldenfriedhof in Derna beigesetzt. Seine Kameraden flogen über dem Grab des „Sterns von Afrika" die Ehrenrunde. Das Oberkommando der Wehrmacht hatte am 1. Oktober 1942 den Tod dieses begnadeten Fliegers bekannt gegeben: „Erfüllt von unbändigem Angriffsgeist hat dieser junge Offizier in Luftkämpfen 158 britische Gegner bezwungen. Die Wehrmacht betrauert den Verlust eines wahrhaft heldenhaften Kämpfers."

Und Adolf Galland, General der Jagdflieger und erfolgreicher Jäger, sprach aus, was alle wussten, aber nicht in diese Worte kleiden konnten:

„Jochen Marseille war eine der faszinierendsten Gestalten der Jagdwaffe. Sein überragendes räumliches Sehvermögen und seine einmalige Schießkunst machten ihn zu einer Ausnahmeerscheinung, selbst in der an großen Fliegern nicht armen deutschen Luftwaffe. Er war der unerreichte Virtuose unter den Jagdfliegern." Mit 158 Luftsiegen war Hans-Joachim Marseille der erfolgreichste Jagdpilot gegen westalliierte Flieger auf dem „westlichen" Kriegsschauplatz.

Hans-Joachim Marseille

Geboren am 13. Dezember 1919 in Berlin-Charlottenburg
Gefallen am 30. September 1942 bei Sidi Abdel Rahman/Ägypten
Letzter Dienstgrad: Hauptmann
Ritterkreuz am 22. Februar 1942 als Leutnant nach 50 Luftsiegen
97. Eichenlaub zum Ritterkreuz am 6. Juni 1942 als Oberleutnant nach 75 Luftsiegen
12. Eichenlaub mit Schwertern zum Ritterkreuz am 18. Juni 1942 als Oberleutnant nach 101 Luftsiegen
4. Eichenlaub mit Schwertern und Brillanten zum Ritterkreuz am 3. September 1942 als Oberleutnant nach 126 Luftsiegen
Deutsches Kreuz in Gold am 24. November 1941
Gesamtzahl der Abschüsse: 158 anerkannte Luftsiege
Letzte Dienststellung: Staffelkapitän der 3. Staffel des Jagdgeschwaders 27

Heinrich Sturm

Heinrich Sturm

Heinrich Sturm wurde am 12. Juni 1920 in Dieburg in Hessen geboren. Mit Beginn des Russlandfeldzuges war Feldwebel Sturm in der 6. Staffel des Jagdgeschwaders 52 im Einsatz und flog als Flugzeugführer in der II. Gruppe, zu der die 6. Staffel gehörte, dieses erfolgreichen Geschwaders. Sein Gruppenkommandeur war Hauptmann Erich Woitke, der als alter Hase galt und für seinen jungen Nachwuchs immer ein offenes Ohr hatte.

Sturms Entwicklung ging, was seine Abschusserfolge anbelangte, zunächst nur sehr schleppend voran. Als Katschmarek unter vielen Großen dieses Geschwaders war er ein wegen seiner

Ein Gruppenbild mit vier Jäger-Assen.
Von links nach rechts: Heinrich Sturm mit Gerhard Barkhorn, Wilhelm Batz und Otto Fönnekold.
Diese vier Jagdflieger zusammen haben 832 anerkannte Luftsiege errungen.

Zuverlässigkeit gesuchter Mann. Seine ersten drei Abschüsse erzielte er im Jahr 1941, dann war er lange als Ausbilder an einer Jagdfliegerschule eingesetzt und kehrte erst im November 1942 an die Front zurück, wo er beim Stab der II. Gruppe/Jagdgeschwader 52 Verwendung fand. Bis zum 17. Dezember 1942 hatte er 9 Luftsiege errungen und wurde am 1. Januar 1943 zum Leutnant befördert. Im Frühjahr 1943 begann sein sprunghafter Aufstieg in die Spitzengruppe der deutschen Jagdflieger. Nach fünf Abschüssen am 20. April 1943 hatte er den 30. Abschuss erreicht. Ende Juni hatte er die Zahl auf 40 erhöht. Anschließend errang er eine Reihe großartiger Luftsiege. Ab dem 1. September 1943 führte er die 4. Staffel des Jagdgeschwaders 52 als Staffelkapitän, wofür er am 26. Juli 1943 den Ehrenpokal des Oberbefehlshabers der Luftwaffe bekam, nachdem er bereits am 23. Juli 1943 mit dem Deutschen Kreuz in Gold ausgezeichnet worden war. Nach dem 100. Luftsieg, den er am 23. März 1944 erzielte, wurde ihm am 26. März 1944 als Leutnant das Ritterkreuz verliehen. Bis Mitte April 1944 war er an allen Kämpfen im Südabschnitt der Ostfront beteiligt. Nachdem er am 16. April 1944 auf dem Flugplatz Chersonez/Krim durch Bombensplitter schwer verwundet worden war, kehrte er im August 1944 an die Front zurück, wo er im ungarischen Luftraum sehr erfolgreich operierte, jetzt als Staffelkapitän der 5. Staffel des Jagdgeschwaders 52. Sein Abschussrekord stieg auf über 150 Abschüsse. An jenem Tage, als er den 157. und 158. Gegner vom Himmel herunterholte, fiel er beim zweiten Start des Tages einem tragischen Unglück zum Opfer: Beim Start seiner Maschine blieb er mit dem Fahrwerk an einem Lastkraftwagen hängen und kam beim anschließenden Überschlag seines Jagdflugzeuges ums Leben. Sturm war einer jener „stillen Jäger" gewesen, der wenig Aufheben um die eigene Person machte und auf den man sich in jeder Situation voll verlassen konnte.

Heinrich Sturm

Geboren am 12. Juni 1920 in Dieburg/Hessen
Gefallen am 22. Dezember 1944 in Czor/Ungarn
Letzter Dienstgrad: Hauptmann
Ritterkreuz am 26. März 1944 als Leutnant nach 100 Luftsiegen
Deutsches Kreuz in Gold am 23. Juli 1943
Gesamtzahl der Abschüsse: 158 anerkannte Luftsiege
Letzte Dienststellung: Staffelkapitän 5. Staffel des Jagdgeschwaders 52

Gerhard Thyben

Gerhard Thyben wurde am 24. Februar 1922 in Kiel geboren. Nach Abschluss seiner Schulzeit mit dem Abitur meldete sich Gerhard Thyben, der unbedingt Jagdflieger werden wollte, zur Luftwaffe, wo er am 3. Juli 1940 als Kriegsfreiwilliger eintrat. Nach seiner fliegerischen Ausbildung kam Thyben als Unteroffizier zur 6. Staffel des Jagdgeschwaders 3 „Udet" an die Ostfront. Das war im November 1942, als die meisten der bekannten Fliegerasse schon ihre großen Luftsiege errungen hatten. Am 26. Februar 1943 errang dann auch Thyben den ersten Abschuss. Im Frühjahr 1943 flog er mit der 6. Staffel zwischen Don und Donez. Von Anfang April bis Anfang Mai 1943 erzielte er große Erfolge über dem Kuban-Brückenkopf und nahm dann im Sommer 1943 am Unternehmen „Zitadelle", der Schlacht um Kursk und Orel, teil. Am 30. August 1943 wurde er für seine Leistungen im Luftkrieg mit dem Ehrenpokal des Oberbefehlshabers der Luftwaffe ausgezeichnet. Weitere Abschüsse folgten, ehe er mit 32 Luftsiegen im September 1943 mit der II. Gruppe des Jagdgeschwaders 3 in die Reichsverteidigung, dem belgisch-holländischen Raum, verlegt wurde. Auch hier zeigte sich schnell, dass Gerhard Thyben einer der besten Nachwuchspiloten der Luftwaffe war, denn es gelang ihm, fünf amerikanische Jagdflugzeuge abzuschießen. Am 24. Oktober 1943 bekam er das Deutsche Kreuz in Gold verliehen und am 1. Januar 1944 wurde Thyben wegen Tapferkeit vor dem Feind zum Leutnant befördert. Den großen Durchbruch aber erreichte er, als er schließlich im April 1944 nach 37 Luftsiegen zum Jagdgeschwader 54 „Grünherz" in den nördlichen Teil der Ostfront versetzt wurde. Das Jagdgeschwader 54 wurde zu seiner fliegerischen Heimat. Er flog zuerst als Technischer Offizier in der 5. Staffel und führte ab Juli 1944 die 4. Staffel, die spätere 7. Staffel, die er am Ende des Krieges als Staffelkapitän führen sollte. Von April bis zum 4. September 1944 konnte er in einigen sagenhaften Luftduellen, in denen er mehrfach startend oft zwei, einmal sogar drei Gegner vom Himmel holte, seinen Abschussrekord auf 70 Luftsiege heraufschrauben. Es war der Monat September, der für ihn zu einer einzigen Siegesserie führte. Neben mehreren Einzelabschüssen, die er in diesem Monat erzielte, konnte er am 6. September vier Gegner, am 15. September vier Gegner, am 16. September sechs Gegner, am 24. September drei Gegner, am 25. September vier Gegner und schließlich am 30. September 1944 drei Gegner überwinden. Der letzte Abschuss am 30. September 1944 war zugleich sein 100. Luftsieg und damit gehörte er zu den hundert besten deutschen Jagdfliegern, die diese hohe Hürde übersprangen.

Erst nach dem 116. Luftsieg, den er am 23. November 1944 erzielte, wurde ihm am 6. Dezember 1944 als Leutnant das Ritterkreuz verliehen. Seine Beförderung zum Oberleutnant wegen Tapferkeit vor dem Feind war ein Lohn, den er lange schon verdient hatte. In pausenlosen Einsätzen an der Kurlandfront flog Thyben immer seiner Staffel voraus gegen den Feind. Schließlich errang er am 23. Februar 1945 seinen 150. Luftsieg und wurde dafür am 8. April 1945 mit dem 822. Eichenlaub zum Ritterkreuz geehrt. In der Luftwaffe galt er als einer der bes-

Gerhard Thyben

So sieht es aus, wenn ein feindlicher Jäger aus der Überhöhung heraus auf eine Fw190 herabstößt.

ten Nachwuchspiloten der deutschen Jagdwaffe. Am letzten Kriegstage, dem 8. Mai 1945, als er mit seiner Staffel „nach Hause flog", gelang ihm um 07.54 Uhr der Abschuss eines sowjetischen leichten Bombers des Typs Pe-2 – wohl einer der letzten Abschüsse der deutschen Jagdwaffe. Dies war sein 157. Luftsieg und der letzte Luftsieg seines Geschwaders, das immerhin damit seinen 9.600. Luftsieg errungen hatte. Eine weitere einmalige Leistung war, dass er seine 157 Abschüsse bei nur 385 Feindflügen erreicht hatte. Bis zu seinem Tode am 4. September 2006 hielt Gerd Thyben von Kolumbien aus, wohin er nach dem Krieg ausgewandert war, Kontakt zum alten Jagdgeschwader 54, in dem er nicht nur gute Kameraden, sondern eine Reihe der besten und verlässlichsten Freunde gefunden hatte.

Gerhard Thyben

Geboren am 24. Februar 1922 in Kiel
Verstorben am 4. September 2006 in Cali/Kolumbien
Letzter Dienstgrad: Oberleutnant
Ritterkreuz am 6. Dezember 1944 als Leutnant nach 116 Luftsiegen.
822. Eichenlaub zum Ritterkreuz am 8. April 1945 als Oberleutnant nach 150 Luftsiegen
Deutsches Kreuz in Gold am 24. Oktober 1943
Gesamtzahl der Abschüsse: 157 anerkannte Abschüsse, davon fünf im Westen
Letzte Dienststellung: Staffelkapitän der 7. Staffel des Jagdgeschwaders 54 „Grünherz"

Hans Beißwenger

Hans Beißwenger

Hans Beißwenger wurde am 8. November 1916 in Mittelfischbach, Kreis Schwäbisch Hall, in Württemberg geboren. Von seinen Freunden sollte er später zutreffend der „Beißer" genannt werden, weil er hart und kompromisslos „zubiss", wenn es zum Luftkampf mit dem Gegner kam. 1937 trat er in die Luftwaffe ein und diente bei einer Flakabteilung. Im Jahr 1938 begann er seine Ausbildung zum Jagdflieger und stand nach Abschluss seiner Ausbildung ab Herbst 1940 in der II. Gruppe des Jagdgeschwaders 54 im Einsatz, die seine fliegerische Heimat wurde. Seinen ersten Abschuss erzielte er während der wenigen Tage des Jugoslawieneinsatzes seiner Staffel, als er am 7. April 1941 eine jugoslawische Hurricane vom Himmel herunterfegte.

Das Foto zeigt die Ritterkreuzverleihung an Hans Beißwenger und Horst Hannig durch General der Flieger Förster im Mai 1942.

Wenig später wurde die Gruppe von Flugplätzen in Ostpreußen startend im Nordabschnitt der Ostfront eingesetzt. Von diesem Zeitpunkt an war er in Russland einer der Besten. Aus seinen Tiefangriffen auf russische Lastwagenkolonnen, den Duellen mit russischen Bombern und den Kurvenkämpfen mit sowjetischen Jagdpiloten ging er immer wieder als Sieger hervor und steuerte mit seinen Tragflächen wackelnd den Liegeplatz an. Am 17. Oktober 1941 erhielt er für seine bis dahin 32 erzielten Luftsiege das Deutsche Kreuz in Gold. Der „Beißer" zählte zu den Trümpfen des Geschwaders, die immer dann in den Kampf geworfen wurden, wenn es hieß, einer vielfachen Übermacht Paroli zu bieten. Mehrfach flog er mit den Großen seines Geschwaders in einem Schwarm und immer wieder pirschte er sich von hinten an den Feind heran, um ihn im toten Winkel zu erwischen und abzuschießen. Einmal wäre dieser Angriffszug für ihn beinahe zu einer tödlichen Falle geworden, als er nur etwa 40 Meter im Winkel von vielleicht zwanzig Grad unter einer Il-2 fliegend von Ölschwaden getroffen wurde, die seine Frontscheibe blind machten. Er schaffte es aber noch, auf dem eigenen Liegeplatz notzulanden. Dieses und ähnliche Abenteuer waren für ihn das „Salz in der Suppe" einer jeden Jägerei.

Am 9. Mai 1942 wurde er als Leutnant für 47 Abschüsse mit dem Ritterkreuz ausgezeichnet. Zu dieser Zeit flog er in der 6. Staffel des Jagdgeschwaders 54 „Grünherz".

Nur wenige Monate später gelang ihm am 5. September 1942 sein 100. Abschuss, für den ihm am 30. September 1942 das 130. Eichenlaub zum Ritterkreuz verliehen wurde. Oft mehrmals am Tag startend, gelang es ihm in regelmäßigen Abständen, zwei oder drei, manchmal auch vier oder sogar fünf Gegner an einem Tag vom Himmel zu fegen.

Nach einem seiner erfolgreichsten Tage, dem 5. März 1943, an dem er fünf Gegner besiegt hatte, startete er am 6. März 1943 erneut gegen eine feindliche Übermacht. Nach Abschuss von zwei LaGG-3 innerhalb von vier Minuten wurde er am Ilmensee von zehn sowjetischen Jägern aus der Überhöhung angegriffen und zum letzten Mal in geringer Höhe mit langsam laufendem Motor über dem Ilmensee gesehen. Seit diesem Tag gilt Hans Beißwenger als vermisst. Mit ihm verlor das Jagdgeschwader 54 einen seiner besten Piloten und den Führer der 6. Staffel. Auf über 500 Feindflügen hatte er 152 Luftsiege errungen und für diese Leistung vom ersten bis zum letzten Abschuss nicht einmal zwei Jahre benötigt.

Hans Beißwenger

Geboren am 8. November 1916 in Mittelfischbach, Kreis Schwäbisch-Hall/Württemberg
Vermisst seit dem 6. März 1943 bei Staraja Rusa am Ilmensee
Letzter Dienstgrad: Oberleutnant
Ritterkreuz am 9. Mai 1942 als Leutnant nach 47 Luftsiegen
130. Eichenlaub zum Ritterkreuz am 30.09.1942 als Leutnant nach 100 Luftsiegen
Deutsches Kreuz in Gold am 17. Oktober 1941
Gesamtzahl seiner Abschüsse: 152 anerkannte Luftsiege
Letzte Dienststellung: Staffelführer der 6. Staffel des Jagdgeschwader 54 „Grünherz"

Peter Düttmann

Peter Düttmann wurde am 23. Mai 1923 in Gießen geboren. Nach Beendigung seiner Ausbildung zum Jagdflieger kam er zuerst zur Ergänzungsgruppe Ost nach Frankreich und im Mai 1943 zur 5. Staffel des Jagdgeschwaders 52 im Osten. Die Staffel gehörte zur II. Gruppe des Jagdgeschwaders 52, der er bis zum Ende des Krieges angehörte.

In rascher Reihenfolge errang er – nach seinem Debüt im Einsatz im Kuban-Brückenkopf – auf der Krim an der Ostfront beachtliche Abschusserfolge und war als „Bonifazius" der große Geschwaderdichter, der durch seine gelungenen und humorigen Verse immer als bester Muntermacher galt. Er flog oftmals mit Heinz Ewald „Esau" als Rottenflieger, der auch lange als Rottenflieger mit Barkhorn geflogen war, und diese beiden Männer bildeten zusammen mit Heinz Sachsenberg ein sagenhaftes Gespann an Witz und Lebensfreude, das sich positiv auf das gesamte Geschwader auswirkte. Von Düttmann stammte der Kalauer: „Die Handgranate ist eine fürchterliche Waffe. Selbst wenn sie nicht trifft, ist ihre Wirkung ungeheuer." Und sein besonderer Spruch für alle „Tiefflieger", wie ja auch er einer war, lautete: „Wer sich in Tiefangriffen übt, sehr oft im Gras auf der Schnauze liegt." Das sollte er selbst leidvoll erfahren,

Startende „Stukas" auf einem Flugfeld in Russland im Winter 1942/1943. Die Me 109-Jäger im Vordergrund werden bald starten, um die Ju 87 „Stukas" als Jagdschutz zu ihrem Ziel zu geleiten.

Peter Düttmann

ohne dass er jedoch seinen Angriffsschwung jemals verloren hätte. Am 7. Mai 1944 brachte er es in drei Starts auf neun Luftsiege, darunter Il-2 ebenso wie La-5 und Airacobras. Er erlebte das Ende auf der Krim, wo sie täglich von dem Feldflugplatz Chersonez, der eigentlich nur eine Steinwüste war, gegen die feindliche Übermacht starteten. Am 8. Februar 1944 überreichte man ihm den Ehrenpokal des Oberbefehlshabers der Luftwaffe und am 15. April 1944 wurde er mit dem Deutschen Kreuz in Gold ausgezeichnet. Am 7. Mai 1944 gelangen ihm an einem Tag neun Abschüsse. Schließlich bekam Peter Düttmann am 9. Juni 1944 das Ritterkreuz des Eisernen Kreuzes verliehen. Er hatte bis zu diesem Zeitpunkt 91 bestätigte Luftsiege errungen. Am 23. Dezember 1944 übernahm er die Führung der 5. Staffel des Jagdgeschwaders 52 von dem am 22. Dezember tödlich verunglückten Hauptmann Heinrich Sturm. Bis Kriegsschluss kämpfte er unermüdlich, schoss jeden Gegner ab, der ihm vor die Waffen kam, und konnte im Tiefflug zwei Panzer vernichten, die seit Anfang 1945 offiziell als Luftsiege gewertet wurden. Der zweite Panzerabschuss, ein Sherman-Panzer, gelang ihm am 24. April 1945. Dieser Abschuss war gleichzeitig auch der letzte bekannte Abschuss der II. Gruppe des Jagdgeschwaders 52.

Insgesamt 152 Luftsiege kamen auf sein Konto. Auf 398 Feindflügen wurde er nicht weniger als 19-mal selbst abgeschossen oder musste notlanden, größtenteils verursacht durch die russische Flak während seiner Tiefangriffe. Dass er darüber hinaus 42 weitere unbestätigte Luftsiege errang, die nicht gewertet wurden, ist seinem Vorwärtsdrang zu verdanken, mit dem er immer wieder vorpreschte, wenn es darum ging, einen fliehenden Bomber oder eine fliehende Il-2 zu verfolgen und sie abzuschießen. Mit den erfolgreichsten Jagdfliegern Deutschlands, Erich Hartmann, Gerhard Barkhorn und Wilhelm Batz, war er in einer Gruppe geflogen. Peter Düttmann überlebte den Zweiten Weltkrieg und hielt engen Kontakt zu seinen alten Freunden des Jagdgeschwaders 52, die sich regelmäßig in Altenstein trafen. In seinem von ihm verfassten Buch „Wir kämpften in einsamen Höhen“ hat er seine Kriegserlebnisse zusammengefasst. Am 9. Januar 2001 ist er in Esslingen im Alter von 77 Jahren verstorben.

Peter Düttmann

Geboren am 23. Mai 1923 in Gießen
Verstorben am 9. Januar 2001 in Esslingen
Letzter Dienstgrad: Leutnant
Ritterkreuz am 9. Juni 1944 als Leutnant nach 91 Luftsiegen
Deutsches Kreuz in Gold am 15. April 1944
Gesamtzahl der Abschüsse: 152 anerkannte Luftsiege, alle im Osten einschließlich zweier Panzerabschüsse, die seit 1945 gewertet wurden.
Außerdem 42 weitere unbestätigte Luftsiege
Letzte Dienststellung: Staffelführer in der 5. Staffel des Jagdgeschwaders 52

Gordon M. Gollob

Gordon M. Gollob

Gordon M. Gollob wurde am 16. Juni 1912 in Wien geboren. Seine Wurzeln lagen eigentlich in Graz, denn seine Eltern stammten aus dieser Stadt in der Steiermark. Sie studierten jedoch an der Akademie für Bildende Künste in Wien, wo dann auch ihr Sohn Gordon zur Welt kam. Sehr früh bereits wollte der Junge Flieger und Ingenieur werden. Als Oberrealschüler baute er seinen ersten Gleitflieger und unternahm auf ihm die ersten Gleitflüge in Innsbruck. Er wurde zuerst Fluglehrer, dann Bauprüfer für Segelflugzeuge und Bauleiter und studierte an der Technischen Hochschule in Graz vier Semester Maschinenbau. Im Jahre 1933 trat er als Artillerist in das Österreichische Bundesheer ein und ging von dort aus 1934 zur Fliegerei, was für ihn „nur ein kleiner taktischer Umweg war". In seiner dreijährigen Ausbildung zum Flieger und Offizier versah er seinen Dienst in der österreichischen Luftwaffe. Am 1. September 1936 zum Leutnant befördert, wurde er als Fluglehrer und Kommandant der Schulstaffel „A" etabliert, obwohl seine besondere Vorliebe weiterhin dem Kunstflug galt.

Nach dem Anschluss Österreichs ans Deutsche Reich wurde Gollob am 1. Juni 1938 zum Oberleutnant befördert und kam zum Zerstörergeschwader 76. Mit Kriegsbeginn am 1. September 1939 stand Gollob mit seinem Geschwader an der deutsch-polnischen Grenze, und nach einigen Feindflügen zur Beschießung feindlicher Flugplätze gelang ihm am Morgen des 5. September 1939 der erste Abschuss. Er erhielt das Eiserne Kreuz II. Klasse – dies auch für die am selben Tag erzielte Zerstörung mehrerer Feindflugzeuge auf einem polnischen Fliegerhorst.

Mit dem Geschwader nach Jever verlegt, machte er die erste große Luftschlacht über der Deutschen Bucht am 18. Dezember 1939 mit und konnte hier in einem geschickt eingefädelten Angriff einen Wellington-Bomber abschießen.

Am 1. April 1940 zum Staffelkapitän der 3./Zerstörergeschwader 76 ernannt, nahm Gollob mit seiner Staffel am Einsatz in Norwegen teil. Hier errang er nach erfolgreichen Einsätzen gegen feindliche Schiffsziele bei den Shetlands, bei Newcastle und Narvik das Eiserne Kreuz I. Klasse, wobei es ihm noch gelang, über dem Trondheimfjord eine britische Skua-Maschine abzuschießen. Am 9. Juli 1940 erzielte er mit den Abschüssen eines großen Sunderland-Flugbootes und eines Hudson-Bombers gleich zwei Luftsiege.

Aber bereits zu dieser Zeit stand sein Entschluss fest, sich als Jagdflieger zu versuchen, denn das Duell am Himmel lag ihm. Und sein ausgezeichnetes Auge, seine sprichwörtliche Ruhe und Besonnenheit schienen die besten Voraussetzungen für eine erfolgreiche Karriere als Jagdpilot zu sein. Nach einer kurzen Ausbildung in der Nachtjagd und einer Tätigkeit bei der Luftwaffenerprobungsstelle Rechlin, gelang es ihm durch seine große technische Begabung, den Grund für das Waffenversagen in großen Höhen herauszufinden, indem er selber mit seiner Maschine auf 11.000 Meter stieg, im Steilflug nach unten stürzte und wieder aufsetzte. Mit den Experten zusammen ging Gollob dann an die Arbeit, um schließlich herauszufinden, dass sich das Waffenöl verfestigt hatte. Ein neues Öl wurde entwickelt, das diese Mängel nicht aufwies. Danach fand er auch den Fehler in der Trimmung dieser Maschine heraus und merzte ihn zusammen mit den Ingenieuren aus.

Anschließend erreichte Gollob seine Verlegung zur Jagdwaffe. Er wurde zur II. Gruppe des Jagdgeschwaders 3 an den Kanal versetzt. Das war im September 1940 und seine Maschine war die Me 109 E. Nur einem Monat später übernahm er die 4. Staffel des Jagdgeschwaders 3. Während seiner Einsätze am Kanal bewies er immer wieder seine hohe fliegerische Begabung. Am 7. Mai 1941 konnte er über dem Kanal eine britische Jagdmaschine, vom Typ Spitfire abschießen.

Mit Ausbruch des Russlandfeldzuges ging Gordon M. Gollob mit dem Jagdgeschwader 3 nach Russland und wurde am 27. Juni 1941 zum Gruppenkommandeur der II. Gruppe befördert. Vom 1. Juli 1941 bis 21. November 1941 blieb er bei diesem Kommando, um als frischgebackener Hauptmann und Gruppenkommandeur seinen Männern voraus zu fliegen. Am 21. Juli 1941 überreichte ihm Oberst Günther Lützow für seine hervorragenden Leistungen im Luftkrieg den Ehrenpokal der Luftwaffe.

Infolge seines fliegerischen Könnens und seiner besonderen Treffsicherheit war sein Munitionsverbrauch während der nun stattfindenden Luftkämpfe sehr gering. Er schoss eine Reihe Dubletten, mehrmals gelangen ihm 3 oder auch 5 Abschüsse an einem Tag. Ausgezeichnet mit dem Ehrenpokal der Luftwaffe für besondere Leistungen im Luftkrieg erhielt er am 18. September 1941 als Hauptmann nach 42 Luftsiegen das Ritterkreuz verliehen. Am 18. Oktober konnte er in drei Starts neun sowjetische Jäger abschießen. Am 22. Oktober überwand er seinen 81. Gegner und am 25. Oktober erhielt er nach 85 Luftsiegen das 38. Eichenlaub zum Ritterkreuz, das einem Wehrmachtsangehörigen verliehen wurde.

Aufgrund seiner technischen Fähigkeiten erfolgte nunmehr erneut seine Versetzung zur Erprobungsstelle nach Rechlin, die für längere Zeit Gültigkeit haben sollte. Er schrieb hier zunächst Berichte über die Einsatzdaten der Me 109 F-4 und stellte diesen die Daten der Fw 190-A-2 gegenüber. Er sprach sich im Ganzen gesehen für die Me 109 aus. Da dieser Bericht nicht ins Konzept der Obersten Führung passte, verschwand er in einem Panzerschrank.

Nach einer kurzen Einweisung als Kommodore im Stab des Jagdgeschwaders 54 im Nordabschnitt der Ostfront, übernahm er am 16. Mai 1942 das Jagdgeschwader 77 als Geschwaderkommodore.

Am 16. Mai 1942 führte er sich mit drei Abschüssen bei seinem neuen Geschwader ein. Bis zum 21. Juni hatte er 107 Luftsiege auf seinem Konto und wurde am 23. Juni 1942 als 13. Soldat mit dem Eichenlaub mit Schwertern zum Ritterkreuz ausgezeichnet. Wegen Tapferkeit vor dem Feind wurde er anschließend zum Major befördert. Beim Jagdgeschwader 77 errang er das Eichenlaub mit Schwertern und Brillanten zum Ritterkreuz und stand an diesem Tage mit 150 Abschüssen an der Spitze aller deutschen Jagdflieger. Das Eichenlaub mit Schwertern und Brillanten zum Ritterkreuz wurden ihm als 3. deutschen Soldaten (nach

Werner Mölders und Adolf Galland) am 30. August 1942 als Major verliehen. Während der ganzen Zeit hatte Gordon M. Gollob nur einen Katschmarek verloren, an dessen Tod er keine Schuld hatte. Allein im Monat August 1942 errang er 40 Luftsiege.

Anlässlich der Verleihung der Brillanten wurde ihm von Hitler und ebenso von Reichsmarschall Göring ein Flugverbot erteilt, über das er nicht glücklich war, wie er dem Autor dieses Werkes berichtete. Er erhielt die Kommandierung, als Jagdfliegerführer 3 an den Kanal zu gehen. Als Oberstleutnant wurde er dann Jagdfliegerführer 5, in welcher Eigenschaft er mehr als einmal die Herren des höheren Jagdfliegerstabes West ebenso wie die der Luftflotte 3 mobil machte, damit sie den Reichsmarschall veranlassten, bessere und vor allem mehr Jäger zur Front gehen zu lassen, um den schwer ringenden Jagdfliegern Entlastung zu verschaffen.

So berichtete er über die Me 109 G-3, die er mehrfach flog, dass sie „das schlechte Ergebnis einer flüchtigen Bastelstunde" sei. Er war es, der sich als Erster vorbehaltlos für den Serienbau der Me 262 und ihren Einsatz als schnellen Jäger einsetzte.

Gordon Gollob erklärte dem Autor nach dem Krieg: „Ich war erschüttert, als wir ein KR-Fernschreiben aus dem Führerhauptquartier erhielten, in dem Hitler den Einsatz der Me 262 als ‚Schnell-Bomber' forderte."

Es war in Lechfeld, wo Gollob den ersten deutschen Strahljäger flog und dem Reichsmarschall seine Meinung über diesen „wahnsinnig schnellen Vogel" vortrug: „Das ist die einzige Maschine, Herr Reichsmarschall, die eine Wende im Luftkrieg bringen kann. Nur mit der Me 262 können wir wieder die Luftüberlegenheit erringen."

Doch Göring winkte ab: „Die Maschine fliegt doch viel zu schnell. Damit kann man ja gar nichts mehr abschießen." Göring lehnte es auch ab, dem Führer Gollobs Ansicht über die Me 262 vorzutragen, geschweige denn es Gollob selber vortragen zu lassen. „Der Führer wirft Sie hinaus, wenn er hört, dass Sie die Me 262 als Jäger haben wollen." Damit war dieses Thema für Göring genauso wie für Gollob beendet. Als Gollob dann zum Stab der Jagdfliegerführung versetzt wurde und sich bei Generalfeldmarschall Sperrle abmeldete, bat er diesen ein drittes Mal um seine Ablösung aus dem Stabsdienst und um Versetzung zu einem fliegenden und kämpfenden Verband. Auch dieses Gesuch vom 13. Januar 1944 wurde abschlägig beschieden. Die Antwort aus dem Reichsluftfahrtministerium zwei Tage später lautete: „Feindflugverbot für Oberstleutnant Gollob durch den Führer nicht aufgehoben."

Seine ersten Eindrücke im Stab des Generals der Jagdflieger waren für den Techniker Gollob erschütternd in Bezug auf die Entwicklungs-, Erprobungs- und Fertigstellungsstellen. Er führte die Schlussphase der Entwicklung des Raketenjägers Me 163 und der Entwicklung der Ju 248/Me 263 und flog die Me 163 A und B selbst. Kein anderer Offizier der Luftwaffe, der einen höheren Rang als den eines Majors hatte, hat diesen Vogel jemals geflogen. Während der Ardennenoffensive führte Gollob den Jäger-Sonderstab und musste später feststellen, dass die Flugrouten mitten über deutsche Flakkonzentrationen hinweg verliefen, was auch dazu führte, dass eine Reihe deutscher Jäger durch die eigene Flak abgeschossen wurde, der man aus Geheimhaltungsgründen nichts von diesem deutschen Großangriff gesagt hatte.

Nach der Ablösung von Adolf Galland als General der Jagdflieger im Januar 1945 trat Gollob dessen Nachfolge an. Am 7. April 1945 bat Oberst Gollob um seine Entbindung vom Amt des Generals der Jagdflieger. Er hörte nichts mehr auf diesen Brief.

Gollob erkrankte schwer und wurde am 18. April 1945 im Lazarett Igls durch Professor Breitner operiert und am 24. April ans Lazarett Kitzbühel überwiesen. Gollob meldete sich nach der Besetzung von Kitzbühel bei dem US-General Dahlquist. Er erfuhr eine ehrenvolle Behandlung und Fürsorge. Erst als dieser wahre Soldat und Gentleman Dahlquist mit seiner Truppe weiterzog, erging es Gollob schlecht. Zuerst wurde er ins Kitzbüheler Gefängnis eingeliefert. Über mehrere Offizierslager gelangte er dann nach England. 1946 wurde er zwar entlassen, aber bei seinem Wiedereintreffen in Kitzbühel von den Franzosen empfangen, die diesen Raum als Besatzungszone erhalten hatten. Aber auch die Franzosen behandelten ihn korrekt.

Bis zu seinem Herzinfarkt im Jahre 1975, an dessen Spätfolgen er schließlich am 7. September 1987 starb, war Gollob ein begeisterter Segelflieger. Nachdem er über hundert Motorflugzeugtypen geflogen hatte, überließ er sich nunmehr mit großer Freude dem Wind.

Gordon Gollob war einer der herausragenden Piloten, Verbandsführer und vor allem Ingenieure, der – wäre er früher in die zur Entwicklung bestehenden Stäbe und Gruppen versetzt worden – Großes für die deutsche Luftwaffe hätte leisten können. Auf 340 Feindflügen hatte er 150 Luftsiege errungen, davon 144 in Russland.

Gordon M. Gollob

Geboren am 16. Juni 1912 in Wien
Verstorben am 7. September 1987 in Sulingen, Kreis Diepholz/Niedersachsen
Letzter Dienstgrad: Oberst
Ritterkreuz am 18. September 1941 als Hauptmann nach 42 Luftsiegen
38. Eichenlaub zum Ritterkreuz als Hauptmann am 25. Oktober 1941 nach 85 Luftsiegen
13. Eichenlaub mit Schwertern zum Ritterkreuz am 23. Juni 1942 als Hauptmann nach 107 Luftsiegen
3. Eichenlaub mit Schwertern und Brillanten zum Ritterkreuz am 30. August 1942 als Major nach 150 Luftsiegen
Frontflugspange für Jäger in Gold
Anzahl seiner Abschüsse: 150 anerkannte Luftsiege
Letzte Dienststellung: General der Jagdflieger

Fritz Tegtmeier

Fritz Tegtmeier wurde am 30. Juli 1917 in Sundern, Kreis Lübbecke, in Westfalen geboren. Nach seiner fliegerischen Ausbildung kam Fritz Tegtmeier am 10. Oktober 1940 zur 2. Staffel des Jagdgeschwaders 54. Er flog die ersten Einsätze im Westen an der Kanalküste mit und musste wegen eines Motorbrandes notlanden, wonach er schwer verletzt aus den Trümmern seiner Me 109 geborgen wurde. Damit schien seine Karriere als Jagdflieger zu Ende, noch ehe sie begonnen hatte. Doch die Männer im Geschwader hatten die Rechnung ohne den kräftigen und robusten Westfalen gemacht. Nach seiner Genesung kam er zurück und trainierte immer wieder, bis der Gruppenkommandeur Hubertus von Bonin ihm erlaubte, wieder mitzufliegen. Zunächst nur als „Späher“, dann aber auch als Katschmarek seines Staffelkapitäns. Seine ersten beiden Luftsiege errang er am ersten Tag des Russlandfeldzuges, dem 22. Juni 1941.

Eine russische Jagdmaschine vom Typ Jak-7 ausgerüstet für Trainingszwecke steht verlassen und lediert auf einem Flugplatz.

Am 10. September 1941, nach sieben Luftsiegen, stieß er in der Luft mit einer Messerschmitt Me 110 zusammen, konnte mit dem Fallschirm aussteigen, verletzte sich dabei aber so schwer, dass er für einige Monate ausfiel. Im April 1942 meldete er sich wieder bei der 1. Staffel des Jagdgeschwaders 54 „Grünherz“ einsatzbereit. Am Ende des Jahres hatte er bereits 29 Luftsiege erzielt und war am 5. Oktober 1942 mit dem Ehrenpokal des Oberbefehlshabers der Luftwaffe ausgezeichnet worden. Die Zahl seiner Erfolge wuchs schnell an, und dass er

Fritz Tegtmeier

mit 53 Luftsiegen als Jagdlehrer zur Ergänzungsgruppe Ost nach Frankreich geschickt wurde, geschah aufgrund eines Vorschlages von Hauptmann Seiler, der dem stämmigen Westfalen eine gute Zeit zur Ausheilung einiger Spätfolgen seines Absturzes ermöglichen wollte. Am 23. Januar 1943 bekam er das Deutsche Kreuz in Gold verliehen.

Vier Monate später, es war inzwischen September 1943 geworden, kam Oberfeldwebel Tegtmeier zum Geschwader zurück. Er schoss sofort wieder einige Gegner ab und brachte es bis zum November 1943 auf 75 Luftsiege. In den Wintermonaten 1943/44 konnte er seine Siegesserie fortsetzen und am 26. März wurde ihm als Oberfeldwebel nach 99 Luftsiegen das Ritterkreuz verliehen. Anschließend erhielt er einen Erholungsurlaub, den er mit den neuen Schulterstücken eines Leutnants, zu dem er am 20. April 1944 befördert wurde, antreten konnte. So kam es, dass er erst im Mai 1944 seinen 100. Gegner abschießen konnte.

Im Oktober 1944 wurde er Kapitän der 3. Staffel und führte diese Staffel bis Ende Februar 1945 hinein. Seine Erfolge wuchsen bis auf 146 Luftsiege. Darüber hinaus versenkte er in der östlichen Ostsee zwei russische Schnellboote und führte eine unbekannte Zahl an Tieffliegerangriffen durch. Ab März 1945 schulte er im Jagdgeschwader 7 unter Major Theodor Weissenberger auf die legendäre Me 262 um. Die Zahl seiner Feindflüge belief sich schließlich auf 530, dabei errang er 146 Luftsiege, alle im Osten. Fritz Tegtmeier kehrte aus dem Zweiten Weltkrieg zurück. Er starb am 8. April 1999 in Greven.

Fritz Tegtmeier

Geboren am 30. Juli 1917 in Sundern, Kreis Lübbecke/Westfalen
Verstorben am 8. April 1999 in Greven/Westfalen
Letzter Dienstgrad: Oberleutnant
Ritterkreuz am 28. März 1944 als Oberfeldwebel nach 99 Luftsiegen
Eingereicht zum Eichenlaub zum Ritterkreuz
Deutsches Kreuz in Gold am 23. Januar 1943
Anzahl seiner Abschüsse: 146 anerkannte Luftsiege
Letzte Dienststellung: Flugzeugführer im Jagdgeschwader 7 (Me 262)

Albin Wolf

Albin Wolf

Albin Wolf wurde am 28. Oktober 1920 in Neuhaus bei Naila in Oberfranken geboren. Nachdem er im Jahre 1940 zur Luftwaffe kam, durchlief er alle Stationen, die für die Jagdfliegerausbildung vorgeschrieben waren. In der Ausbildung zeigte sich bereits, dass er dank seiner schnellen Reaktionsfähigkeit das Zeug zu einem guten Flieger hatte.

Erst im Mai 1942 kam er dann zur 6. Staffel des Jagdgeschwaders 54 „Grünherz", das im Nordabschnitt der Ostfront kämpfte. Hier flog er sehr bald als Rottenflieger seines Staffelkapitäns Hans Beißwenger, der diesen zuverlässigen Katschmarek mehr als einmal von der Leine ließ, damit auch Wolf seine ersten Abschüsse erzielen konnte. Als Oberfeldwebel wurde

Ein russisches Flieger-Ass steigt in seine Maschine ein.
Leider ist der Name des Piloten nicht bekannt.

Albin Wolf nun der Geheimtipp des Geschwaders. Seine Angriffe waren stets erfolgreich. Er flog seine Maschinen, sei es die Me 109 oder die Fw 190 mit traumwandlerischer Sicherheit und gehörte bald zu den besten Fliegern seines Geschwaders, was bei der Vielzahl der Könner im Jagdgeschwader 54 schon etwas bedeutete. Am 30. April 1943 mit dem Ehrenpokal des Oberbefehlshabers der Luftwaffe ausgezeichnet, erzielte Wolf am 3. August 1943 seinen

40. Luftsieg und Anfang September 1943 hatte er bereits 78 Abschüsse erreicht. Dafür bekam er am 17. Oktober 1943 das Deutsche Kreuz in Gold verliehen.

Am 15. November 1943 erreichte Wolf seinen 100. Luftsieg und in den nächsten Tagen steigerte er diese Zahl auf 117, wofür er als Oberfeldwebel am 22. November 1943 das Ritterkreuz erhielt. Wegen Tapferkeit vor dem Feind wurde er anschließend zum Leutnant befördert. Bei einem Verlegungsflug stürzte er am 29. Dezember 1943 ab und verletzte sich dabei schwer. Am 11. März 1944 wurde er schließlich Staffelkapitän der 6. Staffel des Jagdgeschwaders 54 und am 23. März 1944 erzielte er mit seinem 135. Luftsieg gleichzeitig den 7.000. des Geschwaders. Als er am 2. April 1944 zum nächsten Feindflug startete, hatte er bereits 144 Luftsiege auf seinem Konto. Diesmal aber schlug der Gegner zu. Über Pleskau geriet Wolf in starkes russisches Flakfeuer. Ein Flakvolltreffer ließ seine Focke-Wulf 190 explodieren. Albin Wolf, einer der Stillen im Geschwader und zugleich einer der Beliebtesten, kam ums Leben. Seine Kameraden trauerten um diesen erfolgreichen und dennoch so bescheidenen Kameraden. Posthum wurde Wolf zum Oberleutnant befördert und am 25. April 1944 mit dem 464. Eichenlaub zum Ritterkreuz ausgezeichnet.

Albin Wolf

Geboren am 28. Oktober 1920 in Neuhaus bei Naila in Oberfranken
Gefallen am 2. April 1944 südöstlich Pleskau/Sowjetunion
Letzter Dienstgrad: Oberleutnant (posthum)
Ritterkreuz am 22. November 1943 als Oberfeldwebel nach 117 Luftsiegen
464. Eichenlaub zum Ritterkreuz nach 144 Luftsiegen am 25. April 1944
als Leutnant (posthum verliehen)
Deutsches Kreuz in Gold am 17. Oktober 1943
Anzahl seiner Abschüsse: 144
Letzte Dienststellung: Staffelkapitän der 6. Staffel des Jagdgeschwaders 54 „Grünherz“

Die Jugend im Dritten Reich wurde durch die Flieger-HJ und das NSFK für die Fliegerei begeistert. In „Flieger-Lagern“ wurden mit einfachsten Segelflugzeugen die ersten „Luftsprünge“ gemacht.

Freiwillige strömten in großer Zahl zur Luftwaffe und wurden nach strenger Auswahl auf Schulungsmaschinen, wie hier im Bild z.B. auf einer Bücker 133 „Jungmeister", als Piloten ausgebildet.

Bis es endlich an die richtigen Jagdmaschinen ging, hatten die angehenden Jäger viele Ausbildungsschritte zu absolvieren und Prüfungen zu bestehen. Im Bild vier Messerschmitt Me 109.

In den Jahren zwischen 1939-1941 war die Me 109 den meisten anderen gegnerischen Jagdflugzeugen überlegen. Bei sicherer Beherrschung der Maschine und gepaart mit dem nötigen Glück hatte ein Pilot gute Chancen, im Luftkampf erfolgreich zu sein.

Eine Staffel Me 109 auf einem Feldflugplatz irgendwo in Frankreich. Pilot zu sein, bedeutete immer auch, gewisse Privilegien zu haben, die ein einfacher Soldat nicht hatte.

Der spätere Ritterkreuzträger Herbert Schramm steht vertieft in einen Feldpostbrief am Heck seiner Maschine. Er fiel nach über 60 Luftsiegen im Luftkampf. Posthum wurde ihm das Eichenlaub zum Ritterkreuz verliehen.

Schon bald kristallisierten sich die „Jäger-Asse" heraus, hier Hans Philipp an seiner Me 109. Das Ritterkreuz ist in greifbare Nähe gerückt. Auf seinem Leitwerk befinden sich bereits 18 Abschussstriche!

Walter Oesau teilt am Heck seiner Maschine stehend einem Kriegsberichterstatter seine Eindrücke mit. Er trägt bereits das begehrte Ritterkreuz und sein Leitwerk trägt viele Abschussstriche.

In der Luftschlacht um England hatten die deutschen Jäger vor allem die Aufgabe, die eigenen Bomber gegen die Hurricanes und Spitfires abzuschirmen, die sich auf die Bomber stürzten. Im Bild ein He 111-Bomberverband über dem Kanal auf dem Weg nach England.

Eine Kette Me 109 im Anflug auf die Küste bei Dover. So friedlich wie es auf dem Bild aussieht, blieb es nicht lange. Die englischen Jäger waren vorzügliche Piloten und verteidigten ihr Heimatland mit großem Mut.

Ein Stuka-Verband hängt wie „reife Pflaumen" in der Luft. Die Jäger hatten es nicht leicht, die langsamen Stukas ständig zu begleiten. Die Stuka-Verbände erlitten in der Luftschlacht um England so hohe Verluste, dass sie aus der Schlacht gezogen werden mussten.

Nach einem Einsatz kehren die Stukas auf ihre Feldflugplätze zurück. Eine schwere 500 kg-Bombe und die vier kleineren 50 kg-Bomben unter den Tragflächen haben sie abwerfen können.

Vergleichsfliegen mit einer erbeuteten Spitfire entlang der holländischen Küste. Bei diesen Testflügen konnte man wertvolle Erkenntnisse über die Stärken und Schwächen dieser englischen Jagdmaschine erlangen.

Die Me 109 simuliert einen Angriff auf die Spitfire von hinten aus leichter Überhöhung.

Nicht alle deutsche Piloten hatten gut lachen, nachdem sie zum Fliegerhorst zurückkamen. Die gesamte deutsche Luftwaffe hatte einen hohen Blutzoll bei der Luftschlacht um England zu entrichten.

Feldinstandsetzung an einer Me 109. Mit Hilfe eines dreibeinigen Hebekrans wird ein neuer Motorblock in die Me 109 eingebaut. Der ausgebaute Motor (DB 601) geht zur Überholung zurück ins Werk.

Der Wart hilft dem Piloten beim Anlegen seines Fallschirms. Der Pilot trägt auch eine Schwimmweste, denn es geht über den „Kanal". Seine Me 109 steht bereit zum Start.

Seit Frühjahr 1941 flogen deutsche Jagdflieger auch in Nordafrika.
Der neue Kriegsschauplatz sollte ungeahnte Schwierigkeiten bringen.
Eine Me 109 des berühmten Jagdgeschwaders 27 im Wüstentarnanstrich am Rande eine Flugfeldes.

Lybien: Der Tarnanstrich dieser Me 109 passt perfekt zum Untergrund. So war
die Me 109 aus der Luft nur schwer vom Feind auszumachen.

Jede Art der motorisierten Bewegung in der Wüste erzeugte riesige Staubwolken, die weithin sichtbar waren. So auch hier wo eine Kette von Me 109 zur Landung ansetzt.

Kartenspielen unterm Tropenhelm. So idyllisch wie es aussieht, war es nicht. Eintöniges Essen, wenig und schlechtes Trinkwasser, Ungeziefer, Krankheiten und die brütende Hitze machte auch den Piloten das Leben schwer.

Ein Postkartenmotiv für die Heimat.
Der Standartenträger des Jagdgeschwaders 27 steht vor einer abgestellten Me 109.

Ein Me 110 Zerstörer im Anflug auf die Befestigungsstellungen rund um Tobruk. Dieser schwere Jäger bewährte sich in der Luftschlacht um England nicht. In Nordafrika wurde die Me 110 bis Ende 1941 noch häufig geflogen.

Auch als Begleitjäger für die Schiffsgeleitzüge von Italien nach Afrika wurde die Me 110 eingesetzt. Auch hier zeigte sich, dass sie gegen die englischen Spitfires im Kampf keine Chance hatte.

Mitten in der Wüste werden an einer Me 109 die zwei 2 cm-Kanonen in den Flügeln und die beiden MGs über dem Motorblock eingeschossen und nachjustiert.

Die Tafel zeigt die Trefferwirkung auf eine festgelegte Distanz, woraufhin die Waffen nachjustiert werden konnten.

Eine Rotte (2 Jagdflugzeuge) Me 109
beim Patrouillenflug entlang der Mittelmeerküste.

Die Messerschmitts brauchten viel Treibstoff. Darum flogen sie mit Zusatztanks. Immer genügend Flugbenzin vorrätig zu haben, war bei der schlechten Versorgungslage in Afrika nicht selbstverständlich.

Piloten im Gespräch
nach einem Einsatz an der Kanalküste.

Eine Me 109 E des Jagdgeschwaders 51 „Pick-Ass"
rollt zu seiner Startposition.

Ju 88-Flugzeuge auf einem sizilianischen Flugplatz. Im Hintergrund der Ätna. Die Ju 88 wurde als Bomber, Aufklärer und später auch als Nachtjagdmaschine eingesetzt.

Eine im wüstengelben Tarnanstrisch angemalte Ju 88 der Fernaufklärungsstaffel 2./(F)123, die im östlichen Mittelmeerraum eingesetzt war.

Ein Verband englischer Spitfire im Anflug auf die deutsche Front.
Die Spitfire war bis zum Kriegsende das beste Jagdflugzeug der Royal Air Force.

Blick in die Vollglas-Kanzel einer Heinkel He 111. Links im Bild der Pilot am Steuerhorn, vorne liegend der Bordschütze am MG. Der Blick nach unten muss aus dieser Position grandios gewesen sein.

Eine Me 109 E überfliegt im rasanten Messerflug eine andere Maschine.

Die Serienproduktion von Me 109-Rümpfen.
Auf der blauen Grundierfarbe wurden die Balkenkreuze bereits aufgebracht.

Endmontage von Me 109 F. Diese Exemplare sind mit hoher Wahrscheinlichkeit für Afrika bestimmt. Die Höhe der Verluste von deutschen Jagdmaschinen stiegen ab 1942/43 immer steiler an.

Eine Rotte Me 110 Zerstörer über Italien. Die Luftstreitkräfte spielten beim Kampf um das Mittelmeer und den nordafrikanischen Kriegsschauplatz eine wichtige Rolle.

Eine Me 110 mit Zusatztanks zur Erhöhung der Reichweite z.B. für lange Aufklärungsflüge.

*War die Me 110 als Tagjäger zu träge und langsam,
so schlug ihre große Stunde als Nachtjagdmaschine ab 1942.*

Auf dem russischen Kriegsschauplatz konnten die deutschen Jagdgeschwader große Erfolge erringen. Die Abschusszahlen deutscher Jagdpiloten schnellten in ungeahnte Höhen.

Trophäensammler beim Herausschneiden des Sowjet-Sterns aus einer abgeschossenen russischen Maschine.

Franz von Werra, ein Jäger-Ass und Ausbrecherkönig aus englischer Kriegsgefangenschaft.
Das Schicksal ereilte ihn doch noch, als er am 25. Oktober 1941 mit seiner Maschine bei Vlissingen ins Meere stürzte.

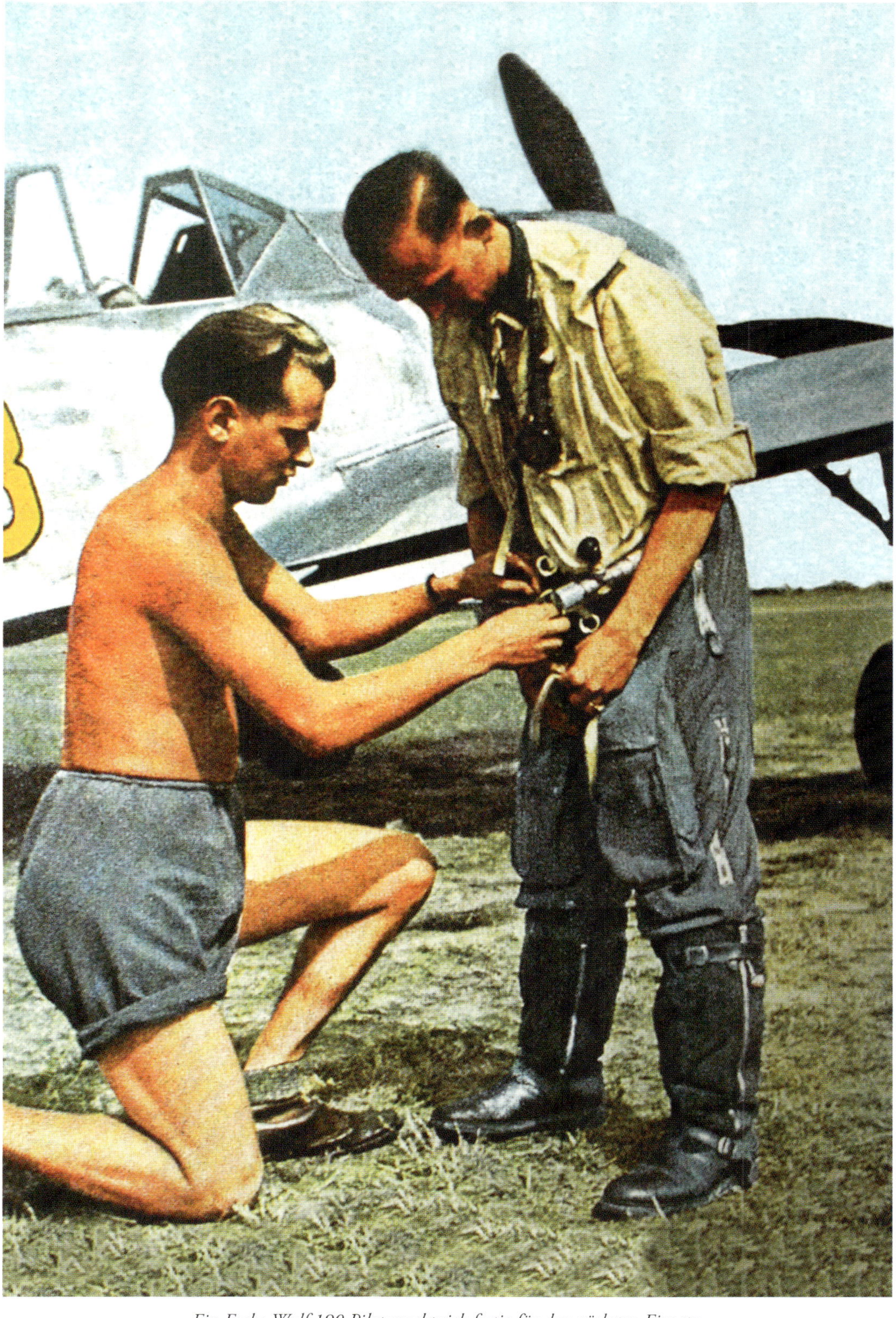

Ein Focke-Wulf 190 Pilot macht sich fertig für den nächsten Einsatz.
Sein Wart ist ihm beim Anlegen seiner Montur behilflich.

Die Fw 190 war das zweite deutsche Jagdflugzeug was in vielen deutschen Jagdgeschwadern zum Einsatz kam. Die Fw 190 ersetzte zunehmend auch die „Stukas" in den Zerstörergeschwadern.

Eine amerikanische P-38 Lightning ist brennend zu Boden gegangen. Ein Kradmelder erkundigt sich nach den Hintergründen des Absturzes.

Fw 190 Jagdmaschinen stehen auf einem Feldflugplatz aufgereiht für den nächsten Einsatz. Die Warte führen letzte Wartungsarbeiten durch, bevor es für die Piloten wieder in die Luft geht.

Viele Jäger-Asse ereilte trotz ihres überragenden Könnens der Fliegertod. So wie hier Anton Döbele, der 1943 tödlich abstürzte.

Kurt Tanzer

Kurt Tanzer wurde am 1. November 1920 in Moskau geboren. Er kam im Jahre 1940 zur Luftwaffe, um nach der üblichen Ausbildung im März 1942 von der Ergänzungsgruppe des Jagdgeschwaders 51 zur 12. Staffel des Jagdgeschwaders 51 an die Ostfront versetzt zu werden. Hier kam er nur zu einigen Einsätzen, bevor das Geschwader Zug um Zug aus dem Mittelabschnitt der Ostfront nach Jesau verlegt wurde, um dort auf die neuen Focke-Wulf 190 umzurüsten und diese Maschinen einzufliegen.

Anfang September ging es zunächst nach Ljuban in den Nordabschnitt der Ostfront, und nach gut einem Monat verlegte das Geschwader wieder in den Mittelabschnitt in den Raum Wjasma. Teile der IV. Gruppe stießen aus den Flugplätzen des Nordabschnittes zu

Eine amerikanischer B-17-Bomber ist mit schweren Beschussschäden notgelandet und wird an Ort und Stelle sogleich untersucht.

Jagdvorstößen in den Mittelabschnitt vor. Am 15. Februar 1943 überreichte man ihm den Ehrenpokal des Oberbefehlshabers der Luftwaffe.

Am 5. Mai 1943 hatte er bereits 35 Luftsiege errungen. Am nächsten Tag, dem 6. Mai 1943, griff eine größere Gruppe russischer Il-2 „Stormovik" das Flugfeld an, auf dem Tanzer stationiert war. Es gelang ihm im Gefecht, zwei der Angreifer abzuschießen, wobei er zwar selbst verwundet wurde, jedoch sofort wieder angriff und noch zwei weitere Maschinen dieses gefürchteten Schlachtflugzeuges vom Himmel holte. Aufgrund der Schwere seiner Verletzungen musste er sein Geschwader verlassen. Für seine hervorragenden Leistungen im Luftkrieg bekam er am

Kurt Tanzer

24. Juni 1943 das Deutsche Kreuz in Gold verliehen. Nach seiner Genesung wurde Tanzer Anfang November 1943 in die Stabsstaffel des Jagdgeschwaders 51 eingegliedert. Hier erhielt er am 5. Dezember 1943 als Oberfeldwebel nach den bereits im Mai erzielten 39 Luftsiegen das Ritterkreuz. Danach steigerte sich die Zahl seiner Luftsiege explosionsartig. Er flog mit der Stabsstaffel immer wieder erfolgreiche Angriffe. Viele Angriffe als Jagdbomber auf Bodenziele kamen hinzu. Bis Juni 1944 steigerte er seine Luftsiege auf über 100 Abschüsse, ehe er im Juni 1944, als Rottenflieger von Karl-Gottfried Nordmann, zum Stab des Jagdfliegerführers 6 und ab 1. September 1944 in den Stab des Jagdfliegerführers Ostpreußen versetzt wurde. Gegen die Versetzung hatte er sich vehement zur Wehr gesetzt.

In dieser Zeit erzielte er 17 Abschüsse gegen westliche Gegner, darunter waren vier viermotorige Bomber. Ab Februar 1945, inzwischen zum Leutnant der Reserve befördert, kämpfte Tanzer wieder mit seinem alten Geschwader, wurde Staffelkapitän der 13. Staffel des Jagdgeschwaders 51 „Mölders" und erzielte weitere Erfolge.

Bei 723 Feindflügen, von denen 187 Einsätze als Jagdbomber geflogen wurden, errang Kurt Tanzer 143 Luftsiege, davon 17 im Westen, darunter vier Viermots.

Kurt Tanzer überlebte den Krieg und trat der im Entstehen begriffenen Bundesluftwaffe bei. Am 25. Juni 1960 stürzte er bei schlechtem Wetter mit einer T-33 über den Balearen ab und kam dabei ums Leben.

Kurt Tanzer

Geboren am 1. November 1920 in Moskau
Gestorben am 25. Juni 1960 (tödlicher Absturz mit einer T-33 über den Balearen)
Letzter Dienstgrad: Leutnant der Reserve (Wehrmacht)/Major (Bundeswehr)
Ritterkreuz am 5. Dezember 1943 als Oberfeldwebel nach 39 Luftsiegen
Deutsches Kreuz in Gold am 24. Juni 1943
Anzahl der Abschüsse: 143 Luftsiege (laut Soldbucheintrag)
Letzte Dienststellung: Staffelkapitän der 13. Staffel des Jagdgeschwaders 51 „Mölders"

Friedrich-Karl Müller

Friedrich-Karl Müller

Friedrich-Karl Müller, von seinen Kameraden „Tutti" genannt, wurde am 25. Dezember 1916 in Berlin-Lichterfelde geboren. Nach abgelegter Reifeprüfung trat Friedrich-Karl Müller 1935 in die Luftwaffe ein mit dem Ziel, Fliegeroffizier zu werden. Bis zum Ausbruch des Zweiten Weltkrieges war er durch die Friedensausbildung gegangen und stand dann als frischgebackener Leutnant und Flugzeugführer in der III. Gruppe des Jagdgeschwaders 53 (8. Staffel) im Einsatz. Beim Feldzug gegen Frankreich konnte er bereits acht Luftsiege erringen. Weitere drei Siege bei der Luftschlacht gegen England folgten, sodass er für seine Erfolge im Luftkampf mit den Eisernen Kreuzen II. und I. Klasse ausgezeichnet wurde. Am 15. September 1940 musste er wegen Spritmangels im Kanal notwassern, konnte aber nach einigen Stunden geborgen werden. Mit Beginn des Russlandfeldzuges stand sein Geschwader im Osten im Einsatz. Bereits am 22. Juni 1941 konnte er, diesmal im Gruppenstab der III. Gruppe startend, die ersten Luftsiege im Osten erringen und Anfang September 1941 war bereits der 20. Abschuss fällig. Als Staffelkapitän der 1. Staffel/Jagdgeschwader 53, die er am 1. November 1941 übernahm, wurde er mit der I. Gruppe in den Mittelmeerraum verlegt und startete mit seiner Staffel von Plätzen in Sizilien in Richtung Malta. Hier gelangen ihm drei Abschüsse gegen britische Hurricane-Jagdmaschinen. Im Mai 1942 wurde die I. Gruppe zurück an die Ostfront verlegt. Nach kurzer Anlaufphase folgte die erfolgreichste Zeit im Fliegerleben von Friedrich-Karl Müller. Täglich mehrmals startend gelangen ihm in den Monaten Juli, August und September 1942 ständig neue Abschusserfolge. Es verging kaum ein Einsatztag, an dem er nicht zwei- bis sechsmal, an einem Tag, dem 18. September 1942, sogar siebenmal wackelnd zu seinem Fliegerhorst zurückkehrte. Am 19. September 1942 konnte er bereits

Friedrich-Karl Müller mit frischen Eichenlaub zwischen Herbert Broennle (links) und Fritz Dinger (rechts).

seinen 99. und 100. Gegner vom Himmel holen und wurde noch am gleichen Tag mit dem Ritterkreuz des Eisernen Kreuzes ausgezeichnet. Nur vier Tage später wurde ihm für diese hervorragende Leistung am 23. September 1942 als Oberleutnant das 126. Eichenlaub zum Ritterkreuz verliehen. Am 1. November 1942, inzwischen zum Hauptmann befördert, wurde er Gruppenkommandeur der I. Gruppe des Jagdgeschwader 53 „Pik-Ass“ und führte seine Gruppe im November 1942 nach Tunesien und nach der Räumung Tunesiens zurück nach Italien, wo die I. Gruppe/Jagdgeschwader 53 bis Juli 1943 der Luftflotte 2 unterstellt war. Im Oktober 1943 führte Müller vertretungsweise das gesamte Geschwader. Während seiner Zeit als Gruppenkommandeur konnte er weitere Luftsiege erringen und seine Abschusszahl auf insgesamt 117 Abschüsse erhöhen. Mittlerweile mit dem Ehrenpokal der Luftwaffe und dem Deutschen Kreuz in Gold ausgezeichnet, wurde er am 1. Januar 1944 vorzeitig zum Major befördert. Nach einem längeren Erholungsurlaub, der sich nun anschloss, übernahm er am 12. Februar 1944 eine neue Aufgabe in der Reichsverteidigung als Gruppenkommandeur der IV. Gruppe des Jagdgeschwaders 3 „Udet“, der berühmten Sturmgruppe des Geschwaders. Am 6. März 1944 konnte er in einem Gefecht zwei viermotorige B-17-Bomber, am 8. März 1944 weitere drei viermotorige Bomber vom Himmel holen. Damit erhöhte er seine Abschusszahl auf 122. Am 24. März 1944 wurde er als Major Kommodore des Jagdgeschwaders 3 „Udet“. Im Laufe der Monate April und Mai 1944 gelang ihm der Abschuss von insgesamt 11 viermotorigen B-17-Bombern und weiteren 6 viermotorigen B-24-„Liberator“-Bombern. Am 8. Mai 1944 gelang ihm noch der Abschuss eines amerikanischen Mustang-Jägers. Am 29. Mai 1944 stürzte er bei einer Landung in Salzwedel mit seiner Me 109 G-6 tödlich ab, als seine Maschine aus 15 Metern Höhe durchsackte und auf dem Boden aufschlug. Posthum wurde er zum Oberstleutnant befördert. Friedrich-Karl Müller errang auf über 600 Feindflügen 140 Luftsiege, davon 53 an der Westfront, darunter 23 viermotorige Bomber, und 87 Luftsiege auf dem östlichen Kriegsschauplatz. Für seine Kameraden und für die Luftwaffe allgemein war sein Tod ein schwerer Verlust. Friedrich-Karl Müller wurde in Potsdam beigesetzt.

Friedrich-Karl Müller

Geboren am 25. Dezember 1916 in Berlin-Lichterfelde
Gefallen am 29. Mai 1944 in Salzwedel
Letzter Dienstgrad: Oberstleutnant (posthum)
Ritterkreuz am 19. September 1942 als Oberleutnant nach 100 Luftsiegen
126. Eichenlaub zum Ritterkreuz am 23. September 1942 als Hauptmann
nach 100 Luftsiegen
Deutsches Kreuz in Gold am 15. November 1943
Anzahl der Abschüsse: 140 anerkannte Luftsiege
Letzte Dienststellung: Kommodore des Jagdgeschwaders 3 „Udet“

Karl Gratz

Karl Gratz wurde am 24. Januar 1919 in Wiener Neustadt in Niederösterreich geboren. „Charlie", wie er von seinen Kameraden genannt wurde, meldete sich freiwillig zur Luftwaffe. Es war das Jahr 1940 und die ersten Monate des Zweiten Weltkrieges waren schon vorbei. Für ihn und seine Kameraden schien der Krieg nach den drei Blitzfeldzügen in Polen, Frankreich und Jugoslawien ohne jede Feindberührung zu Ende zu gehen. Doch weit gefehlt. Als Karl Gratz im Herbst 1941 als Unteroffizier zur 8./Jagdgeschwader 52 kam, stand diese bereits seit einigen Monaten im Russlandfeldzug im Einsatz. Gratz flog zunächst als „Zusätzlicher", bis er getestet war und dann als Rottenflieger die nächsten 40 oder 50 Einsätze fliegen durfte. Dabei kam er jedoch nur sporadisch zum Schuss.

Im Februar 1942 errang er seinen ersten Luftsieg und damit platzte offensichtlich der Knoten bei ihm, denn in den folgenden vier Monaten schraubte er seine Erfolgsbilanz auf 54 Luftsiege empor und wurde mit dieser Erfolgszahl zum Ritterkreuz eingereicht. Am 1. Juli 1942 wurde ihm als Unteroffizier das Ritterkreuz verliehen, nachdem er wenige Wochen zuvor mit den Eisernen Kreuzen II. und I. Klasse und am 8. Juni 1942 noch mit dem Ehrenpokal des Oberbefehlshabers der Luftwaffe ausgezeichnet worden war.

Im Herbst 1942, nachdem er 83 Luftsiege erzielt hatte, kam Gratz für einige Monate als

Karl Gratz, Günther Rall und Friedrich Wachowiak (alle Jagdgeschwader 52) beobachten gemeinsam die Landung eines Kameraden.

Karl Gratz

Jagdfliegerlehrer zur Ergänzungsgruppe Ost nach Frankreich und wurde schließlich im März 1943 zur 11. Staffel des Jagdgeschwaders 2 „Richthofen“ nach dem Westen verlegt. Bereits am 4. April 1943 schoss er zwei Spitfire an der Kanalfront ab. Auch hier schloss Gratz an seine Erfolge im Osten an – in zähen Kurvenkämpfen gelang es ihm, 17 Luftsiege gegen westliche Gegner zu erringen, wofür er am 8. Juni 1943 das Deutsche Kreuz in Gold verliehen bekam. Im Jahr 1944 kehrte er auf eigenen Wunsch zu seiner „alten“ III. Gruppe/Jagdgeschwader 52 an die Ostfront zurück und flog in Russland und Ungarn bis zum Kriegsende weiter. Als er auf den östlichen Kriegsschauplatz zurückkehrte, hatte er die magische Zahl von 100 Abschüssen bereits erreicht. Bei seinem alten Geschwader konnte er bis zum Ende des Krieges 38 weitere Luftsiege erringen, womit er in die Gruppe der besten deutschen Jagdflieger aufgenommen war. Nachdem er wegen Tapferkeit vor dem Feind zum Offizier befördert worden war, übernahm er noch am 1. Januar 1945 die 10. Staffel des Jagdgeschwaders 52 als Staffelkapitän.

Insgesamt absolvierte Gratz insgesamt über 900 Feindflüge und errang dabei 138 Luftsiege, davon 17 im Westen, darunter drei viermotorige Bomber, und 121 im Osten. Von den Amerikanern nach Kriegsende an die Rote Armee ausgeliefert, blieb er bis 1949 in sowjetischer Gefangenschaft. Anschließend wurde er in der Bundesrepublik Deutschland ansässig und diente in der Bundesluftwaffe, bis er am 31. März 1970 in den Ruhestand ging. Sein letzter Dienstgrad war Oberstleutnant. Karl Gratz verstarb am 14. März 2002 in Leck in Holstein.

Karl Gratz

Geboren am 24. Januar 1919 in Wiener Neustadt in Niederösterreich
Verstorben am 14. März 2002 in Leck/Holstein
Letzter Dienstgrad: Leutnant (Wehrmacht)/Oberstleutnant (Bundeswehr)
Ritterkreuz am 1. Juli 1942 als Unteroffizier nach 54 Luftsiegen
Deutsches Kreuz in Gold am 8. Juni 1943
Anzahl der Abschüsse: 138 anerkannte Luftsiege
Letzte Dienststellung: Staffelkapitän der 10. Staffel des Jagdgeschwaders 52

Heinrich Setz

Heinrich Setz

Heinrich Setz wurde am 12. März 1915 in Gundelsdorf in Oberfranken geboren. Im Frühjahr 1936 trat er in die Luftwaffe ein und durchlief wie viele der hervorragendsten Jagdflieger die strenge Vorkriegsausbildung mit 60 bis 80 Stunden auf der Me 109, was den Fliegern Sicherheit verlieh und sie dazu befähigte, ihre Maschinen in allen Situationen fest in der Hand zu behalten.

Als vollwertiger Jagdflieger kam Setz im Juli 1940 zur II. Gruppe des Jagdgeschwaders 77. Er wurde im Juni 1941 als Oberleutnant Staffelkapitän der 4. Staffel/Jagdgeschwader 77 und blieb bis zum November 1942 in dieser Dienststellung. Seine ersten drei Luftsiege erzielte er bereits im Herbst 1940 über Norwegen gegen englische Bomber und Fernaufklärer. Im

Eine Me 109 E wird mit langen MG-Gurten aufmunitioniert.

November 1940 kam er mit seiner Staffel an die Kanalfront und nahm im April 1941 am Balkanfeldzug teil. Anschließend war er für wenige Wochen als Jagdlehrer in der Heimat tätig.

Mit seiner 4. Staffel kämpfte er dann an der Ostfront, erzielte bis Ende Dezember 1941 43 Luftsiege und wurde am 31. Dezember 1941 als Oberleutnant mit dem Ritterkreuz ausgezeichnet. Sechs Monate später erzielte er seinen 80. Luftsieg und erhielt am 23. Juni 1942 nach 81 Luftsiegen als Oberleutnant das 102. Eichenlaub zum Ritterkreuz verliehen. Seinen 100. Luftsieg konnte er bis zum 24. Juli 1942 erringen, wofür er noch am 21. August 1942 mit dem Deutschen Kreuz in Gold ausgezeichnet wurde. Als Setz am 15. Oktober 1942 seinen wohlverdienten Urlaub antrat, hatte er bereits 135 Abschüsse erzielt, zudem war er wegen Tapferkeit vor dem Feind und seiner Erfahrungen zum Hauptmann befördert worden.

Am 12. November 1942 übernahm er als Kommandeur die völlig dezimierte I. Gruppe des Jagdgeschwaders 27. Die Gruppe kam zur Neuaufstellung aus Nordafrika zurück. Nach der personellen Aufstockung und der Zuführung neuer Jagdmaschinen ging die Gruppe im März 1943 in Nordfrankreich wieder in den Einsatz.

Hier im Westen stand Setz einer vielfach überlegenen feindlichen Übermacht entgegen, die in großen Bomberverbänden mit Jagdbegleitschutz Tag und Nacht nach Deutschland einflog und die Städte in Schutt und Asche legte. Am 13. März startete er zum letzten Mal gegen den überlegenen Feind. Nach dem Abschuss von drei Spitfires über Abbeville stieß er mit großer Wahrscheinlichkeit mit einem anderen Flugzeug zusammen und stürzte aus großer Höhe bei Dargnies, östlich von Le Tréport, tödlich ab.

Die Zahl seiner Luftsiege im Verhältnis zur geringen Zahl seiner Starts zeigen auf, dass er ein exzellenter Jagdflieger war, der zu den höchsten Erwartungen berechtigte. Bei nur 274 Feindflügen hatte er 138 Luftsiege errungen, davon 132 im Osten und 6 im Westen.

Heinrich Setz

Geboren am 12. März 1915 in Gundelsdorf bei Kronach in Oberfranken
Gefallen am 13. März 1943 bei Dargnies/Frankreich
Letzter Dienstgrad: Major (posthum)
Ritterkreuz am 31. Dezember 1941 als Oberleutnant nach 43 Luftsiegen
102. Eichenlaub zum Ritterkreuz am 23. Juni 1942 nach 81 Luftsiegen
Deutsches Kreuz in Gold am 21. August 1942
Anzahl der Abschüsse: 138 anerkannte Luftsiege
Letzte Dienststellung: Kommandeur der I. Gruppe des Jagdgeschwaders 27

Rudolf Trenkel

Rudolf Trenkel wurde am 17. Januar 1918 in Neudorf, Kreis Ballenstedt, im Harz geboren. Er trat im Jahr 1936 in die Wehrmacht ein und meldete sich 1939 freiwillig als Unteroffizier zur Luftwaffe. Nach seiner fliegerischen Ausbildung wurde er im Februar 1942 als Feldwebel zum Jagdgeschwader 77 kommandiert, in dem er im südlichen Abschnitt der Ostfront eingesetzt war. Hier gelang ihm am 26. März 1942 der 1. Luftsieg.

Am 1. Mai 1942 kam er zum Jagdgeschwader 52, das ebenfalls im Südabschnitt der Ostfront als eines der Ostgeschwader der deutschen Luftwaffe im Einsatz stand. Dort im Geschwaderstab startend gelangen ihm drei weitere Abschüsse. Auch als Katschmarek der bekannten Asse war er immer wieder erfolgreich. Am 15. Juni 1942 wurde Trenkel zur 2. Staffel des Jagdgeschwaders 52 versetzt, bei der er nur mit kurzer Unterbrechung bis zum Ende des Krieges blieb. Wegen seiner sprichwörtlichen Ruhe und seines Durchsetzungsvermögens wurde er sehr bald „von der Leine gelassen“ und konnte den Kampf mit dem Gegner aufnehmen. Am 2. November 1942 konnte er bereits seinen 20. Luftsieg feiern. Einzelerfolge, Dubletten und sogar drei Siege an einem Tag, die er am 26. Oktober 1942 errang, hatten zum Erfolg von 20 Luftsiegen beigetragen, wofür er am 11. Dezember 1942 den Ehrenpokal des Oberbefehlshabers der Luftwaffe überreicht bekam. Am 17. Dezember 1942 gelang Trenkel der Abschuss von sechs Gegnern, vier Tage darauf holte er innerhalb von wenigen Minuten vier Maschinen des Typs Il-2, des gefürchteten russischen Schlachtflugzeugs, vom Himmel. Als

Ein weiteres Jäger-Ass des Jagdgeschwaders 52 war Walter Krupinski der fast 200 Abschüsse erzielte und ein Kamerad von Rudolf Trenkel war.

Rudolf Trenkel

sich das Jahr 1942 seinem Ende zuneigte, hatte Trenkel 35 anerkannte Luftsiege errungen. Am 15. Januar 1943 erhielt er das Deutsche Kreuz in Gold.

Weitere Erfolge schlossen sich an. Nicht selten kam er bei mehreren Starts am Tag zwei-, drei-, vier- oder, wie am 16. April 1943, fünfmal wackelnd zu seinem Liegeplatz zurück. Nach 76 Luftsiegen, die er am 2. Juni 1943 erreicht hatte, wurde ihm am 19. August 1943 als Oberfeldwebel das Ritterkreuz verliehen. Im Juni war er als Jagdlehrer zur Ergänzungsgruppe Ost nach Frankreich versetzt worden. Im Oktober 1943 kehrte er an die Front zurück und konnte in diesem Monat allein 21 Luftsiege erringen, die seinen Abschussrekord auf 97 Luftsiege hochschnellen ließen. Am 1. November folgte der 98. Luftsieg. Am 2. November wurde er im Luftkampf mit einer Jak-9 selbst abgeschossen und schwer verwundet. Nach seiner Genesung wurde er zur Offiziersausbildung in die Heimat geschickt, von wo er als Oberleutnant im Juni 1944 in den Stab des Jagdgeschwaders 52 zurückkehrte. Im Lauf des Juli 1944 konnte er insgesamt 15 Luftsiege erringen, dabei seinen 100. und 101. Luftsieg, die er am 14. Juli 1944 errang. Am 15. August 1944 wurde er zum Staffelkapitän der 2. Staffel/Jagdgeschwader 52 ernannt, die er bis zum Kriegsende als Hauptmann führte. Dass er an vielen Jagdbombereinsätzen und Tiefangriffen zur Stützung schwacher Frontstellen dabei war, wertete Trenkel als Routine, obgleich dies zu den schwersten Aufgaben gehörte, weil nämlich die russische leichte Flak von erstaunlicher Zielsicherheit war. Der Oktober 1944 wurde für ihn geradezu ein entscheidender Monat. Binnen zehn Tagen konnte er zehn Gegner abschießen, wurde jedoch nicht weniger als fünfmal selbst abgeschossen. Aber er kam jedes Mal durch, stieg in eine neue Maschine und schoss weitere Gegner ab. Am 15. März 1945 wurde er erneut von der russischen Flak abgeschossen, konnte sich jedoch verwundet mit dem Fallschirm aus seiner Maschine retten. Am Ende des Krieges hatte der inzwischen zum Hauptmann beförderte Rudolf Trenkel bei über 500 Feindflügen 138 Luftsiege errungen, darunter ein amerikanischer viermotoriger Bomber und eine große Anzahl der gefürchteten Il-2 „Stormovik". Nach Kriegsschluss geriet er in amerikanische Gefangenschaft, wurde an die Russen ausgeliefert, die ihn jedoch wegen seiner schweren Verwundung nach vier Wochen aus der Gefangenschaft entließen. Rudolf Trenkel starb am 26. April 2001 in Wien.

Rudolf Trenkel

Geboren am 17. Januar 1918 in Neudorf, Kreis Ballenstedt, im Harz
Verstorben am 26. April 2001 in Wien
Letzter Dienstgrad: Hauptmann
Ritterkreuz am 19. August 1943 als Oberfeldwebel nach 76 Luftsiegen
Deutsches Kreuz in Gold am 15. Januar 1943
Anzahl der Abschüsse: 138 anerkannte Luftsiege
Letzte Dienststellung: Staffelkapitän der 2. Staffel des Jagdgeschwaders 52

Walter Wolfrum

Walter Wolfrum

Walter Wolfrum wurde am 23. Mai 1923 in Schmölz bei Kronach in Oberfranken geboren. Wie Ewald und Sachsenberg war er einer der ganz jungen Piloten, die im Jagdgeschwader 52 die Rolle der Lausbuben einnahmen. Nach bestandenem Abitur ging er zur Luftwaffe und kam nach der Jagdfliegerausbildung im Januar 1943 als frischgebackener Leutnant zur 5. Staffel des Jagdgeschwaders 52 zur Ostfront, in dem er bald als guter Pilot anerkannt wurde. Seinen ersten Luftsieg erzielte er am 25. Mai 1943 bei seinem 62. Feindflug, der zweite Abschuss gelang ihm am 21. Juli bei seinem 132. Feindflug.

Sein Staffelkapitän war hier der Oberleutnant Wilhelm Batz, der vielfach die Dienste des jungen Leutnants als Rottenflieger in Anspruch nahm, weil er dessen fliegerisches Können erkannt hatte. Batz war – als der geborene Lehrer – einer der Männer, die Wolfrum und beinahe alle übrigen jungen „Hasen“ der Staffel unter seine Fittiche nahm und sie zu richtigen Fliegern weiterbildete, die ihre Chancen abwogen, ehe sie sich auf wilde Abenteuer einließen.

Sehr rasch wurde auch Wolfrum zu einer bekannten Persönlichkeit und zu einem Eckpfeiler des Geschwaders. Seine Abschussliste wurde länger und länger. Seinen 10. Luftsieg konnte er am 6. September 1943, seinen 20. Luftsieg am 11. Dezember 1943 erzielen. Immer öfter gelangen ihm mehrere Abschüsse an einem Tag, so zum Beispiel am 19. März 1944, als er sechs Abschüsse erzielte. Im Mai 1944 wurde er zum Staffelkapitän der 1. Staffel des Jagdgeschwaders 52 ernannt. Als er die ersten 50 Luftsiege auf seinem Konto hatte, frotzelten die Kameraden, ob er schon „Halsschmerzen“ habe, aber Wolfrum winkte ab. „So viel können wir Jungen gar nicht abschießen, dass sich überhaupt eine Hand regt und uns vorschlägt.“ Am 20. April 1944 überreichte man ihm den Ehrenpokal der Luftwaffe und am 18. Mai 1944 wurde er mit dem Deutschen Kreuz in Gold ausgezeichnet.

Und die Rechnung seines Staffelkapitäns Batz und des Gruppenkommandeurs Barkhorn ging auf. Am 30. Mai 1944 gelang es Wolfrum, an einem Tage in drei Einsätzen elf Luftsiege zu erzielen. Am nächsten Tage erzielte er weitere sechs Abschüsse und am 1. Juni 1944 brachte er seine Siegesserie auf insgesamt 100 Luftsiege und wurde bereits vom Geschwaderkommodore, Major Hrabak, zum Ritterkreuz vorgeschlagen.

Aber erst nachdem er am 16. Juli 1944 abermals zehn Gegner zu Boden geschickt hatte – wobei er selbst abgeschossen und schwer verwundet wurde –, ging der Antrag durch, und elf Tage später erhielt Wolfrum nach 126 Luftsiegen das Ritterkreuz. Die Nachricht von der Verleihung des Ritterkreuzes erreichte Walter Wolfrum im Lazarett. Im Februar 1945 kam er aber wieder zum Geschwader zurück und schoss bereits wenige Tage darauf den nächsten Gegner ab.

Am Kriegsende hatte er 137 bestätigte Luftsiege auf seinem Konto, die er alle im Osten erzielt hatte. Hinzu kamen etwa 40 Luftsiege auf Alleinflügen, die nicht gewertet wurden, da keine Zeugen die Abschüsse bestätigen konnten. Diesen großen Erfolg hatte Wolfrum,

Dietrich Hrabak mit Helmut Bennemann und Günther Rall (alle Jagdgeschwader 52) im Gespräch. Dietrich Hrabak schlug Walter Wolfrum zum Ritterkreuz vor.

der wegen Tapferkeit vor dem Feind zum Oberleutnant befördert worden war, in nur 423 Feindflügen errungen. Selbst war er viermal verwundet worden und musste zwölfmal notlanden. Auch die Versenkung eines Kanonenbootes geht auf sein Konto. Oberleutnant Walter Wolfrum überlebte den Krieg und kam in russische Gefangenschaft, aus der er jedoch im Juli 1945 als Verwundeter entlassen wurde. Nach dem Krieg war er als Kunstflieger tätig.

Walter Wolfrum

Geboren am 23. Mai 1923 in Schmölz bei Kronach/Oberfranken
Letzter Dienstgrad: Oberleutnant
Ritterkreuz am 27. Juli 1944 als Leutnant nach 126 Luftsiegen
Deutsches Kreuz in Gold am 18. Mai 1944
Anzahl der Abschüsse: 137 anerkannte Luftsiege
Letzte Dienststellung: Staffelkapitän der 1. Staffel des Jagdgeschwaders 52

Adolf Dickfeld

Adolf Dickfeld wurde am 20. Februar 1910 in Jüterbog in der Mark Brandenburg geboren. Nach dem Abitur trat er im März 1937 in die deutsche Luftwaffe ein und kam nach der harten Friedensausbildung am 28. Oktober 1939 als frischgebackener Leutnant und Flugzeugführer zuerst zur I. Gruppe/Jagdgeschwader 52 und kurz darauf zur III. Gruppe/Jagdgeschwader 52. Er flog zunächst Einsätze über Frankreich, England, Griechenland und Kreta, ehe er mit seinem Geschwader als Vorbereitung auf den Angriff auf Russland nach Rumänien verlegte. Zu der Zeit flog er in der 7. Staffel des Jagdgeschwaders 52. Im Südabschnitt der Ostfront konnte er in schneller Folge seine ersten Luftsiege erringen.

Sein Erfolgskonto stieg sprunghaft an. Bis 16. August hatte er bereits zehn Luftsiege erzielt. Am 24. Oktober 1941 gelangen ihm bei mehreren Einsätzen am Tag fünf Luftsiege, die sein Konto auf 20 Abschüsse ansteigen ließen. Am 19. März 1942 wurde ihm als Leutnant nach 47 Luftsiegen das Ritterkreuz verliehen. Bereits zuvor hatte er am 15. Dezember 1941 den Ehrenpokal des Oberbefehlshabers der Luftwaffe bekommen und war am 22. Januar 1942 mit dem Deutschen Kreuz in Gold ausgezeichnet worden.

Bis zum 29. April 1942 konnte Dickfeld seine Abschusszahl auf 56 Abschüsse erhöhen. Dann folgte der Monat Mai 1942, der zu einem einzigen Siegeslauf für ihn wurde. Am 8. Mai 1942 gelang ihm der Abschuss von elf Gegnern, am 14. Mai holte er neun Flugzeuge vom Himmel, gefolgt von elf weiteren Luftsiegen am 18. Mai. An diesem 18. Mai 1942 hatte er als 8. Jagdflieger die magische Zahl von 100 Luftsiegen erreicht. Am 19. Mai 1942 wurde ihm für 101 Luftsiege das 94. Eichenlaub zum Ritterkreuz verliehen. Wegen Tapferkeit vor

Hermann Graf und Egon Mayer, beide Kameraden von Adolf Dickfeld, besuchen ein HJ-Lager.

Adolf Dickfeld

dem Feind zum Oberleutnant befördert, kam er nach einer längeren Pause im September 1942 an die Ostfront zurück. Binnen kurzer Zeit konnte er weitere 14 Luftsiege erringen.

Im November wurde Dickfeld zur II. Gruppe des Jagdgeschwaders 2 „Richthofen“ versetzt, das zu dieser Zeit in Tunesien stationiert war. Mittlerweile zum Hauptmann befördert, übernahm er für kurze Zeit diese Jagdgruppe. Hier gelangen ihm, mit dem Stabsschwarm startend, weitere fünf Abschüsse gegen westliche Gegner. Aufgrund einer Verletzung bei einem Startunfall am 18. Januar 1943 führte er seine Gruppe am Boden weiter.

Am 17. April 1943 wurde er zum Kommandeur der II. Gruppe des Jagdgeschwaders 11 ernannt, die in der Reichsverteidigung stand. Der mittlerweile zum Major beförderte Adolf Dickfeld schlug sich hier erfolgreich mit den viermotorigen Bombern des Gegners herum und konnte weitere zwölf B 17 „Flying Fortress“ abschießen.

Im Dezember 1943 wurde er ins Reichsluftfahrtministerium berufen und übernahm dort den Posten als Reichsinspekteur der „Flieger-Hitlerjugend“. Ab Sommer 1944 wurde er zum General „Nachwuchs der Luftwaffe“ ernannt und bildete kurz vor Ende des Krieges Piloten auf der Bü 181 und He 162 aus. Bei Kriegsende Oberst, flog er seine letzten Einsätze mit der He 162. Zu seinen 151 Abschüssen, von denen 136 Luftsiege anerkannt wurden, gehörten noch acht Bodenzerstörungen von Flugzeugen. Bei über 1072 Einsätzen wurde er selbst dreizehn Mal abgeschossen, musste neun Mal mit dem Fallschirm abspringen und absolvierte vier Bauchlandungen. Bereits vor dem Kriege, noch als Schüler, stellte sich bei Adolf Dickfeld eine besondere technische Begabung heraus: 1928 empfing er als Funkamateur die SOS-Signale der Besatzung des italienischen Luftschiffes „Italia“ (des auf Nordpolexpedition befindlichen Generals Umberto Nobile) und trug maßgebend zu deren Rettung bei. Zudem war er mit dabei, als auf dem Montblanc die damals höchste Funkstation Europas errichtet wurde.

Nach dem Krieg war er als Berufspilot in Deutschland und Ostafrika tätig und brachte es auf 21.987 Flugstunden. In seinem Buch „Die Fährte des Jägers“ hat er seine Kriegserlebnisse festgehalten. Adolf Dickfeld lebte lange Jahre in der Sächsischen Schweiz und verstarb am 17. Mai 2009 in Dreieich in Hessen.

Adolf Dickfeld

Geboren am 20. Februar 1910 in Jüterbog/Mark Brandenburg
Verstorben am 17. Mai 2009 in Dreieich/Hessen
Letzter Dienstgrad: Oberst
Ritterkreuz am 19. März 1942 als Leutnant nach 47 Luftsiegen
94. Eichenlaub zum Ritterkreuz am 19. Mai 1942 als Leutnant nach 101 Luftsiegen
Deutsches Kreuz in Gold am 22. Januar 1942
Anzahl der Abschüsse: 136 anerkannte Luftsiege
Letzte Dienststellung: General des Amtes „Nachwuchs der Luftwaffe“

Otto Fönnekold

Otto Fönnekold

Otto Fönnekold wurde am 15. Februar 1920 in Hamburg geboren. Nach seiner Ausbildung zum Jagdflieger kam er als Unteroffizier Ende 1942 zur II. Gruppe des Jagdgeschwaders 52 nach Russland, wo er der 5. Staffel zugeteilt wurde. Bereits am 1. Dezember 1942 gelang ihm sein erster Abschuss und bis zum Jahresende hatte er bereits sieben Gegner bezwungen. Sein fliegerisches Talent war für Hauptmann Johannes Steinhoff, dem Gruppenkommandeur der II. Gruppe des Jagdgeschwaders 52, Anlass, sich des jungen Fliegers intensiv anzunehmen, um ihm gute Chancen zu ermöglichen. Später sollte er auch oft als Katschmarek von Oberleutnant Wilhelm Batz Abschüsse erzielen, bei denen er von seinem Staffelkapitän gedeckt wurde.

Als Flieger von der Leine gelassen, erhöhte er die Zahl seiner Luftsiege Schlag auf Schlag. Im Jahr 1943 gelangen ihm über 80 Abschüsse und am 19. Januar 1944 konnte er seinen 100. Gegner bezwingen. Immer wieder gelangen ihm dabei Mehrfachabschüsse.

Das Deutsche Kreuz in Gold, das ihm am 16. August 1943 verliehen wurde, sowie die Goldene Frontflugspange mit Anhänger und der Ehrenpokal des Oberbefehlshabers der Luft-

Eine der gefürchteten russischen Schlachtflieger IL-2 ist auf einer Wiese gelandet. Dieser Flugzeugtyp war für Otto Fönnekold und seine Kameraden ein im Luftkampf schwer zu bezwingender Gegner.

waffe waren sichtbare Beweise jener Wertschätzung, die er im Geschwader genoss. Hinzu kam seine Beförderung zum Offizier wegen Tapferkeit vor dem Feind.

Das verdiente Ritterkreuz nach 104 Abschüssen, das er am 26. März 1944 als Fahnenjunker-Feldwebel erhielt, krönte seinen Einsatz. Seine Vorgesetzten stellten ihm das Zeugnis eines vorbildlichen, tapferen und immer einsatzbereiten Soldaten aus. Er erhielt – für einen Soldaten aus dem Unteroffiziersstand eine besondere Auszeichnung – am 19. April 1944, inzwischen zum Leutnant befördert, die Führung der 5. Staffel übertragen, die ihm Wilhelm Batz mit den Worten übergab: „Weiter so, Fönnekold, und immer dranbleiben."

Fönnekold blieb dran und absolvierte circa 600 Feindflüge, auf denen er 136 Luftsiege erzielte. Seinen letzten Start und seine letzten Erfolge hatte er am 31. August 1944, als er im erfolgreichem Luftduell drei amerikanische P-51 „Mustangs" vom Himmel holte, aber danach bei der Landung auf dem Platz Ssaß-Budak in Siebenbürgen von weiteren amerikanischen Jägern beschossen und tödlich ins Herz getroffen wurde. Er schaffte es kurz zuvor noch, seine Me 109 zu landen, doch nach dem Ausrollen seiner Maschine konnte er nur noch tot geborgen werden. Auf über 600 Feindflügen hatte er 136 Siege errungen, davon 133 im Osten sowie drei amerikanische Jäger.

Otto Fönnekold

Geboren am 15. Februar 1920 in Hamburg
Gefallen am 31. August 1944 auf dem Flugplatz Ssaß-Budak/Siebenbürgen
Letzter Dienstgrad: Oberleutnant
Ritterkreuz am 26. März 1944 als Fahnenjunker-Feldwebel nach 104 Luftsiegen
Deutsches Kreuz in Gold am 16. August 1943
Anzahl der Abschüsse: 136 anerkannte Luftsiege
Letzte Dienststellung: Staffelkapitän der 5. Staffel des Jagdgeschwaders 52

Karl-Heinz Weber

Karl-Heinz Weber wurde am 30. Januar 1922 in Heringsdorf auf Usedom in Pommern geboren. Er meldete sich freiwillig im Jahre 1939, trat Anfang 1940 als Fahnenjunker in die Luftwaffe ein und wurde zum Jagdflieger ausgebildet. Am 1. Oktober 1940 kam er als Leutnant zur 7. Staffel des Jagdgeschwaders 51 und wurde mit Beginn des Russlandfeldzuges mit seinem Geschwader nach Osten verlegt.

Seinen ersten Luftsieg erzielte er am 24. Juni 1941 und konnte bis zum 25. Oktober 1941 zwölf Luftsiege erringen. Im November 1941 verließ er die Front und wurde Staffelkapitän der Ergänzungsstaffel des Jagdgeschwaders 51. Im Juni 1942 kehrte er an die Front zurück, und bis 6. August 1942 hatte er den 20. Luftsieg errungen. Nach 22 Luftsiegen wurde seine Maschine am 3. September 1942 im Gefecht mit zweimotorigen sowjetischen Bombern von einem Heckschützen getroffen und er musste mit dem Fallschirm aussteigen. Noch am Fallschirm hängend, wurde er durch Infanteriegeschosse der eigenen Infanterie verwundet. Er kam zwar heil herunter, musste aber für einige Monate ins Lazarett. Mitte Dezember kehrte er zu seiner Einheit zurück. Nach kurzer Eingewöhnung konnte er am 15. Januar seinen 23. Gegner

Eine Me 109 des Jagdgeschwaders 51 musste auf einem Feld in Russland notlanden. Durch die Wucht des Aufpralls ist der Rumpf hinter der Kabine abgebrochen.

Karl-Heinz Weber

bezwingen. Bis Ende Juni 1943 hatte er 40 Luftsiege errungen. Das Deutsche Kreuz in Gold war ihm bereits am 16. März 1943 verliehen worden und den Ehrenpokal der Luftwaffe hatte er am 30. September 1942 erhalten. Im August 1943 wurde er Staffelführer der 7. Staffel des Jagdgeschwaders 51.

Als zielsicherer Schütze und toller Kurvenkämpfer konnte er in den folgenden Monaten mit seinen Abschusserfolgen zur Spitzengruppe des Geschwaders vorstoßen. Sein ungestümer Angriffsgeist, gepaart mit kluger Abwägung seiner Chancen, machten ihn zu einer „Bank" – was bedeutete, dass er zu jenen zählte, die die Geschwaderserie der Abschüsse ständig erhöhten. Täglich mehrmals startend gelang es ihm – neben Einzelerfolgen, Dubletten und Dreifacherfolgen –, an einem Tag manchmal fünf oder sogar sechs Gegner zu bezwingen und zu seinem Horst zurückzukehren. Am 10. Oktober 1943 konnte er die magische Zahl von 100 Abschüssen erreichen. Am 12. November 1943 bekam er als Oberleutnant nach 106 Abschüssen das Ritterkreuz verliehen. Danach erkrankte er an Gelbsucht und fiel für einige Monate aus.

Am 1. März 1944 wurde Karl-Heinz Weber wegen Tapferkeit vor dem Feind vorzeitig zum Hauptmann befördert, um schließlich am 25. Mai 1944 mit seiner Staffel in die Reichsverteidigung versetzt zu werden. Bereits am 1. Juni 1944 übernahm Weber die II. Gruppe des Jagdgeschwaders 1, mit der er nach Beginn der Invasion im Westen umgehend nach Frankreich verlegte. Bis dahin hatte er bei über 500 Feindflügen an der Ostfront 136 Luftsiege erzielt. Als besonnener Verbandsführer hatte er nun die Aufgabe, seine Gruppe gegen einfliegende viermotorige Bomber und deren Begleitjäger zu führen. An der Invasionsfront im Westen war Weber jedoch kein weiterer Luftsieg vergönnt. Nachdem er am 7. Juni 1944 an der Spitze seines Stabsschwarmes südlich von Rouen in einen Kampf mit britischen und amerikanischen Jägern verwickelt worden war, kehrte er nicht mehr zum eigenen Horst zurück. Hauptmann Karl-Heinz Weber blieb vermisst. Für seine Leistungen und Erfolge im Luftkrieg wurde ihm am 20. Juli 1944 das 529. Eichenlaub zum Ritterkreuz verliehen.

Karl-Heinz Weber

Geboren am 30. Januar 1922 in Heringsdorf auf Usedom in Pommern
Vermisst seit dem 7. Juni 1944 südlich von Rouen
Letzter Dienstgrad: Hauptmann
Ritterkreuz am 12. November 1943 als Oberleutnant nach 106 Luftsiegen
529. Eichenlaub zum Ritterkreuz als Hauptmann am 20. Juli 1944 nach 136 Luftsiegen (posthum verliehen)
Deutsches Kreuz in Gold am 16. März 1943
Anzahl der Abschüsse: 136 anerkannte Luftsiege
Letzte Dienststellung: Gruppenkommandeur der II. Gruppe des Jagdgeschwaders 1 „Oesau"

Joachim Müncheberg

Joachim Müncheberg

Joachim Müncheberg wurde am 31. Dezember 1918 in Friedrichshof im Kreis Dramburg in Pommern geboren. „Jochen", wie ihn seine Freunde und Kameraden nannten, war in seiner Jugend ein ausgezeichneter Sportler und Leichtathlet. Als er sich nach seinem Abitur im Dezember 1936 zur Luftwaffe meldete, war er gerade erst 18 Jahre alt. Als Fahnenjunker wurde er in die Luftwaffe aufgenommen und durchlief die Luftkriegsschule Dresden sowie diverse Ausbildungsgänge, ehe er am 23. September 1938 seine Versetzung als Oberfähnrich zur I. Gruppe des Jagdgeschwaders 234 (eine Tarnnummer, um eine Vielzahl an Geschwadern vorzutäuschen) erhielt. Am 8. November 1938 wurde Jochen Müncheberg zum Leutnant befördert.

Am 1. September 1939, bei Kriegsbeginn, flog Müncheberg in der 10. (Nachtjagd)-Staffel/Jagdgeschwader 26 „Schlageter", deren Staffelkapitän der spätere Schwerterträger Oberleutnant Johannes Steinhoff war. Am 23. September 1939 wurde Leutnant Müncheberg Adjutant der unter dem Kommando von Hauptmann Walter Kienitz stehenden III. Gruppe. Die Aufstellung der III. Gruppe erfolgte erst ab dem 23. September 1939 in Werl. Sie verfügte vorerst nur über eine einzige Staffel, in der Maschinen wie die ehrwürdige Arado 68, Arado 66, zwei Klemm 35 und auch vier Me 109 flogen. Erst im Oktober wurden alle Arado-Maschinen abgegeben. Dafür erhielt die Gruppe endlich dreißig Me 109 E, die mit jeweils vier MG, zwei MG und zwei MG FF, ausgestattet waren.

Am 7. November 1939 schoss Müncheberg auf einem Kurierflug seinen ersten Gegner ab. Die Bristol Blenheim war zugleich auch der erste Abschuss seiner Gruppe. Während des Frankreichfeldzuges kamen acht weitere Gegner hinzu. Am 19. Juli 1940 wurde er vorzeitig zum Oberleutnant befördert. Vom 13. August bis zum 6. September verliefen die ersten beiden Phasen der Luftschlacht über England. Das Jagdgeschwader 26 flog eine Vielzahl von Einsätzen, vor allem als Sicherung für die Stuka- und Kampffliegerverbände in der Luft über dem Kanal und über England. Sie wurden von ihren Gegnern „Channel Boys" genannt. Die direkte Luftschlacht, die am 13. August begann, sah Oberleutnant Müncheberg als Kapitän der 7. Staffel im Einsatz, die er vom 22. August 1940 bis zum 18. September 1941 führen sollte.

Am 14. August flog die III. Gruppe Geleitschutz für eine Gruppe Ju 87. Die Jäger erzielten sechs Abschüsse. Müncheberg und Galland (der noch die III. Gruppe führte) waren an diesem Erfolg beteiligt.

Am 7. September besuchte Reichsmarschall Göring das Geschwader, um sich nach dessen Ergehen zu erkundigen. Er kam zur III. Gruppe, die nach der Beförderung Gallands zum Geschwaderkommodore von Hauptmann Schöpfel geführt wurde. Es entspann sich zwischen Göring und den Staffelkapitänen der Gruppe ein seltsam einmütiges Gespräch. Hauptmann Schöpfel war der erste, der von Göring nach der Zahl seiner Abschüsse befragt wurde. Seine

Antwort: „17, Herr Reichsmarschall!“ Göring wandte sich nun Müncheberg zu: „Und Sie Müncheberg?“

„17, Herr Reichsmarschall!“, war wiederum die Antwort, die Göring stutzen ließ.

Nun war Oberleutnant Ebeling an der Reihe. Göring meinte schmunzelnd: „Doch nicht auch 17, Ebeling?“

„Doch, Herr Reichsmarschall, auch 17 Abschüsse.“

Göring war höchst erfreut. Das hatte keine Gruppe am Kanal aufzuweisen: Drei Jagdflieger, die alle vor Erreichen des Ritterkreuzes standen, das zu dieser Zeit nach 20 Abschüssen verliehen wurde. Am 14. September erhielt dann auch Müncheberg als Oberleutnant nach seinem 20. Luftsieg das Ritterkreuz.

Unter Führung Münchebergs verlegte die 7./Jagdgeschwader 26 am 9. Februar 1941 ins Mittelmeer, und zwar auf die Insel Sizilien, wo im Raume Gela an der Ostküste ein Feldflugplatz bezogen wurde.

Bis dahin hatte Müncheberg 23 Luftsiege auf seinem Konto. Vom 9. Februar bis zum Ende Mai 1941 lag die Staffel in Gela, mit einer geringen Unterbrechung vom 6. bis 8. April, als sie auch zum Balkanfeldzug eingesetzt war und von Tarent aus zu Feindflügen gegen Jugoslawien starteten, ehe es wieder nach Gela zurückging.

Hier begann eine neue Erfolgsserie der Staffel. Bereits drei Tage nach seinem Eintreffen auf Sizilien schoss Müncheberg bei einem Einsatz über Malta eine Hurricane ab, sein 24. Luftsieg. Von nun an ging es Schlag auf Schlag. Hier, über Malta, den Gegner angehend und bekämpfend, um den Kampffliegern die Angriffe auf diese britische Inselfestung möglich zu machen, verbuchte Müncheberg Sieg nach Sieg. Überwiegend waren es hier die Hurrican, mit denen er sich mehrfach lange Luftduelle lieferte. In dieser Zeit waren es seine Kameraden Oberleutnant Mietusch, Leutnant Johannsen und Feldwebel Laub, die mit zu den Erfolgreichsten zählten. Hier wurde Müncheberg zu dem „Malta-Fighter“.

Am 1. Mai vernichtete er über der St. Paul's Bay seinen 39. Gegner. Zwei Minuten später konnte er einen rasanten Luftkampf gegen einen versierten Gegner bei Ta Venezia abschießen. Hier Münchebergs gekürzter Gefechtsbericht: „Ich flog mit meiner Kette an der Nordküste Maltas entlang. Plötzlich bemerkte ich voraus eine Staffel Hurricanes, die sich in zwei Pulks von jeweils vier Maschinen teilte, als sie uns sah. Die ersten vier flogen uns direkt an. Als sie auf Schussweite herangekommen waren, nahm ich mir den vorn fliegenden Gegner der ersten Rotte vor. Der Bursche zeigte nach meiner Salve eine dünne Rauchfahne und schwang nach rechts unten weg. Der zweite kam mir besser ins Visier, und brennend fiel er senkrecht nach unten. Johannsen hatte eine dritte ‚Hurry‘ erwischt. Dann sichtete ich eine weitere Maschine, die offenbar landen wollte. Aus 50 Metern Distanz jagte ich ihr meine letzten Granaten in den Rumpf. Hell brennend fiel sie hinunter. Die Flakartillerie auf der Insel eröffnete nun das Feuer und die vier vorhin abgedrehten Hurricanes kamen heran. Wir drehten ab und erreichten unangefochten den Fliegerhorst.“

Am Nachmittag dieses Tages schoss Müncheberg über den britischen Flughafen Lucca seinen 41. Gegner ab und am 7. Mai 1941 erhielt er als Oberleutnant nach 43 Luftsiegen das 12. Eichenlaub zum Ritterkreuz verliehen. Als einer der ganz wenigen deutschen Soldaten war er aufgrund seiner Erfolge über Malta vom italienischen Duce, Benito Mussolini, ebenfalls am 7. Mai 1941 mit der Medaglia d'Oro, der goldenen italienischen Tapferkeitsmedaille, ausgezeichnet worden, die außer ihm nur noch Hans-Joachim Marseille erhielt.

Die Zeit auf Sizilien ging zu Ende. Zu Pfingsten wurde in Catania verladen. Es ging nach Piräus, dem Hafen von Athen. Von dort zum Flugplatz Malaoi auf dem Peloponnes. Von hier aus schrieb er am 23. Juni 1941 an Adolf Galland, seinem Kommodore, dass sie in einer trostlosen Gegend herumgammelten und die Bekämpfung von Seezielen und vor allem Seeaufklärung bis 200 Kilometer südlich Kreta nicht nach seinem Herzen sei, zumal diese bis zu drei Stunden Flugzeit vergeudet seien. Müncheberg hatte hier Major Handrick mit seiner Gruppe abgelöst, die nach Rumänien verlegt hatte.

Als der Fliegerführer Afrika, Generalmajor Fröhlich, nach Jägern rief, war Müncheberg mit seiner Staffel zur Stelle. Sechs Maschinen mit Bodenpersonal standen zur Verfügung. Sie wurden dem Jagdgeschwader 27 unter Major Eduard Neumann unterstellt. Es gelang nur Mietusch und Müncheberg, in der kurzen Phase des Afrikatrips einige Hurricanes abzuschießen, wie er Oberstleutnant Galland berichtete. Von Ain el Gazala aus starteten die wenigen Maschinen unter Müncheberg mehrfach und hier erzielte der Staffelkapitän auch weitere Erfolge und schoss am 29. Juli 1941 seinen 47. und 48. Gegner ab. Anfang August 1941 ging es nach Frankreich zurück.

Müncheberg, der am 19. September 1941 zum Hauptmann befördert worden war, hatte während dieser Einsätze im Mittelmeerraum von den von der Staffel abgeschossenen 52 Feindflugzeugen allein 25 zu verbuchen, dazu kamen noch fünf unbestätigte Abschüsse. Am 19. September 1941 übernahm er als Kommandeur die II. Gruppe des Jagdgeschwaders 26 „Schlageter".

Nun ging es im Westen wieder zur Sache und bis zum Ende des Jahres 1941 hatte Müncheberg 62 Abschüsse auf seinem Konto. Ihm dicht auf den Fersen war Hauptmann „Pips" Priller mit 58 Abschüssen.

Am Vormittag des 5. Dezember 1941 war Münchebergs II. Gruppe angetreten, denn Reichsmarschall Göring erschien beim Geschwader, das nun vom Major Schöpfel geführt wurde, um Adolf Galland zu verabschieden. Aber Galland weilte in Berlin, wo er von Hitler seine Beförderung zum Oberst und gleichzeitig zum General der Jagdflieger entgegennehmen sollte. Göring reichte seinem alten Bekannten Hauptmann Müncheberg lächelnd die Hand. „Jetzt sind es aber mehr als 17", sagte er und spielte damit auf jenes Ereignis des Vorjahres an.

Als die II. Gruppe am 22. Dezember von Wevelgem nach Abbeville-Drucat verlegte, musste die Staffel von Oberleutnant Schneider wegen dichten Nebels auf Erdsicht heruntergehen. Dabei flogen Schneider und vier seiner Piloten gegen einige Hügel und stürzten tödlich ab. Joachim Müncheberg standen Tränen in den Augen, als er diesen Männern ein letztes Lebewohl sagte. Während des Kanaldurchbruchs der beiden deutschen Schlachtkreuzer

Das Jäger-Ass Joachim Müncheberg kehrt von seinem 200. Feindflug zurück. Ein Siegerkranz und seine Kameraden stehen bereit, um ihn zu bejubeln. In der Hand hält er seine Signalpistole. Das Foto entstand im April/Mai 1941 auf dem Liegeplatz seiner Staffel in Sizilien. Kurze Zeit später wurde er mit dem Eichenlaub zum Ritterkreuz ausgezeichnet.

„Scharnhorst" und „Gneisenau" sowie des Schweren Kreuzers „Prinz Eugen" aus Brest nach Deutschland flog das gesamte Jagdgeschwader 26 als Luftüberwachungsverband über den Räumen Abbeville-Calais und der See. Andere Geschwader kamen hinzu, sodass insgesamt 391 Jäger und Nachtjäger die Großkampfschiffe sicherten.

Bis zur nächsten Versetzung Ende Juli 1942 erzielte er im Westen weitere 21 Luftsiege, überwiegend schnelle britische Spitfires, wofür er am 5. Juni 1942 mit dem Deutschen Kreuz in Gold ausgezeichnet wurde. Als er sein Geschwader verließ, hatte er insgesamt 83 Luftsiege auf seinem Konto.

Müncheberg wurde zur Einweisung als Kommodore in den Stab des Jagdgeschwaders 51 an die Ostfront versetzt. Am 5. August 1942 übernahm er schließlich das Jagdgeschwader 51 als Kommodore und Stellvertreter des schwer verletzten Karl-Gottfried Nordmann, der bei einem Überschlag am 26. Juni 1942 einen Schädelbasisbruch erlitten hatte.

Hauptmann Müncheberg erzielte auch hier seine Erfolge. Am 9. September 1942 wurde ihm nach 103 Abschüssen als 19. deutschen Soldaten der deutschen Wehrmacht das Eichenlaub mit Schwertern zum Ritterkreuz verliehen. Gleichzeitig wurde er zum Major befördert. Bis Ende September 1942 schraubte er die Anzahl seiner Luftsiege auf 116 hoch.

Anfang Oktober 1942 übernahm er das erfolgreiche Jagdgeschwader 77, mit dem er ein zweites Mal nach Afrika verlegte. Zwar hatte er immer gesagt: „Was soll ich mit einem Geschwader, ich will fliegen und kämpfen und nicht zum Papiertiger werden", doch er musste, denn das Geschwader brauchte einen erfahrenen Kommodore.

Auf dem nordafrikanischen Kriegsschauplatz stand das Geschwader noch einmal in einem überaus schweren Einsatz. Münchebergs Erfolgskonto stieg weiter an. Die Übermacht der Gegner war erschreckend groß geworden. Täglich gab es Kämpfe. Hier zeichneten sich vor allem die alten Kämpfer des Jagdgeschwader 77 aus, wie Bär, Ubben, Reinert, Clausen, Freytag, Brand und Omert und alle die anderen, die über der Wüste kämpften, siegten und starben.

Am Vormittag des 23. März 1943 startete Major Müncheberg mit seinem Stabsschwarm und stieß unterwegs im Raume Sened auf etwa 15 Spitfires der 52. Fighter Group. Es kam zu rasanten Luftduellen. Die „Gustav" mit dem kleinen roten Herzen, die vom Kommodore geflogen wurde, stieß hinter einer Maschine her, die von Captain Sweetland, dem Verbandführer gesteuert wurde. Müncheberg schoss sie in Brand und die Trümmer der Spitfire trafen die Maschine des Kommodore. Die Tragflächen der Messerschmitt brachen weg. Joachim Müncheberg wurde beim Aufprall aus seiner Jagdmaschine geschleudert und prallte auf dem Boden auf. Als die Kameraden ihn fanden, konnten sie nur noch seinen Tod feststellen.

Bei seinem 500. Feindflug war Joachim Müncheberg mit 135 Luftsiegen dem Wege seiner besiegten Gegner gefolgt. Er war keine 25 Jahre alt geworden. Während seines letzten Afrikaeinsatzes hatte er die Abschüsse 117 bis 135 erzielt. Insgesamt hatte er 102 Luftsiege gegen westliche Gegner erzielt, 33 Luftsiege im Osten. Mit 102 Luftsiegen gegen westliche Gegner steht er an 5. Stelle in der Reihenfolge der erfolgreichsten Jagdflieger gegen westliche Gegner nach Marseille, Bär, Bühlingen und Adolf Galland. Er wurde in der Ruhestätte von El Aouina beigesetzt, nach dem Kriege nach Les Massem überführt, um nach Fertigstellung der großen Kriegsgräberstätte in Bordj Cedria dort seine letzte Ruhestätte zu finden.

Joachim Müncheberg

Geboren am 31. Dezember 1918 in Friedrichshof im Kreis Dramburg/Pommern
Gefallen am 23. März 1943 südwestlich von Maknassy/Tunesien
Letzter Dienstgrad: Major
Ritterkreuz am 14. September 1940 als Oberleutnant nach 20 Luftsiegen
12. Eichenlaub zum Ritterkreuz am 7. Mai 1941 als Oberleutnant nach 43 Luftsiegen
19. Eichenlaub mit Schwertern zum Ritterkreuz als Hauptmann am 9. September 1942 nach 103 Luftsiegen
Medaglia d'Oro – die goldene italienische Tapferkeitsmedaille – am 7. Mai 1941
Deutsches Kreuz in Gold am 5. Juni 1942
Anzahl der Abschüsse: 135 anerkannte Luftsiege
Letzte Dienststellung: Kommodore des Jagdgeschwaders 77 in Nordafrika

Hans Waldmann

Hans Waldmann

Hans Waldmann wurde am 24. September 1922 in Braunschweig geboren. Nach abgelegtem Abitur meldete sich Hans Waldmann Anfang 1940 freiwillig zur Luftwaffe und wurde am 16. Oktober 1940 einberufen. Nach seiner Ausbildung zum Jagdflieger wurde er im August 1942 als Unteroffizier Flugzeugführer in der 6. Staffel des Jagdgeschwaders 52 an der Ostfront. Seinen ersten Feindflug machte er am 31. August 1942 in Russland, wo er in rascher Folge die ersten Abschusserfolge erzielte und sein Abschusskonto kontinuierlich nach oben schraubte. Bis zum 22. Dezember 1942 konnte er bereits 20 Luftsiege melden. In dieser Zeit flog er seine Einsätze im Raum Stalingrad und Kaukasus. Im Frühjahr 1943 stand er mit seiner 6. Staffel auf dem Kuban-Brückenkopf im harten Abwehrkampf, wofür man ihm am 10. März 1943 den Ehrenpokal des Oberbefehlshabers der Luftwaffe überreichte und am 17. April 1943 mit dem Deutschen Kreuz in Gold auszeichnete. Am 6. Juni 1943 gelang ihm der 50. Abschuss und bis Ende August 1943 hatte er bereits 84 Luftsiege zu verzeichnen.

Aufgrund seines fliegerischen Könnens wurde er vom 1. September 1943 bis Ende Februar 1944 als Lehrer zur Ergänzungsgruppe Ost nach Frankreich abkommandiert. Hier erreichte er mit dem Abschuss eines amerikanischen viermotorigen B-17-Bombers seinen 85. Luftsieg und bekam dafür am 5. Februar 1944 als Feldwebel das Ritterkreuz des Eisernen Kreuzes verliehen. Anschließend erfolgte wegen Tapferkeit vor dem Feind seine Beförderung zum Leutnant.

Als er Ende Februar 1944 an die Ostfront zurückkehrte, wurde er zum Führer der 4. Staffel ernannt. Schnell erhöhte er die Zahl seiner Abschüsse. Bereits am 11. April 1944 gelang ihm der 100. Luftsieg. Als die Tragödie auf der Krim im April/Mai 1944 ihren Höhepunkt erreichte, stürzte sich Hans Waldmann immer wieder in das Kampfgeschehen und es folgte Abschuss auf Abschuss. Beim Verlust der Krim hatte er schließlich 121 Luftsiege erreicht und bis Ende Mai 1944 erzielte er seinen 125. Luftsieg. Im Juni 1944 ging er mit seiner 4. Staffel/Jagdgeschwader 52 in den Westen, wo diese, jetzt umbenannt in 8. Staffel/Jagdgeschwader 3 „Udet", im Juli 1944 an der Invasionsfront in der Normandie eingesetzt wurde. Im August 1944 gelangen ihm sieben Abschüsse, darunter fünf Thunderbolts, eine viermotorige B-24 „Liberator" und eine Auster-Transportmaschine.

Im Dezember 1944 wurde er zur I. Gruppe des Jagdgeschwaders 7, dem ersten Düsenjagdgeschwader, kommandiert und auf die Me 262 umgeschult. In diesem Verband kämpften überwiegend hochkarätige Jagdflieger, und Waldmann übernahm, inzwischen zum Oberleutnant befördert, als Staffelführer die 3. Staffel des Jagdgeschwaders 7. Mit diesem Verband gelangen ihm am 22. Februar 1945 noch zwei weitere Abschüsse von amerikanischen Mustang-Jagdmaschinen, die sein Abschusskonto auf 134 Luftsiege erhöhten.

Am 18. März 1945 startete Hans Waldmann mit einem Schwarm seiner Staffel zu seinem 527. Feindflug vom Flugplatz Kaltenkirchen in Holstein gegen die viermotorigen Flying Fortresses, die an diesem Tag Berlin bombardierten. Aber schon kurz nach dem Start endete

Friedrich Wachowiak, Günther Rall und Karl Gratz (alle im Jagdgeschwader 52 und Kameraden von Hans Waldmann) beobachten das Treiben auf einem Feldflugplatz in Russland.

der letzte Einsatz von Hans Waldmann durch einen Zusammenstoß mit einer anderen Me 262 in den Wolken tödlich. Beide Düsenjäger stürzten nach der Kollision bei Schwarzenbek östlich von Hamburg ab und explodierten in einem Aufschlagbrand. Beide Flugzeugführer fanden dabei den Tod. Auf seinen 527 Feindflügen konnte er 134 Luftsiege erringen, davon zehn im Westen, darunter zwei Viermots mit der Me 262. Bei seinen 28 Jagdbombereinsätzen und unzähligen Tieffliegerangriffen vernichtete er 33 Kraftfahrzeuge und acht Gespanne.

Hans Waldmann

Geboren am 24. September 1922 in Braunschweig
Gefallen am 18. März 1945 bei Kaltenkirchen in Holstein
Letzter Dienstgrad: Oberleutnant
Ritterkreuz am 5. Februar 1944 als Leutnant nach 84 Luftsiegen
Hans Waldmann war zum Eichenlaub eingereicht, dessen Befürwortung nicht nachweisbar ist. Es besteht jedoch die Annahme, dass Oberst Below, der Adjutant der Luftwaffe bei Hitler in Berlin, zwischen dem 20. und 30. April 1945 nach dem Abreißen der Funkverbindung mit dem Luftwaffenführungsamt noch zwei Eichenlaub-Verleihungen an die beiden Luftwaffenangehörigen Hans Waldmann und Franz Hrdlicka vornahm.
Deutsches Kreuz in Gold am 17. April 1943
Anzahl der Abschüsse: 134 anerkannte Luftsiege
Letzte Dienststellung: Staffelführer der 3. Staffel des Jagdgeschwader 7 (Me 262)

Alfred Grislawski

Alfred Grislawski wurde am 2. November 1919 in Wanne-Eickel im Ruhrgebiet geboren. Nachdem er die Schule im Juli 1934 verlassen hatte, absolvierte er im Kreis Stolp in Pommern eine landwirtschaftliche Ausbildung und trat am 1. November 1937, bei der 2. Kompanie in der Fliegerersatzabteilung 16 in Schleswig, in die Luftwaffe ein. Er beendete seine Ausbildung als Flugzeugführer und Jagdpilot im Juni 1940 und wurde zur Ergänzungsgruppe in Merseburg versetzt. Im Juli 1940 kam er dann zur III. Gruppe des Jagdgeschwaders 52. Während der Luftschlacht über England flog er in der 7. Staffel des Geschwaders. Am 1. Oktober 1940 wurde er zum Unteroffizier befördert und zur 9. Staffel des Jagdgeschwaders 52 versetzt.

Am 14. Oktober 1940 verlegte die III. Gruppe/Jagdgeschwader 52 nach Rumänien, wo sie die Aufgabe hatte, rumänische Flugzeugführer für deren Luftwaffe auszubilden.

Mit Beginn des Russlandfeldzuges wurde das Jagdgeschwader im Süden Russlands eingesetzt. Den ersten Abschuss erzielte Grislawski am 1. September 1941, es war eine I-16 „Rata". Bis zum Jahresende 1941 hatte er 11 Luftsiege erzielt. Seinen 42. Luftsieg erzielte er am 28. Mai 1942. Daraufhin erfolgte eine dreimonatige Kommandierung zur Ergänzungsgruppe Ost nach Frankreich, als Jagdfliegerlehrer.

Bis zur Verleihung des Ritterkreuzes nach seinem 42. Luftsieg hatte Grislawski bereits 240 Feindflüge hinter sich gebracht. Darunter eine ganze Menge Tiefangriffe und Jagdbombereinsätze. Allein im Monat Mai 1942 konnte er 22 Luftsiege erringen. Das Ritterkreuz wurde ihm als Feldwebel am 1. Juli 1942 verliehen, nachdem er bereits am 30. Mai 1942 mit dem Ehrenpokal des Oberbefehlshabers der Luftwaffe ausgezeichnet worden war. Am 1. August 1942 wurde er dann zum Oberfeldwebel befördert.

Ende August 1942 kam er an die Ostfront zurück und erzielte im folgenden Monat September erneut 16 Luftsiege. Im Oktober wurde er zur 7. Staffel des Jagdgeschwaders 52 versetzt, und erhöhte bis Ende des Jahres 1942 seinen Abschussrekord auf 84 Luftsiege. Schließlich wurde er, am 1. Dezember 1942, wegen Tapferkeit vor dem Feind zum Leutnant befördert.

Oft mehrmals am Tage startend, konnte er an vielen Tagen zwei, drei oder vier Gegner vom Himmel schießen, so zum Beispiel am 5. November, als er vier Il-2 „Stormovik", oder am 12. Dezember 1942, als er drei MiG-1 und eine I-16 besiegte.

Im Januar 1943 erzielte er weitere Luftsiege. Am 18. Januar gelangen ihm zwei I-16-Abschüsse, aber auch seine Me 109 geriet nach Treffern in Brand. Er konnte noch die eigenen Linien erreichen und eine Notlandung absolvieren, trug aber Verbrennungen im Gesicht davon, was ihm ein Flugverbot von etwa zwei Wochen einbrachte.

Im April und Mai 1943 kämpfte er über dem Kuban-Brückenkopf und erzielte am 27. April 1943 seinen 100. Luftsieg. Am 1. Juni 1943 zum Oberleutnant befördert, schoss

Alfred Grislawski

er am 3. Juni zwei sowjetische La-5-Jäger ab, was sein Abschusskonto auf 109 Luftsiege erhöhte. Am nächsten Tag wurde er bei Taman durch die Explosion einer eigenen Landmine verwundet.

Im Anschluss, nach seiner Genesung kam er im Juli 1943 zur Jagdgruppe „Süd". Am 15. August 1943 wurde die Jagdgruppe „Süd" in Jagdgeschwader 50 umbenannt, was ein Sonderverband der Luftwaffe war. Es war Hermann Graf, der diesen erfahrenen Flieger und Freund, mit dem er zusammen in der berühmten 9. „Karaya-Staffel" des Jagdgeschwaders 52 geflogen war, in den Stab des von ihm geführten Jagdgeschwaders 50 holte. Mit dem Jagdgeschwader 50 – einem Spezialgeschwader für die Höhenjagd –, dem er von Juli bis Oktober 1943 angehörte, gelangen Grislawski vier Abschüsse von viermotorigen B-17-Bombern. Nach seiner Beförderung zum Hauptmann am 1. Oktober 1943 übernahm er am 6. November 1943 die 1. Staffel des Jagdgeschwaders 1 in der Reichsverteidigung. Als Kapitän dieser Staffel erzielte er bis zum 24. Januar 1944 weitere acht Abschüsse von B-17 „Flying Fortress". An diesem Tag aber wurde seine Focke-Wulf abgeschossen und er verwundet. Als er nach seiner Genesung am 13. März 1944 zurückkehrte, teilte man ihm mit, dass er die 8. Staffel des Jagdgeschwaders 1 übernehmen sollte. Am 9. April schoss Grislawski zwei weitere Flying Fortresses ab, womit er seine Abschussbilanz auf 123 Luftsiege erhöhen konnte. Hierfür wurde ihm am

Die US-Luftwaffe drang ab 1943 mit immer größeren Bomberverbänden in den deutschen Luftraum ein. Neben den Jägern, wie Alfred Grieslawski, der 18 viermotorige Bomber abschoss, war auch die Flak mit vielen Abschüssen an der Abwehr dieser Bomberpulks beteiligt. Im Bild eine schwer getroffen B-24 kurz vor dem Absturz.

11. April 1944 als Hauptmann und 446. Soldat der deutschen Wehrmacht das Eichenlaub zum Ritterkreuz verliehen. Mit dem Abschuss einer B-24 „Liberator“ am 13. April und einer P-51 „Mustang“ am 22. April 1944 erreichte er die Luftsiege 124 und 125. Nachdem er Anfang Juni 1944 von seinem Hochzeitsurlaub – die Hochzeit hatte am 20. Mai stattgefunden – zurückgekehrt war, musste er mit seiner Staffel an die Invasionsfront nach Frankreich verlegen. Aber auch hier blieb Grislawski mit vier weiteren Luftsiegen erfolgreich. Kurzfristig wurde er sogar Gruppenkommandeur der III. Gruppe des Jagdgeschwaders 1 „Oesau“.

Schließlich übernahm Grislawski im August 1943 die 11. Staffel des Jagdgeschwaders 53 „Pik-Ass“ als Staffelkapitän. Bis zum 26. September schoss er drei weitere Gegner ab, was sein Erfolgskonto auf 132 Luftsiege erhöhte.

An diesem 26. September 1944, nach dem Abschuss einer P-38, seinem 133. und letzten Luftsieg, wurde er bei Münster von einer P-51 getroffen, wobei seine Maschine Feuer fing. Er sprang ab, doch erst kurz bevor er am Boden ankam, öffnete sich der Fallschirm. So kam er sehr hart auf und brach sich bei der Landung einige Wirbel. Das Ende des Krieges erlebte er in einem Lazarett in Badgastein. Er wurde von amerikanischen Truppen gefangen genommen und sehr bald wieder in Freiheit entlassen. 1946 kehrte er zu seiner Familie zurück.

Bei etwa 800 Feindflügen hatte Grislawski 133 Luftsiege errungen, davon 109 Abschüsse im Osten und 24 Abschüsse im Westen, wovon 18 viermotorige Bomber waren. Alfred Grislawski starb am 19. September 2003 in Herne.

Alfred Grislawski

Geboren am 2. November 1919 in Wanne-Eickel im Ruhrgebiet
Verstorben am 19. September 2003 in Herne
Letzter Dienstgrad: Hauptmann
Ritterkreuz am 1. Juli 1942 als Feldwebel nach 42 Luftsiegen
446. Eichenlaub zum Ritterkreuz am 11. April 1944 als Hauptmann nach 123 Luftsiegen
Anzahl der Abschüsse: 133 anerkannte Luftsiege
Letzte Dienststellung: Staffelkapitän der 11. Staffel des Jagdgeschwader 53 „Pik-Ass“

Franz Schall

Franz Schall wurde am 1. Juni 1918 in Graz geboren. Bei Kriegsbeginn im September 1939 war er Unteroffizier bei der Flakartillerie. Ab 1. Oktober 1940 versah er seinen militärischen Dienst beim Flakregiment 38 an der Heimatfront. Im September 1941 machte er seinen Traum wahr und meldete sich als Feldwebel freiwillig beim fliegenden Personal.

Im Herbst 1941 begann seine Ausbildung zum Piloten, die er im Februar 1943 abschloss. Zuvor wurde er am 1. September 1942 zum Leutnant befördert.

Anschließend wurde er zur I./Jagdgeschwader 52 nach Russland versetzt, und flog dort mit der 3. Staffel. Am 6. Mai 1943 konnte er seinen ersten Luftsieg erringen.

Er war einer der erfolgreichen Rottenflieger, der sich auch ab und an selber einen der Gegner „zur Brust nahm", wie er betonte. Sein Abschusskonto stieg langsam aber kontinuierlich in die Höhe, und bis zum Jahresende 1943 kamen 25 weitere Luftsiege dazu. Am 22. Februar 1944 bekam er den Ehrenpokal des Oberbefehlshabers der Luftwaffe überreicht, dem am 20. März 1944 die Verleihung des Deutschen Kreuzes in Gold folgte.

Am 5. Juni 1944 erzielte er seinen 60. Luftsieg. Schließlich wurde er am 11. August 1944 Kapitän der 3. Staffel des Jagdgeschwaders 52. Zugleich erzielte er seinen 75. Luftsieg.

Der Monat August 1944 wurde für Schall ein Siegeslauf ohne Grenzen. Den Auftakt dieses so erfolgreichen Monats machte er am 12. August, als er bei zwei Starts drei Gegner vom Himmel holte. Weitere Luftsiege folgten. Dann kam der 26. August, an dem er zwischen 11.00 Uhr und 19.00 Uhr insgesamt elf Gegner bezwang – ein Erfolg, den nur wenige Piloten übertreffen konnten. Dann folgte der 31. August mit dem großen Paukenschlag, als er 13 Gegner abschoss und auf seinen Rekord vom 26. August noch einmal zwei Gegner draufsetzte. An diesem Tag fegte er neben zwei P-39 alleine elf Il-2 „Stormovik" vom Himmel. Seine Kameraden nahmen ihn auf die Schulter und trugen ihn zur Befehlsbaracke, wo er berichten musste. Schließlich erfolgte noch seine namentliche Nennung im Wehrmachtsbericht dieses Tages. In den nächsten Tagen gelangen ihm weitere Abschüsse, sodass er bis zum 3. September 1944 117 Luftsiege errungen hatte. Von seinen 117 Ostluftsiegen waren 64 über die stark gepanzerten Stormoviks erzielt worden, wofür Franz Schall die höchste ungarische Tapferkeitsauszeichnung erhielt.

Am 10. Oktober 1944 wurde er endlich mit dem Ritterkreuz ausgezeichnet und zum Oberleutnant befördert. Bis dahin war er selbst viermal von der Flak oder von Jägern abgeschossen worden. Einmal musste er sich sogar durch sowjetische Linien durchschlagen, um zu seiner Einheit zurückkehren zu können.

Im Oktober 1944 wurde Schall als Kapitän zur 2. Staffel des „Erprobungskommando Nowotny" versetzt und auf die Me 262 umgeschult. Hierbei absolvierte er wichtige Testflüge mit der Me 262. Nachdem ihm am 8. November 1944 drei „Mustangs" zum Opfer gefallen waren, wurde er Anfang 1945 Staffelkapitän der 10. Staffel/Jagdgeschwader 7, dem ersten

Franz Schall

Düsenjagdgeschwader der Welt, dessen Kommodores Oberstleutnant Johannes Steinhoff und danach Major Theodor Weissenberger waren.

Hier gelang es ihm in hervorragender Weise, mit seiner Me 262, diesem schnellen Vogel, erfolgreich gegen die einfliegenden Bomberverbände und ihren Begleitschutz zu agieren, wie seine Luftsiege auf diesem schnellen Flugzeug bewiesen. Es war Oberstleutnant Johannes Steinhoff, der Franz Schall zum Eichenlaub einreichte. Trotz seiner Verdienste auch in der letzten Phase des Krieges hat er diese Auszeichnung nicht mehr erhalten, wurde aber noch zum Hauptmann befördert. Mit der Me 262 konnte er 14 – andere Quellen sprechen von 16 – Luftsiege, darunter fünf viermotorige Bomber, erringen. Damit war er mit Heinz Bär der erfolgreichste Düsenjägerpilot im Zweiten Weltkrieg.

Am 10. April 1945 musste er nach dem Abschuss einer „Mustang" eine Notlandung mit seiner Maschine in Parchim/Mecklenburg ausführen, dabei geriet seine Me 262 in einen Bombentrichter. Der Düsenjäger wurde bei der folgenden Explosion auseinandergerissen, Hauptmann Schall fand dabei den Tod. Auf etwa 550 Feindflügen hatte er 133 Luftsiege erzielt, und vermutlich liegt die Zahl seiner Abschüsse sogar bei 137. Bei seinen 35 Tieffliegerangriffen konnte er drei Panzer, einen Spähpanzer, 24 Lastkraftwagen, ein Flakgeschütz, eine Lokomotive und 21 Gespanne zerstören.

Franz Schall

Geboren am 1. Juni 1918 in Graz
Gefallen am 10. April 1945 bei einer Notlandung in Parchim/Mecklenburg
Letzter Dienstgrad: Hauptmann
Ritterkreuz am 10. Oktober 1944 als Leutnant nach 117 Luftsiegen
Eingereicht zum Eichenlaub zum Ritterkreuz
Deutsches Kreuz in Gold am 20. März 1944
Anzahl der Abschüsse: 133 Luftsiege
Letzte Dienststellung: Staffelkapitän in der 10. Staffel des Jagdgeschwaders 7 (Me 262)

Johannes Wiese

Johannes Wiese

Johannes Wiese wurde am 7. März 1915 in Breslau in Schlesien geboren. Er war ursprünglich Infanterist und diente von 1934 bis 1936 im Infanterieregiment 6 in Lübeck, das zur 30. Infanteriedivision gehörte, ehe er als Oberfähnrich zur Luftwaffe übertrat und nach seiner fliegerischen Ausbildung zunächst als Beobachter bei den Heeresaufklärern flog. 1937 erhielt er seine Beförderung zum Leutnant. Im Oktober 1939 begann seine Ausbildung zum Jagdpiloten und im Sommer 1941 wurde er als Adjutant zum Geschwaderstab des Jagdgeschwaders 52 kommandiert, das im Osten stationiert war.

Er flog einige Einsätze als „Überzähliger" mit und zeigte dabei, dass er etwas vom Fliegen verstand. Am 23. September 1941 gelang ihm mit dem Stabsschwarm startend sein erster Abschuss: ein DB-3-Bomber.

Am 15. Juni 1942 stand Wiese als frischgebackener Staffelkapitän der 2. Staffel/Jagdgeschwader 52 vor seinen Männern, mit denen er in den kommenden Monaten gegen den Feind fliegen würde. Mit dem Abschuss eines sowjetischen Pe-2-Bombers am 3. August 1942 begann für ihn eine Siegesserie, die bis Ende des Jahres 1942 auf 53 Luftsiege anstieg. Dafür wurde er am 5. Januar 1943 als Hauptmann mit dem Ritterkreuz des Eisernen Kreuzes ausgezeichnet. Zuvor hatte er am 6. November 1942 bereits den Ehrenpokal des Oberbefehlshabers der Luftwaffe erhalten, und am 5. Dezember 1942 bekam Johannes Wiese das Deutsche Kreuz in Gold verliehen.

Nach längerer Abwesenheit von der Front kehrte er im April 1943 an den Kuban-Brückenkopf zu seiner Staffel zurück. Hier erkämpfte er sich schnell den Ruf des „König vom Kuban". Bis Ende Juni hatte er seinen Abschussrekord auf 76 Luftsiege erhöht.

Mittlerweile mit der Führung der I. Gruppe des Jagdgeschwaders 52 beauftragt, hatte Wiese seinen siegreichsten Tag zu Beginn des Unternehmens „Zitadelle". Ab dem Morgengrauen des 5. Juli 1943 ununterbrochen im Einsatz stehend gelang es ihm an diesem Tag, insgesamt zwölf Il-2 vom Himmel zu fegen, diese von der Infanterie so gefürchteten Schlachtflieger, deren Abschuss seine besondere Spezialität war. Beim letzten Gefecht dieses Tages wurde auch seine Maschine von feindlichen Geschossen getroffen und er musste notlanden, was ihm glücklicherweise auch unverletzt gelang.

Seinen 100. Abschuss konnte er am 17. Juli 1943 feiern. Am 13. November 1943 übernahm er offiziell als Gruppenkommandeur die I. Gruppe des Jagdgeschwaders 52. Johannes Wiese erzielte eine Vielzahl weiterer Luftsiege, darunter auch viele, die nicht bestätigt werden konnten, weil Zeugen für diese Abschüsse fehlten. Doch das focht ihn nicht an. Er kämpfte weiter. Am 28. Oktober 1943 holte er seinen 125. Gegner vom Himmel.

Schließlich wurde er am 2. März 1944 für 133 Luftsiege als Major mit dem 418. Eichenlaub zum Ritterkreuz geehrt. Nachdem er am 19. Mai 1944 im Luftkampf schwer verwundet worden war, meldete er sich am 11. Juni 1944 bei der Verbandsführerschule des Generals der

Jagdflieger. Im Oktober 1944 versetzte man ihn in den Geschwaderstab des Jagdgeschwaders 77 „Herz-Ass" und am 1. Dezember 1944 wurde Johannes Wiese dessen Kommodore.

Am 24. Dezember 1944 mit dem Geschwaderstab startend, wurde er über Bottrop von einer Spitfire abgeschossen und musste mit dem Fallschirm abspringen, dabei wurde er erneut schwer verwundet. Er erlebte das Kriegsende im Lazarett. Am 6. September 1945 wurde er von den Briten an die Russen übergeben, was ihm die Gefangenschaft bis zum 28. November 1949 einbrachte.

Johannes Wiese hatte auf über 480 Feindflügen 133 Gegner bezwungen. Man geht jedoch davon aus, dass seine tatsächliche Abschusszahl um 75 Flugzeuge höher sein wird, für die es keine Zeugen gibt und die daher nicht als Abschüsse gewertet wurden. Johannes Wiese trat später in die neu gegründete Bundeswehr ein und ging am 30. November 1970 als Oberstleutnant in den Ruhestand. Er verstarb am 16. August 1991 im Alter von 76 Jahren in Kirchzarten im Schwarzwald.

Johannes Wiese

Geboren am 7. März 1915 in Breslau
Verstorben am 16. August 1991 in Kirchzarten/Baden
Letzter Dienstgrad: Major
Ritterkreuz am 5. Januar 1943 als Hauptmann nach 53 Luftsiegen
418. Eichenlaub zum Ritterkreuz als Major am 2. März 1944 nach 133 Luftsiegen
Deutsches Kreuz in Gold am 5. Dezember 1942
Anzahl der Abschüsse: Insgesamt 133 anerkannte Luftsiege
Letzte Dienststellung: Kommodore des Jagdgeschwaders 77

Adolf Borchers

Adolf Borchers wurde am 10. Februar 1913 in Wendhausen bei Lüneburg geboren. Im Rahmen des Einsatzes der Legion Condor im Spanischen Bürgerkrieg war Adolf Borchers bereits Flugzeugführer in der Jagdgruppe 88 unter Werner Mölders. Dort unternahm er eine Reihe von Einsätzen, ohne dass es zu einem Luftduell mit einem Gegner gekommen wäre. Dennoch war Mölders froh, diesen erfahrenen Unteroffizier bei sich zu wissen.

Vor Ausbruch des Zweiten Weltkrieges kam Adolf Borchers zur 2. Staffel des Jagdgeschwaders 77, der späteren 11. Staffel des Jagdgeschwaders 51, mit der er den Polen- und Frankreichfeldzug miterlebte. Anschließend nahm er an den Luftkämpfen über England teil. Werner Mölders hatte das Jagdgeschwader 51 als Kommodore am 27. Juli 1940 von Theo Osterkamp übernommen, der dieses Geschwader im November 1939 aufgestellt hatte. Adolf Borchers flog als Feldwebel mit seiner Gruppe Einsätze an der Kanalfront und gegen britische Piloten über England. Nach kurzer Eingewöhnungszeit konnte er insgesamt fünf britische Jagdmaschinen abschießen, wurde aber selbst bei einem dieser Duelle so schwer getroffen, dass er seine Maschine bei Cap Gris-Nez in den Sand warf – und ohne eine Schramme

Adolf Borchers, noch in der Kabine seiner Jagdmaschine sitzend, wird von herbeieilenden Kameraden zu einem Luftsieg beglückwünscht.

Adolf Borchers

diesem Schrotthaufen entstieg. Wegen Tapferkeit vor dem Feind wurde Borchers zum Leutnant befördert und gehörte damit zur Offiziersriege dieses Verbandes. Ab 22. Juni 1941 stand er mit seiner Staffel in Russland im Einsatz und erkämpfte hier mit großer Zähigkeit einen Sieg nach dem anderen. Bis Ende des Jahres 1941 erhöhte er sein Abschusskonto auf 23 Luftsiege. Für seine Leistungen im Luftkrieg bekam er am 13. Oktober 1941 den Ehrenpokal des Oberbefehlshabers der Luftwaffe überreicht.

Mittlerweile zum Oberleutnant befördert, wurde er am 9. Oktober 1942 zum Staffelkapitän seiner 11. Staffel des Jagdgeschwaders 51 „Mölders" ernannt und konnte bis Ende 1942 38 Luftsiege erreichen. Dafür wurde er am 15. Oktober 1942 mit dem Deutschen Kreuz in Gold ausgezeichnet.

1943 erhöhte er laufend seine Erfolgsbilanz und so erhielt er am 22. November 1943 nach 78 Luftsiegen seine Beförderung zum Hauptmann und das lang verdiente Ritterkreuz.

Borchers kämpfte mit Zähigkeit und Zielstrebigkeit mit seiner 11. Staffel des Jagdgeschwaders 51 weiter, bis er am 11. Juni 1944 Kommandeur der I. Gruppe des Jagdgeschwaders 52 wurde. Am 24. Juli 1944 erzielte er seinen 100. Luftsieg und am 2. September 1944 seinen 118., der gleichzeitig auch der 10.000. Abschuss des Jagdgeschwaders 52 war.

Als Wilhelm Batz Ende Januar 1945 seine III. Gruppe verlassen musste, wurde Hauptmann Borchers sein Nachfolger. Am 1. Februar 1945 startete er zum ersten Mal als Gruppenkommandeur der III. Gruppe/Jagdgeschwader 52 und konnte in den nächsten Wochen seinen Abschussrekord auf 132 Abschüsse erhöhen. Bei Kriegsende war er Major und hatte die über 800 Feindflüge, die er unternommen hatte, überlebt. Er wurde ebenso wie alle anderen Angehörigen des Jagdgeschwaders 52, einschließlich Bubi Hartmann und Hermann Graf, von den Amerikanern an die Sowjets ausgeliefert und kehrte erst 1949 aus der Gefangenschaft zurück. Adolf Borchers verstarb am 9. Februar 1996 in Oberstaufen-Steibis.

Bei seinen ungefähr 800 Feindflügen erzielte er insgesamt 132 Luftsiege, davon fünf im Westen.

Adolf Borchers

Geboren am 10. Februar 1913 in Wendhausen bei Lüneburg
Verstorben am 9. Februar 1996 in Oberstaufen-Steibis
Letzter Dienstgrad: Major
Ritterkreuz am 22. November 1943 als Hauptmann nach 78 Luftsiegen
Deutsches Kreuz in Gold am 15. Oktober 1942
Anzahl der Abschüsse: 132 anerkannte Luftsiege
Letzte Dienststellung: Kommandeur der III. Gruppe des Jagdgeschwader 52

Erwin Clausen

Erwin Clausen

Erwin Clausen wurde am 5. August 1911 in Berlin-Steglitz geboren. Im Jahr 1931 trat er in die Reichsmarine ein und wechselte im Jahre 1935 von der Marine zur Luftwaffe hinüber. Zu Kriegsbeginn war er als Feldwebel Flugzeugführer in der 3. Staffel des (Jagd-)Lehrgeschwaders 2 in Polen im Einsatz. Hier errang er am 9. September 1939 seinen ersten Luftsieg. Ende 1939 wurde er zum Leutnant befördert. Während des Frankreichfeldzuges gelang ihm ein weiterer Luftsieg, und während der Luftschlacht um England schoss er einen Blenheim-Bomber und eine Spitfire ab, was sein Abschusskonto auf vier erhöhte. Am 1. Februar 1941 zum Oberleutnant befördert, übernahm er als Kapitän die 1. Staffel des (Jagd-)Lehrgeschwaders 2, mit der er am Balkanfeldzug teilnahm und drei weitere Luftsiege erringen konnte.

Mit Beginn des Russlandfeldzuges flog Clausen mit seiner Staffel Einsätze an der Ostfront und konnte sein Abschusskonto bis Ende 1941 auf 18 Luftsiege erhöhen. Am 6. Januar 1942 wurde die I. Gruppe/(Jagd-)Lehrgeschwader 2 in I. Gruppe des Jagdgeschwaders 77 umbenannt, womit Erwin Clausen ab diesem Zeitpunkt (bis Ende Juni 1942) die 1. Staffel des Jagdgeschwaders 77 als Staffelkapitän führte. Mit der Staffel gelangen ihm im ersten Halbjahr 1942 39 Abschüsse, die sein Konto auf 57 Luftsiege erhöhten. Am 18. Mai 1942 erhielt er das Deutsche Kreuz in Gold, um nur vier Tage darauf, am 22. Mai 1942, als Oberleutnant mit dem Ritterkreuz ausgezeichnet zu werden.

Regelmäßig startend gelangen ihm ein, zwei, manchmal auch drei oder – wie am 9. März 1942 – fünf Abschüsse an einem Tag. Clausens Siegesserie erhöhte sich noch einmal explosionsartig, als er im Juli 1942 Staffelkapitän der 6. Staffel des Jagdgeschwaders 77 wurde. In der Zeit vom 1. Juli bis zum 26. Juli1942 fast täglich startend, konnte er an der Spitze seiner Staffel 45 Abschüsse erzielen, was sein Abschusskonto auf 102 Abschüsse hochschnellen ließ. Als er am 23. Juli 1942 als Oberleutnant das 106. Eichenlaub zum Ritterkreuz erhielt, hatte er bereits 101 Luftsiege errungen, dem am 26. Juli der eben beschriebene 102. Luftsieg folgte.

Nach seinem Erholungsurlaub in Deutschland im September zur Front zurückgekehrt, gelangen ihm im September 1942 18 weitere Abschüsse, was seine Erfolgsbilanz auf 120 Luftsiege erhöhte. Clausen wurde anschließend zur Ergänzungsgruppe Süd versetzt, die er am 1. Februar 1943, als Hauptmann und Kommandeur übernahm.

Am 20. Juni 1943 übernahm er als Gruppenkommandeur die I. Gruppe/Jagdgeschwader 11, die in der Reichsverteidigung eingesetzt war. Als Kommandeur der I. Gruppe/Jagdgeschwader 11 kämpfte er mit großem Elan und Können gegen einfliegende Bomberverbände und deren Begleitschutz. Er kam zu weiteren Abschüssen gegen amerikanische viermotorige Bomber.

In der Zeit vom 17. Juli 1943 bis 27. September 1943 gelang ihm der Abschuss von elf B-17-„Flying Fortress"-Bombern, wodurch sich sein Erfolgskonto auf 131 Luftsiege erhöhte. Am 4. Oktober 1943 startete er zum Einsatz mit seinem Stabsschwarm gegen einen starken feindlichen Luftverband, der über der Nordsee gemeldet worden war. Wieder griff er energisch

Hermann Graf, Kommodore des Jagdgeschwaders 11, bei einem Empfang in der Heimat durch BDM-Mädels im Jahr 1944. Erwin Clausen galt bereits als vermisst, als Hermann Graf das Geschwader als Kommodere übernahm.

an, schoss eine B-17 „Flying Fortress" vom Himmel und geriet im Laufe des Luftkampfs aus der Sicht seiner Kameraden. Er kehrte nicht zu seinem Heimathorst zurück und blieb im Gebiet nordwestlich von Borkum vermisst.

Mit Erwin Clausen hatte die Luftwaffe einen verantwortungsvollen Verbandsführer und einen vorbildlichen Flieger, der in der jungen Luftwaffe bereits als „eisgrauer Hase" galt, verloren. Nach dem Tode wurde er noch zum Major befördert. Auf 561 Feindflügen hatte er 132 Abschusserfolge erzielt, davon 114 im Osten und 18 im Westen, darunter 12 Viermots.

Erwin Clausen

Geboren am 5. August 1911 in Berlin-Steglitz
Vermisst seit 4. Oktober 1943 nordwestlich von Borkum
Letzter Dienstgrad: Major (posthum)
Ritterkreuz am 19. Mai 1942 als Oberleutnant nach 52 Luftsiegen
106. Eichenlaub zum Ritterkreuz als Oberleutnant am 23. Juli 1942 nach 101 Luftsiegen
Deutsches Kreuz in Gold am 18. Mai 1942
Anzahl der Abschüsse: 132 anerkannte Luftsiege
Letzte Dienststellung: Kommandeur der I. Gruppe des Jagdgeschwaders 11

Herbert Ihlefeld

Herbert Ihlefeld wurde am 1. Juni 1914 in Pinnow, Kreis Anklam, in Pommern geboren. Er trat 1933 ins Heer ein. Seine Ausbildung absolvierte er im Infanterieregiment 5, bei der 2. Division in Stettin. Im März 1934 kam er zur Luftwaffe und wurde zum Flugzeugmechaniker ausgebildet, bevor er im Januar 1935 seine fliegerische Schulung absolvierte. Nach seiner Ausbildung zum Jagdflieger wurde er zur I. Gruppe des Jagdgeschwaders 132 „Richthofen" versetzt. Als Unteroffizier kam er Ende 1937 zur Legion Condor nach Spanien und wurde der 2. Staffel der Jagdgruppe 88 zugeteilt.

Neben Werner Mölders galt Ihlefeld hier als einer der besten Jäger, der es schließlich auf neun Luftsiege brachte und das Spanienkreuz in Gold mit Schwertern erhielt. Am 1. August 1938 kam er als Oberfeldwebel und Flugzeugführer zur I./(Jagd-)Lehrgeschwader 2, die als Jägergruppe aufgestellt wurde. Aus dieser Gruppe entwickelte sich später die I. Gruppe des Jagdgeschwaders 77, die so große Erfolge in Russland und vor allem auch in Afrika erzielen sollte. 1939, noch vor Ausbruch des Krieges, gehörte Herbert Ihlefeld der Kunstflugstaffel der deutschen Luftwaffe an. Am 20. August 1939 wurde er zum Leutnant befördert.

Nach Beginn des Krieges flog Ihlefeld Einsätze über Polen, dann im Westen, wo er am 29. Mai 1940 in Frankreich seinen ersten Luftsieg erzielte. Zum Oberleutnant befördert, übernahm er am 1. Juli 1940 die 1. Staffel des (Jagd-)Lehrgeschwaders 2 und bereits am 1. September 1940 wurde er mit der Führung dieser Jagdgruppe beauftragt.

In der Luftschlacht über England kam er schließlich zu weiteren Siegen. Nach seinem 21. Luftsieg am 13. September 1940 bekam Ihlefeld das Ritterkreuz des Eisernen Kreuzes verliehen, das Hitler ihm am 16. September überreichte. Bis Ende des Monats konnte er noch drei weitere Luftsiege erringen. Am 1. Oktober 1940 wurde er wegen Tapferkeit vor dem Feind vorzeitig zum Hauptmann befördert, danach schoss er an der Kanalfront bis zum Frühjahr 1941 zehn weitere britische Jäger ab. Gleich zu Beginn des Balkanfeldzuges musste Ihlefeld nach einem Flaktreffer notlanden und geriet dabei – verwundet – in jugoslawische Gefangenschaft, während derer ihn Soldaten der jugoslawischen Armee schwer misshandelten. Mehrmals drohte man ihm mit der Erschießung, doch nach einer guten Woche wurde er glücklicherweise von deutschen Truppen befreit. Während des Unternehmens „Merkur", der Eroberung Kretas, saß Herbert Ihlefeld schon wieder in seiner Messerschmitt und schoss am 26. Mai 1941 über Kreta eine britische Hurricane-Jagdmaschine ab.

Einen Monat später stand er mit seiner Jagdgruppe im Einsatz an der Ostfront und nach 40 Luftsiegen wurde ihm am 27. Juni 1941 als dem 16. Soldaten der deutschen Wehrmacht das Eichenlaub zum Ritterkreuz verliehen. Wenige Wochen zuvor, am 12. Juni 1941, hatte man ihm bereits den Ehrenpokal des Oberbefehlshabers der Luftwaffe überreicht. Nachdem am 6. Januar 1942 die I. Gruppe (Jagd-)Lehrgeschwader 2 in I. Gruppe/Jagdgeschwader 77 umbenannt worden war, setzte Herbert Ihlefeld im Frühjahr 1942 zu einer furiosen Erfolgsserie

Herbert Ihlefeld

an. Binnen kurzer Zeit erzielte er Luftsieg auf Luftsieg. Am 22. April 1942 errang er die Luftsiege 98 bis 101, was ihm als fünftem Jagdflieger der deutschen Luftwaffe gelang. Am 9. April 1942 mit dem Deutschen Kreuz in Gold ausgezeichnet, verlieh man ihm am 24. April 1942 als dem 9. Soldaten der deutschen Wehrmacht das Eichenlaub mit Schwertern zum Ritterkreuz des Eisernen Kreuzes, das er mit dem Deutschen Kreuz in Gold von Hitler im Führerhauptquartier überreicht bekam.

Am 11. Mai 1942 wurde Ihlefeld zur Vorbereitung auf die Funktion eines Geschwaderführers in den Stab des Jagdgeschwaders 51 versetzt, bevor er am 22. Juni 1942 zum Kommodore des Jagdgeschwaders 52 ernannt wurde. Der vorige Kommodore, Oberstleutnant Friedrich Beckh, war am 21. Juni ostwärts von Charkow im Luftkampf gefallen. Ihlefeld führte dss Geschwader bis zum 28. Oktober 1942. Nach der Verleihung der Schwerter erhielt er Flugverbot, trotzdem erzielte er noch eine große Zahl an Abschüssen, die er aber natürlich nicht meldete. Nachdem er am 22. Juli 1942 durch eine Bruchlandung verwundet worden war, übernahm Major Dietrich Hrabak (offiziell dann am 29. Oktober 1942) das Jagdgeschwader 52. Nach seiner Genesung übernahm Ihlefeld am 29. Oktober des Jahres die Jagdschule 3, aus der später das Jagdgeschwader 103 wurde. Dies war ein Schulgeschwader, das im Reich die Flugzeugführer auf ihre Aufgaben an der Front vorbereitete. Die Jagdschule 3 fand in Ihlefeld einen großartigen Könner und Lehrer, dem alle Männer, die später als Flugzeugführer ihren Weg zu den Jagdgeschwadern machten, die Erfolge mit verdankten.

„Der deutschen Luftwaffe", so Werner Schroer vor vielen Jahren zum Autor, „konnte nichts besseres passieren, selbst wenn sich diese Kommandierung auf die Erfolgsliste von Herbert Ihlefeld negativ auswirkte." Ihlefeld übernahm überall dort, wo es brannte und Kommodores ausfielen, deren Vertretung.

Ihlefeld führte in harten Einsätzen die Jagdgruppe 25, die als Höhenjäger für die „Mosquito"-Jagd verwendet wurde. Ab 1. Dezember 1943 wurde er in den Stab, der 30. Jagddivision kommandiert, um schließlich am 1. Mai 1944 kurzfristig das Jagdgeschwader 11 als Kommodore zu führen. Bereits am 20. Mai 1944 wurde er Kommodore des legendären Jagdgeschwaders 1 „Oesau". Er sollte – obwohl er selbst Ende Mai 1944 von einer P-51 „Mustang" abgeschossen wurde – es in der Reichsverteidigung zu großen Erfolgen führen. Daran war er selbst mit nicht weniger als 15 abgeschossenen Feindbombern beteiligt, die er in zähen Kämpfen, noch zweimal leicht verwundet, vom Himmel herunterholte, oftmals noch ehe sie ihre tödlichen Lasten über Deutschland hatten abladen können.

Herbert Ihlefeld, der Mann für alles Grobe und Feine, flog über tausend Mal gegen den Feind. Dass er immer wieder trotz seiner hohen Position startete und den Gegner schlug, wo immer er ihn fand, unterstreicht seinen Kampfwillen. So wurde Herbert Ihlefeld, der Oberfeldwebel aus dem Spanienkrieg, immer wieder wegen Tapferkeit vor dem Feind befördert und stand schließlich im Range eines Oberst der Luftwaffe. Er wurde zum Vorbild für einige Tausend Luftwaffenangehörige und viele erfolgreiche Jagdflieger, die ihn später überholten, als die Geschwaderführungen seinen Start immer wieder verhinderten. Dennoch kann

Herbert Ihlefeld (Bildmitte) im Gespräch mit General Pflugbeil (rechts im Bild) und Wolf-Dietrich Huy (links im Bild) von der III./Jagdgeschwader 77.

hier abschließend gesagt werden: Herbert Ihlefeld war einer der führenden Persönlichkeiten der deutschen Jägerwaffe. Er verkörperte Tapferkeit und Einsatzbereitschaft und kämpfte vom ersten bis zum letzten Tag des Zweiten Weltkrieges auf den verschiedensten Positionen mit übermenschlichem Einsatz. Am 1. Januar 1945 wurde er während des Unternehmens „Bodenplatte" von der eigenen Flak abgeschossen. Bei seinen über 1.000 Feindeinsätzen erzielte Ihlefeld 132 Luftsiege, davon neun in Spanien, 67 im Osten, 56 im Westen, darunter 15 viermotorige Bomber.

Herbert Ihlefeld

Geboren am 1. Juni 1914 in Pinnow, Kreis Anklam/Pommern
Verstorben am 8. August 1995 in Wennigsen/Niedersachsen
Letzter Dienstgrad: Oberst
Ritterkreuz am 13. September 1940 als Oberleutnant nach 21 Luftsiegen
16. Eichenlaub zum Ritterkreuz als Hauptmann am 27. Juni 1941 nach 40 Luftsiegen
9. Eichenlaub mit Schwertern zum Ritterkreuz als Hauptmann nach 101 Luftsiegen am 24. April 1942
Deutsches Kreuz in Gold am 9. April 1942
Anzahl der Abschüsse: 132 anerkannte Luftsiege
Letzte Dienststellung: Kommodore des Jagdgeschwaders 1 „Oesau"

Wilhelm Lemke

Wilhelm Lemke wurde am 27. September 1920 in Arnswalde in der Neumark in Pommern geboren. Im November 1939 trat er als Fahnenjunker in die Luftwaffe ein und absolvierte als letzten Ausbildungsschritt die Jagdfliegerschule, um im Frühjahr 1941 als Flugzeugführer zur III. Gruppe des Jagdgeschwaders 3 kommandiert zu werden. Der Oberfähnrich Lemke kam zur 8. Staffel, die seit dem 22. Juni 1941 an der Ostfront eingesetzt war. Am 26. Juni 1941 errang er seine ersten beiden Luftsiege über sowjetische SB-3-Bomber. Er zeigte sich als begeisterter Flieger und Kämpfer und konnte in kurzen Abständen weitere Luftsiege erringen. Nach 15 Luftsiegen wurde er am 26. August 1941 im Kampf gegen russische Bomber selbst abgeschossen und dabei durch einen Bauchschuss schwer verletzt, sodass er notlanden musste. Die Unterleibsverletzung, die er sich im Luftkampf und der anschließenden Notlandung zugezogen hatte, führte dazu, dass er für längere Zeit ins Lazarett musste. Wegen besonderer Leistungen im Luftkrieg erhielt er am 3. November 1941 den Ehrenpokal des Oberbefehlshabers der Luftwaffe.

Mitte Februar 1942 kehrte Lemke zu seiner Staffel nach Russland zurück und konnte im März 1942 bereits an seine Siegesserie vom Vorjahr anknüpfen. In regelmäßigen Abständen kehrte er einmal und an manchen Tagen zwei- oder dreimal wackelnd von seinen Einsätzen zum Fliegerhorst zurück. Am 29. Juli gelang ihm bei mehreren Einsätzen an diesem Tag der Abschuss von vier gegnerischen Flugzeugen. Am 25. August 1942 hatte er 50 Luftsiege errungen und wurde zum Ritterkreuz eingereicht, das ihm am 19. September 1942 als Leutnant verliehen wurde. Mitte November 1942 hatte er, inzwischen zum Oberleutnant befördert, die Staffelführung der 9. Staffel des Jagdgeschwaders 3 „Udet" übernommen, die er bis zum Oktober 1943 führen sollte. Mit seiner 9. Staffel startend gelangen ihm weitere zahlreiche Luftsiege. So konnte er bis Ende 1942 seinen 90. Luftsieg, darunter eine LaGG-3 durch Rammen, und am 16. März 1943 den 100. erzielen.

Aber nicht nur im Luftkampf war Lemke erfolgreich. Durch seine spektakulären Tiefangriffe konnte er unter anderem zwei Flugzeuge, drei Panzer, vierzehn Lastkraftwagen, darunter drei Tankwagen, drei „Stalinorgel"-Geschütze sowie einige Pak- und Flakstellungen vernichten.

Nach einem wohlverdienten zweimonatigen Urlaub kehrte er Ende Mai 1943 an die Ostfront zurück. Sofort knüpfte Lemke an seine Erfolge vom Winter 1942/43 an und konnte bis zum 28. Juli 1943 weitere 25 Feindflugzeuge vom Himmel schießen.

Anfang August 1943 wurde er mit seiner 9. Staffel, beziehungsweise mit der gesamten III. Gruppe des Jagdgeschwaders 3 „Udet", in die Reichsverteidigung verlegt. Hier startete er nunmehr mit seiner Staffel gegen die feindlichen ins Reich einfliegenden Bomberverbände und deren Begleitschutz. Bereits am 17. August 1943 gelang ihm bei Lüttich der Abschuss von zwei amerikanischen Thunderbolt-Jagdmaschinen. Am 6. September 1943 schoss er ei-

Wilhelm Lemke

nen viermotorigen B-17-Bomber bei Stuttgart ab, und am 14. Oktober 1943 konnte er im Luftraum über Schweinfurt zwei weitere B-17 „Flying Fortresses“ abschießen.

Aufgrund seiner hervorragenden Leistungen im Luftkrieg wurde Wilhelm Lemke am 1. November 1943 vorzeitig zum Hauptmann befördert und bereits am 4. November 1943 übernahm er die II. Gruppe des Jagdgeschwaders 3 „Udet“ als Gruppenkommandeur. Am 25. November 1943 wurde ihm als 338. Soldat das Eichenlaub zum Ritterkreuz verliehen. Bis zu diesem Zeitpunkt hatte er bereits 130 Abschüsse auf seinem Abschusskonto.

Mit seiner Gruppe flog er weitere Einsätze. Bei seinen Kameraden galt er als Gegner der Trägheit und Faulheit, wie er das zeitweilige Herumhängen einiger junger Offiziere nannte, dem sich manche hingaben, bis sie sich in den Gruppenverband eingelebt hatten und sich als ebenso einsatzfreudig erwiesen wie ihr Kommandeur. Er war damit ein großes Beispiel und stellte als Verbandsführer seine großen Führungsqualitäten unter Beweis. Am 30. November 1943 konnte er bei Tilburg mit dem Abschuss einer P-47 „Thunderbolt“ seinen 131. und zugleich letzten Luftsieg erringen.

Am 4. Dezember 1943 startete er zu seinem letzten Feindflug, geriet nordwestlich von Nimwegen in einen Luftkampf mit amerikanischen Thunderbolt-Jägern der 487. Fighter-Squadron und wurde abgeschossen. Seine Messerschmitt 109 stürzte bei Dodewaard/Niederlande ab, dabei fand Hauptmann Wilhelm Lemke den Tod.

Auf seinen 617 Feindflügen hatte er 125 Gegner im Osten besiegt und sechs Abschüsse gegen westliche Gegner erzielt.

Wilhelm Lemke

Geboren am 27. September 1920 in Arnswalde in der Neumark in Pommern
Gefallen am 4. Dezember 1943 bei Dodewaard/Niederlande
Letzter Dienstgrad: Hauptmann
Ritterkreuz am 19. September 1942 als Leutnant nach 50 Luftsiegen
338. Eichenlaub zum Ritterkreuz als Hauptmann am 25. November 1943
nach 130 Luftsiegen
Anzahl der Abschüsse: 131 anerkannte Luftsiege
Letzte Dienststellung: Kommandeur der II. Gruppe des Jagdgeschwaders 3 „Udet“

Gerhard Hoffmann

Gerhard Hoffmann

Gerhard Hoffmann wurde am 6. November 1919 in Nieden, Kreis Johannisburg, in Ostpreußen geboren. Er erfuhr seine fliegerische Ausbildung bei den verschiedenen Kriegslehrgängen mit abschließender Jagdfliegerausbildung. Als Unteroffizier kam Hoffmann, den seine Kameraden „Fakken" nannten, im Juni 1942 zur 4. Staffel des Jagdgeschwaders 52 in den Südabschnitt der Ostfront, wo das Geschwader die deutsche 6. Armee auf ihrem verhängnisvollen Weg nach Stalingrad begleitete. Das Jagdgeschwader 52 hatte bereits hohe Erfolge errungen und eine Reihe seiner Piloten trugen das Ritterkreuz und höhere Stufen desselben.

Als Rottenflieger von Gerhard Barkhorn und Heinrich Sturm lernte er rasch das Einmaleins der Jägerei, nicht ohne das erste Lehrgeld in Gestalt von angeschossenen Maschinen, einer Bauchlandung und einer Bruchlandung zu zahlen.

Im April und Mai 1943 erzielte er über dem Kuban-Brückenkopf seiner erste größere Erfolgsserie, bei der er am 30. Mai 1943 seinen 42. Luftsieg erzielte. Schnell wurde er zum Führer einer Rotte, mit der er seine großartigen Einsätze flog und sehr rasch zum Fahnenjunker-Feldwebel avancierte. Am 25. September 1943 wurde er bei einem Luftkampf verwundet und musste ins Lazarett. Nachdem er im November wieder zurück an die Front gekommen war, konnte er im Herbst und Winter 1943, bis ins Frühjahr 1944 hinein, in einer Vielzahl von Doppelabschüssen und einmal einer Serie von sieben Luftsiegen an einem Tage rasch die Grenze der hundert Abschüsse überspringen, die er Mitte März 1944 über der Krim erreichte. Zuvor war er bereits am 12. Dezember 1943 mit dem Deutschen Kreuz in Gold ausgezeichnet worden, und bekam am 28. Februar 1944 für besondere Leistungen im Luftkrieg den Ehrenpokal des Oberbefehlshabers der Luftwaffe überreicht.

Als er den 100. Luftsieg erreicht hatte, wurde er von Major Hrabak, dem Geschwaderkommodore, zum Ritterkreuz eingereicht, aber es dauerte noch 25 weitere Abschüsse, ehe er am 14. Mai 1944 das Ritterkreuz erhielt und wenig später wegen Tapferkeit vor dem Feind bevorzugt zum Leutnant befördert wurde. Schließlich hatte er bis zu diesem Zeitpunkt noch 128 Last- und Personenkraftwagen, Pferdegespanne und sonstige Fahrzeuge am Boden vernichtet.

Schon Ende April 1944 war er als Jagdlehrer zur Ergänzungsgruppe West versetzt worden, da er sich als kluger und kühler Kalkulator hervorhob. Solche bewährten Jagdflieger benötigten die Jagdschulen in der Heimat dringend, doch man erhielt immer noch viel zu wenige von der Front.

Am 1. November 1944 übernahm er die 4. Staffel des Ergänzungs-Jagdgeschwaders (EJG) 1. Hier gab er mit großem Eifer den jungen und unerfahrenen Piloten seine Erfahrungen mit auf den Weg.

Schließlich kehrte er am 15. März 1945 wieder zu seinem altem Geschwader, dem Jagdgeschwader 52, zurück, um die 11. Staffel als Staffelführer zu übernehmen. Noch einmal

Hermann Graf, ein Geschwaderkollege von Gerhard Hoffmann, führte die 9. Staffel des Jagdgeschwaders 52 und steht im Bild vor seinem mit vielen Abschussstrichen bemalten Leitwerk seiner Me 109 in Russland im Hochsommer 1942.

gelangen ihm vier Abschüsse an der Oderfront. Am 17. April 1945 kehrte Gerhard Hoffmann von einem Versorgungseinsatz nach Breslau nicht zurück. Die Ursache seines Absturzes blieb ungeklärt. Seine 130 Luftsiege erzielte er alle an der Ostfront.

Gerhard Hoffmann

Geboren am 9. November 1919 in Nieden, Kreis Johannisburg/Ostpreußen
Gefallen am 17. April 1945 im Raum zwischen Görlitz und Breslau
Letzter Dienstgrad: Leutnant
Ritterkreuz am 14. Mai 1944 als Fahnenjunker-Feldwebel nach 125 Luftsiegen
Deutsches Kreuz in Gold am 12. Dezember 1943
Anzahl der Abschüsse: 130 anerkannte Luftsiege
Letzte Dienststellung: Staffelführer der 11. Staffel des Jagdgeschwaders 52

Franz Eisenach

Franz Eisenach wurde am 11. August 1918 in Reetz, Kreis Arnswalde, in der Neumark geboren. 1937 meldete er sich als Offiziersanwärter zur Luftwaffe und wurde 1939 zum Leutnant befördert. Nach seiner Ausbildung zum Flugzeugführer kam Franz Eisenach im Jahre 1940 zunächst zur Zerstörerwaffe und diente bis 1941 bei der II. Gruppe des Zerstörergeschwaders 76, mit der er im Westen und an der Ostfront im Einsatz stand und beide Eiserne Kreuze errang. Anschließend wurde er zur 1. (Ergänzungs-) Staffel des Jagdgeschwaders 51 kommandiert. Im Januar 1942 kam er zur IV. Gruppe des Jagdgeschwaders 1, der späteren III. Gruppe/Jagdgeschwader 5, um dann im Juni 1942 zur neu aufgestellten IV. Gruppe des Jagdgeschwaders 1 versetzt und dort der 12. Staffel zugeteilt zu werden. Im Oktober 1942 kam er schließlich zur 9. Staffel des Jagdgeschwaders 54 „Grünherz“ an die Ostfront und errang am 8. November 1942 auf seinem 21. Feindflug den ersten Luftsieg. Bis Ende Dezember 1942 war sein Erfolgskonto auf vier Luftsiege angewachsen. Am 17. April 1943 übernahm Franz Eisenach die 3. Staffel des Jagdgeschwaders 54 als Staffelkapitän. Bis dato hatte er neun Abschüsse erzielt. Vom 5. bis 8. Juli 1943 erreichte er während des Unternehmens „Zitadelle“ die Luftsiege 14 bis 20 und bekam am 31. August 1943 den Ehrenpokal des Oberbefehlshabers der Luftwaffe überreicht. Bis zum 18. Dezember 1943 hatte Eisenach die Zahl von 49 Abschüssen erreicht. An diesem Tag aber erhielt seine Messerschmitt einen Flaktreffer, wobei er schwer verwundet wurde und mit dem Fallschirm abspringen musste. Er musste ins Lazarett, und während der anschließenden Genesung wurde ihm am 16. Januar 1944 das Deutsche Kreuz in Gold verliehen.

Erst im Juni 1944 kehrte er zurück, diesmal in den Stab der I. Gruppe des Jagdgeschwaders 54, das im Nordabschnitt der Ostfront zu dieser Zeit große Erfolge errang und eine lange Reihe hoch ausgezeichneter und ebenso erfolgreicher Jäger in seinen Reihen hatte. Die I. und II. Gruppe des Jagdgeschwaders 54 verteidigten hier den Luftraum über dem Kurland, in das sich die Divisionen der Heeresgruppe Nord allmählich zurückzogen.

Hauptmann Eisenach versuchte aufzuholen, ohne die gebotene Vorsicht und Fürsorge für seine Schützlinge zu vernachlässigen. So kämpfte er sich in die vorderen Ränge vor und wurde am 8. August 1944 Kommandeur der I. Gruppe des Jagdgeschwaders 54. Am 14. September gelang es ihm, mehrmals vom Fliegerhorst in Skirotava auf dem ostwärtigen Ufer der Düna nur wenige Kilometer südlich Rigas startend, neun russische Gegner zu überwinden und damit seinen Rekord auf 100 Luftsiege zu erhöhen.

Aber am 21. September 1944 erwischte es ihn erneut: Bei einem Angriff sowjetischer Bomber auf den Feldflugplatz des Geschwaders wurde sein Gefechtsstand von einer Bombe getroffen, wobei Franz Eisenach wieder verwundet wurde.

Inzwischen hatte sein Kommodore, Oberstleutnant Anton Mader, veranlasst, ihn zum Ritterkreuz einzureichen, das er am 10. Oktober 1944 erhielt, als er bereits 107 Luftsiege er-

Franz Eisenach

rungen hatte. Es waren überwiegend Bomber, Il-2-„Schlächter“ und Jäger, die seinem Können Tribut zollen mussten. Unter den abgeschossenen Fliegern war auch ein hoch ausgezeichneter Major, der dem Gruppenkommandeur gratulierte und dann meinte: „Herr Hauptmann, dass wir den Krieg gewinnen, wissen Sie ja selbst!“ Hauptmann Eisenach und seine Begleitung lächelten zwar, waren aber von der Wahrheit der Worte des russischen Offiziers überzeugt. Dennoch kämpften sie weiter, um den Ansturm der Roten Armee auf Ostdeutschland zu stoppen oder wenigstens so lange zu verlangsamen, dass die Flüchtlinge in den Westen gelangen konnten.

Anfang Dezember 1944 kehrte Eisenach wieder zu seiner I. Gruppe nach Kurland zurück und konnte bis zum 19. März 1945 noch weitere 22 Feindflugzeuge vom Himmel holen. So wurde er vorzeitig zum Major befördert.

Als der Krieg zu Ende ging, gelang es den meisten Piloten des Jagdgeschwaders 54, in einem letzten langen Flug aus Kurland hinauszukommen. Und das am letzten Tage, denn so lange hatte das Geschwader gekämpft. Im Juni 1945 trat das Geschwader zum letzten Befehlsempfang in Odderade nahe Flensburg an. Kommodore Oberst Dieter Hrabak hielt eine letzte Ansprache. Damit war für Franz Eisenach und seine Kameraden der Zweite Weltkrieg zu Ende. Bis September 1945 waren alle Geschwaderangehörigen, die überlebt hatten, zu Hause.

Franz Eisenach war auf seinen 317 Feindflügen in 101 Luftkämpfe verwickelt gewesen, wobei er 129 Luftsiege, sämtliche gegen die sowjetische Luftwaffe, erringen konnte, darunter 52 Il-2-Schlachtflugzeuge und 17 Pe-2-Bomber.

1956 trat Franz Eisenach als Major in die Bundeswehr ein und versah bis 1961 seinen Dienst als Ausbildungs- und Organisationsoffizier bei der Flugzeugführerschule „B“ in Fürstenfeldbruck. Anschließend war er bis 1970 Lehrer an der Offiziersschule der Luftwaffe in Neubiberg und von 1971 bis 1974 Leiter der Freiwilligen Annahmestelle der Luftwaffe. Am 30. September 1974 ging er in Pension. Franz Eisenach verließ die Bundeswehr als Oberstleutnant und verstarb am 21. August 1998 in Ottobrunn bei München.

Franz Eisenach

Geboren am 11. August 1918 in Reetz, Kreis Arnswalde/Neumark
Verstorben am 21. August 1998 in Ottobrunn bei München
Letzter Dienstgrad: Major (Wehrmacht)/Oberstleutnant (Bundeswehr)
Ritterkreuz am 10. Oktober 1944 als Hauptmann nach 107 Luftsiegen
Deutsches Kreuz in Gold am 16. Januar 1944
Anzahl der Abschüsse: 129 anerkannte Luftsiege
Letzte Dienststellung: Kommandeur der I. Gruppe des Jagdgeschwaders 54 „Grünherz“

Heinrich Sterr

Heinrich Sterr

Heinrich Sterr wurde am 24. September 1919 in Ortenburg in Niederbayern geboren. Nachdem er sich im Jahre 1939 freiwillig zur Luftwaffe gemeldet hatte, durchlief er die üblichen Ausbildungsgänge zum Jagdpiloten.

Nach erfolgter Ausbildung wurde er Anfang 1942 zur II. Gruppe des Jagdgeschwaders 54 nach Russland in Marsch gesetzt und der 6. Staffel des „Grünherz"-Geschwaders zugeteilt.

Hier lernten ihn die Kameraden als spaßigen Vogel kennen und nach etwa vier Wochen hatte er seinen Spitznamen „Bazi" weg, was in Bayern so viel wie „Schlitzohr" oder „Schlingel" heißt.

Als das Jahr 1942 zu Ende ging hatte „Bazi" Sterr die ersten zehn Luftsiege auf seinem Erfolgskonto.

Im ersten Halbjahr 1943 reihte er Luftsieg an Luftsieg und konnte am 17. Juni 1943 seinen 60. Abschuss verbuchen. Oft flog er Tiefangriffe oder war als Einzelkämpfer auf der Jagd nach den sowjetischen Il-2-Schlachtflugzeugen unterwegs. Für seine Leistungen im Luftkrieg bekam er am 30. April 1943 den Ehrenpokal der Luftwaffe überreicht.

Seine große Zeit begann Ende Mai 1943 und führte ihn bis zum 8. Oktober 1943 auf eine Abschusszahl von 86 Luftsiegen. An diesem Tag musste er selbst schwer verwundet mit dem Fallschirm abspringen und kam ins Lazarett. Der bereits zum Ritterkreuz eingereichte Heinrich Sterr bekam es schließlich während seiner Genesung am 5. Dezember 1943 umgehängt, nachdem er bereits am 23. Juli 1943 mit dem Deutschen Kreuz in Gold ausgezeichnet worden war.

In seinem Falle war wieder einmal der Dank des Vaterlandes ein „hinkender Esel", der den zu Würdigenden zu spät erreichte, wie es seine beiden Warte einmal gegenüber einem Kriegsberichter ausdrückten.

Erst im März 1944 kam der wegen Tapferkeit vor dem Feind mittlerweile zum Leutnant beförderte Heinrich Sterr an die Ostfront zurück und erzielte am 29. März 1944 seinen 100. Luftsieg. Nur wenig später, am 3. April 1944, wurde er Staffelkapitän seiner 6. Staffel. Bis Ende Mai 1944 hatte er sein Erfolgskonto auf 125 Luftsiege hochgeschraubt.

Aber bereits im Juni 1944 kam er mit seiner Staffel in den Westen, die dort – in 12. Staffel/ Jagdgeschwaders 54 umbenannt und in die IV. Gruppe des „Grünherz"-Geschwaders eingereiht – zusammen mit der III. Gruppe des Jagdgeschwaders 54 in der Reichsverteidigung eingesetzt war, während die I. und II. Gruppe noch im Nordabschnitt der Ostfront standen.

Anschließend nahm Sterr im September 1944 an der Schlacht um Arnheim teil, wo es der Wehrmacht gelang, den letzten größeren Sieg zu erringen. Der inzwischen zum Oberleutnant beförderte Heinrich Sterr, wurde dann noch Staffelkapitän der neu aufgestellten 16. Staffel des Jagdgeschwaders 54. Im Westen konnte er noch vier Feindflugzeuge abschießen. Er war bereits zum Eichenlaub eingereicht worden, als ihn das Jagdfliegergeschick ebenfalls ereilte: Am

Um mit der Me 109 viermotorige Bomber wirksamer bekämpfen zu können, wurden sogenannte „Gondeln" mit zusätzlichen 2 cm-Kanonen unter den Tragflächen befestigt. Diese erhöhten die Feuerkraft des Jagdflugzeuges erhelblich, bewirkten jedoch im Gegenzug, dass die Wendgkeit und Schnelligkeit der Maschine darunter litt. Die Me 109 wurde damit zur leichteren Beute für feindliche Jäger.

26. November 1944 wurde Oberleutnant Heinrich Sterr beim Landeversuch auf dem Flugplatz Vörden bei Bramsche von amerikanischen Jägern überrascht und tödlich abgeschossen.

Heinrich Sterr

Geboren am 24. September 1919 in Ortenburg in Niederbayern
Gefallen am 26. November 1944 auf dem Flugplatz Vörden bei Bramsche
Letzter Dienstgrad: Oberleutnant
Ritterkreuz am 5. Dezember 1943 als Oberfeldwebel nach 86 Luftsiegen.
Eingereicht zum Eichenlaub zum Ritterkreuz
Deutsches Kreuz in Gold am 23. Juli 1943
Anzahl der Abschüsse: 129 anerkannte Luftsiege, davon vier im Westen
Letzte Dienststellung: Staffelkapitän der 16. Staffel des Jagdgeschwaders 54 „Grünherz"

Walther Dahl

Walther Dahl wurde am 27. März 1916 in Lug, Kreis Bergzabern, in der Pfalz geboren. Er trat am 29. Oktober 1935 ins Heer ein und kam zum Infanterieregiment 35 nach Tübingen, das der 25. Infanteriedivision unterstellt war. Am 1. Januar 1938 zum Leutnant der Reserve befördert, wechselte Walther Dahl am 29. Oktober 1938 zur Schutzpolizei, um dann am 1. Mai 1939 als aktiver Offizier in die Luftwaffe einzutreten. Er wurde zum Jagdflieger ausgebildet, danach war er als Fluglehrer tätig und wurde am 1. Oktober 1940 zum Oberleutnant befördert. Nach etlichen Versetzungsgesuchen wurde er im Mai 1941 zum Geschwaderstab des Jagdgeschwaders 3 kommandiert. Bereits am ersten Tag des Ostfeldzuges, am 22. Juni 1944, gelang ihm sein erster Luftsieg und am 10. Juli 1941 wurde Walther Dahl als Adjutant in den Stab der II. Gruppe des Jagdgeschwaders 3 versetzt, wo er stets, entweder als Rotten- oder Schwarmführer, bei Starts seiner Gruppe dabei war. So schraubte er seine Erfolgsserie langsam, aber stetig höher. Bis zum 23. Oktober 1941 konnte er 17 Abschüsse erzielen. Für seine besonderen Leistungen im Luftkrieg wurde er am 23. Dezember 1941 mit dem Ehrenpokal des Oberbefehlshabers der Luftwaffe geehrt.

Schließlich übernahm Dahl am 13. Dezember 1941 die 4. Staffel des Jagdgeschwaders 3, die nach der Wiederauffrischung nach Sizilien verlegt wurde. Hier gelang ihm über Malta der Abschuss einer Spitfire. Am 10. April 1942 übernahm er für vier Monate die Ausbildungsstaffel der Ergänzungsgruppe des Jagdgeschwaders 3. Seine nächste Kommandierung an die Ostfront erfolgte am 15. August 1942, als Geschwaderadjutant im Jagdgeschwader 3 „Udet". Hier flog er Einsätze im Don-Gebiet und über Stalingrad. Im Luftraum über Stalingrad wurde er für die Flugzeuge der Versorgungsgruppen der 6. Armee zu einer entscheidenden Hilfe, indem er russische Jägerangriffe immer wieder mit dem Abschuss einiger Gegner beendete. Am 2. Dezember 1942 meldete er seinen 42. Luftsieg, wofür er am gleichen Tag mit dem Deutschen Kreuz in Gold ausgezeichnet wurde. Am 1. März 1943 zum Hauptmann befördert, konnte er am 17. April 1943 die Abschüsse 50 und 51 erzielen.

Schließlich wurde Walther Dahl am 30. Juli 1943 zum Kommandeur der III. Gruppe des Jagdgeschwaders 3 ernannt, die in der Reichsverteidigung stand. Bis zum Jahresende 1943 konnte er fünf B-17 „Flying Fortress" abschießen. Am 1. Januar 1944 wurde er wegen Tapferkeit vor dem Feind vorzeitig zum Major befördert.

Im Jahr 1944 avancierte er zu einem der bekanntesten Verbandsführer in der Reichsverteidigung. Bis zum 24. Februar 1944 konnte er weitere zehn Feindmaschinen abschießen, darunter acht schwere viermotorige Bomber und zwei zweimotorige P-38-Jagdmaschinen. In dieser „großen Woche", vom 23. bis zum 25. Februar 1944 konnte seine III. Gruppe insgesamt 50 Luftsiege erzielen, was eine großartige Leistung darstellte.

Damit hatte Dahl 66 Luftsiege erzielt und bekam am 11. März 1944 das Ritterkreuz des Eisernen Kreuzes verliehen. Aber er setzte seine Erfolgsserie fort. Als er am 21. Mai 1944 das

Walther Dahl

Jagdgeschwader z.b.V. übernahm, hatte er 71 Luftsiege erreicht. Nur wenige Wochen darauf, am 27. Juni 1944, wurde er zum Kommodore des Jagdgeschwaders 300 ernannt.

Diesem Geschwader wurden zwei Rammgruppen angegliedert, sodass der Gesamtverband im Sommer 1944 zu großen Erfolgen kam, was nicht zuletzt der Führung durch Walther Dahl zu verdanken war.

Mit dem Abschuss einer „Liberator" am 7. Juli nördlich von Quedlinburg erzielte Walther Dahl seinen 72. Luftsieg.

Das OKW meldete am 8. Juli 1944: „Die unter persönlicher Führung ihres Geschwaderkommodore kämpfende IV. Sturmgruppe/Jagdgeschwader 300, mit ihrem Kommandeur Hauptmann Moritz, zeichnete sich durch den Abschuss von 30 viermotorigen Bombern besonders aus."

Diese „Blitzluftschlacht" war ein großartiger Aufgalopp für das Jagdgeschwader 300. Als am 15. August 1944 Westeinflüge von US-Bombern gemeldet wurden, befand sich das Jagdgeschwader 300 in 15-minütiger Sitzbereitschaft. Um 10.14 Uhr startete es aus Augsburg und nach einer Stunde Flugzeit wurde der Gegner westlich der Mosel gesichtet. In zwei Angriffen wurde dieser Bomberverband auseinandergebrochen, doch als die roten Lampen das Aufbrauchen des Treibstoffes anzeigten, musste die Luftschlacht beendet werden. Die Sturmgruppe „Moritz" meldete 41, die Sturmgruppe Bretschneider 36, der Geschwaderstab unter Walther Dahl 7 und die Begleitgruppe Stamp 18 Abschüsse. Der Feind hatte an diesem Tage insgesamt 102 (!) Flugzeuge verloren. Die eigenen Verluste betrugen neun Piloten. Walther Dahl selbst hatte zwei viermotorige Bomber abgeschossen.

Ab dem 1. September 1944 lag das Jagdgeschwader 300 in Erfurt-Bindersleben. Am 11. September wurde ein weiterer Angriff gegen einen Westeinflug geflogen. Wieder war der Kommodore dabei, der zwei viermotorige Gegner trotz stärkster Mustang-Begleitung abschießen konnte.

Am 13. September wurden 87 US-Bomber und 13 Begleitjäger vom Jagdgeschwader 300 als abgeschossen gemeldet. Dennoch wurde es, nach den Worten von Oberst Dahl, „ein schwarzer Tag, weil wir durch einen Fehler in der Boden-Funkführung mitten in die feindliche Jagdabwehr hineingeführt wurden." Es kam während dieses Duells auch zu einem Rammeinsatz durch Walther Dahl, dessen Bordwaffen nach dem ersten Abschuss Ladehemmung hatten. Seine Überlegungen dazu: „Du bist das Vorbild! Du hast den Rammangriff befohlen. Du hast deinen Männern dazu Mut eingeflößt. Jetzt ist es an dir zu beweisen, dass auch du das tust, was du von anderen forderst."

Walther Dahl rammte den Bomber zwischen Leitwerk und Heckstand und brachte ihn zum Absturz. Er selber musste mit dem Fallschirm abspringen.

Aber dieser 13. September wurde bei einem Erfolg von sieben abgeschossenen und gerammten Bombern und 16 vernichteten Jägern mit einer Verlustquote von 36 Eigenverlusten zu einem Phyrrussieg. In Rastenburg, in der Wolfsschanze musste Walther Dahl am folgenden Tage dem Reichsmarschall melden, was geschehen war. Er erstattete Göring Bericht und dieser

Walther Dahl führte die III./Jagdgeschwader 3 und führte später das Jagdgeschwader 300 mit seinen Ramm-Jägern. Hier im Gespräch mit Kameraden.

fragte: „Na, Dahl, was machen Sie so zwischen Ihren Fallschirmabsprüngen? Wenn das so weitergeht, muss ich Ihnen wohl das Fallschirmspringer-Abzeichen verleihen."

Als Dahl meldete, dass die eigenen Abgeschossenen im Schirm hängend oder am Boden liegend durch gezielte Angriffe feindlicher Begleitjäger getötet würden, sprach sich Göring ganz entschieden gegen diese entartete Praxis des Luftkrieges aus. „Flieger, die sich eines solchen Verbrechens schuldig gemacht haben, müssten vor ein Kriegsgericht gestellt werden", war Görings Antwort.

Zu seiner Einheit zurückgekehrt, gelang es Dahl am 28. September 1944, über Wolfenbüttel einen weiteren viermotorigen Bomber abzuschießen. Vom Fliegerhorst Jüterbog aus kämpfte das Jagdgeschwader 300 seit dem 4. Oktober 1944 weiter in der Reichsverteidigung. Walther Dahl selbst wurde am 1. November 1944 zum Oberstleutnant befördert.

Wegen schwerer Differenzen mit Göring wurde Dahl als Kommodore entlassen, flog aber trotzdem weiter Einsätze gegen den Feind. Bis zum 5. Dezember 1944 gelang es ihm fünf „Fliegende Festungen" und zwei „Mustangs" vom Himmel zu holen. Damit schraubte er sein Erfolgskonto auf 85 Luftsiege hoch. Obwohl Walther Dahl offiziell beim Unternehmen „Bodenplatte", am 1. Januar 1945 nicht beteiligt war, verlief sie für sein ehemaliges Jagdgeschwader 300 verhängnisvoll. Trotz der großen Verluste wurde weiter geflogen, gekämpft und gestorben. Bereits am 26. Januar 1945 war Oberstleutnant Dahl zum „Inspekteur der Tagjäger" ernannt worden. Sein Jagdgeschwader 300 kämpfte nun unter Major Hackl weiter. Trotz seines hohen Amtes flog Walther Dahl unverdrossen weiter Einsätze gegen den Feind. Allein in der letzten Januarwoche des Jahres 1945 konnte er weitere sieben Abschüsse erzielen. Schließlich wurde er für seine Leistungen als Kommodore des Jagdgeschwaders 300 als 724. Soldat der deutschen Wehrmacht mit dem Eichenlaub zum Ritterkreuz ausgezeichnet.

Aber Walther Dahl flog weiter und bereits am 28. Februar 1945 hatte er seinen 100. Luftsieg erkämpft. Bis zum 27. März 1945 hatte er weitere 25 Abschüsse erzielt, wobei das Gros sowjetische Flugzeuge waren. An diesem 27. März 1945 flog Dahl in einer Siebel 104 nach Wien-Schwechat, um dort die III. Gruppe des Ergänzungs-Jagdgeschwaders (EJG) 2 unter Major Bär zu inspizieren. Hier flog Dahl noch einen Angriff gegen gemeldete Feindbomber mit der Me 262 und schoss zwei Thunderbolts ab. Am 26. April 1945 startete er in einer Me 262 des Ergänzungs-Jagdgeschwaders 2 das letzte Mal und schoss im Raum Dillingen eine P-51 „Mustang" ab. Am 30. April 1945 wurde er noch zum Oberst befördert und geriet am 7. Mai 1945 in Königssee in amerikanische Gefangenschaft, aus der er im September 1945 entlassen wurde.

Auf seinen 678 Feindflügen, davon circa 300 Tieffliegerangriffe, erzielte er 128 Luftsiege, darunter 30 viermotorige Bomber. Mit der Vernichtung dieser 30 „Fliegenden Festungen" ist er einer der erfolgreichsten deutschen Jäger gegen diese US-Riesenbomber. Über Stalingrad konnte er 25 Abschüsse erringen. Gestorben ist Walther Dahl am 25. November 1985 in Heidelberg.

Walther Dahl

Geboren am 27. März 1916 in Lug, Kreis Bergzabern/Pfalz
Verstorben am 25. November 1985 in Heidelberg
Letzter Dienstgrad: Oberst
Ritterkreuz am 11. März 1944 als Major nach 66 Luftsiegen
724. Eichenlaub zum Ritterkreuz am 1. Februar 1945 als Oberstleutnant nach 92 Luftsiegen
Deutsches Kreuz in Gold am 2. Dezember 1942
Anzahl der Abschüsse: 128 anerkannte Luftsiege
Letzte Dienststellung: Inspekteur der Tagjäger

Franz Dörr

Franz Dörr

Franz Dörr wurde am 10. Februar 1913 in Mannheim geboren. Der Luftwaffenunteroffizier flog zunächst in den Jahren 1939 bis 1940 als Aufklärer im Polen- und Frankreichfeldzug, danach folgten Einsätze über England und dem Atlantik.

Zu Beginn des Jahres 1941 stellte das Jagdgeschwader 3 eine Ergänzungs-Jagdgruppe (EJG 3) auf, die im März 1941 in 1. (Einsatz-) Staffel des Jagdgeschwaders 3 umgetauft wurde. Im Frühjahr 1941 kam Franz Dörr als Feldwebel zu dieser 1. (Einsatz-) Staffel des Jagdgeschwaders 3 nach Holland. Kurze Zeit später gab es eine erneute Umbenennung, in 1. (Einsatz-) Staffel/ Ergänzungsgruppe des Jagdgeschwaders 3.

Bei der Staffel ließen die kommenden Aufgaben nicht lange auf sich warten, da binnen kurzer Zeit von den Jagdschulen die ersten Jagdfliegerschüler kamen, deren Endausbildung in dieser Staffel vorgesehen war. Einer der Ausbilder der Staffel war Feldwebel Franz Dörr. Die Staffel wurde meistens im Schiffsgeleitdienst in Nordholland und den Westfriesischen Inseln eingesetzt. Hier gelang Franz Dörr am 29. September 1941 mit dem Abschuss einer Wellington der erste Luftsieg. Zuvor war die Staffel nach Esbjerg in Dänemark verlegt worden. Schließlich, am 31. Dezember 1941, schied die Einsatzstaffel der Ergänzungsgruppe des Jagdgeschwaders 3 aus dem Verband des Jagdgeschwaders 3 aus und wurde am 1. Januar 1942 in 7. Staffel des Jagdgeschwaders 5 umbenannt und nach Norwegen verlegt. Mitte April 1942 ging die 7. Staffel im Verband der III. Gruppe an die Eismeerfront und war auf dem Feldflugplatz Petsamo stationiert. Bis zum Jahresende 1942 konnte Franz Dörr zwölf Luftsiege erzielen.

Erst im Jahre 1943 begann hier seine steile Jägerlaufbahn, die er zunächst als Feldwebel anging. Doch rasch erkannte man seine Qualitäten zum Verbandsführer und beförderte ihn zum Leutnant. Er war einer der ganz begnadeten Jäger, die erst nach langer Anlaufzeit zu dieser Waffe stießen, die ihm alles abverlangte. Am 14. September 1943 wurde er Kapitän seiner 7. Staffel des Jagdgeschwaders 5 und zum Oberleutnant befördert. Er selbst flog weiter eine Reihe aufsehenerregender Einsätze.

Es begann mit einigen Einsätzen im Januar 1943. Mit einem Unteroffizier in einer Rotte fliegend konnte Dörr einen ganzen Verband russischer Kampfflugzeuge auseinandersprengen und zwei Pe-2 abschießen. Sein Rottenflieger schoss einen dritten Gegner ab. Als der Januar zu Ende ging, standen bereits 15 Abschüsse auf seinem Konto und das war viel, denn immerhin war Dörr bereits an die 30 Jahre alt und galt im Geschwader als einer der „Väter“. Bis Ende des Jahres 1943 standen 37 Abschüsse auf seinem Erfolgskonto. Für seine besonderen Leistungen im Luftkrieg erhielt er am 28. Februar 1944 den Ehrenpokal des Oberbefehlshabers der Luftwaffe.

Im Mai 1944 setzte Franz Dörr zu einer fast unglaublichen, aber spektakulären Erfolgsserie an. In nur zwei Monaten, bis zum 17. Juli 1944, konnte er 50 Feindmaschinen abschießen und erhöhte seine Abschusszahl damit auf 99 Luftsiege, wofür er am 19. August 1944 mit dem Ritterkreuz des Eisernen Kreuzes ausgezeichnet wurde. Am 20. März 1944 hatte er bereits das Deutsche Kreuz in Gold verliehen bekommen. Zudem wurde er am 1. August 1944, noch als Oberleutnant, Kommandeur der III. Gruppe des Jagdgeschwaders 5. Am 23. August 1944 gelangen ihm die Abschüsse 100 bis 106, und im Oktober 1944, inzwischen war er zum Hauptmann befördert, schoss er noch einmal 22 Feindmaschinen vom Himmel.

Ebenso wie seine beiden Vorgänger Weissenberger und Ehrler und sein Kamerad Schuck war Dörr einer der Adler über der Tundra und dem Eismeer, der später auch als Sündenbock herhalten sollte, als es darum ging, die „Schuldigen" für die Versenkung der „Tirpitz" durch britische Bomber zu finden.

Dazu Dörr: „Es war eine Sauerei, uns belangen zu wollen, die wir überhaupt nichts mit diesem Zwischenfall zu tun hatten. Wir hatten nicht einmal eine Alarmmeldung erhalten und unser Geschwader, das mein Kamerad Ehrler führte, war weit verstreut eingesetzt gewesen und hätte nicht rechtzeitig über der ‚Tirpitz' im Tromsø-Fjord sein können, als diese vernichtet wurde. Unterwegs in den Maschinen hörten wir bereits, dass Tromsø und damit natürlich auch die ‚Tirpitz' angegriffen wurden."

Er blieb als Kommandeur der III. Gruppe beim Geschwader, das er bis Kriegsschluss führte. Bei 437 Feindflügen errang er insgesamt 128 Luftsiege, davon einen im Westen. Unter seinen Luftsiegen im hohen Norden zählten 32 sowjetische Bomber, 16 Il-2 Schlachtflugzeuge und 79 Jagdflugzeuge. In der Motowski-Bucht gelang es ihm, ein Schnellboot der Rotbannerflotte in mehreren Anflügen zu vernichten.

Mit seiner Gruppe ging er am 8. Mai 1945 in die Gefangenschaft, aus der sie alle mit Beginn des August 1945 in die Heimat entlassen und anschließend noch den Franzosen übergeben wurden, um bis zum Jahre 1947 in französischen Kohlengruben zu schuften. Dann schlug auch für sie die Stunde der Befreiung. Franz Dörr verstarb am 13. Oktober 1972 in Konstanz.

Franz Dörr

Geboren am 10. Februar 1913 in Mannheim
Verstorben am 13. Oktober 1972 in Konstanz
Letzter Dienstgrad: Hauptmann
Ritterkreuz am 19. August 1944 als Oberleutnant nach 99 Luftsiegen
Deutsches Kreuz in Gold am 20. März 1944
Anzahl der Abschüsse: 128 anerkannte Luftsiege
Letzte Dienststellung: Kommandeur der III. Gruppe des Jagdgeschwaders 5 „Eismeer"

Walter Oesau

Walter Oesau wurde am 28. Juni 1913 in Farnewinkel, Kreis Dithmarschen, in Holstein geboren. Nach bestandenem Abitur und kurzer Arbeitsdienstzeit begann seine Militärzeit im Oktober 1933 im Artillerieregiment 2. 1934 wurde er Fahnenjunker und noch im gleichen Jahr zog es ihn zur Fliegerei. Über die Deutsche Verkehrsfliegerschule und Kriegsschule kam er im Oktober 1936 als Oberfähnrich zum Jagdgeschwader „Richthofen". Am 20. April 1937 zum Leutnant befördert, meldete sich Oesau im April 1938 freiwillig zur Legion Condor nach Spanien. Er kam zur 3. Staffel der Jagdgruppe 88, die Werner Mölders führte. Hier bewies er zum ersten Mal sein Können als Jäger und schoss innerhalb weniger Monate neun rotspanische Flugzeuge ab. Damit gehörte Oesau zu den erfolgreichsten Jagdfliegern während des Spanischen Bürgerkrieges. Die Erfahrungen und Kenntnisse, aber auch die Routine, die sich Oesau hier aneignete, sollten ihn zwei Jahre später in die Spitzgruppe der Luftwaffe katapultieren. Im November 1938 wurde er noch in den Stab der Legion Condor versetzt und als er Anfang 1939 aus Spanien zurückkehrte, wurde er mit dem Spanienkreuz in Gold mit Brillanten ausgezeichnet.

Am 1. März 1939 kam Oesau in den Stabsschwarm des Geschwaderstabes des Jagdgeschwaders „Richthofen". Schließlich wurde er am 15. Juli 1939, inzwischen zum Oberleutnant befördert, Staffelkapitän der 1. Staffel des Jagdgeschwaders 20, die dem Jagdgeschwader 51 unterstellt war, welches ab 19. September 1939 von Oberst Theo Osterkamp geführt wurde.

Am 13. Mai 1940 zu Beginn des Frankreichfeldzuges erzielte er seinen ersten Luftsieg, denen bis zum Ende des Feldzuges noch weitere vier folgten.

Am 4. Juli 1940 wurde die I. Gruppe/Jagdgeschwader 20 in III. Gruppe/Jagdgeschwader 51 umbenannt, danach führte Walter Oesau die 7. Staffel des Jagdgeschwaders 51.

Es kam zu den ersten Duellen mit britischen Jägern über dem Kanal. Hier gelang es Oesau am 10. Juli 1940, innerhalb von wenigen Minuten drei britische Spitfires abzuschießen. Am 19. Juli 1940 wurde er zum Hauptmann befördert und brachte es bis zum 18. August 1940 auf 21 Luftsiege. Am 20. August 1940 erhielt er als Hauptmann das Ritterkreuz des Eisernen Kreuzes und übernahm am 25. August 1940 die III. Gruppe des Jagdgeschwaders 51. Am 1. November 1940 erzielte er als Kommandeur dieser Gruppe seinen 39. Luftsieg.

Am 11. November 1940 wurde er zum Kommandeur der III. Gruppe des Jagdgeschwaders 3 ernannt. Als er am 5. Februar 1941 eine Hurricane bei Desvres abschießen konnte, hatte er sein persönliches Erfolgskonto auf 40 Luftsiege hochgeschraubt und wurde am 6. Februar 1941 als 9. Soldat der deutschen Wehrmacht mit dem Eichenlaub zum Ritterkreuz des Eisernen Kreuzes ausgezeichnet. Vor ihm hatten diese hohe Auszeichnung nur die Jagdflieger Mölders, Galland und Wick erreicht. Im Mai 1941 schoss er noch zwei britische Jagdmaschinen über dem Kanal ab, bevor er mit seiner Gruppe in den Osten verlegte. Nach Beginn des Feldzuges gegen die Sowjetunion setzte Walter Oesau zu einer Siegesserie ohnegleichen an. Bereits

Walter Oesau

am 13. Juli 1941, nach nur drei Wochen in Russland, hatte er seinen 78. Luftsieg erreicht, wurde aber an diesem Tag bei einem Treffer in der Kabine durch Splitter am linken Auge verwundet. Aber für ihn gab es kein Ausruhen am Boden – er wollte oben über der Front mit seinen Männern in den Kampf eingreifen. Zwei Tage später war er schon wieder in der Luft und erzielte seinen 79. und 80. Luftsieg. An diesem 15. Juli 1941 wurde er als 3. Soldat der deutschen Wehrmacht, nach Galland und Mölders, mit dem Eichenlaub mit Schwertern zum Ritterkreuz ausgezeichnet und am 20. Juli 1941, wegen Tapferkeit vor dem Feind, vorzeitig zum Major befördert. Zugleich erfolgte seine Ernennung zum Kommodore des Jagdge-

Walter Oesau am Leitwerk seiner Me 109 im Herbst 1940 an der Kanalfront. Auf dem Leitwerk befinden sich bereits viele Abschussstriche, die zeigen, welch ein erfolgreicher Jagdflieger er war.

schwaders 2 „Richthofen", das in Frankreich lag. Als er die Ostfront verließ, standen auf seinem Abschusskonto 86 Luftsiege.

Aber auch im Westen blieb Walter Oesau erfolgreich. Bereits am 26. Oktober 1941 meldete er mit dem Abschuss einer Spitfire seinen 100. Luftsieg, was vor ihm nur Mölders und Lützow erreicht hatten. Sofort erhielt er Feindflugverbot, das erst im Herbst 1942 wieder aufgehoben wurde, obwohl er am 17. April 1942 mit dem Abschuss eines viermotorigen Lancaster-Bombers seinen 101. Luftsieg erzielte. Am 20. Dezember 1942 holte er noch zwei amerikanische B-17-Bomber vom Himmel und am 4. April 1943 gelang ihm ein weiterer Abschuss eines viermotorigen Bombers. Ab dem 1. Juli 1943 wurde Oesau eine neue Aufgabe zugewiesen und er wurde als „Jagdfliegerführer 4 Bretagne“ in die „Etappe“ versetzt. Nachdem er am 10. Oktober 1943 als Kommodore das Jagdgeschwader 1 in der Reichsverteidigung übernommen hatte, bekam er am 17. Oktober 1943 das Deutsche Kreuz in Gold verliehen. Mit diesem Geschwader trat er immer wieder gegen die Bomberarmada der angloamerikanischen Bomberkräfte an und schoss bis zum 8. Mai 1944 zehn viermotorige Bomber und vier amerikanische Jagdmaschinen ab. Am 1. Mai 1944 wurde Walter Oesau noch zum Oberst befördert, bevor er mit seiner Me 109 am Abend des 11. Mai 1944 – alleine im Kampf mit fünf amerikanischen P-38 Lightnings – über der Eifel, südwestlich von St. Vith, tödlich abgeschossen wurde. Ohne zu zögern hatte er, seinem Leitspruch „Siegen oder nicht zurückkehren“ gemäß, den Kampf aufgenommen. Walter Oesau wurde in Meldorf in Holstein beigesetzt. Auf seinen über 430 Feindflügen, davon 130 in Spanien, hatte er insgesamt 127 Luftsiege erzielt, davon 9 in Spanien, 44 im Osten und 14 viermotorige Bomber.

Vom Tage seines Todes an führte das Jagdgeschwader 1 seinem alten Kommodore zu Ehren den Namen „Oesau“.

Walter Oesau

Geboren am 28. Juni 1913 in Farnewinkel, Kreis Dithmarschen/Holstein
Gefallen am 11. Mai 1944 südwestlich von St. Vith/Belgien
Letzter Dienstgrad: Oberst
Ritterkreuz am 20. August 1940 als Hauptmann nach 21 Luftsiegen.
9. Eichenlaub zum Ritterkreuz am 6. Februar 1941 als Hauptmann nach 40 Luftsiegen.
3. Eichenlaub mit Schwertern zum Ritterkreuz am 15. Juli 1941 als Hauptmann
nach 80 Luftsiegen
Deutsches Kreuz in Gold am 17. Oktober 1943
Anzahl der Abschüsse: 127 anerkannte Luftsiege
Letzte Dienststellung: Kommodore des Jagdgeschwader 1

Josef Zwernemann

Josef Zwernemann wurde am 26. März 1916 in Kirchworbis, Kreis Eichsfeld, in der Provinz Sachsen geboren. Er schlug die Marinelaufbahn ein und trat seinen Dienst am 1. Oktober 1935 an. Schnell hatte er sich für die Marineluftwaffe entschieden und am 2. Januar 1936 meldete er sich bei der Fliegerhorstkompanie in Kiel-Holtenau. So durchlief er die harte und erfolgreiche Friedensausbildung, in der jeder Soldat, der sich nicht zum Flieger eignete, erkannt und zu anderen Diensten abkommandiert wurde, sodass eine Elite der Fliegerei übrig blieb, die alle Voraussetzungen zu einer erfolgreichen Karriere hatten. Schließlich ging er zur Luftwaffe und wurde zum Jagdflieger ausgebildet.

Am 1. März 1940 kam Zwernemann als Unteroffizier zur 7. Staffel des Jagdgeschwaders 52, mit der er am Frankreichfeldzug teilnahm. Sein erster Abschuss, eine Spitfire, gelang ihm im Juli 1940.

Nach der Auffrischung im Reich flog er mit seiner Gruppe auch über Kreta einige Angriffe gegen britische Bodentruppen, ehe das Geschwader geschlossen in den Osten verlegte.

Hier kämpfte Zwernemann mit Elan und Schwung und erzielte bis zum Sommer 1942, inzwischen zum Oberfeldwebel befördert, 57 Luftsiege, wofür er am 23. Juni 1942 das Ritter-

Josef Zwernemann hat ein Jubiläum zu feiern und nimmt einen Schluck aus der gereichten Champagner-Flasche. Günther Rall schaut belustigt zu.

Josef Zwernemann

kreuz erhielt. Zuvor hatte er am 12. Dezember 1941 den Ehrenpokal der Luftwaffe erhalten und war am 11. Mai 1942 mit dem Deutschen Kreuz in Gold ausgezeichnet worden.

Vier Monate und acht Tage später hatte er seinen 103. Gegner abgeschossen und sich in einer Reihe verbissener und dennoch klug geführter Luftduelle als der Bessere erwiesen. Das 141. Eichenlaub zum Ritterkreuz, verliehen am 31. Oktober 1942, war sein Lohn, und auch die Beförderung zum Leutnant, die wegen Tapferkeit vor dem Feind bereits am 1. Oktober 1942 erfolgt war. Im April 1943 zur 9. Staffel des Jagdgeschwaders 52 versetzt, erreichte er am 7. Mai 1943 seinen 117. Luftsieg. Anschließend sollte er Staffelführer der 5. Staffel seines Geschwaders werden, die dann jedoch von Oberleutnant Wilhelm Batz übernommen wurde. Ende Mai 1943 kam er als Jagdlehrer nach Frankreich zur Ergänzungsgruppe Ost. Kurz nachdem Zwernemann am 1. Oktober 1943 zum Oberleutnant befördert worden war, kam seine Kommandierung nach Italien, wo er als Staffelkapitän die 3. Staffel des Jagdgeschwaders 77 übernahm. Doch schon am 15. Dezember 1943 kam er in die Reichsverteidigung, als Staffelkapitän der 1. Staffel des Jagdgeschwaders 11.

Auch „Jupp" Zwernemann sollte seine Bezwinger finden. Am 8. April 1944 kämpfte seine Staffel im Raum Magdeburg gegen eine Überzahl amerikanischer Jäger, wobei er bei Arnewitz, westlich von Gardelegen, tödlich abgeschossen wurde. Rückwirkend zum 1. April 1944 wurde er noch zum Hauptmann befördert. Auf seinen circa 600 Feindflügen konnte Zwernemann 126 Luftsiege erzielen, davon zehn im Westen, darunter ein viermotoriger Bomber. Acht Flugzeuge wurden von ihm am Boden zerstört.

Josef Zwernemann

Geboren am 26. März 1916 in Kirchworbis, Kreis Eichsfeld/Sachsen
Gefallen am 8. April 1944 bei Arnewitz, westlich von Gardelegen/Altmark
Letzter Dienstgrad: Hauptmann (posthum)
Ritterkreuz am 23. Juni 1942 als Oberfeldwebel nach 57 Luftsiegen
141. Eichenlaub zum Ritterkreuz als Leutnant nach 103 Luftsiegen am 31. Oktober 1942
Deutsches Kreuz in Gold am 11. Mai 1942
Anzahl der Abschüsse: 126 anerkannte Luftsiege
Letzte Dienststellung: Staffelkapitän der 1. Staffel des Jagdgeschwaders 11

Dietrich Hrabak

Dietrich Hrabak

Dietrich Hrabak wurde am 19. Dezember 1914 in Groß-Deuben bei Leipzig in Sachsen geboren. Er trat am 8. April 1934 als Offiziersanwärter in die sogenannte Crew 34 der Marine ein. Im November 1935 ging er als Oberfähnrich zur Luftwaffe, wo er am 1. April 1936 zum Leutnant befördert wurde. Er durchlief die Jagdflieger-Ausbildung, die preußisch-streng war, und wurde dank seines Intellektes und seiner nie versagenden Tapferkeit von seinen Vorgesetzten geschätzt. Bereits 1938 kam er zur „Wiener-Jagdgruppe" und übernahm am 1. Januar 1939 nach seiner Beförderung zum Oberleutnant die 1. Staffel des Jagdgeschwaders 76. Kurz nach Kriegsausbruch wurde seine Messerschmitt am 3. September 1939 im Luftkampf angeschossen und er musste eine Notlandung hinter den polnischen Linien machen. Es gelang ihm aber, sich zu den eigenen Truppen durchzuschlagen und zu seiner Einheit zurückzukehren.

Anfang Januar 1940 wurde die 1. Staffel, beziehungsweise die I. Gruppe/Jagdgeschwader 76, in die II. Gruppe/Jagdgeschwader 54 umbenannt, wobei Dietrich Hrabak Staffelkapitän der 4. Staffel wurde. Während des Frankreichfeldzuges schoss er am 13. Mai 1940 seinen ersten Gegner ab und bis Ende des Feldzuges hatte er insgesamt sechs Luftsiege errungen. Am 20. Juli 1940 wurde er zum Hauptmann befördert und konnte während der Luftschlacht um England bis zum 20. Oktober 1940 weitere zehn Luftsiege erringen.

Seit dem 26. August 1940 führte Hrabak die II. Gruppe des Jagdgeschwaders 54 als Kommandeur. Nach 16 Abschüssen wurde Hrabak am 21. Oktober 1940 mit dem Ritterkreuz ausgezeichnet, nachdem er bereits am 28. September 1940 den Ehrenpokal des Oberbefehlshabers der Luftwaffe erhalten hatte. Das Ritterkreuz überreichte ihm übrigens Hermann Göring in seinem Luftwaffenkommandozug in Beauvais.

Im April 1941 führte Hrabak seine Gruppe während des Jugoslawien- und Griechenlandfeldzuges. Anschließend ging es gegen die Sowjetunion, wobei er bis zum 12. September 1942 insgesamt 67 Luftsiege erzielen konnte. Nachdem er am 1. Oktober 1942 zum Major befördert worden war, ernannte man ihn am 1. November 1942 zum Kommodore des Jagdgeschwaders 52, das im Süden der Ostfront eingesetzt war.

Hrabak war der geborene Kommodore. Sein Führungsstil war auf Erfolg ausgerichtet, aber er wollte diesen keinesfalls um jeden Preis erreichen. Sein vornehmer Charakter verstand es, die so verschiedenen individuellen Persönlichkeiten seines Geschwaders zusammenzuhalten. Daneben startete er immer wieder mit seinem Stabsschwarm und konnte seinen eigenen Rekord weiter emporschrauben. Das 337. Eichenlaub, verliehen am 25. November 1943 nach 118 Luftsiegen, zeugt von seiner besonderen Einsatzbereitschaft, die sich auch am Himmel über Russland dokumentierte. Am 1. Juli 1943 zum Oberstleutnant befördert, bekam er noch am 10. Juli 1944 das Deutsche Kreuz in Gold verliehen. Als sein Geschwader am 2. September 1944 die unfassbare Zahl von 10.000 Luftsiegen meldete, war Hrabak einen Tag zuvor zum

Oberst befördert worden. Am 1. Oktober 1944 wurde er als Kommodore zu seinem alten Jagdgeschwader 54 nach Kurland gerufen, und er folgte diesem Ruf sofort. Hier konnte er am 30. Oktober 1944 seinen 125. und letzten Luftsieg erringen

Bis zum bitteren Ende leitete Hrabak die Geschicke seiner Männer und konnte die Verlegung großer Teile des „Grünherz"-Geschwaders in den Raum Flensburg durchführen, darunter auch die des Bodenpersonals. Nur wenige seiner Soldaten musste er zurücklassen. Er selbst ging in britische Gefangenschaft, die bis zum 5. März 1946 dauern sollte. Auf seinen über 1000 Feindflügen erzielte er 125 Luftsiege, davon 109 im Osten und 16 im Westen.

1955 trat Dietrich Hrabak als Oberst in die Bundeswehr ein. Von 1957 bis 1960 führte er die Flugzeugführerschule „B" in Fürstenfeldbruck, anschließend wurde er von 1962 bis 1963 Kommandeur der Luftwaffen-Ausbildungsbrigade 2, ebenfalls in Fürstenfeldbruck. Von 1963 bis 1964 war er Kommandeur des alliierten Luftverteidigungssektors 1, beziehungsweise der 4. ATAF (Allied Tactical Air Force) in Uedem. Mittlerweile zum Generalmajor befördert, war Hrabak von 1965 bis 1966 Kommandeur der 4. Luftwaffendivision in Aurich. Anschließend wurde er von 1966 bis 1968 als Sonderbeauftragter für den F-104G „Starfighter" in den Führungsstab der Luftwaffe ins Bundesministerium der Verteidigung nach Bonn befohlen. Seine letzte Dienststellung in der Bundeswehr war als General der Kampfverbände im Luftwaffenamt Köln-Wahn von 1968 bis 1970. Am 30. September 1970 ging er in die wohlverdiente Pension. Dietrich Hrabak verstarb am 15. September 1995 in Pfaffenhofen/Bayern.

Dietrich Hrabak

Geboren am 19. Dezember 1914 in Groß-Deuben bei Leipzig/Sachsen
Verstorben am 15. September 1995 in Pfaffenhofen/Bayern
Letzter Dienstgrad: Oberst (Wehrmacht)/Generalmajor (Bundeswehr)
Ritterkreuz am 21. Oktober 1940 als Hauptmann nach 16 Luftsiegen
337. Eichenlaub zum Ritterkreuz am 25. November 1943 als Oberstleutnant
nach 118 Luftsiegen
Deutsches Kreuz in Gold am 10. Juli 1944
Anzahl der Abschüsse: 125 anerkannte Luftsiege
Letzte Dienststellung (Wehrmacht): Kommodore des Jagdgeschwader 54 „Grünherz"
Letzte Dienststellung (Bundeswehr): General der Kampfverbände
im Luftwaffenamt Köln-Wahn

Wolf-Udo Ettel

Wolf-Udo Ettel wurde am 26. Februar 1921 in Hamburg geboren. Nach seinem Eintritt in die Luftwaffe am 15. November 1939 kam er zur 4. Kompanie des Flieger-Ausbildungsregiments 32 nach Uetersen. Anschließend wurde er zum Jagdflieger ausgebildet und kam am 10. April 1942 an die Ostfront zur 4. Staffel des Jagdgeschwaders 3 „Udet". Hier im Süden der überdehnten Front flog er als Leutnant seine ersten Einsätze und am 24. Juni 1942 konnte er mit den Abschüssen von zwei Il-2-Schlachtflugzeugen seine ersten Luftsiege erringen. Bis zum 9. Juli 1942 erhöhte der vorbildliche Offizier sein Erfolgskonto auf sechs Luftsiege. Einen Tag später, am 10. Juli 1942, kam Ettel nördlich von Woronesh in einen Luftkampf mit sowjetischen Boston-Bombern. Es gelang ihm, eine „Boston" abzuschießen, aber auch seine Messerschmitt wurde schwer getroffen. Der Motor geriet in Brand und Ettel musste mit dem Fallschirm abspringen, während seine Me 109 wie eine Fackel der Erde entgegenstürzte und am Boden explodierte. Wolf-Udo Ettel landete sicher am Boden, jedoch in Feindgebiet. Nach dreitägiger Flucht erreichte er den Don und schaffte es, ihn zu durchschwimmen, sodass er am 14. Juli 1942 nachts um 00.45 Uhr die eigenen deutschen Linien erreichte. Als er einige Stunden später zur Staffel zurückkehrte, erfuhr er, dass er bereits als vermisst galt. Doch schon wenige Tage darauf saß er wieder in der Kabine einer Messerschmitt und startete gegen den Feind. Am 23. Oktober 1942 wurde er mit der Frontflugspange in Gold ausgezeichnet, und bis zum 31. Oktober 1942 kam er auf insgesamt 33 Luftsiege.

Ende November 1942 trat er einen dreiwöchigen Erholungsurlaub im Luftwaffenerholungsheim Bad Wiessee an, dem anschließend der wohlverdiente Weihnachtsurlaub folgte. Ende Januar 1943 kehrte Ettel, seit dem 23. Dezember 1942 mit dem Deutschen Kreuz in Gold ausgezeichnet, zu seiner 4. Staffel nach Russland zurück.

Bereits am 12. Februar 1943 erzielte er seinen 34. Abschuss und bis zum 2. April 1943 hatte er es auf 65 Abschüsse gebracht. Am 5. April 1943 verlegte die II. Gruppe des Jagdgeschwaders 3 in den Kuban-Brückenkopf, darunter war auch Wolf Ettels 4. Staffel. Hier setzte der ungewöhnlich tapfere Offizier zu einer beispiellosen Erfolgsserie an. Schon am 28. April 1943 meldete er nach dem Abschuss einer LaGG-3 seinen 100. Luftsieg und wurde anschließend zum Ritterkreuz eingereicht. In den nächsten Tagen folgte Abschuss auf Abschuss: Allein am 10. Mai 1943 konnte Ettel sechs sowjetische Jagdmaschinen vom Himmel holen und damit sein Erfolgskonto auf 118 Luftsiege erhöhen. Seine Staffelkameraden bewunderten Ettel und nannten ihn respektvoll „König der Kubanjäger". Aber immer wieder wurde er auch zu anderen Verwendungen eingesetzt, zum Beispiel für Jagdbomber- und Tiefangriffe auf exponierte Feindstellungen. Dies zeigte, welch hohe Einsatzbereitschaft in dem jungen Offizier steckte. Am 11. Mai 1943 schoss er innerhalb von zwei Minuten zwei sowjetische Jagdmaschinen ab, was die Luftsiege 119 und 120 für ihn bedeutete. Bei der Verfolgung eines weiteren Gegners wurde Ettel von der russischen Flak abgeschossen, erreichte fast noch die eigenen Linien und

Wolf-Udo Ettel

machte eine Bauchlandung im Niemandsland. Trotz Granatwerferbeschusses gelang es Ettel, die eigenen Infanteriestellungen zu erreichen, von wo er am Abend aus mit einem Stoßtrupp zu seiner Maschine zurückkehrte, um wichtige Geräte auszubauen.

Zurück in der Heimat wurde dem Leutnant Ettel am 1. Juni 1943 das Ritterkreuz des Eisernen Kreuzes von General Galland persönlich überreicht, nach 120 Luftsiegen bei nur 250 Feindflügen. Zugleich wurde Ettel wegen Tapferkeit vor dem Feind vorzeitig zum Oberleutnant befördert und bekam am 25. Juni 1943 wegen seiner hervorragenden Leistungen im Luftkrieg den Ehrenpokal des Oberbefehlshabers der Luftwaffe ausgehändigt.

Am 5. Juni 1943 wurde er zum Staffelkapitän der in Griechenland befindlichen 8. Staffel des Jagdgeschwaders 27 ernannt. Nach der Landung der Alliierten in Sizilien verlegte die Staffel nach San Vito bei Brindisi. Hier gelang es Ettel am 16. Juli 1943, eine Spitfire und zwei viermotorige B-24-„Liberator"-Bomber abzuschießen, nachdem er am Vortag bereits eine Spitfire abgeschossen hatte.

Am späten Nachmittag des 17. Juli 1943 startete Wolf-Udo Ettel zu seinem letzten Einsatz, der ihm den Tod bringen sollte. Seine 8. Staffel flog Tiefangriffe gegen englische Artilleriestellungen, als seine Maschine um 18.30 Uhr nach einem Flakvolltreffer einer britischen Vierlingsflak in der Nähe des Dorfes Lentini (Lago Lentini) bei Catania abstürzte. Dabei fand Wolf Ettel den Tod. Beerdigt wurde er auf den Soldatenfriedhof Motta St. Anastasia. Mit Ettel verlor die deutsche Luftwaffe einen der hoffnungsvollsten jungen Nachwuchspiloten.

Oberleutnant Wolf-Udo Ettel hatte auf seinen über 250 Feindflügen 124 Luftsiege errungen, davon vier im Westen, darunter zwei viermotorige Bomber. Unter seinen 120 Luftsiegen im Osten befinden sich 92 Jagdmaschinen und 22 Il-2-Schlachtflugzeuge. Für seine Leistungen erhielt er nach dem Tode, am 31. August 1943, als 289. Soldat der deutschen Wehrmacht das Eichenlaub zum Ritterkreuz des Eisernen Kreuzes.

Wolf-Udo Ettel

Geboren am 26. Februar 1921 in Hamburg
Gefallen am 17. Juli 1943 in der Nähe der Ortschaft Lentini, südlich von Catania/Sizilien
Letzter Dienstgrad: Oberleutnant
Ritterkreuz am 1. Juni 1943 als Leutnant nach 120 Luftsiegen.
289. Eichenlaub zum Ritterkreuz am 31. August 1943 als Oberleutnant
nach 124 Luftsiegen (posthum verliehen)
Deutsches Kreuz in Gold am 23. Dezember 1942
Anzahl der Abschüsse: 124 anerkannte Luftsiege
Letzte Dienststellung: Staffelkapitän der 8. Staffel des Jagdgeschwaders 27

Wolfgang Tonne

Wolfgang Tonne

Wolfgang Tonne wurde am 28. Februar 1918 in Moosbach, Kreis Schleiz, in Thüringen geboren. Nach seinem Abitur meldete er sich als Offiziersanwärter zur Luftwaffe und wurde im November 1937 dort aufgenommen, um seine Friedensausbildung zu durchlaufen.

Seit 6. Dezember 1939 war er dann Jagdflieger in der 3. Staffel des Jagdgeschwaders 53 und erzielte am 14. Mai 1940 über Frankreich bei Sedan seinen ersten Luftsieg. Am 16. Mai 1940 wurde er selbst abgeschossen und musste mit dem Fallschirm abspringen, konnte sich aber zur eigenen Infanterie durchschlagen. Am 9. Juni 1940 erzielte er seinen zweiten Abschuss bei Saint-Dizier. Während der Luftschlacht um England erzielte Tonne bis zum Frühjahr 1941

Auch die Briten hatten ihre Jäger-Asse, wie hier Douglas Bader, der sogar mit einer Beinprothese Feindflüge gegen die deutsche Luftwaffe flog. Seine Warte sind ihm beim Einsteigen in seine Spitfire behilflich.

drei weitere Luftsiege. Bereits hier zeigte sich seine schneidige Flug- und Kampfweise, und mehrfach wurde er von seinen Kameraden gewarnt, nicht immer so „ranzugehen". Aber Tonne meinte, dass er es schon schaffen werde.

Mit der Verlegung des Geschwaders nach Russland kam er rasch zu einer Reihe weiterer Erfolge. Am 1. Juli 1941 wurde er zum Adjutant der I. Gruppe des Jagdgeschwaders 53 ernannt und konnte am 2. August 1941 seinen 13. Luftsieg erreichen. Dafür bekam er am 6. August 1941 den Ehrenpokal des Oberbefehlshabers der Luftwaffe. Anschließend verließ die I. Gruppe die Ostfront und kam nach kurzer Auffrischung im Dezember 1941 nach Sizilien. Von hier aus flog Tonne, seit 24. Januar 1942 als Staffelkapitän der 3. Staffel des Jagdgeschwaders 53 „Pik-Ass", 116-mal gegen Malta. Mitte Mai 1942 verlegte die I. Gruppe erneut nach Russland. Zusammen mit Wilhelm Crinius bildete Tonne die wohl bekannteste Rotte des Jagdgeschwaders 53. Am 21. August 1942 erhielt er nach 64 Luftsiegen das Deutsche Kreuz in Gold.

Wolfgang Tonne erzielte bis zum 22. September 1942 nicht weniger als 102 Luftsiege. Er hatte bereits am 6. September das Ritterkreuz erhalten und stand in dem Verleihungsvorschlag mit 54 Luftsiegen verzeichnet, die er aber bis zum Verleihungstag um rund 48 Luftsiege überschritten hatte. Daher folgte am 24. September 1942 mit seiner Nachmeldung zum 102. Luftsieg gleich das 128. Eichenlaub zum Ritterkreuz. Tonne war also einer der Wenigen, die zwischen diesen beiden hohen Auszeichnungen nur 18 Tage zu warten brauchten. Zugleich wurde er vorzeitig zum Hauptmann befördert.

Mit der Verlegung des Geschwaders nach Tunesien im November 1942 konnte Wolfgang Tonne auf und über afrikanischem Boden weitere 20 Luftsiege erringen, bevor ihm die Landung auf seinem Platz zum Verhängnis wurde und sein Jagdfliegerleben abrupt beendete. Am Nachmittag des 20. April 1943 erzielte er mit dem Abschuss einer Spitfire noch seinen 122. Luftsieg, bevor er bei der Landung in Tunis – Protville mit ausgefahrenem Fahrwerk in eine Steilkurve ging und tödlich abstürzte. Auf seinen 641 Feindflügen hatte Hauptmann Wolfgang Tonne insgesamt 122 Luftsiege erzielt, davon 97 im Osten, 20 in Tunesien und fünf im Westen.

Wolfgang Tonne

Geboren am 28. Februar 1918 in Moosbach/ Kreis Schleiz in Thüringen
Gefallen am 20. April 1943 in Tunis – Protville
Letzter Dienstgrad: Hauptmann
Ritterkreuz am 6. September 1942 als Oberleutnant nach 72 Luftsiegen
128. Eichenlaub zum Ritterkreuz am 24. September 1942 nach 102 Luftsiegen
Deutsches Kreuz in Gold am 21. August 1942
Anzahl der Abschüsse: 122 anerkannte Luftsiege
Letzte Dienststellung: Staffelkapitän in der 3. Staffel des Jagdgeschwaders 53 „Pik-Ass"

Heinz Marquardt

Heinz Marquardt wurde am 29. Dezember 1922 in Braunsberg in Ostpreußen geboren. Schon als Junge war er ein begeisterter Segelflieger, weshalb er nach seiner freiwilligen Meldung am 1. April 1940 in die Luftwaffe eintrat. Die ersten drei Monate seiner Grundausbildung verbrachte Flieger Marquardt in Neukuhren/Ostpreußen. Anschließend kam er am 1. Juli 1940 zum Fliegerausbildungsregiment 31 nach Heiligenbeil, wo man ihm das Fliegen beibrachte. Am 26. Juni 1941 meldete er sich in Kamenz bei der Jagdfliegervorschule 1, wo er zum ersten Mal die Me 109 fliegen konnte. Nach seiner erfolgreich absolvierten Jagdfliegerausbildung wurde Marquardt am 15. September 1941 zur Jagdfliegerschule 5 nach Villacoublay in Frankreich kommandiert. Ab 1. Februar 1942 wurde er bei seiner Einheit als Jagdlehrer eingesetzt und flog mit der Einsatzstaffel der Jagdschule 5 im Laufe des Jahres 1942 mehrere Einsätze an der Kanalfront, aber auch zur Unterstützung der Jagdgeschwader 2 „Richthofen" und Jagdgeschwader 26 „Schlageter".

Schließlich wurde Marquardt am 1. August 1943 zur 10. Staffel des Jagdgeschwaders 51 „Mölders" an die Ostfront versetzt. Im Oktober 1943 konnte er drei Luftsiege verzeichnen und bis Ende des Jahres 1943 stand sein Erfolgskonto bei sechs Abschüssen. 1944 sollte sein großes Jahr werden.

Heinz Marquardt war einer jener Nachwuchspiloten, die sehr rasch in ihre Rolle als erfolgreiche Jagdflieger hineinwuchsen und sich „ins Gewühl stürzten", wie Marquardt einmal sagte, als er darauf angesprochen wurde, warum er so viele Male selber abgeschossen worden sei.

In zähen Kämpfen, bei denen er mehrfach durch Verwundungen ausfiel, aber immer wieder zur Einheit zurückkehrte, konnte Marquardt bis zum 5. September 1944 – also elf Monate nach dem ersten Luftsieg – seinen 60. Luftsieg erringen. Das war für den Fahnenjunker-Oberfeldwebel eine glänzende Leistung, wofür er am 10. September 1944 das Deutsche Kreuz in Gold verliehen bekam. Zuvor hatte er bereits am 26. Juli 1944 den Ehrenpokal des Oberbefehlshabers der Luftwaffe erhalten. Am 15. August 1944 wurde er zur 13. Staffel des Jagdgeschwaders 51 versetzt.

Als er am 25. Oktober 1944 seinen 89. Luftsieg erzielte, erhielt „Negus", wie Marquardt wegen seiner braunen Hautfarbe genannt wurde, am 18. November 1944 das Ritterkreuz des Eisernen Kreuzes. Und er setzte seine Siegesserie weiter fort. Einmal konnte er an einem turbulenten Tag, dem 7. Oktober 1944, acht Luftsiege erringen. Im November 1944 kam Heinz Marquardt vorübergehend zur 15. Staffel des Jagdgeschwaders 51, die neu aufgestellt worden war. Hier gelangen ihm die Luftsiege 90 bis 98. Schließlich meldete er sich am 1. April 1945 bei seiner alten 13. Staffel zurück. Noch einmal zeigte Marquardt, was in ihm steckte. Am 14. April 1945 erreichte er seinen 100. Luftsieg und bis Ende des Monats war sein Erfolgskonto auf 120 Luftsiege angestiegen. Am 1. Mai 1945 schoss er noch eine Spitfire ab, wurde diesmal aber selber im Luftkampf bei Schwerin erwischt und verwundet. Es gelang ihm aber, mit dem

Heinz Marquardt

Fallschirm abzuspringen und in ein Lazarett zu kommen. Etwa eine Woche später geriet er in amerikanische Gefangenschaft und wurde in ein Lazarett nach Göppingen verlegt. Am 23. August 1945 wurde er entlassen.

Ab 1947 war Heinz Marquardt in der Schweiz als Fluglehrer tätig. Am 16. August 1956 trat er in die Bundeswehr als Leutnant ein und wurde Ausbilder für Jetpiloten in Landsberg/Lech, Fürstenfeldbruck und Memmingen. Von 1959 bis 1963 war er Lehrer bei der Waffenschule 10 der Luftwaffe in Jever. Anschließend war er bis 1964 Staffelchef beim Jagdbombergeschwader 73 in Sobernheim, um dann von 1964 bis 1967 das Jagdbombergeschwader 42 in Pferdsfeld zu übernehmen. Seine letzte Tätigkeit übte er in Belgien aus, beim NATO-Stab SHAPE. Am 30. September 1973 schied er als Oberstleutnant aus der Bundeswehr aus und ging in Pension.

Auf seinen 320 Feindflügen im Zweiten Weltkrieg, darunter 40 Jagdbombereinsätze, konnte Heinz Marquardt insgesamt 121 Luftsiege erringen, dazu kommen mindestens noch 16 weitere Abschüsse, für die es keine Zeugen gab. Heinz Marquardt verstarb am 19. Dezember 2003 in Hammersbach/Hessen.

Heinz Marquardt

Geboren am 29. Dezember 1922 in Braunsberg/Ostpreußen
Verstorben am 19. Dezember 2003 in Hammersbach/Hessen
Letzter Dienstgrad: Fahnenjunker-Oberfeldwebel (Wehrmacht)/
Oberstleutnant (Bundeswehr)
Ritterkreuz am 18. November 1944 als Oberfeldwebel nach 89 Luftsiegen
Deutsches Kreuz in Gold am 10. September 1944
Anzahl der Abschüsse: 121 anerkannte Luftsiege
Letzte Dienststellung: Flugzeugführer in der 13. Staffel des Jagdgeschwaders 51 „Mölders“

Heinz-Wolfgang Schnaufer

Heinz-Wolfgang Schnaufer

Heinz-Wolfgang Schnaufer wurde am 16. Februar 1922 in Calw in Württemberg geboren. Er meldete sich nach gut bestandenem Abitur freiwillig zur Offiziersausbildung bei der Luftwaffe, in die er am 1. November 1939 eintrat. In dieser Berufswahl sah er nicht die Versorgung durch den Staat, sondern seine Berufung. Am 15. November 1939 meldete er sich beim Fliegerausbildungsregiment 42 in Salzwedel, danach absolvierte er seine fliegerische Ausbildung an der Flugzeugführerschule A/B 3 in Guben.

Am 1. April 1941 meldete sich Schnaufer, gerade zum Leutnant befördert, bei der Flugzeugführerschule C-3 in Alt-Lönnewitz, um hier die Ausbildung auf mehrmotorigen Flugzeugen zu durchlaufen. Anschließend kam er zur Blindflugschule nach Schwäbisch Hall, wo er den Blindflugkursus hinter sich brachte, womit seine Laufbahn als Nachtjäger schon vorbestimmt war. Danach wurde Schnaufer zur Zerstörerschule nach Wunstorf kommandiert. Den Schluss bildete die Nachtjagdschule 1 in Schleißheim, wo er die Nachtjagdtaktik und jede Art des Luftkampfes in der Nacht erlernte. Während seiner Ausbildung flog Schnaufer fast alle Flugzeugmuster der Luftwaffe.

Anschließend kam Schnaufer zur II. Gruppe des Nachtjagdgeschwaders 1, das in Stade bei Hamburg stationiert war, und wurde der 5. Staffel des Geschwaders zugeteilt. Am 15. Januar 1942 verlegte die II. Gruppe Nachtjagdgeschwader 1 nach St. Trond in Belgien. Seine ersten Einsätze flog Schnaufer Mitte Februar 1942 während des Durchbruchs der deutschen Schlachtschiffe *Scharnhorst* und *Gneisenau* und des Schweren Kreuzers *Prinz Eugen* durch den Kanal. Am 10. April 1942 ernannte man ihn zum Technischen Offizier (TO) der II. Gruppe des Nachtjagdgeschwaders 1. Mit diesem Verband ging er in den Einsatz gegen alliierte Bombenflugzeuge. Seinen ersten Gegner schoss er in der Nacht vom 1. zum 2. Juni 1942 ab, dabei wurde er beim Angriff auf einen zweiten Bomber durch dessen Abwehrfeuer selbst verwundet. Schnaufer konnte seine beschädigte Maschine sicher in St. Trond landen, doch er musste ins Lazarett und kam erst am 25. Juni wieder zu seiner Einheit zurück. In der Nacht vom 31. Juli auf den 1. August 1942 war er schon wieder erfolgreich, schoss drei britische Bomber ab und erreichte bis Jahresende 1942 sieben Luftsiege. Inzwischen zum Oberleutnant befördert, konnte Schnaufer bis zum 21. August 1943 insgesamt 21 Luftsiege erzielen. Dafür wurde er am 16. August 1943 mit dem Deutschen Kreuz in Gold ausgezeichnet, nachdem er bereits am 26. Juli 1943 für besondere Leistungen im Luftkrieg den Ehrenpokal des Oberbefehlshabers der Luftwaffe erhalten hatte. Zur gleichen Zeit kam Schnaufer zur IV. Gruppe des Nachtjagdgeschwaders 1 nach Leeuwarden in Holland, wo er am 13. August 1943 als Staffelkapitän die 12. Staffel des Geschwaders übernahm.

Von nun an folgten weitere Nachtjagdsiege, ab und zu auch Dubletten. Schnaufer konnte mehrmals aufsehenerregende Siege davontragen. So auch am 16. Dezember 1943, als er in einer Nacht vier Lancaster-Bomber abschoss. Seine Besatzung war sehr erfahren und hatte sich ganz auf ihren jungen „Alten“ eingespielt. Da war Fritz Rumpelhardt, sein Funker, dann der versierte Bordschütze Wilhelm Gänsler. Diese drei Männer und ihre Me 110 wurden zum Schrecken der alliierten Bomberverbände: Sie flogen bei jedem Wetter, und Schnaufer, ihr Chef und führender Kopf, hatte einen Angriffsgeist, der nicht zu stoppen war, solange noch Feindbomber in der Luft waren. So geschah es auch am 16. Dezember, als sie eigentlich Startverbot hatten, aber in dieser Nacht die vier oben genannten Gegner abschossen, indem Schnaufer seine Maschine bis auf 50 Meter an den Gegner heranführte, ehe er die Abfeuerknöpfe seiner Bordwaffen drückte. Als sie nach diesem großen Erfolg wieder zur Landung ansetzten, betrug die Wolkenhöhe nur noch etwa 35 Meter, dennoch setzte Schnaufer die Kiste butterweich auf. Indem er am 29. Dezember 1943 innerhalb einer Stunde zwei viermotorige Bomber vom Himmel holte, hatte Schnaufer seinen 42. Luftsieg erreicht, dafür erhielt er am 31. Dezember 1943 das Ritterkreuz des Eisernen Kreuzes.

Am 1. März 1944 übernahm er noch als Oberleutnant die IV. Gruppe des Nachtjagdgeschwaders 1 als Kommandeur. Seinen 50. Luftsieg erzielte er am 25. März 1944, es war zugleich der 500. Luftsieg seiner Gruppe.

Als Gruppenkommandeur hatte er alle Hände voll mit dem Papierkram zu tun, den er schließlich an einen seiner „büroerfahrenen“ Männer delegierte, um weiter fliegen und kämpfen zu können. Bis Ende April 1944 war Schnaufers Erfolgskonto auf 61 Luftsiege angewachsen und am 1. Mai 1944 wurde er zum Hauptmann befördert.

Am 25. Mai 1944 gelang ihm ein viel bejubelter Rekord, als er innerhalb von 14 Minuten fünf britische Bomber abschoss. Nur einen Monat später, am 22. Juni 1944, schoss er erneut innerhalb von 40 Minuten vier Bomber ab und erhöhte damit sein Erfolgskonto auf 84 Luftsiege. Am 24. Juni 1944 wurde Schnaufer als 507. Soldat der deutschen Wehrmacht mit dem Eichenlaub zum Ritterkreuz ausgezeichnet. Nachdem er am 29. Juli 1944 die Luftsiege 88 und 89 errungen hatte, verlieh ihm Adolf Hitler am 3. August das 84. Eichenlaub mit Schwertern zum Ritterkreuz. Im August 1944 verlegte die IV. Gruppe des Nachtjagdgeschwaders 1 nach Düsseldorf und Dortmund, zurück in die Heimat. Hauptmann Heinz-Wolfgang Schnaufer aber flog weiter Einsatz auf Einsatz, und so folgte ein Abschuss nach dem anderen. Am 9. Oktober 1944 gelangen ihm die Luftsiege 99 und 100. Am 10. Oktober 1944 meldete der Wehrmachtsbericht: „Der vom Führer mit dem Eichenlaub mit Schwertern zum Ritterkreuz ausgezeichnete Hauptmann Schnaufer, Gruppenkommandeur in einem Jagdgeschwader, errang in der Nacht vom 9. zum 10. Oktober seinen 100. Nachtjagdsieg.“

Am 16. Oktober 1944 erhielt Schnaufer das 21. Eichenlaub mit Schwertern und Brillanten zum Ritterkreuz. Im November 1944 wurde er Kommodore des Nachtjagdgeschwaders 4, das in Gütersloh stationiert war. Zudem wurde er am 1. Dezember wegen Tapferkeit vor dem Feind vorzeitig zum Major befördert und konnte bis zum Jahresende 1944 sein Erfolgskonto auf 106 Luftsiege erhöhen. Damit stand Heinz-Wolfgang Schnaufer an der Spitze der deutschen Nachtjäger. Schnaufer und seine Besatzung bildeten eine verschworene Gemeinschaft, die als eine der wenigen Kampfbesatzungen im Zweiten Weltkrieg mit dem Ritterkreuz ausgezeichnet war. Sein Bordschütze, der Oberfeldwebel Wilhelm Gänsler, erhielt am 27. Juli 1944 das Ritterkreuz und war an 98 Abschüssen Schnaufers beteiligt. Der Bordfunker Leutnant Friedrich Rumpelhardt wurde am 8. August 1944 mit dem Ritterkreuz ausgezeichnet und war bei 100 Luftsiegen an Bord von Schnaufers Me 110.

Um das „Nachtgespenst" zu erlegen, versuchten die Briten alles Mögliche. Sie hetzten Schwärme von Mosquitos auf ihn. Die Versuche, ihn bei Start oder Landung zu erwischen, schlugen fehl. Selbst Agenten setzten sie auf Schnaufer an, um herauszufinden, wo er sich gerade befand. Aber die britischen Nachtjäger kamen immer zu spät: Das „Gespenst" war schneller als sie und befand sich entweder schon in der Luft oder hatte sich für die Landung einen anderen Flugplatz ausgesucht. Als Heinz-Wolfgang Schnaufer am 16. Februar 1945 seinen 23. Geburtstag feierte, hörte man folgende erstaunliche Durchsage im Radiosender:

„Hallo Kameraden des vierten Nachtjagdgeschwaders in Gütersloh! Sie wissen ja, Herr Major, dass unsere Bomberbesatzungen Ihnen den Ehrentitel „Nachtgespenst" verliehen haben. Wir bemühen uns, fair zu sein. Wir achten den Gegner. Und weil wir wissen, dass auch ihr Einsatz fair ist, schätzen wir sie. An diesem Ihrem Geburtstag spielt für Sie die Tanzkapelle der BBC den Schlager ‚Das Nachtgespenst, das Nachtgespenst, es geht in unserem Schloss herum'!"
Am 21. Februar 1945 begann ein britischer Großangriff auf Berlin. Schnaufer startete lange vor Sonnenaufgang und schoss innerhalb von fünf Minuten zwei Lancaster aus einem Pulk nach England zurückkehrender Bomber heraus. Am gleichen Abend gelang es ihm, zwischen 20.44 Uhr und 21.03 Uhr sieben weitere Lancaster-Bomber abzuschießen. Damit hatte er an einem Tage neun viermotorige Feindbomber vernichtet.

Am 3. März 1945 gelang ihm der Abschuss von zwei Bombern und am 7. März 1945 konnte er noch einmal, innerhalb von 15 Minuten, drei britische Lancaster-Bomber abschießen. Damit hatte er die einmalige Leistung vollbracht, 121 Bombenflugzeuge abgeschossen zu haben, darunter befanden sich 114 viermotorige Bomber – und das bei nur 164 Feindflügen. Das war absoluter Rekord in der Geschichte der Nachtjagd.

Im März 1945 flog er noch die Dornier Do 335 und erprobte sie für den Nachtjagdeinsatz. Sein letzter Einsatz fand am 9. April 1945 statt. Er blieb 79 Minuten in der Luft, ohne auch nur einen einzigen Bomber zu Gesicht zu bekommen. Als der Krieg zu Ende ging, hatte er insgesamt 2.300 Starts mit 1.133 Flugstunden hinter sich gebracht.

Major Heinz-Wolfgang Schnaufer geriet im Mai 1945 in Eggebek im Kreis Schleswig-Holstein in britische Gefangenschaft. Endlich standen die britischen Vernehmungsoffiziere dem „Gespenst" gegenüber, das 121 ihrer Bomber abgeschossen hatte. Immer wieder wurde er befragt, wie er zu seinen Abschüssen gekommen sei. Dazu musste er nach England verbracht werden. Die Briten nahmen auch seine Me 110 mit den 121 Abschussbalken am Seitenleitwerk mit dorthin. Sie wurde nach intensiver Untersuchung schließlich im Londoner Hyde Park den staunenden Briten vorgestellt.

Mit seiner Abschussliste war Schnaufer der erfolgreichste Nachtjäger der Welt. Wenn er auftauchte, dann ging das geflügelte Wort vom „Nachtgespenst von St. Trond", dem von ihm am längsten benutzten Liegeplatz, um. Die britischen Bomberpiloten erzählten sich Wunderdinge von diesem Offizier und seiner Crew. Obwohl ganze Staffeln gewiefter britischer Nachtjäger-Asse nach ihm ausgeschickt wurden, um ihn abzuschießen, überlebte Schnaufer den Krieg und Hunderte haarscharfer Momente, in denen es um Sein oder Nichtsein ging.

Im November 1945 entließ man ihn aus der Gefangenschaft. Er kehrte in seine Heimat nach Calw im Schwarzwald zurück, um die Firma seines Vaters zu übernehmen.

Er befand sich auf einer Geschäftsreise, als er am 13. Juli 1950 mit seinem Mercedes Cabriolet auf der Straße von Biarritz nach Bordeaux fuhr. Seine Geschwindigkeit betrug nicht mehr als 80 Stundenkilometer, als plötzlich aus einer Nebenstraße ein Lastwagen mit überhöhter Geschwindigkeit – ohne die Vorfahrt zu beachten – auf die Hauptstraße einfuhr, um sie zu überqueren. Es kam zu einem Zusammenstoß. Schnaufers Mercedes kippte um und die Ladung des Lasters, schwere eisernen Sauerstoffflaschen, rollte herunter, weil sie nicht ordnungsgemäß verzurrt war. Die Flaschen erschlugen den bewusstlosen Schnaufer, der im Straßengraben lag. Zwei Tage später, am 15. Juli 1950, erlag Heinz-Wolfgang Schnaufer in der Klinik in Bordeaux seinen Verletzungen.

Zu seiner Beerdigung kamen Tausende Menschen nach Calw, die ihm das letzte Geleit gaben und hinter seinem Sarg hergingen oder Spalier bildeten. Ihm zu Ehren wurde in Calw eine Hauptstraße benannt. Heinz-Wolfgang Schnaufer war ein Soldat, bei dem sich das Soldatentum nicht im „Kadavergehorsam“ widerspiegelte, sondern im Vorleben im Einzelnen, in Disziplin und Ordnung, in der Achtung der Menschenwürde und vor allem in der Liebe zu seinem deutschen Vaterland unter Einsatz seiner ganzen Person.

Heinz-Wolfgang Schnaufer

Geboren am 16. Februar 1922 in Calw/Württemberg
Verstorben am 13. Juli 1950 bei einem Autounfall in der Nähe von Biarritz.
Beigesetzt in Calw
Letzter Dienstgrad: Major
Ritterkreuz am 31. Dezember 1943 als Oberleutnant nach 42 Nachtjagdsiegen
507. Eichenlaub zum Ritterkreuz am 24. Juni 1944 als Hauptmann
nach 84 Nachtjagdabschüssen
84. Eichenlaub mit Schwertern zum Ritterkreuz am 3. August 1944 als Hauptmann
nach 89 Nachtjagdsiegen
21. Eichenlaub mit Schwertern und Brillanten zum Ritterkreuz am 16. Oktober 1944
als Hauptmann nach 100 Nachtjagdabschüssen
Deutsches Kreuz in Gold am 16. August 1943
Anzahl der Abschüsse: 121 anerkannte Luftsiege
Letzte Dienststellung: Kommodore des Nachtjagdgeschwaders 4

Robert Weiß

Robert Weiß wurde am 21. April 1920 in Baden bei Wien in Niederösterreich geboren. Er wurde unmittelbar nach Kriegsausbruch im Alter von 19 Jahren zur Luftwaffe eingezogen und kam zum Flakregiment 2. Bereits im darauffolgenden Jahr meldete er sich zur Fliegertruppe und gelangte nach Ausbildung zum Flugzeugführer am 1. Januar 1941 zur 6. Staffel des Jagdgeschwaders 26 „Schlageter“, das im Westen erfolgreich kämpfte.

Mit dem Gros der „Schlagetermänner“ zeigte der am 1. April 1941zum Leutnant beförderte Weiß bereits während seines Einsatzes am Kanal seine besonderen Qualitäten und konnte bis Ende Mai 1942 die ersten drei Luftsiege auf seinem Konto vermerken.

Im September 1942 wurde er zur 1. Staffel des Jagdgeschwaders 54 versetzt, und zeichnete sich bald als ausgezeichneter Kämpfer aus. Luftsiege folgten einander „wie das Eierlegen“, berichtete einer seiner Kameraden schmunzelnd einem Kriegsberichter. „Wo unser ‚Bazi‘ hinhaut, dort wächst kein Gras mehr.“ Im Januar 1943 kam er zur 3. Staffel des Jagdgeschwaders 54 „Grünherz“, deren Staffelkapitän er im Mai 1943 wurde.

Am 1. März 1943 zum Oberleutnant befördert, schoss Weiß bis zum 8. April 1943 über 30 Gegner ab. Am 8. Mai 1943 bekam er für seine Leistungen im Luftkrieg den Ehrenpokal des Oberbefehlshabers der Luftwaffe überreicht, doch er erkrankte im gleichen Monat und fiel für einige Wochen aus. Schließlich erhielt er am 2. Juli 1943 nach 33 Luftsiegen das Deutsche Kreuz in Gold.

Am 11. September 1943 musste er nach schweren Beschussschäden mit seiner Focke-Wulf 190 notlanden. Nach kurzem Ausflug bei der 1. Staffel seines Geschwaders, wo er noch zwei Feindjäger abschießen und damit sein Erfolgskonto auf 68 Luftsiege erhöhen konnte, wurde „Bazi“ Weiß Anfang Oktober 1943 Staffelkapitän der 10. Staffel des „Grünherz“-Geschwaders und konnte bis Ende 1943 die Anzahl seiner Luftsiege auf 79 hochschrauben.

Sehr rasch baute er seine Erfolge weiter aus und erzielte so bis zum 15. Februar 1944 98 Luftsiege, wofür er am 26. März 1944 als Oberleutnant das Ritterkreuz des Eisernen Kreuzes verliehen bekam. Im Mai 1944 kam Robert Weiß zur III. Gruppe des Jagdgeschwaders 54, die in der Reichsverteidigung stand. Seinen 100. Luftsieg erzielte er am 27. Mai 1944 mit dem Abschuss einer viermotorigen B-17 „Flying Fortress“ in der Nähe von Colmar. Nach Beginn der Invasion wurde seine Gruppe an die Invasionsfront verlegt. Hier zeigte Weiß erneut sein großes Können: Zwischen dem 7. Juni und 8. August 1944 konnte er über der Normandie 18 gegnerische Flugzeuge abschießen, darunter zwei viermotorige Liberator-Bomber.

Am 1. Juli 1944 zum Hauptmann befördert, übernahm er im August 1944 die III. Gruppe des Jagdgeschwaders 54 und führte diese bis September wieder zurück ins Reich, um in der Reichsverteidigung dafür zu sorgen, dass Deutschland wieder „ein Dach bekam“, das in einem ausreichenden Schutz durch Jäger gegenüber den einfliegenden Bomberverbänden bestand und das seine Bewohner schützte. Als Hauptmann errang Robert Weiß auch im Westen eine

Robert Weiß

Reihe von Erfolgen und galt bei seiner Gruppe als das große Vorbild, dem jeder nachzueifern versuchte.

Am 28. September 1944 schoss er bei Apelstedt eine Spitfire ab und am 6. November 1944 gelang ihm mit dem Erfolg über eine P-38 „Lightning“ sein 120. Luftsieg.

Die Jagdflugzeuge der III. Gruppe waren zu diesem Zeitpunkt im norddeutschen Raum auf den Plätzen Münster, Osnabrück und Rheine stationiert, als sie am 29. Dezember 1944, unter der Führung von Hauptmann Weiß, einen Luftkampf mit englischen Jägern führten. Nachdem es „Bazi“ gelungen war, eine Spitfire abzuschießen – was seinen 121. Luftsieg bedeutete –, griffen zwei Typhoon-Staffeln mit ein, die den deutschen Jagdverband förmlich „aufarbeiteten“.

17 deutsche Jagdmaschinen wurden von den englischen Jägern abgeschossen, unter ihnen befand sich auch Hauptmann Robert Weiß, der im Luftkampf bei Lingen an der Ems abgeschossen wurde und dort auch begraben liegt.

Der Fliegertod nach seinen 121 Luftsiegen war für seine Kameraden ein schwerer Verlust und für die Luftwaffe der Verlust eines Führers im Kampf.

Für seine hervorragenden Leistungen bekam Weiß nach dem Tode am 12. März 1945 als 782. Soldat der deutschen Wehrmacht das Eichenlaub zum Ritterkreuz verliehen. Auf seinen 471 Feindflügen konnte er 121 Luftsiege erzielen, davon 95 im Osten und 26 im Westen.

Robert Weiß

Geboren am 21. April 1920 in Baden bei Wien
Gefallen am 29. Dezember 1944 im Luftkampf bei Lingen an der Ems
Letzter Dienstgrad: Hauptmann
Ritterkreuz am 26. März 1944 als Oberleutnant nach 98 Luftsiegen
782. Eichenlaub zum Ritterkreuz am 12. März 1945
nach 121 Luftsiegen (posthum verliehen)
Anzahl der Abschüsse: 121 anerkannte Luftsiege
Letzte Dienststellung: Kommandeur der III. Gruppe des Jagdgeschwaders 54 „Grünherz“

Friedrich Obleser

Friedrich Obleser

Friedrich Obleser wurde am 21. Februar 1923 in Pottenstein, Kreis Baden, bei Wien in Niederösterreich geboren. Er trat nach dem Abitur freiwillig in die Luftwaffe ein und meldete sich am 1. Oktober 1940 beim Luftwaffen-Ausbildungsregiment 61 in Oschatz. Nach seiner Grundausbildung erfolgte die Ausbildung zum Jagdflieger auf der Luftkriegsschule 5 in Breslau und der Jagdfliegerschule 4 in Fürth. Diese Kriegsausbildung durchlief Obleser mit Bravour. Seit 1. April 1942 Leutnant, wurde er am 1. Januar 1943 als Flugzeugführer zur III. Gruppe des Jagdgeschwaders 52 versetzt und der 8. Staffel zugeteilt, die an der Ostfront und dort im Südabschnitt lag. Mit seinem Staffelkapitän Günther Rall flog er am 12. Januar 1943 seinen ersten Einsatz. Als junger Leutnant und einer der Jüngsten des Geschwaders war er zunächst wie üblich als Katschmarek bei erfahrenen Fliegern eingesetzt.

Obleser erzielte seine ersten Luftsiege im März 1943 und hatte bis zum 26. Mai 1943 bereits 20 Luftsiege erreicht. Am 28. Mai 1943 wurde er durch einen Flaktreffer verwundet und kam ins Lazarett. Als er am 6. Juli 1943 zurückkehrte, erfuhr er, dass er Staffelführer der 8. Staffel geworden war. Hauptmann Rall, der vor ihm die Staffel geführt hatte, war Kommandeur der III. Gruppe geworden. Als dieser dem jungen Kameraden seine Staffel übergab, tat er dies mit den Worten: „Obleser, immer daran denken, dass Sie vor allem Ihre Kameraden heil wieder zurückbringen müssen, also keine unbedachten Schritte."

Am 18. September 1943 erzielte Obleser den 50. und am 7. Oktober 1943 den 75. Luftsieg, dafür wurde am 8. November 1943 mit dem Ehrenpokal für besondere Leistungen im Luftkrieg ausgezeichnet und bekam am 14. November 1943 das Deutsche Kreuz in Gold verliehen. Nachdem er am 1. Februar 1944 zum Oberleutnant befördert worden war, erhielt er nach seinem 80. Luftsieg am 26. März 1944 das Ritterkreuz des Eisernen Kreuzes.

Die Schwerpunkte seiner Feindeinsätze lagen im Kuban-Brückenkopf, bei Kursk, Orel, Uman, auf der Krim, Rumänien, Ungarn und Polen.

Obwohl er zuerst Kritiker von Erich Hartmann (Brillantenträger) war – weil er zunächst der Meinung war, dass Hartmann mit seinen angegebenen Abschüssen übertrieb –, wurde dieser später sein Freund und flog viele Feindflüge mit ihm.

Als die alliierte 15. Luftflotte von Italien aus Angriffe auf rumänische und polnische Gebiete flog, kam auch Obleser häufig in Kontakt mit den US-Bomberverbänden. Dabei gelang es ihm, zwei viermotorige Bomber und sieben Jagdmaschinen abzuschießen. Im August 1944 erreichte er seinen 100. Abschuss. Bis Jahresende hatte er auf über 500 Feindflügen 120 Luftsiege erzielt.

Als er am 30. Dezember 1944 bei Zagorze in Südpolen beim Abschießen einer Panzerfaust schwer verletzt wurde, kam er in ein Lazarett, das er bis Kriegsende nicht mehr verlassen sollte. Wegen seiner Verwundung wurde er am 30. Mai 1945 aus der US-Kriegsgefangenschaft, die für ihn nur wenige Tage gedauert hatte, entlassen. Auf seinen über 500 Feindflügen konnte

Ein schnelle Runde Skat zwischen den Einsätzen auf einem Feldflugplatz in Russland.

Obleser 120 Luftsiege erzielen, davon 111 im Osten und neun im Westen, darunter zwei Viermots.

Nach dem Krieg wurde Obleser Beauftragter einer staatlichen Verwertungsgesellschaft, die hauptsächlich viermotorige Bomber zu demontieren und abzuwracken hatte. Etwas später wurde er Leiter der Arbeitstechnischen Anwendungsabteilung in einem Pfälzer Industriebetrieb, wo er maßgebend an der Produktionsumstellung auf neue Werkstoffe und andere Herstellungsverfahren beteiligt war.

Mitte der Fünfzigerjahre konnten ihn seine ehemaligen Geschwaderangehörigen Rall, Hrabak und Krupinski davon überzeugen, dass er beim Aufbau der neuen Luftwaffe dringend gebraucht wurde. So trat Friedrich Obleser am 1. August 1956 in Fürstenfeldbruck als Hauptmann in die Bundeswehr ein, nachdem er die deutsche Staatsangehörigkeit wieder erhalten hatte. Vom 31. August 1957 bis zum 28. Februar 1958 befand er sich zur fliegerischen Ausbildung in den USA, auf der Air Force Base Luke in Arizona. Geschult wurde er auf den Typen T-33, F-84 und Sabre 86. Nach dem erfolgreich abgeschlossenen Lehrgang begann die zweite militärische Karriere von Friedrich Obleser: Nach seiner Rückkehr nach Deutschland wurde er am 1. März 1958 Staffelkapitän der 3. Staffel der Waffenschule 10 der Luftwaffe in Oldenburg. Am 17. Dezember 1958 zum Major befördert, war er ab 1. November 1959

Einsatzstabsoffizier beim Kommandeur der fliegenden Gruppe des Jagdgeschwaders 72 in Leck/Holstein. Ab 1. November 1961 führte er dieses Geschwader als Kommodore und wurde am 29. November 1961 zum Oberstleutnant befördert. Vom 19. Dezember 1963 bis 30. November 1966 war Obleser Kommodore des Jagdbombergeschwaders 31 in Nörvenich. Hier erprobte er auch neue taktische Möglichkeiten für die Jagd- und Jagdbomberverbände. Am 23. Juli 1965 zum Oberst befördert, kam er ab 1. Dezember 1966 als Stabsoffizier in die Operationsabteilung bei AFCENT nach Holland. Am 1. Februar 1970 kam seine Berufung zur der NATO-Dienststelle NAMMA, die für den „Tornado" zuständig war. Dort blieb er bis zum 30. September 1976, zuerst als Systembeauftragter, ab 1. Juli 1973 als Generalmanager der NAMMA. Der am 1. Oktober 1971 zum Brigadegeneral beförderte und im April 1973 mit dem Verdienstkreuz des Verdienstordens der Bundesrepublik ausgezeichnete Obleser war danach vom 1. Oktober 1976 bis zum 30. September 1977 Amtschef des Luftwaffenamtes in Köln. Anschließend wurde er Kommandierender General des Luftwaffenunterstützungskommandos in Köln-Wahn. Die letzte Kommandierung für den am 1. Oktober 1977 zum Generalmajor beförderten Obleser erfolgte am 1. Oktober 1978, indem er zum Inspekteur der Luftwaffe ernannt wurde. Im November 1979 erhielt er das Große Verdienstkreuz des Verdienstordens der Bundesrepublik, einen Monat zuvor, am 1. Oktober 1979 war er zum Generalleutnant befördert worden. Als seine letzte Auszeichnung erhielt er am 4. März 1983 das Große Verdienstkreuz mit Stern des Verdienstordens der Bundesrepublik. Am 31. März 1983 ging Friedrich Obleser in Pension. Er verstarb am 5. Juni 2004 in Neunkirchen-Seelscheid in Nordrhein-Westfalen.

Friedrich Obleser

Geboren am 21. Februar 1923 in Pottenstein, Kreis Baden, bei Wien
Verstorben am 5. Juni 2004 in Neunkirchen-Seelscheid in Nordrhein-Westfalen
Letzter Dienstgrad: Oberleutnant (Wehrmacht)/Generalleutnant (Bundeswehr)
Ritterkreuz am 23. März 1944 als Leutnant nach 80 Luftsiegen
Deutsches Kreuz in Gold am 14. November 1943
Anzahl der Abschüsse: 120 anerkannte Luftsiege
Letzte Dienststellung (Wehrmacht): Staffelkapitän der 8. Staffel/Jagdgeschwader 52
Letzte Dienststellung (Bundeswehr): Inspekteur der Luftwaffe

Erich Leie

Erich Leie

Erich Leie wurde am 10. September 1916 in Kiel geboren. Im August 1939 kam er zur Reservestaffel des Jagdgeschwaders 71, der späteren 5. Staffel des Jagdgeschwaders 51. Am 21. März 1940 wurde er in den Stab der III. Gruppe des Jagdgeschwaders 2 „Richthofen“ kommandiert und erreichte während des Frankreichfeldzuges mit dem Abschuss eines Blenheim-Bombers am 14. Mai 1940 seinen ersten Luftsieg. Im Herbst 1940 kam er in den Geschwaderstab des Jagdgeschwaders 2 und erzielte bis Ende des Jahres 1940 elf Luftsiege.

Erich Leie war zu dieser Zeit einer der bekanntesten und erfolgreichsten Jagdflieger des Jagdgeschwaders 2, des „Richthofen“-Geschwaders, und flog in der Luftschlacht über England an Helmut Wicks Seite, dem er viel zu verdanken hatte.

Sehr bald entwickelte er sich zu einer Persönlichkeit, die Mut, Zuversicht und Erfolg ausstrahlte. Den 12. Luftsieg erzielte Leie am 22. Juni 1944 mit Beginn der britischen Non-Stop-Offensive am Kanal. Am 24. Juni 1941 holte er erneut zwei Spitfire vom Himmel und am 6. Juli war die nächste an der Reihe. Am 23. Juli 1941 gelang es ihm in mehreren Einsätzen, sechs Spitfire abzuschießen, darunter die letzten vier während des letzten Einsatzes am Abend innerhalb von nur zwölf Minuten. Damit hatte Leie 21 Luftsiege erreicht, wofür er am 1. August 1941 mit dem Ritterkreuz des Eisernen Kreuzes ausgezeichnet wurde. Bis Jahresende hatte er es auf 32 Luftsiege gebracht und flog zumeist mit seinem Geschwaderkommodore Walter Oesau die Einsätze gegen die Royal Air Force. Inzwischen zum Hauptmann befördert, wurde er am 5. Mai 1942 zum Kommandeur der I. Gruppe/Jagdgeschwader 2 ernannt. Während der alliierten Landung in Dieppe gelang ihm am 19. August 1942 mit dem Abschuss einer Spitfire sein 42. Luftsieg. Auch er wurde abgeschossen und verwundet, konnte sich aber mit dem Fallschirm retten. Hauptmann Leie kam ins Lazarett und wurde am 20. Oktober 1942 mit dem Deutschen Kreuz in Gold ausgezeichnet.

Nach seiner Genesung wurde er an die Ostfront versetzt, um am 18. Januar 1943 dort die I. Gruppe des Jagdgeschwaders 51 „Mölders“ zu übernehmen, die verwaist war. Das Geschwader unterstützte hauptsächlich die Heeresgruppe Mitte, die Einsatzgebiete lagen vor allem im Gebiet vor Moskau, Wyasma und Orel. Im Juli 1943 kämpfte das Jagdgeschwader 51 während der Operation „Zitadelle“ über dem Luftraum von Kursk. Anschließend begann der lange Rückzug bis ins Reich. Leies Erfolgsserie setzte sich auch auf dem Ostkriegsschauplatz fort. Am 6. November 1943 errang er bereits seinen 100. Luftsieg, worauf er einen längeren Erholungsurlaub antreten konnte. Nachdem er im März 1944 zu seiner Gruppe zurückgekehrt war, gelangen ihm auch gleich wieder einige Abschüsse. Am 6. Juli 1944 wurde er von sowjetischen Jägern abgeschossen, doch während seine Focke-Wulf brennend zu Boden stürzte, konnte er sich mit dem Fallschirm retten. Zum Glück trieb sein Fallschirm über die deutsche Front. Hauptmann Leie flog weiter und erzielte bis zum 16. Oktober 1944 weitere 11 Luftsiege, was seine Erfolgsbilanz auf 114 Abschüsse anwachsen ließen. Wegen seiner

Beförderung zum Major, aber auch wegen seiner großen Erfahrung wurde Erich Leie am 29. Dezember zum Kommodore des Jagdgeschwaders 77 ernannt.

Am 7. März 1945 geriet er in einen Luftkampf mit sowjetischen Jägern. Zuerst schoss er eine La-5 ab und etwa eine halbe Stunde später gelang ihm der Abschuss einer Jak-9, die Leie südlich der Ortschaft Schwarzwasser (Hultschiner Ländchen) erwischte. Aber durch den erhöhten Fahrtüberschuss stieß er mit der schwer getroffenen Jak-9 zusammen. Es gelang Leie wiederum auszusteigen, doch bei nur 60 Metern Höhe öffnete sich der Fallschirm nicht mehr, und so fand er den Tod.

Erich Leie war einer der hervorragenden Gruppen- und Geschwaderkommodores. Für seine besonderen Führungsleistungen und seine Luftsiege wurde er zum Eichenlaub eingereicht, ohne es jedoch zu erhalten, doch er wurde nach dem Tode zum Oberstleutnant befördert.

Unter seinen über 500 Feindflügen befanden sich 47 Jagdbomber- und 13 Tieffliegereinsätze im Osten. Von seinen 118 Luftsiegen erfolgten 42 im Westen, darunter ein viermotoriger Bomber und 38 britische Jäger, und 76 im Osten, darunter 32 gepanzerte Schlachtflugzeuge des Typs Il-2.

Erich Leie

Geboren am 10. September 1916 in Kiel
Gefallen am 7. März 1945 bei Schwarzwasser (Hultschiner Ländchen) im Sudetenland
Letzter Dienstgrad: Oberstleutnant (posthum)
Ritterkreuz am 1. August 1941 als Oberleutnant nach 21 Luftsiegen
Eingereicht zum Eichenlaub zum Ritterkreuz
Deutsches Kreuz in Gold am 20. Oktober 1942
Anzahl der Abschüsse: 118 anerkannte Luftsiege
Letzte Dienststellung: Kommodore des Jagdgeschwader 77

Franz-Josef Beerenbrock

Franz-Josef Beerenbrock wurde am 9. April 1920 in Datteln in Westfalen geboren. Mit 18 Jahren meldete er sich am 1. Oktober 1938 freiwillig zur Flakartillerie, um 1939 nach der Grundausbildung zu den Fliegern überzuwechseln. Er kam zur Flugzeugführerschule, um danach zur Jagdfliegerausbildung zur Fliegerschule Stolp in Pommern kommandiert zu werden. Nach seiner fliegerischen Ausbildung, die ihn als Jagdflieger auswies, erhielt er seine Versetzung zum Jagdgeschwader 51, das in den ersten Wochen des Russlandfeldzuges von Werner Mölders vorbildlich geführt wurde. Im Frühjahr 1941 bei der 12. Staffel, kam er mit Beginn des Feldzuges gegen die Sowjetunion zur 10. Staffel des Jagdgeschwaders 51. So flog er seine ersten Einsätze als Unteroffizier und Rottenflieger von Karl-Friedrich Nordmann.

Zwei Tage nach Beginn des Russlandfeldzuges erzielte Beerenbrock seine ersten beiden Luftsiege und stieg von nun an in einem rasanten Höhenflug direkt in die Spitzengruppe des Geschwaders vor. Im Juli 1941 schoss er 17 Gegner ab und am 30. August 1941 erreichte er seinen 40. Luftsieg.

Anfang August 1941 zum Stab der IV. Gruppe des Jagdgeschwaders 51 versetzt, flog Beerenbrock seine Einsätze als Unteroffizier und Rottenflieger von Karl-Friedrich Nordmann,

Piloten des Jagdgeschwaders 51 scherzen mit einen Kameraden, der soeben seinen ersten Luftsieg errungen hat.

Franz-Josef Beerenbrock

dem Gruppenkommandeur der IV. Gruppe. Am 23. September 1941 erzielte er die Luftsiege 41 und 42, wofür am 6. Oktober 1941 mit dem Ritterkreuz des Eisernen Kreuzes ausgezeichnet wurde. Der Ehrenpokal des Oberbefehlshabers der Luftwaffe wurde ihm bereits am 15. September 1941 überreicht. Bis zum Jahresende 1941 hatte er es bereits auf über 50 Luftsiege gebracht.

Bis zum 31. Juli 1942 hatte Beerenbrock 93 Abschüsse erzielt und bekam am 17. Juni 1942 das Deutsche Kreuz in Gold verliehen. Am 1. August 1942 erzielte er die sagenhafte Abschusszahl von neun feindlichen Flugzeugen an einem Tag, damit hatte er seine Abschussbilanz auf 102 Luftsiege hochgeschraubt. Schon am 3. August 1942 wurde dem Oberfeldwebel Franz-Josef Beerenbrock als dem 108. Soldaten der deutschen Wehrmacht das Eichenlaub zum Ritterkreuz verliehen. Am 1. September 1942 wurde dieser sympathische Oberfeldwebel wegen Tapferkeit vor dem Feind zum Leutnant befördert. Nach einem längeren Erholungsurlaub kehrte er Ende September 1942 an die Front zurück. Im Oktober 1942 wurde Beerenbrock Staffelführer der 10. Staffel des Jagdgeschwaders 51 „Mölders". Er kämpfte in unnachahmlicher Manier weiter und erzielte bis zum 8. November 1942 114 Luftsiege. Sein letzter Start über der Front bei Welish im Mittelabschnitt der Ostfront schien zunächst auch überaus erfolgreich auszugehen. Doch nach drei Siegen erhielt er einen Kühlertreffer und musste hinter der russischen Frontlinie notlanden und geriet in sowjetische Gefangenschaft.

In Gefangenschaft wurde Beerenbrock im Moskauer Lubjanka-Gefängnis verschiedenen Verhören ausgesetzt und schließlich ins Lager Krasnogorsk Nr. 27 verlegt, wo er unter anderem auch Gespräche mit General von Seydlitz führte. Er kehrte Mitte Dezember 1949 aus der Gefangenschaft zurück. Auf seinen etwa 400 Feindflügen hatte Leutnant Franz-Josef Beerenbrock 117 Luftsiege erzielt, alle im Osten.

Nach dem Krieg trat er der Bundesluftwaffe bei und verstarb am 13. Dezember 2004 in Olfen bei Münster.

Franz-Josef Beerenbrock

Geboren am 9. April 1920 in Datteln/Westfalen
Verstorben am 13. Dezember 2004 in Olfen bei Münster
Letzter Dienstgrad: Leutnant
Ritterkreuz am 6. Oktober 1941 als Unteroffizier nach 42 Luftsiegen.
108. Eichenlaub zum Ritterkreuz am 3. August 1942 als Oberfeldwebel
nach 102 Luftsiegen
Deutsches Kreuz in Gold am 17. Juni 1942
Anzahl der Abschüsse: 117 anerkannte Luftsiege
Letzte Dienststellung: Leutnant und Staffelführer in der 10. Staffel des
Jagdgeschwaders 51 „Mölders"

Hans-Joachim Birkner

Hans-Joachim Birkner

Hans-Joachim Birkner wurde am 22. Oktober 1921 in Schönwalde, Kreis Samland, in Ostpreußen geboren. Nach seiner Einberufung zur Luftwaffe und der vorausgehenden Ausbildung und bevor er „gelernter Jagdflieger" wurde, erfolgte seine Beförderung zum Feldwebel. Im Sommer 1943 kam er zur 9. Staffel des Jagdgeschwaders 52 und machte als Rottenflieger von Rall und Hartmann die ersten Erfahrungen mit der Jägerei. Auch die „alten Hasen" erkannten

Hans-Joachim Birkner war oft der „Katschmarek" (Rottenflieger) von Flieger-Ass Erich Hartmann, der hier nach seinem 300 Luftsieg von seinen Kameraden freudig empfangen wird..

schnell, dass sie mit Hans-Joachim Birkner einen hervorragenden Nachwuchspiloten in ihren Reihen hatten und dass er das Zeug dazu hatte, ein „Experte" zu werden.

Den ersten Abschuss erlebte er am 1. Oktober 1943 als Katschmarek seines Gruppenkommandeurs Hauptmann Rall, der ihm viel im Hinblick auf Taktik und Technik des Luftduells lehrte. So war es nicht verwunderlich, dass er sehr rasch zu weiteren Abschusserfolgen kam und es bis zum 24. April 1944 auf 55 Abschüsse brachte. Noch am gleichen Tag wurde Birkner der Ehrenpokal des Oberbefehlshabers der Luftwaffe ausgehändigt, nachdem ihm am 20. März 1944 bereits das Deutsche Kreuz in Gold verliehen worden war. Bis zum 21. Juli 1944 hatte Birkner 99 Luftsiege erzielt, wofür er am 27. Juli 1944, als Fahnenjunker-

Feldwebel, das Ritterkreuz des Eisernen Kreuzes erhielt. Nach einem längeren Erholungsurlaub kam er Anfang Oktober zu seiner Staffel zurück und es gelang ihm tatsächlich, binnen eines Jahres im Südabschnitt der Ostfront am 14. Oktober 1944 seinen 100. Luftgegner abzuschießen. Dabei war es ihm gleich, wer ihm nun vor die Läufe seiner Bordwaffen geriet. Zuletzt flog er mit „Bubi" Hartmann, dem er sehr nacheiferte. Als Erich Hartmann am 30. September seine Staffel abgab, schlug er den inzwischen zum Leutnant beförderten Birkner als seinen Nachfolger vor und meinte, dass dieser es genauso gut machen werde wie er selbst. Dies versuchte der junge Offizier unablässig, aber es sollten ihm nur noch 75 Tage vergönnt sein, in denen er seine Staffel zum Erfolg führte und seine eigene Abschussbilanz auf 117 Gegner brachte.

Bei einem Alarmstart am 14. Dezember in Krakau sahen seine beiden Warte, wie die Maschine, die sie einwandfrei gewartet hatten, plötzlich wegsackte, schwer auf dem Boden aufschlug und zerschellte. Hans-Joachim Birkner konnte nur tot geborgen werden. Nach einer Untersuchung des Wracks von Birkners Me 109 stellte sich heraus, dass die Jagdmaschine infolge eines Motorschadens abgestürzt war.

Sein Nachfolger in der Staffelführung Otto Karl Klemenz äußerte sich sehr erschüttert: „Einen Besseren finden wir nicht. Lebewohl Kamerad und kehre in Walhalla ein, wo so viele unserer Kameraden schon sind."

Auf seinen 284 Feindflügen, davon 121 mit Feindberührung, konnte Leutnant Hans-Joachim Birkner 117 Luftsiege erzielen, darunter eine P-51 „Mustang".

Hans-Joachim Birkner

Geboren am 22. Oktober 1921 in Schönwalde, Kreis Samland/Ostpreußen
Gefallen am 14. Dezember 1944 in Krakau
Letzter Dienstgrad: Leutnant
Ritterkreuz am 27. Juli 1944 als Leutnant nach 99 Luftsiegen
Deutsches Kreuz in Gold am 20. März 1944
Anzahl der Abschüsse: 117 anerkannte Luftsiege
Letzte Dienststellung: Staffelführer der 9. Staffel des Jagdgeschwaders 52

Jakob Norz

Jakob Norz wurde am 20. Oktober 1920 in Saulgrub in Oberbayern geboren. Zuerst als Nachtjäger ausgebildet, kam er im Herbst 1941 als Unteroffizier zur I. Gruppe des Nachtjagdgeschwaders 2, das speziell zur Fernnachtjagd aufgestellt wurde. Er flog Einsätze gegen England und im Mittelmeerraum, wo er hauptsächlich Geleitschutzaufgaben für die Konvois der Achsenmächte übernahm.

Jakob „Jockel“ Norz wurde Anfang 1942 zur Tagjagd versetzt und kam für kurze Zeit zum Jagdgeschwader 51 „Mölders“ an die Ostfront. Im Frühjahr 1942 wurde er zur 11. Staffel des Jagdgeschwaders 1 nach Norwegen versetzt, die wenig später zum Einsatz an die Eismeerfront kam und in 8. Staffel/Jagdgeschwader 5 umbenannt wurde. Bis Ende des Jahres 1942 hatte Norz fünf Luftsiege erzielt. Am 5. März 1943 schoss er zwei Il-2-Schlachtflugzeuge ab, wurde aber selbst getroffen und musste zwischen den Frontlinien auf einem zugefrorenen See notlanden. Nach einem mehrstündigen Marsch durch meterhohen Schnee erreichte er endlich einen deutschen Vorposten. Bis Ende des Jahres 1943 erhöhte er seine Abschusszahl auf etwa 50 Luftsiege. Am 13. September 1943 mit dem Ehrenpokal des Oberbefehlshabers der Luftwaffe ausgezeichnet, bekam Feldwebel Norz am 17. Oktober 1943 das Deutsche Kreuz in Gold verliehen.

Ende 1943 fiel die Einsatzzahl der III. Gruppe des Jagdgeschwaders 5 drastisch. Die wenigen Flugzeuge sahen sich immer wieder mit zehn- bis zwanzigfacher Übermacht konfrontiert. Dennoch kämpften alle Staffeln mit einem nie erlahmenden Einsatz.

Am 17. März 1944 gelang Norz der Abschuss von fünf sowjetischen Jagdmaschinen, wofür er am 26. März 1944, nach 74 Luftsiegen, mit dem Ritterkreuz ausgezeichnet wurde.

Am 17. Juni 1944 war die gesamte III. Gruppe des Jagdgeschwaders 5 in der Luft. Bei der 7. Staffel unter Leutnant Schuck flog auch Feldwebel Norz mit. Als er mit der 8. und 9. Staffel des Jagdgeschwaders 5 an diesem 17. Juni 1944 in seiner Bf 109 G-6 startete, waren fünf Kameraden bei ihm, so auch Schuck. Der erste Start verlief für Norz selbst nicht erfolgreich. Er hatte die Aufgabe erhalten, mit Schuck und Dörr zusammen die Feindmaschinen anzugreifen, was sie exzellent ausführten, sodass Schuck sieben Gegner herunterholen konnte. Nach der Landung wurde aufgetankt und aufmunitioniert. Zwanzig Minuten später waren alle sechs Maschinen wieder in der Luft. Es ging gegen einen Feindverband, der Kirkenes bombardiert hatte und nun auf dem Rückflug war. Er setzte sich aus etwa 30 Il-2, Pe-2 und 18 Airacobras als Jagdschutz zusammen.

„Freie Jagd!“, befahl Schuck, und Norz stieß als Erster auf diesen Gegner herunter. Im ersten Anflug schoss er mit einem Feuerstoß eine Airacobra ab, im Aufschwung hing er hinter einer zweiten und erledigte sie ebenfalls sehr schnell. Mit der dritten hatte er einige Mühe, doch in einem turbulenten Kurvenduell konnte er sie nach vier Minuten überwinden und zu Boden schicken. Danach stieß er zwei Pe-2 hinterher, die sich verdrücken wollten und schoss

Jakob Norz

auch diese beiden Gegner ab, womit sich sein Tagesrekord auf fünf Luftsiege erhöhte. Als zwei Stunden später alles längst wieder auf dem Horst war, erschien ein einzelner Aufklärer über dem Platz. Es war eine Spitfire. Sie wurde von dem sofort wieder startenden Leutnant Schuck abgeschossen.

Der 27. Juni 1944 sah einen weiteren Großeinsatz der III. Gruppe/Jagdgeschwader 5, die von Hauptmann Dörr geführt wurde. In diesem Kampf wuchs Norz immer wieder über sich hinaus. Er schoss mit beinahe schlafwandlerischer Sicherheit Gegner auf Gegner ab. Zwei weitere Starts erfolgten an diesem Tag, und an allen war Norz erfolgreich beteiligt. Als am Abend in der Abschusskladde der Gruppe die Luftsiege registriert wurden, die durch Zeugenaussagen belegt waren, hatte Norz die für ihn einmalige Zahl von 12 feindlichen Flugzeugen zu verzeichnen und wurde am 28. Juni 1944 namentlich mit nachfolgenden Worten im Wehrmachtsbericht genannt:

„Bei mehreren feindlichen Angriffen auf Stadt und Hafen Kirkenes brachten Jäger und Flakartillerie in den gestrigen Abendstunden und im Verlauf der Nacht 77 sowjetische Flugzeuge zum Absturz. In heftigen Luftkämpfen errangen Oberleutnant Dörr und Leutnant Norz allein je zwölf Luftsiege."

Die Zahl seiner Luftsiege hatte jetzt die 103 erreicht, ohne dass er mit dem Eichenlaub für sich rechnete. Dafür war er zu unauffällig. Dass er zum Leutnant befördert worden war, erschien ihm schon als besonderer Glücksfall.

Im Juli 1944 wurde „Jockel" Norz' 8. Staffel in 11. Staffel/Jagdgeschwader 5 umbenannt. Norz setzte seine Erfolgsserie weiter fort. Am 16. September 1944 ging er wieder aufs Ganze, als die 11. Staffel mit zwei Schwärmen unter Leutnant Schuck, ihm selbst und Glöckner gegen einen Bomberverband startete, der sich im Anflug auf Kirkenes befand und frühzeitig erkannt wurde.

Es waren Boston-Bomber, Il-2-Schlachtflieger und zahlreiche Begleitjäger, die in Sicht kamen. Norz hatte sich gerade für einen Angriff auf eine Il-2 vorbereitet, als man plötzlich seinen Notruf hörte: „Hier gelbe 8. Habe Motortreffer, Motor qualmt."

Leutnant Schuck erwiderte aufgeregt: „Aussteigen!", denn die Maschinen befanden sich noch über dem Niemandsland und Norz hätte dort gut geborgen werden können. „Ich will versuchen, den Platz zu erreichen", erwiderte Norz jedoch in dem Bemühen, seine Kiste zu retten.

Bis nach Kirkenes waren es noch 20 Kilometer, also für eine Bf 109 eine Kleinigkeit. Die anderen sahen die Maschine des Kameraden, die einen langen Rauchschweif hinter sich herzog. Schuck hatte die Bodenstelle Kirkenes alarmiert, wo schon die Feuerwehr bereitstand. Doch dann kam die schlimme Meldung: „Die Steuerung funktioniert nicht mehr!" Die anderen Maschinen geleiteten und schützten Norz, doch gegen diesen Ausfall gab es keinen Schutz. Als sie fast den Platz erreicht hatten, blockierte auch noch das Höhenruder – und das bei nur 80 Metern Höhe. Norz stürzte auf eine kleine, von Geröll übersäte Lichtung. Die Maschine rutschte in einer Bauchlandung über den Boden, prallte gegen einen Felsen und überschlug

Jagdflieger des Jagdgeschwaders 5 im kurzen Sommer des hohen Nordens im Jahre 1942.
Einer der Flieger auf dem Bild trägt bereits das Deutsche Kreuz in Gold.

sich, der Motor brach ab. Das Bergungskommando, das diesen Absturz miterlebte, war binnen drei Minuten am Unfallort, doch „Jockel" Norz war bereits tot.

Nach erzielten 117 Luftsiegen und etwa 25 nicht anerkannten Siegen in der Luft war dieser tapfere Soldat gefallen. Leutnant Jakob Norz war 332 Mal gegen den Feind geflogen.

Jakob Norz

Geboren am 20. Oktober 1920 in Saulgrub/Oberbayern
Gefallen am 16. September 1944 bei Kirkenes/Nordnorwegen
Letzter Dienstgrad: Leutnant
Ritterkreuz am 26. März 1944 als Oberfeldwebel nach 74 Luftsiegen
Deutsches Kreuz in Gold am 17. Oktober 1943
Anzahl der Abschüsse: 117 anerkannte Luftsiege
Letzte Dienststellung: Flugzeugführer in der 11. Staffel des Jagdgeschwaders 5 „Eismeer"

Heinz Wernicke

Heinz Wernicke wurde am 30. September 1920 in Berlin geboren. Er kam im Frühjahr 1942 nach seiner Ausbildung zum Flieger, die er 1940 begonnen hatte, als einer der jungen Ersatzflieger zum Jagdgeschwader 54, das im Osten bereits große Erfolge errang. Wernicke wurde zur 3. Staffel des „Grünherz"-Geschwaders versetzt.

Er war Unteroffizier, als er seinen ersten Gegner abschoss. Die I. Gruppe des Geschwaders wurde zu dieser Zeit von Major Hans Philipp geführt. Geschwaderkommodore war Hannes Trautloft. Im Geschwader selbst standen die erfolgreichsten Jäger der Luftwaffe, darunter auch eine ganze Reihe Flugzeugführer, die aus dem Mannschaftsstand kamen und ihre Erfolge errangen, was darauf hinwies, dass jeder in diesem Geschwader zum Zuge kam.
Während der Sommermonate des Jahres 1942 gelangen Wernicke die ersten Luftsiege. Im

Hans Beißwenger, ein Kamerad von Heinz Wernicke, von der 6./Jagdgeschwader 54 nach der Landung. Ein Wart eilt herbei, um ihm beim Aussteigen zu helfen.

Heinz Wernicke

Herbst 1942 wurde er als Jagdlehrer zur Ergänzungsgruppe Ost nach Frankreich versetzt. Im Januar 1943 kam er an die Ostfront zurück, diesmal aber zur 6. Staffel des Jagdgeschwaders 54. Bis Sommer 1943 hatte er es auf 15 Luftsiege gebracht, als er erneut als Jagdlehrer in die Heimat versetzt wurde. Nach anschließendem Offizierslehrgang kam er Anfang 1944 an die Ostfront zurück, von wo aus er die magische 100 in Angriff nahm.

„Piepl" Wernicke, allseits beliebt wegen seiner frischen und zupackenden Art, war für seine 6. Staffel und vor allem auch für seinen Gruppenkommandeur Hauptmann Rudorffer, der seit April 1944 das Eichenlaub trug und im Januar 1945 die Schwerter verliehen bekam, ein „Lichtblick". Das spiegelte sich in den Verleihungen des Ehrenpokals der Luftwaffe am 24. April 1944 und des Deutschen Kreuzes in Gold am 20. März 1944 wieder. Zudem wurde Wernicke zum Leutnant befördert.

Seine Erfolgsserie konnte sich sehen lassen und als er am 30. September 1944 nach 112 Luftsiegen das Ritterkreuz erhielt, war dies für alle seine Kameraden ein großes Ereignis. Alle feierten den erfolgreichen Kameraden und waren ebenso erfreut, als er im Herbst 1944 zum Staffelkapitän der berühmten 1. Staffel des Jagdgeschwaders 54 „Grünherz" ernannt wurde, die so viele hervorragende Kapitäne gehabt hatte.

Auch Heinz Wernicke zeigte sich als Staffelkapitän von seiner besten Seite. Sein Rekord belief sich bereits auf 117 Luftsiege, doch dann fiel er am 27. Dezember 1944 nördlich von Doblen (Kurland) im Luftkampf: Er hatte gerade eine Jak-9 abgeschossen, als er mit seinem Rottenflieger Unteroffizier Wollien zusammenstieß, wobei beide Flugzeugführer den Tod fanden. Seine 117 Luftsiege hatte Wernicke alle im Osten erzielt.

Heinz Wernicke

Geboren am 17. Oktober 1920 in Berlin
Gefallen am 27. Dezember 1944 nördlich von Doblen/Kurland
Letzter Dienstgrad: Leutnant
Ritterkreuz am 30. September 1944 nach 112 Luftsiegen
Deutsches Kreuz in Gold am 20. März 1944
Anzahl der Abschüsse: 117 anerkannte Luftsiege
Letzte Dienststellung: Staffelkapitän in der 1. Staffel des Jagdgeschwaders 54 „Grünherz"

August Lambert

August Lambert

August Lambert wurde am 18. Februar 1916 in Kleestadt, Kreis Dieburg, in Hessen geboren. In der Reihe der Jagdflieger mit über 100 Abschüssen nimmt August Lambert eine Sonderrolle ein, denn seine Luftsiege erzielte er in einem Schlachtfliegerverband.

Ende 1937 erfolgte Lamberts Ausbildung zum Flugzeugführer, die er im Jahre 1938 abschloss. Zunächst diente er als Fluglehrer, denn seine pädagogischen Fähigkeiten wurden sofort erkannt. Zu Beginn des Jahres 1943 meldete er sich abermals zum fliegenden Personal und kam im Frühjahr 1943 zur II. Gruppe des Stukageschwaders 1, das an der Ostfront kämpfte. Hier absolvierte er am 28. April 1943 seinen ersten Feindflug im Süden der Ostfront. Im Herbst 1943 ging die II. Gruppe des Stukageschwaders 1 als neue II. Gruppe zum Stukageschwaders 2 „Immelmann". Zu diesem Zeitpunkt wurden alle Sturzkampfverbände in Schlachtfliegerverbände umbenannt.

Als Flugzeugführer in der 5. Staffel kämpfte Lambert im Frühjahr 1944 bis in den Mai hinein über Sewastopol auf der Krim. Binnen weniger Wochen steigerte er hier seine Erfolgsliste von 20 auf 90 Luftsiege. Er flog die Focke-Wulf 190 und war mit ihr restlos zufrieden. Seine hohen Erfolge waren durch eine Reihe von Serienabschüssen möglich: So holte er am 17. April 1944 zwölf Gegner vom Himmel, darunter fünf Il-2 bei nur einem Feindflug. Er steigerte dieses Ergebnis am 6. Mai 1944 auf 15 Abschüsse und holte am 8. Mai die legendäre Zahl von 17 Abschüssen ein, die Hans-Joachim Marseille 1942 erreicht hatte. Daneben fielen seinen Tiefangriffen nicht weniger als 18 Panzer zum Opfer, die am 11. April von ihm und seiner Kette angeflogen und vernichtet wurden. Sieben davon gingen allein auf sein Konto. Dreimal hintereinander wurde er vom 18. April bis 8. Mai 1944 namentlich im Wehrmachtsbericht genannt, was ein absoluter Rekord war. Wegen hervorragender Leistungen im Luftkrieg hatte er bereits am 17. Januar 1944 den Ehrenpokal des Oberbefehlshabers der Luftwaffe erhalten und war am 14. Mai 1944 mit dem Ritterkreuz des Eisernen Kreuzes ausgezeichnet worden.

Nach der Räumung der Krim ging er als Fluglehrer zum Schlachtgeschwader 151 zurück ins Reich, denn seine Kenntnisse und Fähigkeiten sollte er jungen Fliegern weitergeben. Am 1. Oktober 1944 mit dem Deutschen Kreuz in Gold ausgezeichnet, wurde Lambert bald darauf zum Oberleutnant befördert.

In der letzten Phase des Krieges übernahm er als Staffelkapitän die 8. Staffel des Schlachtgeschwaders 77 an der Ostfront, die Deutschland schon erreicht hatte. Hier schoss er ab März 1945 weiter feindliche Flugzeuge ab, erhöhte seine Erfolgsbilanz bis Mitte April 1945 auf 116 Luftsiege und wurde zum Eichenlaub eingereicht.

Am Morgen des 17. April 1945 bereitete sich Lambert auf dem Flugplatz in Kamenz (Sachsen) mit seiner Staffel auf einen Einsatz gegen sowjetische Flugzeugverbände im Raum von Berlin vor, als der Platz von amerikanischen Jagdmaschinen der 55. Fighter Group angegriffen wurde. Oberleutnant August Lambert befand sich gemeinsam mit dem Ritterkreuzträger

August Lambert, der einzige Schlachtflieger im Reigen der erfolgreichsten Jagdflieger der Welt, wurde ab 1944 auf die Focke Wulf 190 umgeschult. Mit dieser Maschine war er nicht nur als Schlachtflieger unterwegs, sondern erzielte Abschüsse in großer Zahl.

Gerhard Bauer und einem weiteren Piloten bereits in der Luft. Sie versuchten, dem Pulk von etwa 60 P-51 „Mustang" zu entkommen. Lamberts Focke-Wulf wurde über Hoyerswerda abgeschossen, ebenso die beiden anderen. Alle drei Flugzeugführer kamen dabei ums Leben.

Oberleutnant August Lambert konnte bei etwa 350 Feindflügen 116 Abschüsse verbuchen, die er alle an der Ostfront erzielte. Damit ist er der erfolgreichste Schlachtflieger als Jagdpilot im Zweiten Weltkrieg.

August Lambert

Geboren am 18. Februar 1916 in Kleestadt, Kreis Dieburg/Hessen
Gefallen am 17. April 1945 bei Kamenz/Sachsen
Letzter Dienstgrad: Oberleutnant
Ritterkreuz am 14. Mai 1944 als Leutnant nach 90 Luftsiegen
Eingereicht zum Eichenlaub zum Ritterkreuz
Deutsches Kreuz in Gold am 1. Oktober 1944
Anzahl der Abschüsse: 116 anerkannte Luftsiege
Letzte Dienststellung: Staffelkapitän der 8. Staffel des Schlachtgeschwaders 77

Werner Mölders

Werner Mölders wurde am 18. März 1913 in Gelsenkirchen im Ruhrgebiet geboren. Schon von klein auf wollte er Soldat werden. Sein Wunsch sollte in Erfüllung gehen, denn am 1. April 1931 wurde er als Offiziersanwärter zum Infanterieregiment 2 zur Rekrutenausbildung nach Allenstein in Ostpreußen kommandiert. Anschließend kam er im Oktober 1932 zur Kriegsschule nach Dresden. Am 1. Juni 1933 zum Fähnrich befördert, wurde Mölders zum Pionierbataillon 1 nach Königsberg in Ostpreußen versetzt. Kurze Zeit später erfolgte seine Versetzung zur Pionierschule nach München. Von dort aus meldete er sich als Freiwilliger zur damals noch geheimen Luftwaffe und durchlief sämtliche Eignungsprüfungen. Bis auf den Drehstuhl, bei dem es ihm so schwindlig wurde, dass er sich sogar übergeben musste, meisterte er alle ärztlichen Untersuchungen. Trotzdem veranlasste das den Fliegerarzt, ihn als fluguntauglich einzustufen. Aber Mölders wäre nicht Mölders gewesen, wenn er nicht so lange geübt hätte, bis er auch den Drehstuhl beherrschte. Schließlich erklärte man ihn somit „bedingt flugtauglich" und er wurde in die Luftwaffe übernommen.

Am 1. Februar 1934 zum Oberfähnrich befördert, kam Mölders zur Flugzeugführerausbildung an die Deutsche Verkehrsfliegerschule nach Cottbus. Schon am 1. März 1934 wurde er zum Leutnant befördert und zur Kampffliegerschule nach Tutow kommandiert. Im März 1935 erfolgte die offizielle Übernahme in die neue Luftwaffe und die Versetzung nach Schleißheim bei München zur Jagdflieger- und Stuka-Ausbildung. Nach der abgeschlossenen Ausbildung erhielt er seine Abkommandierung nach Schwerin.

Mölders erhielt dort nun die Aufgabe, zunächst mit einigen anderen Offizieren die ersten Kader des Stukageschwaders „Immelmann" auf die Beine zu stellen. Am 7. März 1936 nahm Mölders am Einmarsch der „entmilitarisierten Zone" des Rheinlandes teil. Er landete als Erster mit seinem zweisitzigen Doppeldecker vom Typ Arado 65 in Düsseldorf, wo er und seine Kameraden von der Bevölkerung begeistert empfangen wurden. Mölders blieb dort, wurde aber zum Jagdgeschwader „Horst Wessel" versetzt und leitete die Ausbildung von drei Jagdfliegerkursen. Am 1. April 1936 erhielt er seine Beförderung zum Oberleutnant und zugleich seine Versetzung nach Werl, als Staffelführer und Ausbilder der 1. Jagdschulstaffel. Hier traf er auf die Kameraden Wick, Oesau, Tietzen und Bertram und „Assi" Hahn, die später berühmte Jagdfliegerasse werden sollten.

Seine Meldung als Freiwilliger zur deutschen Legion Condor nach Spanien erfolgte am 15. März 1937 nach seiner Versetzung als Staffelkapitän nach Wiesbaden. Doch erst über ein Jahr später, am 14. April 1938, kam er in Spanien an, wo er erste Einsätze als Schlacht- und Jagdflieger auf nationalspanischer Seite flog, zunächst noch mit dem Jagdeinsitzer He 51, einem Heinkel-Doppeldecker. Am 24. Mai 1938 übernahm er die 3. Staffel der Jagdgruppe 88 der Legion Condor von Adolf Galland, der diese bereits zu ersten Erfolgen geführt hatte. Jetzt begann auch für Mölders eine beeindruckende Zeit, in der er im „scharfen Schuss am

Werner Mölders

wirklichen Feind“ im Einsatz stand. Bereits am 15. Juli 1938 – die 3. Staffel war mittlerweile auf die neuen Messerschmitt-Jäger umgerüstet worden – erzielte Mölders seinen ersten Luftsieg im Luftkampf zwischen sechs Me 109 und circa 45 I-15 „Curtiss“ der rotspanischen Luftwaffe. Im Oktober 1938 erfolgte wegen hervorragender Leistungen seine vorzeitige Beförderung zum Hauptmann, zu diesem Zeitpunkt hatte er acht Luftsiege errungen. Als er am 5. Dezember 1938 Spanien verließ, zeigte seine Erfolgsbilanz 14 Luftsiege an, dazu kam noch ein weiterer Abschuss ohne Zeugen. Damit war Werner Mölders der erfolgreichste deutsche Jagdflieger in Spanien. Unter seiner Führung errang die 3. Staffel der Jagdgruppe 88 insgesamt 42 Luftsiege.

Zur Ausarbeitung einer neuen Jagdfliegervorschrift wurde Mölders von Januar bis März 1939 ins Reichsluftfahrtministerium nach Berlin versetzt. Am 15. März 1939 übernahm er in Wiesbaden wieder seine 1. Staffel des Jagdgeschwaders 53 „Pik-Ass“ und bekam am 6. Juni 1939 das Spanienkreuz in Gold mit Brillanten verliehen.

Als am 1. September 1939 der Polenfeldzug begann, flog Werner Mölders mit seiner Staffel Überwachungsflüge im Westen, wobei er am 8. September 1939 wegen eines Motorschadens eine Notlandung auf einer nassen Wiese bei Wölfersweiler (Kreis Birkenfeld) machte. Dabei überschlug sich seine Maschine und Mölders erlitt eine schwere Rückenverstauchung, die ihn bis zum 19. September an Boden hielt. Schon am 20. September 1939 erzielte er westlich von Merzig mit dem Abschuss einer Curtiss seinen ersten Luftsieg an der Westfront und wurde wenige Tage später mit dem Eisernen Kreuz II. Klasse ausgezeichnet.

Zu Beginn des Oktobers 1939 stellte er die III. Gruppe des Jagdgeschwaders 53 in Dienst. Am 2. April 1940 überreichte ihm General der Flieger Sperrle das Eiserne Kreuz I. Klasse nach seinem 7. Luftsieg. Als am 10. Mai 1940 der Westfeldzug begann, konnte Mölders schon neun Luftsiege vorweisen. Seine III. Gruppe flog in den ersten Tagen hauptsächlich Begleitschutz für die Kampffliegerverbände. Werner Mölders' Erfolgsbilanz stieg jetzt schlagartig an. Bis zum 20. Mai hatte er es auf 13 Luftsiege gebracht. Einen Tag später erfocht er drei weitere Abschüsse über französische Morane-Saulnier-Jagdflugzeuge. Am 27. Mai 1940 erkämpfte er als erster deutscher Jagdflieger seinen 20. Luftsieg, wofür ihm zwei Tage später das Ritterkreuz des Eisernen Kreuzes verliehen wurde.

Am 5. Juni wurde er nach seinem 25. Luftsieg bei Compiègne abgeschossen, als er soeben seinen Gegner zu Boden geschickt hatte. Mölders' Gashebel reagierte nicht mehr, er war durchschossen worden. Sechzig Kilometer hinter der französischen Front musste er mit dem Fallschirm abspringen. Die Franzosen schossen auf ihn, als er sich aus dem Fallschirm befreit hatte, und fingen ihn kurz darauf ein. Ein Offizier nahm ihm das Ritterkreuz ab, aber Oberst Bassous, ein vorbildlicher Offizier und Gentleman, gab es ihm mit seinen anderen Unterlagen wieder zurück, weil er in Mölders einen ritterlichen und vorbildlichen Offizier sah.

Mölders wurde nach Ende des Frankreichfeldzuges aus der kurzen Gefangenschaft befreit und erhielt am 19. Juli 1940 außer der Reihe seine Beförderung zum Major. Am Kanal wurde er am 27. Juli 1940 Kommodore des Jagdgeschwaders 51. Am nächsten Tag schoss er über

Werner Mölders wurde nach dem Polenfeldzug mit dem Eisernen Kreuz 2. Klasse ausgezeichnet.

Im Bild die beiden Jäger-Asse von 1940 und 1941: Adolf Galland und Werner Mölders beim Fachgespräch.

Werner Mölders wird nach seinem 100. Luftsieg vom Bodenpersonal freudig empfangen.

Der General-Luftzeugmeister und Fliegeridol des Ersten Weltkriegs Ernst Udet mit Adolf Galland und Werner Mölders im Gespräch. Udet und Mölders starben beide noch im Jahr 1941, Udet durch Freitod und Werner Mölders durch einen Flugunfall als er auf dem Weg zur Beisetzung von Ernst Udet war. Ernst Udet diente dem Schriftsteller Carl Zuckmayer als Inspiration für die Person des General Harras in seinem Drama „Des Teufels General".

Werner Mölders war Jagdfliegerführer „Krim" während der schweren Kämpfe Ende 1941. Auf seinem Rückflug nach Deutschland, anlässlich des Staatsbegräbnisses für Ernst Udet, verunglückte er bei schlechter Witterung tödlich.

Dover eine Spitfire ab. Aber auch seine Maschine erhielt Treffer in Kühler, Kraftstofftank und Kabine, und er selbst wurde durch die Kabinentreffer verwundet. Es gelang ihm aber, seine Me 109 nach Frankreich zurückzubringen, wo er an der Küste eine gekonnte Bauchlandung absolvierte. Nach elf Tagen Lazarettaufenthalt wurde er wieder entlassen. Etwa zur gleichen Zeit wurde ihm das Flugzeugführerabzeichen in Gold mit Brillanten verliehen.

Am 20. September 1940 erzielte er in der Luftschlacht um England seinen 40. Luftsieg, dies wiederum als erster deutscher Jagdflieger. Am darauffolgenden Tag wurde er als 2. Soldat der deutschen Wehrmacht mit dem Eichenlaub zum Ritterkreuz ausgezeichnet, das er am 23. September von Adolf Hitler in der Reichskanzlei überreicht bekam. Dazu meldete der Wehrmachtsbericht des 22. September 1940:

„Der Führer und Oberste Befehlshaber der Wehrmacht hat heute dem erfolgreichsten Jagdflieger der Luftwaffe Major Mölders das aus Anlass seines 40. Luftsieges verliehene Eichenlaub zum Ritterkreuz des Eisernen Kreuzes in der Reichskanzlei persönlich verliehen."

Der 50. Gegner fiel am 22. Oktober 1940, nach dem Abschuss von drei Hurricane-Jagdmaschinen, wofür er am 25. Oktober wegen hervorragender Tapferkeit vor dem Feinde zum Oberstleutnant befördert wurde. Seinen 60. Luftsieg erzielte er am 26. Februar 1941 mit dem Abschuss einer Spitfire. Am 16. April 1941 erzielte er die Luftsiege 64 und 65 und im Mai folgten die Abschüsse 66 bis 68, allesamt im Westen.

Gleich am ersten Tag des Feldzuges gegen die Sowjetunion, dem 22. Juni 1941, gelangen ihm die Abschüsse von fünf russischen Kampfflugzeugen. Noch am gleichen Tag wurde Mölders nach 73 Luftsiegen als 2. Soldat der deutschen Wehrmacht mit dem Eichenlaub mit Schwertern zum Ritterkreuz ausgezeichnet, das ihm am 3. Juli im Führerhauptquartier bei Rastenburg überreicht wurde. Der Kampf um die Spitze in der deutschen Jägerwaffe ging vor allem zwischen Galland und Mölders hin und her. Galland hatte nur einen Tag früher als Mölders, am 21. Juni 1941, und als 1. Soldat der deutschen Wehrmacht die Schwerter verliehen bekommen. Natürlich freute sich Mölders für Galland, setzte aber selbst ehrgeizig seine Erfolgsserie fort. Am 30. Juni errang er fünf Abschüsse, am 5. Juli weitere vier und fast jeden Tag fielen seinen Kanonengarben ein oder zwei sowjetische Flugzeuge zum Opfer.

Als Mölders dann am 15. Juli 1941 seinen 100. und 101. Gegner abschoss, war er wiederum der Erste, der eine dreistellige Abschusszahl (101.) vorzeigen konnte, und er übertraf damit die Leistungen eines von Richthofen, Boelckes, Immelmanns oder Udets aus dem Ersten Weltkrieg. Nach dieser grandiosen Leistung erhielt Werner Mölders noch am gleichen Tag als 1. Soldat der deutschen Wehrmacht das Eichenlaub mit Schwertern und Brillanten zum Ritterkreuz des Eisernen Kreuzes verliehen.

Als Hitler ihn nach der Ordensverleihung fragte, welchen besonderen Wunsch er ihm erfüllen könne, sagte Mölders, der dabei sehr ernst wurde: „Mein Führer, ich bitte Sie, zu veranlassen, dass die Verleumdung und Verfolgung des Bischofs von Münster unterbleibt." Galland hatte dazu bereits an Göring geschrieben, den Grafen von Galen nicht weiter zu verfolgen, und dieser hatte bereits seine Unterstützung zugesagt. Nun war auch Hitler

Die zwei Flieger-Asse von 1940:
Werner Mölders und Adolf Galland waren bekannt „wie bunte Hunde".

gefragt, der schließlich entgegnete: „Dem Bischof von Münster wird nichts passieren." Am 20. Juli 1941 erhielt Mölders wegen Tapferkeit vor dem Feind seine Beförderung zum Oberst, aber zugleich erteilte ihm Reichsmarschall Hermann Göring Feindflugverbot und ernannte ihn am 7. August 1941 zum „Inspekteur der Jagdflieger". Mit bis dahin erreichten 115 Luftsiegen (14 in Spanien) nahm Mölders von seinem Geschwader und seinen Freunden Abschied. Er war von diesem Zeitpunkt an ununterbrochen bei den Frontgeschwadern in Russland und versuchte, den Nachschub an Waffen, Maschinen und die Zuführung von Nachersatz zu gewährleisten. Trotz Flugverbotes flog Mölders noch einige Einsätze an der Ostfront und erzielte dabei eine unbekannte Anzahl von Luftsiegen, die er natürlich nicht zur Bestätigung einreichte. Als sich am 17. November 1941 General Udet in Berlin das Leben nahm, überbrachte Mölders' Adjutant ihm ein Fernschreiben, in dem ihm mitgeteilt wurde, dass der Generalluftzeugmeister Ernst Udet bei der Erprobung einer neuen Maschine tödlich verunglückt sei (Ernst Udet hatte sich jedoch selbst mit einem Revolver erschossen) und dass er und andere hoch dekorierte Luftwaffenoffiziere nach Berlin befohlen seien.

Das Staatsbegräbnis fand am 24. November in Berlin statt. Noch am 21. November startete Werner Mölders als Passagier in einer He 111 von Cherson aus nach Lemberg und in der Frühe des 22. November brach er von dort trotz sehr schlechten Wetters zum Weiterflug nach Berlin auf. Die von Feldwebel Kolbe gesteuerte Maschine sollte eigentlich nicht von Lemberg starten, weil das Wetter zu schlecht war und dichter Nebel herrschte. Mölders bestand auf diesen Flug, um rechtzeitig nach Berlin zu kommen.

Während des Fluges fiel einer der Motoren der He 111 aus und so befahl Mölders, den nächsten Flugplatz anzusteuern, der Gandau bei Breslau war. Es war gegen 11.30 Uhr, als die Maschine im Anflug mit nur einem Motor auf Breslau-Gandau war. Beim Einkurven fiel auch der zweite Motor aus und als der Pilot versuchte, die He 111 über die Drahtseile einer Bergbahn hinweg zu slippen, stürzte sie wie ein Stein zu Boden. Mölders war sofort tot. Er hatte sich das Genick gebrochen. Der Pilot, Leutnant Kolbe, war schwer verwundet, ebenso Mölders' Adjutant. Ein Oberstleutnant, der auch mit an Bord gewesen war, gehörte auch zu den Todesopfern.

Am Mittag des 22. November 1941 meldete der Sprecher des Wehrmachtsberichtes nach der allgemeinen Sendung folgenden Nachsatz: „Wie das Oberkommando der Wehrmacht bekannt gibt, verunglückte der Inspekteur der Jagdflieger, Oberst Mölders, bei einem Flugzeugabsturz tödlich. Der Führer ordnete ein Staatsbegräbnis an."

Oberst Werner Mölders, der Offizier, den alle „Vati" nannten, weil er sich wie ein Vater um jeden Einzelnen seiner Flieger kümmerte, war ein großes Vorbild für die gesamte Luftwaffe gewesen. Das Jagdgeschwader 51, das er als Kommodore geführt hatte, erhielt den Traditionsnamen „Jagdgeschwader Mölders". Oberst Werner Mölders wurde am 28. November 1941 auf dem Invalidenfriedhof in Berlin beigesetzt. Sein Name ging in die Geschichte des Zweiten Weltkriegs ein, und als herausragender Jagdflieger war er bereits zu Lebzeiten eine Legende geworden. Auf seinen über 400 Feindflügen, davon ungefähr 100 in Spanien, hatte Mölders 115 Luftsiege erzielt, davon 14 in Spanien, 68 im Westen und 33 im Osten.

Werner Mölders

Geboren am 18. März 1913 in Gelsenkirchen/Westfalen
Verunglückt am 22. November 1941 bei Breslau-Gandau
Letzter Dienstgrad: Oberst
Ritterkreuz am 29. Mai 1940 als Hauptmann nach 20 Luftsiegen
2. Eichenlaub zum Ritterkreuz am 21. September 1940 als Major nach 40 Luftsiegen
2. Eichenlaub mit Schwertern zum Ritterkreuz am 22. Juni 1941
als Oberstleutnant nach 73 Luftsiegen
1. Eichenlaub mit Schwertern und Brillanten zum Ritterkreuz am 15. Juli 1941
als Oberstleutnant nach 101 beziehungsweise 115 Luftsiegen
Anzahl der Abschüsse: 115 anerkannte Luftsiege
Letzte Dienststellung: Inspekteur der Jagdflieger

Wilhelm Crinius

Wilhelm Crinius wurde am 2. Dezember 1920 in Hohenhausen/Lipper Bergland geboren. Im Januar 1940 meldete er sich zur Luftwaffe und kam nach beendeter Ausbildung zum Jagdflieger direkt zu einem Frontgeschwader. Im Februar 1942 wurde er als Gefreiter zur 3. Staffel des Jagdgeschwaders 53 versetzt, das zu dieser Zeit auf Sizilien stationiert war. Zwischen Mitte März und Ende April 1942 flog er 60 Einsätze über Malta und wurde am 1. April 1942 zum Unteroffizier befördert. Im Mai 1942 verlegte die I. Gruppe des Jagdgeschwaders 53 „Pik-Ass" an die Ostfront. Die ersten Einsätze flog Crinius in Raum Kursk, wo er am 9. Juni zwei Il-2 Schlachtflugzeuge abschießen konnte. Als er „von der Leine gelassen" wurde, bewies er eine Geschicklichkeit und Tapferkeit, die selbst alte Hasen des Geschwaders mit Erstaunen und Freude erfüllte. Als Rottenflieger von Wolfgang Tonne holte Crinius in einigen gekonnten Einsätze seinen Kameraden aus schwierigen Situationen heraus.

Bis zum 9. September 1942 hatte Crinius 65 Luftsiege erzielt, sodass ihm am gleichen Tag für seine hervorragenden Leistungen im Luftkrieg der Ehrenpokal des Oberbefehlshabers der Luftwaffe überreicht wurde. Bereits am 1. September war er vorzeitig zum Feldwebel befördert worden. Täglich flog er jetzt seine Einsätze und schoss zwei, drei oder sogar vier Gegner vom Himmel. So konnte er am 22. September 1942 seinen 100. Luftsieg erzielen. Wilhelm Crinius

Die Spitfire war eindeutig das beste Jagdflugzeug, das die Briten der Luftwaffe entgegenwarfen. Viele deutsche Jäger, Bomber, und Sturzkampfbomber wurden von englischen Jägern in diesem schnellen und wendigen Jagdflugzeug vom Himmel geholt.

Wilhelm Crinius

war der erste deutsche Soldat, der das Ritterkreuz und das Eichenlaub gleichzeitig erhielt: Am 23. September 1942 wurde ihm das Ritterkreuz und zugleich, als 127. deutschen Soldaten, das Eichenlaub zum Ritterkreuz verliehen. Am 1. Oktober 1942 wurde dieser tapfere und überaus beliebte Jagdflieger wegen Tapferkeit vor dem Feinde zum Leutnant befördert.

Mit seiner I. Gruppe des Jagdgeschwaders 53 „Pik-Ass“ und seinen Kameraden Friedrich-Karl „Tutti“ Müller, Wolfgang Tonne und anderen ging es im November 1942 nach Tunesien. Dort waren die Angloamerikaner am 8. November im Unternehmen „Torch-Fackel“ gelandet und schickten sich an, die Panzerarmee Afrika auch von Westen her anzugehen. Crinius erzielte hier unter ungünstigen Bedingungen in zähen Kämpfen gegen hervorragende Gegner weitere 14 Luftsiege, ehe er am 13. Januar 1943 in einen Luftkampf mit Spitfires der britischen 4. Fighter Squadron in der Nähe von La Calle geriet. Dabei traf Lieutenant Norman Bolle (?) mehrmals Crinius’ Messerschmitt-Maschine. Dieser brach verwundet den Kampf ab und versuchte, den eigenen Landeplatz zu erreichen. Unterwegs aber geriet der Motor seiner Me 109 in Brand und er musste auf See notlanden. 24 lange Stunden trieb er im Wasser, bevor ihn französische und arabische Seeleute retteten. Er wurde einem alliierten Hospital übergeben und nach der Ausheilung seiner Verwundung kam er in britische Gefangenschaft.

Auf über 400 Feindflügen erzielte Leutnant Wilhelm Crinius insgesamt 114 Luftsiege, darunter 100 an der Ostfront und 14 in Tunesien, unter letzteren eine viermotorige B-17 „Flying Fortress“. Wilhelm Crinius verstarb am 26. April 1997 in Stuhr-Fahrenhorst.

Wilhelm Crinius

Geboren am 2. Dezember 1920 in Hohenhausen/Lipper Bergland
Verstorben am 26. April 1997 in Stuhr-Fahrenhorst
Letzter Dienstgrad: Leutnant
Ritterkreuz am 23. September 1942 als Feldwebel nach 100 Luftsiegen
127. Eichenlaub zum Ritterkreuz am 23. September 1942 nach 100 Luftsiegen
Anzahl der Abschüsse: 114 anerkannte Luftsiege
Letzte Dienststellung: Flugzeugführer in der 3. Staffel des Jagdgeschwaders 53 „Pik-Ass“

Werner Schroer

Werner Schroer

Werner Schroer wurde am 12. Februar 1918 in Mülheim an der Ruhr in Westfalen geboren. Im Sommer 1937 trat er in die Luftwaffe ein. Zuerst war er beim Bodenpersonal der Luftwaffe, dann folgte seine Flugzeugführerausbildung und ab Mai 1940 wurde er zum Jagdflieger geschult. Damit gehörte er zu jener Handvoll deutscher Fliegerasse, die eine wirklich harte, hervorragende Friedensausbildung hinter sich brachten, ehe sie in den scharfen Einsatz kamen. Am 27. August 1940 kam Schroer an die Kanalfront zur 2. Staffel des Jagdgeschwaders 27, nahm an der Luftschlacht um England teil und erzielte drei Luftsiege, die aber nicht bestätigt wurden und somit nicht in seiner Erfolgsbilanz erschienen.

Ab Mitte April 1941 stand er in Nordafrika im berühmten Wüstenjagdgeschwader 27 im Einsatz und konnte dort als einer der Spitzenmänner eine sagenhafte Erfolgsserie beginnen, die von April 1941 bis zum Ende des Krieges in Afrika am 8. Mai 1943 reichte.

Als Schroer im April 1941 mit der I. Gruppe des Jagdgeschwaders 27 nach Nordafrika kam, war er zur 1. Staffel versetzt worden. Seinen ersten Luftsieg errang Schroer am 19. April 1941 über eine britische Hurricane, er wurde aber selbst getroffen und musste in der Nähe des Feldflugplatzes eine Bauchlandung absolvieren. Beim Begutachten seiner Me 109 zählte er 48 Treffer. Zwei Tage später befand er sich wieder im Luftkampf mit Hurricanes, als einer der britischen Jäger seine Messerschmitt berührte und leicht beschädigte. Schroer musste den Luftkampf abbrechen und erneut seine Maschine auf dem Bauch landen.

Am 1. Oktober 1941 zum Leutnant befördert, erreichte er bis Ende des Jahres 1941 sieben Luftsiege. Im März 1942 folgte seine Versetzung als Adjutant zur I. Gruppe des Jagdgeschwaders 27. Bis zum 15. Juni 1942 konnte Schroer seine Erfolgsbilanz auf elf Luftsiege erhöhen. Nachdem er dann am 22. Juni 1942 die 8. Staffel des Jagdgeschwaders 27 als Staffelkapitän übernommen hatte, entfaltete er in den darauffolgenden Monaten sein ganzes Können und rückte innerhalb kurzer Zeit, hinter Hans-Joachim Marseille, an die 2. Stelle der deutschen Jagdflieger in Afrika. Bis zum 8. September 1942 konnte er seine Abschusserfolge auf 33 Luftsiege steigern, wofür ihm am 9. September 1942 das Deutsche Kreuz in Gold verliehen wurde, nachdem er bereits zuvor am 5. August 1942 den Ehrenpokal des Oberbefehlshabers der Luftwaffe erhalten hatte. Am 30. September 1942, dem Tag, als „Jochen“ Marseille den Tod fand, gelang ihm sein 44. Luftsieg. Als er am 20. Oktober den 49. Abschuss erzielte, erhielt er einen Tag darauf das Ritterkreuz des Eisernen Kreuzes und wurde wenig später zum Oberleutnant befördert. Am Ende des Jahres 1942 stand Schroers Erfolgskonto bei 61 Luftsiegen. Zu dieser Zeit verließ er den nordafrikanischen Kriegsschauplatz und verlegte mit seiner 8. Staffel nach Griechenland, wo er zumeist Kontrollflüge über der Ägäis flog. Hier gelang ihm am 11. Februar 1943 in der Nähe der Insel Karpathos der Abschuss zweier amerikanischer zweimotoriger B-26-„Marauder“-Bomber. Da Major Gustav Rödel am 22. April 1943 das Jagdgeschwader 27 übernommen hatte, wurde der inzwischen zum Hauptmann beförderte Werner Schroer sein Nachfolger als Kommandeur der II. Gruppe des Jagdgeschwaders 27, die auf Sizilien und Süditalien stationiert war. Von hier aus konnte Schroer zwischen dem 29. April und 23. Juli 1943 in harten und teils aufopferungsvollen Luftkämpfen weitere 22 alliierte Flugzeuge vom Himmel schießen, darunter zwölf amerikanische viermotorige Bomber. Bis zu diesem Zeitpunkt hatte er 85 Luftsiege erzielt und wurde am 2. August 1943 als 268. Soldat der deutschen Wehrmacht mit dem Eichenlaub zum Ritterkreuz ausgezeichnet.

Werner Schroer war gemessen an der Zahl seiner Feindflüge ein äußerst sicherer und verlässlicher Schütze. Wenn er sich auf einen Luftkampf einließ, dann konnte man davon ausgehen, dass er seinen Gegner auch zu Boden schickte.

Ebenfalls im August 1943 verließ die zusammengeschmolzene II. Gruppe des Jagdgeschwaders 27 den italienischen Kriegsschauplatz und verlegte nach Wiesbaden-Erbenheim zur kurzen Auffrischung, um dann ab September 1943 der Reichsverteidigung zur Verfügung zu stehen. Auch in der Reichsverteidigung zeigte sich Schroer als energischer Kämpfer. Besonders deutlich wurde dies in seinem Herangehen an den „dicken Elefanten“, wie man den viermotorigen Bomber nannte. Allein am 6. September 1943 konnte er drei dieser „Fliegenden Festungen“ abschießen und am 1. Dezember 1943 wurde er zum Major befördert. Als das Jahr 1943 zu Ende ging, hatte er 91 Luftsiege auf seinem Erfolgskonto stehen. Auch das Jahr 1944 begann für Schroer Erfolg versprechend. Schon am 3. März 1944 erzielte er mit dem Abschuss einer amerikanischen P-38 „Lightning“ seinen 99. Luftsieg. Am 14. März 1944 wurde er Gruppenkommandeur der III. Gruppe des Jagdgeschwaders 54 „Grünherz“,

Werner Schroer hatte als alter „Afrikaner“ im Jagdgeschwader 27 enorme Erfolge zu verzeichnen. Hier das Geschwaderschild mit allen Wappen. Das Geschwader wurde von Eduard Neumann geführt, dem das Deutsche Kreuz in Gold verliehen worden war.

dessen Einsatzhorst in Lüneburg lag. Hier gelang ihm am 24. Mai 1944 der Abschuss von zwei B-17 „Flying Fortress“ und einer P-51 „Mustang“, was sein Erfolgskonto auf 102 Luftsiege erhöhte. Am 21. Juli 1944 übergab er widerstrebend seine Gruppe an Hauptmann Robert „Bazi“ Weiss, um im Reich Fluglehrer an einer Jagdschule zu werden. Doch schon am 4. August 1944 musste er wegen eines Motorschadens eine Bauchlandung machen und wurde dabei verletzt. Nach seiner Genesung wurde er vom 5. November 1944 bis zum 5. Februar 1945 Lehrgangsleiter an der Kommandeursschule des Generals der Jagdflieger. Hier fiel ihm vor allem die Tätigkeit zu, ehemalige Kampfflieger zu Jagdfliegern umzuschulen.

Als man ihn rief, ein verwaistes Geschwader zu übernehmen, kam er sofort und so führte er seit 14. Februar 1945 das Jagdgeschwader 3 „Udet“, das mittlerweile seine Einsatzplätze im mitteldeutschen Raum hatte und vor allem gegen Ende des Krieges fast nur noch auf die sowjetische Luftwaffe traf. Auf Anhieb gelangen ihm weitere Abschüsse. Nachdem er am 19. April 1945 mit dem Abschuss einer Il-2 und einer Jak-3 seine Luftsiege 109 und 110 erreicht hatte, bekam er noch am gleichen Tag das 144. Eichenlaub mit Schwertern zum Ritterkreuz verliehen.

Am 24. und am 26. April 1945 errang er noch jeweils zwei Luftsiege gegen die rote Luftwaffe und erhöhte damit seine Abschussbilanz auf 114 Luftsiege. Bei Kriegsende geriet er in britische Gefangenschaft, aus der er im Februar 1946 entlassen wurde. Major Werner Schroer war etwas Einmaliges gelungen: Bei nur 197 Feindflügen während des ganzen Krieges konnte er 114 Luftsiege erzielen, davon 102 gegen westalliierte Flieger, darunter 26 viermotorige Bomber und 12 Luftsiege gegen die sowjetische Luftwaffe. Zur Verleihung der Schwerter an Werner Schroer wäre noch folgende Feststellung anzumerken: Für die Verleihung gibt es keinen Nachweis. Die Bestätigung erfolgte durch die Gemeinschaft der Jagdflieger, da Major Schroer die Schwerter bereits im April 1945 trug. Werner Schroer verstarb am 10. Februar 1985 in Ottobrunn bei München.

Werner Schroer

Geboren am 12. Februar 1918 in Mühlheim an der Ruhr in Westfalen
Verstorben am 10. Februar 1985 in Ottobrunn in Bayern
Letzter Dienstgrad: Major
Ritterkreuz am 20. Oktober 1942 als Leutnant nach 49 Luftsiegen
268. Eichenlaub zum Ritterkreuz am 2. August 1943 als Hauptmann nach 85 Luftsiegen
144. Eichenlaub mit Schwertern zum Ritterkreuz am 19. April 1945 als Major
nach 110 Luftsiegen
Deutsches Kreuz in Gold am 9. September 1942
Anzahl der Abschüsse: 114 anerkannte Luftsiege
Letzte Dienststellung: Kommodore des Jagdgeschwader 3 „Udet“

Hans Dammers

Hans Dammers

Hans Dammers wurde am 8. Dezember 1913 in Scherpenberg bei Moers im Rheinland geboren. Seit Beginn des Russlandfeldzuges flog er in der 7. Staffel des Jagdgeschwaders 52. Schon am 31. August 1941 erzielte er seinen ersten Luftsieg und bis Ende des Jahres hatte er neun Luftsiege erzielt.

Die folgenden Monate brachten ihn an die Spitze des Jagdgeschwaders 52. Am 17. Juli 1942 wurde er über sowjetischem Gebiet abgeschossen, konnte sich aber zu den eigenen Truppen durchschlagen. Bereits am 10. Juli 1942 wurde ihm das Deutsche Kreuz in Gold verliehen, nachdem er nur wenige Tage zuvor, am 29. Juni, wegen seiner besonderen Leistungen im Luftkrieg den Ehrenpokal des Oberbefehlshabers der Luftwaffe erhalten hatte. Nach 51 Luftsiegen wurde Hans Dammers am 23. August 1942 als Feldwebel mit dem Ritterkreuz des Eisernen Kreuzes ausgezeichnet. Anschließend ging er in den wohlverdienten Urlaub. Wieder zu seiner Einheit zurückgekehrt, erhöhte er in einem unglaublichen Tempo seine Abschusszahl bis zum Jahresende auf 89 Luftsiege. Schließlich gelang Dammers am 5. Mai 1943 der 100. Luftsieg. Anschließend wurde er als Jagdlehrer zur Ergänzungsgruppe Ost nach Frankreich versetzt, wo er am 23. Juli bei einem Flugunfall schwere Verletzungen erlitt. Nach seiner Genesung kehrte er Ende Januar 1944 an die Ostfront zurück, wurde aber jetzt der 9. Staffel des Jagdgeschwaders 52 zugeteilt. Nur kurze Zeit später fielen seinen Kanonengarben bereits die nächsten Gegner zum Opfer.

Hans Dammers war einer der Kurvenkampf-Experten der 7. und der 9. Staffel des Jagdgeschwaders 52. Er galt auch stets als zuverlässiger Katschmarek, den jeder gerne auf Feindflug mitnahm und ihm dabei aber auch Gelegenheit gab, selbst aktiv in den Kampf einzugreifen.

Sein Gruppenkommandeur Major von Bonin sowie seine Staffelkapitäne Hauptmann Adalbert Sommer und Oberleutnant Walter Krupinski von der 7. Staffel schätzten diesen gesetzten Feldwebel sehr. Sie waren es auch, die dafür gesorgt hatten, dass Dammers nach dem Ritterkreuz erst einmal die dringend nötige und verdiente Pause bekam. Auch Erich Hartmann, in dessen 9. Staffel Dammers später flog, hielt große Stücke auf ihn und erklärte ihn zu einem großen Experten des Jagdgeschwaders 52.

Mit seiner ruhigen und besonnenen Art brachte er oft junge, gerade erst an die Front gekommene Jagdflieger an den Gegner und lehrte sie das Überleben gegen einen quantitativ überlegenen Feind. Oftmals flog er ganz alleine und erkämpfte sich seine Siege, wie man an der großen Anzahl seiner unbestätigten Abschüsse ersehen kann. Hans Dammers war es eigentlich gleichgültig, in welcher Position er stand. Für ihn kam es vielmehr darauf an, zu starten, zu kämpfen und Siege zu erringen und damit die rote Luftwaffe zu schwächen, die vor allem der Infanterie zu schaffen machte. Dies tat er dann auch durch die vielen Abschüsse russischer „Schlächter“, der größten Feinde der deutschen Infanterie aus der Luft. Als Hans Dammers am 13. März 1944 bei Oleschin eine russische La-5 abschoss, wurde er von den Trümmern der Feindmaschine getroffen. Er versuchte noch, mit dem Fallschirm abzuspringen, blieb aber an der Tragfläche seiner Messerschmitt hängen. Als sich der Schirm löste, war es schon zu spät: Dammers schlug fast ungebremst auf dem Boden auf. Schwer verletzt kam er ins Lazarett Stanislau, südwestlich von Cherson auf der Krim, wo er am 17. März 1944 seinen schweren Verletzungen erlag. Nach seinem Tode fand der Kommodore, Major Dieter Hrabak, ehrende Worte für einen guten Kameraden, der immer bereit war, wenn es hieß, im Alarmstart gegen russische Bomber, Schlachtflieger oder Jäger anzukämpfen. Wegen Tapferkeit vor dem Feind wurde Dammers nach dem Tode zum Leutnant befördert.

Bei seinen circa 400 Feindflügen hatte Hans Dammers 113 Luftsiege an der Ostfront errungen, hinzu kommen noch 23 Abschüsse ohne Zeugen. In seinen unzähligen Tieffliegerangriffen vernichtete er elf Flugzeuge, acht Lokomotiven, 34 Lastkraftwagen, 39 bespannte Fahrzeuge, drei Flakgeschütze und einen Panzerspähwagen am Boden.

Hans Dammers

Geboren am 8. Dezember 1913 in Scherpenberg bei Moers im Rheinland
Gefallen am 17. März 1944 im Lazarett Stanislau
Letzter Dienstgrad: Leutnant (posthum)
Ritterkreuz am 23. August 1942 als Feldwebel nach 51 Luftsiegen
Deutsches Kreuz in Gold am 10. Juli 1942
Anzahl der Abschüsse: 113 anerkannte Luftsiege
Letzte Dienststellung: Flugzeugführer in der 9. Staffel des Jagdgeschwaders 52

Berthold Korts

Berthold Korts wurde am 21. Mai 1912 in Karlsruhe geboren. Als er zur Luftwaffe und hier zu den Jagdfliegern kam, hatte er bereits die Schulterklappen eines Feldwebels mit dem einen silbernen Stern und galt als „alter Opa". Die „Jungen" des Jagdgeschwaders 52 konnten sich nur wundern, dass er es sich traute, sich überhaupt in eine so schnelle Kiste wie einen Jäger zu setzen.

Korts war im Sommer 1940 von der Artillerie zur Luftwaffe übergetreten, wurde zum Flugzeugführer, danach zum Jagdflieger ausgebildet und kam im Juni 1942 als Feldwebel zur 9. Staffel des Jagdgeschwaders 52 an die Ostfront. Das Geschwader, das kurzzeitig nach dem Tode von Oberstleutnant Beckh von Major Herbert Ihlefeld geführt wurde, stand während der schweren Sommerkämpfe auf den Einsatzplätzen zwischen Taganrog, Armawir, Krasnodar und Maikop in dauernder Alarmbereitschaft.

Berthold Korts errang hier sehr rasch beide Eisernen Kreuze und schickte sich an, noch höhere Auszeichnungen zu erreichen. Seit März 1943 flog er im Stab der III. Gruppe des Jagdgeschwaders 52 und erhielt wegen besonderer Leistungen im Luftkrieg am 1. Februar 1943 den Ehrenpokal des Oberbefehlshabers der Luftwaffe. Wie bei vielen anderen „Experten" auch, begann sein Stern über dem Kuban-Brückenkopf aufzugehen. Schnell schoss er sich an die

*Auch die Jagdflieger hatten in Russland steigende Verluste zu beklagen.
Hier eine am Boden zerschellte Me 109 im Sommer 1941.*

Berthold Korts

Spitze des Jagdgeschwaders 52 und meldete am 2. Juni 1943 seinen 50. Luftsieg. Mittlerweile zum Leutnant befördert, übernahm Korts am 11. Mai 1943 die Führung seiner 9. Staffel des Geschwaders.

Am 5. Juli errang er seinen 60. bis 63. Luftsieg und in den nächsten Tagen und Wochen flog er in oftmals gefährlichen Einsätzen gegen mehrere Gegner an. Immer wieder entwischte er dem Feind mit seinen gekonnten Kurvenflügen, saß dann plötzlich hinter ihm und schoss ihn mit einer gut gezielten Salve ab. Korts war einfach unschlagbar: Wie automatisiert schoss er seine Gegner vom Himmel. Seine hervorragende Einsatzbereitschaft wurde am 12. Juli 1943 mit dem Deutschen Kreuz in Gold gewürdigt. Am 3. August 1943 konnte er den 75. Abschuss erzielen und schon am 17. August, nur zwei Wochen später, meldete er seinen 100. Luftsieg. Binnen sechseinhalb Wochen gelang es ihm, seine Erfolge auf 113 Luftsiege emporzuschrauben. „Das geht bei Berthold schneller, als wir die Abschussliste erstellen können", meinte dazu einer der Schreibstuben-Feldwebel.

Auf Berthold Korts setzten viele, als es darum ging, den 150. Luftsieg zu erzielen. Es schien sicher, dass er diese Zahl noch im Herbst 1943 erreichen würde, denn er wirkte weder abgeflogen noch abgekämpft. Aber der 29. August 1943 setzte seiner Karriere ein jähes Ende. An diesem Tag geriet er bei Amwrossijewka nahe Charkow in einen Luftkampf mit sowjetischen P-39-„Airacobra"-Jägern. Seitdem gilt er als vermisst. Auch sein Rottenflieger, Unteroffizier Hans-Otto Müller, kehrte von diesem Einsatz nicht zurück. Leutnant Berthold Korts bekam an diesem 29. August 1943 das Ritterkreuz verliehen, das er nie tragen konnte.

Berthold Korts

Geboren am 21. Mai 1912 in Karlsruhe
Vermisst seit dem 29. August 1943 im Gebiet Amwrossijewka bei Charkow
Letzter Dienstgrad: Leutnant
Ritterkreuz am 29. August 1943 nach 113 Luftsiegen (posthum)
Deutsches Kreuz in Gold am 12. Juli 1943
Anzahl der Abschüsse: 113 anerkannte Luftsiege
Letzte Dienststellung: Staffelkapitän der 9. Staffel des Jagdgeschwaders 52

Kurt Bühlingen

Kurt Bühlingen

Kurt Bühlingen wurde am 13. Dezember 1917 in Granschütz, Kreis Weißenfels, in der Provinz Sachsen geboren. Als er im Oktober 1936 zur Fliegerersatzabteilung nach Oschatz in Sachsen zur Grundausbildung ging, begann die rasante Entwicklung der Luftwaffeneinsätze dieses Mannes. Zuvor aber kam er zum Bodenpersonal der Luftwaffe und wurde 1. Flugzeugwart beim Kampfgeschwader 153, dem späteren Kampfgeschwader 4 „General Wever". Kurt Bühlingen wollte jedoch unbedingt zur „fliegenden Zunft" und Jagdflieger werden, was ihm nach Abschluss aller praktischen und theoretischen Tests gelang. In den Jahren 1938 bis 1939 absolvierte er seine Flugzeugführerausbildung und kam kurz vor Kriegsausbruch zur Jagdschule, wo er seine Ausbildung zum „Jäger" begann. Schließlich wurde er als Obergefreiter und Flugzeugführer am 15. Juli 1940 zum Jagdgeschwader 2 „Richthofen" geschickt, das am Kanal lag. Er konnte nicht wissen, dass er bis Kriegsende nur diesem Jagdgeschwader angehören sollte, in dem er vom Flugzeugführer bis zum Kommodore aufstieg.

Kurt Bühlingen wurde der 4. Staffel zugeteilt und schoss am 4. September 1940 seinen ersten Gegner über England ab. Bis Ende August 1941 erhöhte er die Zahl seiner Abschüsse auf 21 und wurde am 4. September 1941, als Oberfeldwebel, mit dem Ritterkreuz ausgezeichnet und fast gleichzeitig zum Leutnant befördert. Bereits am 2. August 1941 hatte er wegen seiner besonderen Leistungen im Luftkrieg den Ehrenpokal des Oberbefehlshabers der Luftwaffe erhalten.

Am 15. April 1942 wurde er Kapitän der 4. Staffel des Jagdgeschwaders 2, wo es ihm während der britischen Landung in Frankreich bei Dieppe gelang, am 19. August 1942 vier „Spitfires" abzuschießen. Als Oberleutnant und Staffelkapitän der 4. Staffel verlegte er im November 1942 mit der II. Gruppe des Jagdgeschwaders 2 nach Tunesien. Zu diesem Zeitpunkt stand sein Erfolgskonto bei 29 Luftsiegen und nun sollte seine „große Zeit" beginnen. Hier im tunesischen Raum gelang es Bühlingen, zwischen Anfang Dezember 1942 bis Mitte März 1943 nicht weniger als 40 amerikanische und britische Flieger zu überwinden. Er erreichte dort am 3. Februar 1943 seinen 50. Luftsieg und als er Ende März 1943 Tunesien verließ, zeigte seine Erfolgsbilanz 69 Luftsiege an. Am 1. April 1943 wurde er zum Hauptmann befördert und kehrte an die Kanalfront zurück, am 25. Juni 1943 wurde ihm schließlich das Deutsche Kreuz in Gold verliehen. Hier stand er mit seinen Männern im harten Abwehrkampf gegen die viermotorigen „Fliegenden Festungen" und ihre Begleitjäger von der 8. US-Luftflotte. Am 1. September 1943 übernahm er die II. Gruppe des Jagdgeschwaders 2 „Richthofen" und erzielte am 3. Oktober 1943 seinen 85. Luftsieg. Inzwischen zum Major befördert, erhielt Bühlingen am 2. März 1944 nach 96 Luftsiegen als 413. Soldat der Wehrmacht das Eichenlaub zum Ritterkreuz. Nachdem am 27. April 1944 der Geschwaderkommodore Major Kurt Ubben den Fliegertod gefunden hatte, wurde Major Kurt Bühlingen am 28. April 1944 zum Kommodore des Jagdgeschwaders 2 ernannt, was er bis Kriegsende blieb. Er war es, der dem Geschwader nun seinen Stempel aufdrückte und der durch viele weitere Starts in die Spitzengruppe der deutschen Jagdflieger im Westen aufstieg.

Am 7. Juni 1944 schoss Bühlingen an der Invasionsfront in Frankreich zwei amerikanische P-47 „Thunderbolts" ab und erzielte damit die Luftsiege 100 und 101. Als er am 14. August 1944 nach 104 Luftsiegen das 88. Eichenlaub mit Schwertern zum Ritterkreuz erhielt und anschließend noch zum Oberstleutnant befördert wurde, waren seine Kameraden vom ersten bis zum letzten Piloten und „schwarzen Mann" stolz auf ihn. Es kann mit Fug und Recht gesagt werden, dass er einer der bedeutendsten Jagdflieger an der Westfront war: Er gehörte zu den wenigen deutschen Jagdfliegern, die über hundert westalliierte Flugzeuge abschießen konnten. Bis in die letzten Kriegswochen trat er gegen die „dicken Autos" an und schoss auch einige ab. Welch hervorragender Jagdflieger Kurt Bühlingen war, zeigte sich daran, dass er während des ganzen Krieges niemals abgeschossen wurde. Zwar musste er mit seiner Jagdmaschine dreimal notlanden, doch dies lag nicht am Feind, sondern an diversen Motordefekten.

Der bekannteste Frontflieger an der Westfront war eine jener Ausnahmeerscheinungen, die die deutsche Jägerwaffe mit geprägt haben. Auf seinen über 700 Feindflügen konnte Bühlingen 112 Luftsiege, alle im Westen und Tunesien, erringen, darunter 24 viermotorige und zwölf zweimotorige Bomber.

Im Mai 1945 musste er den Weg in die Kriegsgefangenschaft antreten, die ja eigentlich gar keine war. Denn die Sowjets hatten ihn nach Kriegsende „übernommen" und hätten ihn nach den Kriegsgefangenenstatuten nicht gefangen nehmen dürfen. Im Dezember 1949 wurde er entlassen und konnte nach Deutschland zurückkehren. Kurt Bühlingen verstarb am 11. August 1985 in Nidda in Hessen.

Kurt Bühlingen

Geboren am 13. Dezember 1917 in Granschütz, Kreis Weißenfels/Sachsen
Verstorben am 11. August 1985 in Nidda/Hessen
Letzter Dienstgrad: Oberstleutnant
Ritterkreuz am 4. September 1941 als Oberfeldwebel nach 21 Luftsiegen
413. Eichenlaub zum Ritterkreuz am 2. März 1944 als Major nach 96 Luftsiegen
88. Eichenlaub mit Schwertern zum Ritterkreuz am 14. August 1944 als Major nach 104 Luftsiegen
Deutsches Kreuz in Gold am 25. Juni 1943
Anzahl der Abschüsse: 112 anerkannte Luftsiege
Letzte Dienststellung: Kommodore des Jagdgeschwaders 2 „Richthofen"

Helmut Lent

Helmut Lent wurde am 13. Juni 1918 in Pyrehne, Kreis Landsberg-Warthe, in der Neumark (Brandenburg) geboren. Als Sohn eines Pfarrers aus dem Warthebruch besuchte Lent nach der Grundschule das Gymnasium bis zur erfolgreichen Ablegung des Abiturs. Unmittelbar danach meldete er sich Anfang 1936 zur Luftwaffe, denn er war begeisterter Segelflieger und für diese Gattung von Sportlern kam nur noch die Luftwaffe infrage. Am 1. April 1936 trat er in die Luftwaffe ein und kam nach der Grundausbildung zur Luftkriegsschule Berlin-Gatow. Hier musste er seine Ausbildung mehrmals unterbrechen, da er in einen Autounfall verwickelt war, bei dem er einen Oberschenkelbruch erlitt.

Anschließend absolvierte Lent weitere Stationen und diverse Lehrgänge auf dem Weg zum Flugzeugführer, bevor er am 1. März 1938, bereits als Leutnant, zum Beobachterlehrgang an die „Große Kampffliegerschule" nach Tutow kommandiert wurde. Ende Juni 1938 erlitt er erneut bei einem Autounfall eine Verletzung (einen Kieferbruch) und musste für drei Wochen ins Lazarett. Schließlich wurde er am 1. Juli 1938 nach Jüterbog-Damm zur III. Gruppe des Jagdgeschwaders 132 versetzt und nahm im September mit seiner Arado-68-Jagdmaschine an der Besetzung des Sudetenlandes teil. Am 1. November 1938 kam die III. Gruppe/Jagdgeschwader 132 nach Fürstenwalde und wurde in II. Gruppe/Jagdgeschwader 141 umbenannt. Nach der Umrüstung auf die zweimotorige Me 110 erfolgte am 1. Mai 1939 eine erneute Umbenennung: in I. Gruppe/Zerstörergeschwader 76. Leutnant Lent kam zur 1. Staffel und nahm am Polenfeldzug teil. Am 3. September 1939 erzielte er bei Łódź seinen 1. Luftsieg über eine polnische Jagdmaschine vom Typ PZL P.24.

Bei der berühmten Luftschlacht über der Deutschen Bucht, während der die I. Gruppe/Zerstörergeschwader 76 (unter Hauptmann Reinecke) in Jever stationiert lag, gelang es Lent am 18. Dezember 1939, nach dramatischem Einsatz zwei Wellington-Bomber abzuschießen. Für den Abschuss einer dritten Wellington fehlte ihm ein Zeuge.

Zu Beginn des Norwegenfeldzuges flog Lent mit seiner 1. Staffel des Zerstörergeschwaders 76 unter Oberleutnant Hansen Begleitschutz für die mit Fallschirmjägern und Infanteristen vollgestopften Ju-52-Transportflugzeuge, die den Flugplatz Oslo-Fornebu im Handstreich nehmen sollten. Dabei konnte Lent eine norwegische Gloster-Gladiator-Jagdmaschine abschießen. Lent selbst musste auf Befehl des Staffelkapitäns, aber auch wegen Spritmangel landen. Als die Me 110 zur Landung ansetzte, drang dichter schwarzer Qualm aus der rechten Tragfläche: Der Motor war zerschossen und der Propeller stand bereits still. Wegen der kurzen Asphalt-Landebahnen auf dem Flugplatz Fornebu musste Lent seine Maschine ziemlich dicht am Platzrand aufsetzen, um ausrollen zu können. Mit nur einem Motor schien das ein ziemlich waghalsiges Manöver zu werden. Zwar klappte das Aufsetzen auf der Landepiste, aber die Me 110 rollte zu schnell. Mit dieser hohen Landegeschwindigkeit konnte Lent sie nicht zum Stehen bringen, auch an ein Durchstarten und Hochziehen war mit nur einem Motor nicht

Helmut Lent

zu denken. Schon war das Ende der Startbahn heran – und Lents Me 110 stürzte das leicht abschüssige Gelände hinab. Mit abgebrochenem Fahrwerk blieb die Maschine nur wenige Meter von einem Haus entfernt in der Nähe des Flugplatzes liegen. Es grenzte an ein Wunder, dass Flugzeugführer und Funker unverletzt blieben. Sie meldeten sich nur kurze Zeit später bei ihrem Staffelkapitän Hansen, der mittlerweile mit dem Rest seiner Zerstörerstaffel in Fornebu gelandet war. Lents Funker Kubisch hatte sogar das Heck-MG aus der zerstörten Maschine ausgebaut und trug es unterm Arm.

In der Zwischenzeit setzten laufend Transportmaschinen zur Landung an. Eine Menge Infanteristen stiegen aus, die in Deckung gingen, um die norwegischen Flakstellungen unter Feuer zu nehmen. Aber das Feuer wurde nicht mehr erwidert – die Norweger hatten sich ergeben. Kurz darauf setzten Oberleutnant Hansen und Leutnant Lent über die Nachrichten-Ju-52 der Fallschirmjäger voller Stolz folgende Meldung an das X. Fliegerkorps ab: „Fornebu in eigener Hand. 1. Staffel/Zerstörergeschwader 76".

Am 14. April verlegte die I. Gruppe/Zerstörergeschwader 76 nach Stavanger, während Lent und einige andere Piloten ausgewählt wurden, mit einer Sonderstaffel von Trondheim aus gegen die britischen und französischen Truppen zu operieren und zugleich die belagerten Gebirgsjäger in Narvik zu entlasten. Während eines Begleitschutzauftrages für Stukas gelang es Lent am 27. Mai 1940, eine weitere Gladiator abzuschießen. Nur wenige Tage darauf, am 2. Juni, schoss Lent eine weitere Maschine dieses Typs über dem Rombaksfjord ab. Schließlich konnte er am 15. Juni 1940 noch einen Blenheim-Bomber in der Nähe von Trondheim abschießen. Am 1. Juli 1940 wurde Helmut Lent zum Oberleutnant befördert und Anfang August erfolgte seine Umschulung zum Nachtjäger. Da er der Überzeugung war, dass er sich als Zerstörerpilot nicht richtig ausfliegen könne, bat er selbst um die Versetzung zur Jägerwaffe, aber der Kommandeur ließ ihn nicht gehen. Zu dieser Zeit nämlich liefen bereits die Bemühungen, eine starke Nachtjagdwaffe auszubilden und zum baldigen Einsatz zu bringen – und dafür schien Lent bestens geeignet. Lent kam also zu den Nachtjägern und wurde am 7. September 1940 Staffelkapitän der 6. Staffel des Nachtjagdgeschwaders 1, das in Deelen in Holland stationiert war.

In der Nacht des 12. Mai 1941 errang er mit den Abschüssen zweier Wellington-Bomber seine ersten Nachtjagdabschüsse. Für seine besonderen Leistungen im Luftkrieg überreichte man ihm am 26. Juni 1941 den Ehrenpokal des Oberbefehlshabers der Luftwaffe. Wenige Tage später, am 1. Juli 1941, übernahm er als Staffelkapitän die 4. Staffel des Nachtjagdgeschwaders 1, die im holländischen Leeuwarden stationiert lag. Nunmehr folgte ein Nachtjagdsieg nach dem anderen, und am 30. August desselben Jahres erhielt Lent nach vierzehn Nachtjagd- und sieben Tagjagdabschüssen das Ritterkreuz des Eisernen Kreuzes. Sein Freund und ehemaliger Staffelkapitän der 2. Staffel des Zerstörergeschwaders 76, Major Falck, der ab Juni 1940 als Kommodore das Nachtjagdgeschwader 1 aufstellte, hatte ihm eine gute Zukunft als Nachtjäger vorausgesagt. Diese Prognose ging voll in Erfüllung, wie seine Erfolge in Nacht- und Tagjagd bewiesen. Bis Ende August 1941 hatte er 21 Feindmaschinen auf dem Abschusskonto. Seine

Spezialität war es, in anfliegende Bomberströme einzufliegen, bevor er das Ziel erreicht hatte, und dann so lange auf wechselnde Ziele zu schießen, bis seine Munition verbraucht war. Dann flog er zum Einsatzhorst zurück, ließ aufmunitionieren und auftanken, um ein weiteres Mal zu starten. So erwartete er den abfliegenden Bomberverband und nahm erneut den Kampf auf. Oft hatte er es dabei besonders auf die jeweiligen „Zeremonienmeister" abgesehen, um so das ganze System des Bombenwurfes von vornherein zu stören.

Am 1. November 1941 wurde Lent zum Kommandeur der II. Gruppe des Nachtjagdgeschwaders 2 ernannt und am 1. Januar 1942 zum Hauptmann befördert. Seinen achten Tagesluftsieg errang er am 6. Februar 1942 um 15.10 Uhr mit dem Abschuss einer Handley Page Hampden. Indem Lent am 6. Juni 1942 um 01.15 Uhr über dem Ijsselmeer eine Wellington abschoss, erzielte er seinen 34. Nachtluftsieg, für den er noch am gleichem Tag als 98. Soldat mit dem Eichenlaub zum Ritterkreuz ausgezeichnet wurde. Seit dem 9. April 1942 trug er bereits das Deutsche Kreuz in Gold.

Am 1. Oktober 1942 wurde seine II. Gruppe/Nachtjagdgeschwader 2 in IV. Gruppe/ Nachtjagdgeschwader 1 umbenannt, deren Kommandeur er blieb. Am 1. Januar 1943 zum Major befördert, erreichte Lent als erster Nachtjäger überhaupt den 50. Nachtluftsieg. Mit dem Abschuss einer „Mosquito" gelang ihm am 20. April 1943 eine seltene Leistung, denn diese Maschine war wegen ihrer hohen Geschwindigkeit und guten Flugeigenschaften nahezu unmöglich zu erwischen.

Mit dem Abschuss eines viermotorigen Lancaster-Bombers erzielte Lent am 30. Juli 1943 schließlich seinen (insgesamt) 73. Luftsieg. Am 1. August 1943 wurde er zum Kommodore des Nachtjagdgeschwaders 3 ernannt, das in Stade stationiert war, und nur einen Tag später als 32. Soldat mit dem Eichenlaub mit Schwertern zum Ritterkreuz ausgezeichnet.

In der Nacht vom 2. auf den 3. Oktober 1943 verfolgte Lent einen Stirling-Verband, als er über dem Ijsselmeer von rückwärts aufschließend in Schussposition kam und den ersten Gegner durch Treffer in den Treibstofftank zur Explosion brachte. Indem er den niedergehenden Bomber verfolgte, um so sein Hinüberkommen zur Insel zu verwehren, konnte er diesen endgültig zur Strecke bringen. Dies ging allerdings zu seinen Lasten, denn einer der Begleitjäger eröffnete das Feuer auf den Deutschen. Treffer krachten in Lents Maschine, die Lent verwundeten, dann drang Rauch in die Kabine ein. Das Flugzeug ging steil herunter, doch Lent konnte es abfangen und stark lädiert den Einsatzhorst erreichen. Es war eine Mosquito gewesen, die ihn fast für immer ausgeschaltet hätte.

Lent wurde noch zweimal im Verlauf von Nachtluftschlachten verwundet, aber er brachte seine Kiste immer wieder zurück. Ende des Jahres 1943 hatte Helmut Lent 75 Nachtluftsiege erreicht und seine gesamt Erfolgsbilanz auf 83 Luftsiege hochgeschraubt. Am 1. März 1944 wurde er zum Oberstleutnant befördert und erzielte am 31. März 1944 seinen 86. Nachtluftsieg. Als er in der Nacht vom 15. auf den 16. Juni 1944 in nur sieben Minuten drei Lancaster abschoss, hatte er die Nachtluftsiege 90 bis 92 erreicht und zugleich seinen 100. Abschuss erzielt. Am 29. Juli 1944 brachte er über Frankreich zwei viermotorige Bomber zum Absturz, was seine Erfolgsbilanz auf 100 Nachtluftsiege und insgesamt 108 Abschüsse erhöhte. Dafür wurde Helmut Lent am 31. Juli 1944 als 15. Soldat der deutschen Wehrmacht und zugleich als erster Nachtjäger mit dem Eichenlaub mit Schwertern und Brillanten zum Ritterkreuz des Eisernen Kreuzes ausgezeichnet.

Zweimal war er bei Göring. Er trug ihm ungeschminkt die Sachlage vor und legte objektiv die Fakten zur Lage an der Westfront dar. Hier hätte es nach seiner Überzeugung mindestens tausend Nachtjagdmaschinen bedurft, um den harten Gegner dazu zu bringen, die Masseneinflüge ins Reich aufzugeben. Und nur das hätte eine Wende noch erzwingen können. Aber auch der Reichsmarschall konnte keine Nachtjagdflugzeuge und vor allem keine neuen erfahrenen Nachtjagdpiloten „herbeizaubern".

Lents Erfahrungen, sein überragendes Können und sein technisches Wissen um die Nachtjagd ließen ihn für die höchste Aufgabe in der Nachtjagd geeignet erscheinen: Er sollte der künftige „Inspekteur der Nachtjäger" werden.

Zunächst schoss er noch drei weitere Bomber ab, ehe jener Tag nahte, der seinem Fliegerleben ein Ende setzte. Es war eigentlich ein Routineflug, den er am 5. Oktober 1944 mit seiner Besatzung am Tage in Richtung Paderborn flog, um den dort amtierenden Kommodore des Nachtjagdgeschwaders 1, Major Hans Joachim Jabs, einen Besuch abzustatten. Neben seinem altgedienten Bordfunker und Ritterkreuzträger Oberfeldwebel Walter Kubisch und Leutnant Werner Kark war auch Kriegsberichter Oberleutnant Hermann Klöß an Bord, um mit Jabs und Lent gemeinsam ein Interview zu machen. Unmittelbar vor der Landung in Paderborn streifte Lents Maschine eine Hochspannungsleitung und stürzte mit Aufschlagbrand ab, weil einer der beiden Motoren ausgefallen war und Lent seine Ju 88 nicht mehr unter Kontrolle bekam. Beim Aufprall wurden Klöß und Kark getötet. Lent und sein langjähriger Bordfunker Kubisch, der seit dem Polenfeldzug bei ihm geblieben war und ihn auf allen Stationen seines Weges begleitet hatte, wurden schwer verwundet geborgen. Kubisch starb am 6. Oktober und einen Tag darauf mussten die Ärzte auch ihre Bemühungen um Helmut Lent aufgeben: Er starb am 7. Oktober 1944 im Lazarett Paderborn. Von seinen Gegnern unbesiegt war er – wie zuvor Mölders – durch einen Flugzeugunfall ums Leben gekommen. Nachträglich wurde er noch zum Oberst befördert.

Helmut Lent hatte auf seinen 111 Feindflügen als Zerstörer und seinen 396 Feindflügen als Nachtjäger insgesamt 103 Nachtjagd- und acht Tagjagdabschüsse, darunter über 59 viermotorige Bomber, errungen. Zweimal wurde er im Wehrmachtsbericht genannt: das erste Mal nach Erreichen des 100. Nachtjagdabschusses und das zweite Mal in einer Sondermeldung am 11. Oktober 1944, als gemeldet wurde, dass er als erfolgreichster Nachtjäger, Träger der höchsten deutschen Tapferkeitsauszeichnung, den Fliegertod gefunden hatte. Bereits im Jahre 1942 hatte der Wehrmachtsbericht dreimal den Namen Lent genannt.

Seine Antwort an den Reichsmarschall auf die Frage, wie man die starken Feindbomberverbände niederkämpfen könne, hatte Lent damals so formuliert: „Durch persönlichen Schneid. Wenn wir eine Phalanx von Nachtjägern haben und jeden Großeinflug pausenlos stören, wenn wir im rollenden Einsatz am Gegner bleiben, dann machen wir ihn so unsicher, dass er entweder nur noch bei Tage angreift oder überhaupt nicht mehr. Dazu muss allerdings unsere Taktik geändert werden."

In Hitlers Umgebung hieß der neue „Inspekteur der Nachtjagd" bereits Helmut Lent. Hitler hatte sich in einem mehrstündigen Gespräch von den Qualitäten dieses Kämpfers und Könners überzeugt und war sicher, dass nur er die Sache herumreißen könne. Voraussetzung allerdings war für ihn und auch für Lent, dass man viel mehr Maschinen und Piloten hätte und auch Unterstützungsgeräte, wie beispielsweise das Radar. Das war das einzige Mittel, die Bomberströme zu stoppen und Deutschland wieder „ein Dach über dem Kopf zu verschaffen", das die Menschen schützen konnte.

An dieser Stelle soll noch ein Wort von Lent über den Krieg an sich zitiert werden:

„Er ist schrecklich. Wenn er sein muss, sollte er fair gekämpft werden, mit Ehre und Ritterlichkeit. Dazu passen Angriffe auf Frauen und Kinder mit Luftminen und Phosphor nicht. Dies ist unglaublich schmutzig."

Bei seiner Beerdigung erklang das Hornsignal „Jagd aus". Mit Helmut Lent hatte die deutsche Luftwaffe eine führende Persönlichkeit verloren. Er prägte die Nachtjagd wie kein anderer.

Helmut Lent

Geboren am 13. Juni 1918 in Pyrehne, Kreis Landsberg-Warthe in der Neumark in Brandenburg
Verunglückt am 7. Oktober 1944 in Paderborn
Letzter Dienstgrad: Oberst (posthum)
Ritterkreuz am 30. August 1941 als Oberleutnant nach 14 Luftsiegen in der Nachtjagd und 7 Luftsiegen am Tage
98. Eichenlaub zum Ritterkreuz am 6. Juni 1942 als Hauptmann nach 34 Luftsiegen in der Nachtjagd und 8 Siegen am Tage
32. Eichenlaub mit Schwertern zum Ritterkreuz am 2. August 1943 als Major nach 65 Nachtjagdsiegen und 8 Siegen am Tage
15. Eichenlaub mit Schwertern und Brillanten zum Ritterkreuz am 31. Juli 1944 als Oberstleutnant nach 100 Nachtjagdsiegen und 8 Siegen am Tage
Deutsches Kreuz in Gold am 9. April 1942
Anzahl der Abschüsse: 111 anerkannte Luftsiege (andere Quellen geben 110 Luftsiege an)
Letzte Dienststellung: Kommodore des Nachtjagdgeschwaders 3

Kurt Ubben

Kurt Ubben wurde am 18. November 1911 in Dorstadt, Kreis Goslar, im Harz geboren. 1931 trat er in die Reichsmarine ein und kam nach seiner seemännischen Ausbildung ab 1933 auf das in diesem Jahr in Dienst gestellte Segelschulschiff „Gorch Fock". Aber Ubben wollte fliegen, und so meldete er sich freiwillig zur Luftwaffe. Sein Gesuch wurde angenommen, allerdings bei der Seeluftwaffe. Nach seiner fliegerischen Ausbildung kam er 1936 zur „Küstenjagdstaffel Kiel" und schulte später auf Jagdflugzeuge um. Schon vor Kriegsausbruch gehörte Kurt Ubben als Oberfeldwebel zur 5. Staffel (Jagd)/Gruppe 186 (T), die für den noch nicht in Dienst gestellten Flugzeugträger „Graf Zeppelin" bestimmt war und mit der Ubben zu Beginn des Polenfeldzuges hauptsächlich im Luftraum über Danzig und der Danziger Bucht eingesetzt war. Inzwischen zum Leutnant befördert, gelang ihm schon am ersten Tag des Westfeldzuges, am 10. Mai 1940, der Abschuss einer Fokker-Maschine bei De Kooi in Holland. Im Juni 1940 wurde seine Staffel an die norwegische Küste verlegt und in 8. Staffel/ Jagdgeschwader 77 umbenannt. Zugleich wurde Ubben zum Oberleutnant befördert und zum Staffelkapitän der 8. Staffel ernannt. Ab August 1940 flog er Einsätze über dem Kanal. Im Frühjahr 1941 verlegte seine Staffel nach Südosteuropa und nahm am Jugoslawien- und Griechenlandfeldzug teil.

Er hatte seinen zweiten Luftsieg errungen, als ihm am 19. April 1941 eine Hurricane bei Lamia (Griechenland) zum Opfer fiel. Dabei wurde auch Ubbens Me 109 beschädigt und er musste eine Bauchlandung hinter den britisch-griechischen Linien absolvieren. Doch er hatte Glück, denn ein herbeigerufener Fieseler Storch seiner Einheit fand ihn und brachte ihn zur Flugbasis nach Hause. Nach wie vor galt Ubben als hoffnungsvolles Talent in Sachen Jägerei. Während des Kreta-Unternehmens flog er viele Tiefangriffe, wobei ihm ein Bombentreffer auf das britische Schlachtschiff *Warspite* gelang. Auch seine Maschine bekam von dem höllischen Abwehrfeuer des Schlachtschiffes einige Treffer ab, die ihn aber nicht hinderten, seinen eigenen Horst zu erreichen. Etwa zur selben Zeit versenkte Ubben vor der kretischen Küste ein britisches Motortorpedoboot (MTB).

Ab 22. Juni 1941 stand Ubben mit seiner Staffel im Einsatz gegen die Sowjetunion. Hier konnte er innerhalb kürzester Zeit Abschuss nach Abschuss erringen und wurde nach 35 Luftsiegen am 4. September 1941 mit dem Ritterkreuz ausgezeichnet. Anschließend wurde Ubben zum Hauptmann befördert und bekam die Führung der III. Gruppe des Jagdgeschwaders 77 übertragen.

In Russland konnte er in oft dramatischen Kämpfen gegen einen zahlenmäßig weit überlegenen Gegner – der nun auch auf einige gute Flugzeugtypen zurückgreifen konnte, wenn man an die MiG-3, LaGG-3 und an die Il-2 denkt – eine Reihe von Luftsiegen erringen, mit denen er sein Erfolgskonto bis Ende 1941 auf 61 Luftsiege emporschraubte. Dafür erhielt er am 9. Dezember 1941 das Deutsche Kreuz in Gold. Als er am 12. März 1942 seinen

Kurt Ubben

69. Luftsieg erzielte, wurde ihm als dem 80. Soldaten das Eichenlaub zum Ritterkreuz verliehen. Beide Auszeichnungen holte er sich im Führerhauptquartier bei Adolf Hitler ab.

Nachdem er am 30. September 1942 mit dem Abschuss einer Jak-1 seinen 92. Luftsieg erzielt hatte, erreichte ihn die Meldung, dass seine III. Gruppe/Jagdgeschwader 77 nach Nordafrika verlegt werden sollte. In Nordafrika und insbesondere in Tunesien kam er immer wieder zu neuen Erfolgen und konnte am 14. Januar 1943 seinen 100. und 101. Luftsieg feiern. Bis zum Ende des Kampfes in Tunesien kam er noch bis zum 107. Luftsieg.

Am 1. Oktober 1943 erzielte er mit dem Luftsieg über eine „Fliegende Festung" seinen 111. Abschuss und wurde noch am gleichen Tag zum Major befördert. Über Italien kam die III. Gruppe des Jagdgeschwaders 77 im Oktober 1943 nach Rumänien, wo sie die wichtigen Ölfelder schützen sollte.

Am 10. März 1944 übernahm Ubben die Führung des Jagdgeschwaders 2 „Richthofen" als Kommodore, denn sein Vorgänger, Oberstleutnant Egon Mayer, war am 2. März gefallen. Ubben führte das Geschwader an der Kanalfront. Am 27. April 1944 flog „Kuddel" Ubben seinen dritten Feindflug seit der Übernahme des Geschwaders, als er bei Fère-en-Tardenois, westlich von Reims, in einen Luftkampf mit einem Pulk US-Jagdmaschinen geriet, die seine Focke-Wulf-Maschine zerschossen. Er stieg mit dem Fallschirm aus, der sich aber wegen der zu geringen Höhe nicht öffnete. So fand Kurt Ubben den Tod.

Auf seinen über 500 Feindflügen hatte Major Kurt Ubben insgesamt 111 Luftsiege erzielt, davon 90 im Osten und 21 gegen westalliierte Gegner. Hinzu kommen 26 am Boden zerstörte Flugzeuge sowie 15 vernichtete Panzer und ein versenktes Schnellboot.

Kurt Ubben

Geboren am 18. November 1911 in Dorstadt, Kreis Goslar, im Harz
Gefallen am 27. April 1944 in Frankreich bei Fère-en-Tardenois, westlich von Reims
Letzter Dienstgrad: Major
Ritterkreuz am 4. September 1941 als Oberleutnant nach 35 Luftsiegen
80. Eichenlaub zum Ritterkreuz am 12. März 1942 als Hauptmann nach 69 Luftsiegen
Deutsches Kreuz in Gold am 9. Dezember 1941
Anzahl der Abschüsse: 111 anerkannte Luftsiege
Letzte Dienststellung: Kommodore des Jagdgeschwaders 2 „Richthofen"

Günther Lützow

Günther Lützow

Günther Lützow wurde am 4. September 1912 als Sohn des Admirals Friedrich Lützow in Kiel geboren. Nach dem Abitur meldete er sich im Herbst 1930 bei der Reichswehr, kam aber am 7. April 1931 zur Deutschen Verkehrsfliegerschule nach Schleißheim, wo seine Ausbildung zum Flugzeugführer begann. Vom 22. April 1932 bis zum 20. September 1932 erfolgte seine geheime Ausbildung zum Jagdflieger in Lipezk in der Sowjetunion.

Ab 15. Oktober 1932 absolvierte Lützow als Offiziersanwärter in Greifswald seine Grundausbildung beim Infanterieregiment 5, das zur 2. (pommerschen) Infanteriedivision gehörte. Anschließend kam er zum normalen Truppendienst nach Stettin und wurde am 1. Februar 1933 zum Fahnenjunker-Gefreiten ernannt. Am 20. April 1933 begann für Günther Lützow ein Auffrischungslehrgang an der Deutschen Verkehrsfliegerschule in Schleißheim. Ab 1. Juli 1933 absolvierte er den Ib-Lehrgang an der Infanterieschule in Dresden, um anschließend, ab 10. März 1934, erneut an einem Auffrischungslehrgang an der Deutschen Verkehrsfliegerschule teilzunehmen. Anschließend ging es am 3. Mai 1934 zum II. Lehrgang zurück zur Infanterieschule nach Dresden. Am 1. Oktober 1934 fand sich der zum Leutnant beförderte „Franzl" Lützow als Fluglehrer an der Deutschen Verkehrsfliegerschule in Schleißheim ein – er gehörte der sogenannten Reklamestaffel an –, um danach, am 8. März 1935, Jagdlehrer an der mittlerweile in „Jagdfliegerschule" umbenannten Fliegerschule in Schleißheim zu werden. Am 1. April 1936 kam der inzwischen zum Oberleutnant beförderte Lützow zur II. Gruppe des Stukageschwaders 162 nach Lübeck-Blankensee, jedoch kehrte er nach nur einem Monat zur Jagdwaffe zurück und wurde als Staffeloffizier zur 4. Staffel des Jagdgeschwaders 132 nach Jüterbog-Damm versetzt. Im August 1936 zog er als einer der ersten Jagdflieger der Legion Condor in den Spanischen Bürgerkrieg.

Zuerst Staffeloffizier der 3. Staffel, wurde Lützow am 9. März 1937 Staffelkapitän der 2. Staffel der Jagdgruppe 88. Während seines einjährigen Einsatzes in Spanien errang er fünf Luftsiege und wurde mit dem Spanienkreuz in Gold mit Brillanten und dem „Cruz de Guerra" ausgezeichnet. Nach seiner Rückkehr nach Deutschland wurde er zum Hauptmann befördert und ab 16. Oktober 1937 übernahm er als Staffelkapitän die 5. Staffel des Jagdgeschwaders 132 in Jüterbog-Damm. Als der Zweite Weltkrieg ausbrach, war Lützow Lehrgangsleiter auf der Jagdfliegerschule 1 in Werneuchen, doch hier hielt es ihn nicht lange. Als die ersten scharfen Einsätze geflogen wurden, war auch er, seit dem 4. November 1939 Kommandeur der I. Gruppe des Jagdgeschwaders 3, dabei und konnte im Westen, vor allem in der Luftschlacht über England, seine ersten 15 Luftsiege (zu den fünf Luftsiegen aus Spanien) erringen. Sie brachten ihm am 18. September 1940 das Ritterkreuz ein, das ihm vom General der Flieger Christiansen in Den Haag überreicht wurde.

Im August 1940 wurde er zum Kommodore des Jagdgeschwaders 3 ernannt und gleichzeitig zum Major befördert. Damit war er in jene Position gekommen, die seinen außerordentlichen Fähigkeiten entsprach. Er hatte ausgesprochen gute Führungsqualitäten, und als Träger eines großen Namens war er bestrebt, sich dieses Namens würdig zu erweisen.

Bis zum 5. November 1940 gelangen Lützow noch drei weitere Abschüsse, danach kam das Geschwader im April 1941 zur Auffrischung nach Mannheim-Sandhofen, um dann im Mai 1941 noch einmal kurz an die Kanalfront verlegt zu werden. Zu Beginn des Russlandfeldzuges kämpfte das Jagdgeschwader 3 am Mittelabschnitt der Ostfront. Bereits am 17. Juli 1941 schoss Lützow seinen 40. Gegner ab, wofür ihm am 20. Juli 1941 als 27. Soldat der deutschen Wehrmacht das Eichenlaub zum Ritterkreuz verliehen wurde. Von nun an lief es bei Lützow wie am Schnürchen. Schon am 17. September 1941 errang er seinen 72. Luftsieg. Am 23. September 1941 wurde der Kühler seiner Me 109 durch ein russisches Flakgeschoss getroffen und Lützow musste hinter den sowjetischen Linien notlanden, konnte sich aber zu den eigenen Truppen durchschlagen, wo er – welch glücklicher Zufall – von seinem Vetter in einer Artilleriestellung aufgenommen wurde. Nach einer zweiwöchigen Genesungspause flog er wieder gegen den Feind und erreichte am 11. Oktober 1941 seinen 92. Luftsieg. Noch am gleichen Tag erhielt er als 4. Soldat der deutschen Wehrmacht das Eichenlaub mit Schwertern zum Ritterkreuz. Nur kurze Zeit darauf, am 25. Oktober 1941, erzielte er als zweiter Jagdflieger nach Werner Mölders den 100. beziehungsweise 101. Luftsieg. Vier Tage später, am 29. Oktober 1941, wurde er vorzeitig zum Oberstleutnant befördert.

Ende 1941 verlegte das abgekämpfte Jagdgeschwader 3 ins Reichsgebiet nach Wiesbaden-Erbenheim. Für die Flugzeugführer und die Männer vom Bodenpersonal war dies eine wohlverdiente Ruhepause, bevor es im März 1942 wieder an die Ostfront ging. Trotz Feindflugverbot schoss Lützow im Sommer 1942, bei ungewollter Feindberührung, noch zwei weitere sowjetische Jagdmaschinen ab, was sein Erfolgskonto auf 103 Abschüsse erhöhte. Am 12. August 1942 wurde Lützow, der Kommodore des Jagdgeschwaders 3 „Udet“, abgelöst, denn Adolf Galland, General der Jagdflieger, holte ihn als „Inspizient der Tagjagd“ zu sich. Am 1. April 1943 zum Oberst befördert, wurde Lützow im Juni 1943 nach Neapel geschickt, um hier die Geschäfte als „Jagdabschnittsführer Italien“ aufzunehmen. Doch schon im August 1943 holte ihn Galland ins Reich zurück, jetzt als „Inspizient der Tagjagd-West“. Schließlich wurde Oberst Lützow am 20. November 1943 zum Kommandeur der 1. Jagddivision in Döberitz ernannt. Hier trat er zum ersten Mal seinem Reichsmarschall gegenüber, als es darum ging, eine Antwort auf dessen schwerste Vorwürfe zu geben, wie sie nur ein Mann wie „Franzl“ Lützow geben konnte: ehrlichen Herzens, korrekt und vor keinen Repressalien zurückschreckend. Reichsmarschall Göring schickte daraufhin den „Rebell“ Lützow in die Führerreserve, der anschließend einen Erholungsurlaub in Bad Wiessee antrat. Doch schon am 23. April 1944 beorderte ihn Galland als „Beauftragter für den Jägernachwuchs“ beim General der Jagdflieger zurück, und am 1. August 1944 übernahm Lützow als Kommandeur die 4. Fliegerschuldivision in Straßburg.

Im Oktober des Jahres 1944 kam jener Tag, an dem sich Galland, Steinhoff, Trautloft, Rödel, Neumann, Lützow und einige andere im großen Saal der Reichsluftschutzschule zu

Berlin versammelten und der Reichsmarschall eintrat. Göring, der hätte besser wissen müssen, wie es um die Jägerwaffe im Hinblick auf ihre Abwehrbereitschaft gegenüber einem vielfach überlegenen Gegner stand, begann sofort mit der Litanei, dass die Jäger versagt hätten und dass bei Einflügen der Feindverbände kein Einziger von ihnen zu sehen sei. Mit einem Seitenblick auf „Franzl" Lützow sah Steinhoff, dass diesem Tränen in den Augen standen – ob der Schmach, die allen Jägern angetan wurde.

Schon Mitte November 1944 erhielt Günther Lützow den Befehl des Reichsmarschalls, erneut zu einem Gespräch mit dem Oberbefehlshaber der Luftwaffe nach Schleißheim zu kommen, zu dem alle hoch ausgezeichneten Verbandsführer der Jägerwaffe ebenso eingeladen wurden. Im Konferenzraum versammelte sich alles, was Rang und Namen in der Jagdfliegerei hatte. Der General der Jagdflieger, Adolf Galland, sah sich von den Kommodores Steinhoff, Lützow und einigen anderen umgeben. Göring wurden die angetretenen Offiziere bei seinem Eintritt gemeldet, und er begann ohne Umschweife mit der Forderung, dass seine Tapfersten und Erfolgreichsten zu allem, was die Jägerwaffe betreffe, kritisch Stellung nehmen sollten. Schließlich erklärte er seine Beweggründe: „Sie sollen mir helfen, den Ruf der Luftwaffe wiederherzustellen. Das deutsche Volk erwartet dies, denn wir haben versagt, unglaublich versagt."

Danach gab er die Beförderung des Generals der Jagdflieger Galland zum Generalleutnant bekannt. Dies war wohl das erste Anzeichen einer Kampagne gegen die deutschen Jagdflieger durch ihren obersten Befehlshaber Göring, in der dieser die Katastrophe in der Luftverteidigung als Folge eines mangelnden Kampfsinnes der Jäger darstellte. Lützow sollte schließlich jener beherzte Mann sein, der Göring Paroli bot. Lützows Mut und seine Offenheit, seine Intelligenz und eloquente Redekunst waren so groß, dass er in der berühmt gewordenen Konferenz der Kommodores bei Göring in Berlin zum Sprecher der Jagdflieger gewählt wurde.

Am 19. Januar 1945 wurden alle Offiziere nach Berlin ins Haus der Flieger befohlen, wo der Reichsmarschall ihnen eine Ansprache halten sollte. Diesmal sollte Oberst Lützow der Sprecher der Offiziere sein und auf Görings Vorwürfe antworten, wenn es wieder dazu kommen sollte. Und es kam dazu. Göring und der Chef des Generalstabes der Luftwaffe Koller und dessen Adjutant, gefolgt von einer Reihe Generalstabsoffizieren und zwei Stenografen traten ein, und das Erste, was der Reichsmarschall von sich gab, war diese Anschuldigung: „Ein großer Teil unserer Jäger, die Jugend, wird durch die alten müden Hengste mit und ohne Eichenlaub verdorben. Diese alten fetten Kakadus möchte ich entfernt haben. Ich hätte längst einige Geschwaderkommodores und Gruppenkommandeure vor ein Kriegsgericht stellen sollen." In dieser Tonart ging es weiter, bis General Koller darauf hinwies, dass eine Anzahl Geschwaderkommodores der Jagdfliegertruppe um eine Aussprache gebeten habe. „Die Herren", so Koller, „haben den Wunsch, dass Sie, Herr Reichsmarschall, den Oberst Lützow als ihren Sprecher akzeptieren." Göring nickte und wandte sich Lützow zu.

„Herr Reichsmarschall" begann Lützow mit fester Stimme, „wir sind dankbar, dass Sie sich bereit erklärt haben, unsere Sorgen anzuhören. Ich muss Sie jedoch bitten, meine

Ausführungen bis zum Ende anzuhören. Wenn Sie mich unterbrechen, dann hat diese Aussprache keinen Sinn."

Göring saß wie versteinert in seinem Sessel und sah Lützow wortlos an. Dieser erklärte, worum es allen ging: dass die Jagdwaffe gegenüber einem solchen Koloss von Feinden dennoch in der Lage sei, dem Bombenterror Einhalt zu gebieten, dazu aber müssten alle Anstrengungen auf die Jagdwaffe gerichtet werden und man müsse die Jägerführung stärken, damit die Jäger unter Zusammenfassung aller Kräfte und in konzentriertem Einsatz gegen die Terrorbomber starten könnten. Lützow fuhr fort: „Wir fordern die sofortige Freigabe aller Düsenflugzeuge Me 262 für den Jägereinsatz. Allein diese Jagdwaffe kann noch jene Schläge austeilen, die den Gegner zwingen werden, seinen Plan der Zerstörung unserer Städte zu überdenken und möglicherweise den Bombenterror einzustellen."

Einige andere mehr als unangenehme Wahrheiten folgten und Göring rang mit hochrotem Gesicht nach Luft. Dann sagte er: „Sie lassen mich ja im Stich! Gehen Sie nun gefälligst zu Ihren Verbänden und schießen Sie ab, das ist Ihre Pflicht!"

Göring begann von „verhätschelten Helden der Nation" zu sprechen, und Lützow wollte ihm ins Wort fallen, was ihm schließlich auch gelang. Er erklärte, dass die jungen Piloten zu wenig ausgebildet seien und im Höchstfall zwei bis drei Einsätze überleben würden, bevor sie fielen. „Wir sind ausgeblutet, Herr Reichsmarschall, und die Überstellung der Kampfgeschwader als noch gesunde Reserve an Menschen ist für uns und vor allem für die Reichsverteidigung lebenswichtig – falls es nicht ohnehin zu spät ist."

Das war für Göring zu viel. Er wetterte los, und sein Satz, mit dem er diesen Redeschwall beendete, schlug wie eine Bombe ein: „Ich leugne ja nicht, dass sich einige Jagdflieger hervorragend schlagen, aber sie sind dann keine militärischen Führer und ihre Verbände verlottern am Boden." Dann fuhr er fort: „In Ihrer Kampfweise ist auch kein System. Sie haben Ihre Jäger nicht erzogen, die Bomber rücksichtslos auf nächste Entfernung zu bekämpfen."

„Und Sie, Herr Reichsmarschall", erwiderte Lützow, „haben die Existenz viermotoriger Bomber einfach ignoriert. Sie haben uns keine Flugzeuge und keine neue Bewaffnung gegeben." Es kam zu weiteren gegenseitigen Beschuldigungen und das Schlusswort hatte – wie hätte dies anders sein können – der Reichsmarschall: „Meine Herren, was Sie mir hier bieten, ist unglaublich. Sie maßen sich an, mir vorzuschreiben, wie ich meine Luftwaffe zu führen habe. Sie wollen die Düsenflugzeuge und Sie werden sie nicht bekommen, weil ich sie denen gebe, die besser damit umgehen können: meinen Kampffliegern."

„Herr Reichsmarschall!", begehrte Lützow auf. „Jetzt rede ich!", rief Göring im Befehlston „und jetzt will ich Ihnen einmal sagen, was ich von dieser Unternehmung halte. Was Sie mir hier bieten, meine Herren, ist Staatsverrat, ist Meuterei. Es ist ungeheuerlich, dass Sie hinter meinem Rücken gegen mich konspirieren und seltsame Wege gehen, die einen schweren Verstoß gegen Ihre soldatischen Pflichten, gegen Ihre Treuepflicht mir gegenüber darstellen. Ich werde dementsprechend reagieren. Statt zusammenzuhocken und zu konspirieren sollten Sie bei Ihren Verbänden sein und diese an den Feind führen." Und dann, zu Lützow gewandt:

„Was wollen Sie, Lützow? Mich beseitigen? Ich frage mich, was Ihr Vater tun würde, wenn er von Ihrem Ton erführe.“ Als Lützow darauf hinwies, dass er sich mit seinem Vater ausgesprochen habe und dass dieser seinen Weg akzeptiert habe, schrie Göring wutentbrannt: „Sie, Lützow, sind ein Offizier mit einer unglaublichen Auffassung von Ihren Pflichten als Soldat. Ich lasse Sie füsilieren.“

Oberst Günther Lützow wurde nicht füsiliert, aber als „Fliegerführer Oberitalien“ nach Italien in die Verbannung geschickt. Von hier aus folgte er dem Ruf des als General der Jagdflieger abgesetzten Generalleutnant Galland und trat am 10. April 1945 in dessen Jagdverband 44 ein. Als Flugzeugführer schulte er auf den schnellen Me-262-Düsenjäger um und schoss einen viermotorigen Bomber ab, ehe er am 24. April 1945 zu seinem letzten Flug startete, von dem er nicht mehr zurückkehrte.

An diesem 24. April 1945 startete „Franzl“ Lützow in München-Riem und errang seinen letzten, den 110. Luftsieg über eine zweimotorige B-26 „Marauder“ über Augsburg. Seit diesem Tag gilt er im Raum Donauwörth in Bayern als vermisst. Nach dem Krieg ging aus einem amerikanischen Einsatzbericht folgender Sachverhalt hervor: Der B-26-Verband wurde von 16 US-Jägern begleitet. Diese griffen vier anfliegende Me 262 an. Einer der „Turbos“ ging plötzlich in einen steilen Sturzflug, als zwei amerikanische Jäger auf ihn zuhielten, aber nicht zum Schuss kamen. Den Sturzflug beendete der Jet nicht mehr und schlug explodierend im Boden ein. Viel spricht dafür, dass es sich hierbei um Oberst Günther Lützow gehandelt hat. Er war einer der Größten und einer der Aufrechten, auch vor der Obrigkeit. Auf seinen über 300 Feindflügen erzielte er 110 Luftsiege, davon 85 an der Ostfront, 20 im Westen, darunter ein viermotoriger Bomber, und fünf in Spanien.

Günther Lützow

Geboren am 4. September 1912 in Kiel
Vermisst seit 24. April 1945 im Raum Donauwörth/Bayern
Letzter Dienstgrad: Oberst
Ritterkreuz am 18. September 1940 als Major nach 15 Luftsiegen
27. Eichenlaub zum Ritterkreuz am 20. Juli 1941 als Major nach 42 Luftsiegen
4. Eichenlaub mit Schwertern zum Ritterkreuz am 11. Oktober 1941 als Major nach 92 Luftsiegen
Anzahl der Abschüsse: 110 anerkannte Luftsiege
Letzte Dienststellung: Flugzeugführer im Jagdverband 44 (Me 262)

Franz Woidich

Franz Woidich

Franz Woidich wurde am 2. Januar 1921 in Znaim in Mähren geboren. Anfang 1940 meldete er sich freiwillig zur Luftwaffe und absolvierte seine fliegerische Ausbildung zum Flugzeugführer. Nach seiner Schulung zum Jagdflieger kam er mit 20 Jahren als Oberfähnrich zur II. Gruppe des Jagdgeschwaders 27 und wurde der 5. Staffel zugewiesen, die bis Ende Juli 1941 in der Sowjetunion und ab 24. September 1941 in Afrika im Einsatz stand. Hier erlebte er seine ersten beiden Abschüsse: Am 21. November 1941 konnte er südlich von Gazala eine P-40 abschießen, hatte jedoch keinen Zeugen, weshalb ihm der Luftsieg nicht zugesprochen wurde. Doch schon am nächsten Tag, am 22. November, schoss Woidich erneut eine P-40 nordwestlich von Bir Hacheim ab und feierte danach mit seinen Staffelkameraden seinen ersten Luftsieg. Seinen zweiten Luftsieg in Nordafrika errang er am 15. März 1942, als er südwestlich von Ain-el-Gazala eine weitere P-40 vom Himmel holte.

Im 1. April 1942 erfolgte Woidichs Versetzung zur 3. Staffel des Jagdgeschwaders 52 nach Russland. Als Rottenflieger seiner ersten Staffelkapitäne, Oberleutnant Helmut Bennemann, Leutnant Karl Rüttger und später Oberleutnant Miethig, kurvte er beinahe immer im zweiten Glied, ehe er sich mit Tiefangriffen auf feindliche Truppenbewegungen und Wagenkolonnen einen Namen machte. Unter anderem hatte er während des Krieges im Osten circa hundert Kraftfahrzeuge, einige Panzer und Flugzeuge am Boden zerstört sowie einen Öltanker in Brand geschossen. Zeitungsberichten zufolge soll er sogar im Winter 1942/43 freiwillig Transportflüge in den Kessel von Stalingrad unternommen haben, um Verwundete auszufliegen. Noch dazu konnte er bis zum Jahresende 1942 sieben sowjetische Flugzeuge abschießen.

Ab Februar 1943 konnte Woidich nunmehr voll als Jagdflieger aus sich herausgehen. Als er am 11. Juni 1943 die 3. Staffel des Jagdgeschwaders 52 als Staffelkapitän übernahm, hatte er es auf 16 Luftsiege gebracht und bis Ende 1943 steigerte er seine Abschusszahl auf 56 Luftsiege. Bereits am 13. September 1943 erhielt er für besondere Leistungen im Luftkrieg den Ehrenpokal des Oberbefehlshabers der Luftwaffe und wurde am 17. Oktober 1943 mit dem Deutschen Kreuz in Gold ausgezeichnet.

Mit Beginn des Jahres 1944 ging es Schlag auf Schlag: Woidich erzielte im März 1944 seinen 69. Luftsieg, und nach und nach konnte er diese Erfolgszahl bis zum 3. Juni 1944 auf 80 Luftsiege heraufschrauben. Dabei stellte er in einigen dramatischen Luftduellen gegen stärkste Gegner seinen Kampfgeist unter Beweis. Schließlich wurde Franz Woidich am 11. Juni 1944 mit dem Ritterkreuz des Eisernen Kreuzes ausgezeichnet und kurz darauf zum Oberleutnant befördert. Am 20. Juli 1944 erzielte er vier Abschüsse und erhöhte seinen Rekord schließlich auf 102 Luftsiege, die allesamt hart erkämpft werden mussten. Nachdem er am 24. Juli seinen 109. Luftsieg erzielt hatte, wurde er am 11. August 1944 nach Breslau kommandiert, um sich dort bei der Ergänzungsstaffel des Jagdgeschwaders 400 mit den ersten Raketenjägern, den Me 163, anzufreunden. Von hier aus ging er am 11. September 1944

General der Jagdflieger Adolf Galland begrüßt Walter Krupinski vom Jagdgeschwader 52, links Hannes Trautloft. Rechts von Krupinski steht Egon Albrecht von den Zerstörern.

als Staffelkapitän der 4. Staffel des Jagdgeschwaders 400 in den Einsatz, wurde noch am 25. November 1944 Staffelkapitän der 6. Staffel und konnte auf der schwierigen Me 163 am 22. April 1945 noch einen der wenigen Luftsiege erringen, ehe sich die II. Gruppe seines Geschwaders und damit auch seine 6. Staffel im April 1945 bei Brandis auflösten. Nach einer kurzen US-Gefangenschaft war der Krieg auch für Woidich zu Ende. Auf seinen etwa 1000 Feindflügen konnte Oberleutnant Franz Woidich 110 Luftsiege erzielen, davon 107 an der Ostfront, zwei in Nordafrika und einen mit dem Raketenjäger Me 163 über einen viermotorigen Bomber im Westen.

Franz Woidich

Geboren am 2. Januar 1921 in Znaim in Mähren
Verstorben am 5. Juli 2004 in Mainz
Letzter Dienstgrad: Oberleutnant
Ritterkreuz am 11. Juni 1944 als Leutnant nach 80 Luftsiegen
Deutsches Kreuz in Gold am 17. Oktober 1943
Anzahl der Abschüsse: 110 anerkannte Luftsiege
Letzte Dienststellung: Staffelkapitän der 6. Staffel/Jagdgeschwader 400
(Raketenjäger Me 163)

Reinhard Seiler

Reinhard Seiler wurde am 30. August 1909 in Rawitsch, Provinz Posen in Westpreußen geboren. 1929 trat er als Berufssoldat in die Reichswehr ein, meldete sich im Frühjahr 1935 zur Luftwaffe und durchlief deren harte Friedensausbildung, die ihn zu einem sicheren Flieger und guten Taktiker machte. Nach seiner Schulung zum Jagdflieger kam er im Sommer 1937 als Oberfeldwebel zur Legion Condor nach Spanien. Dort wurde er der 2. Staffel der Jagdgruppe 88 zugeteilt. Als Seiler nach einem Dreivierteljahr im März 1938 aus Spanien zurückkam, hatte er neun Gegner vom Himmel geholt. Er wurde zum Leutnant befördert und bekam zudem am 6. Juni 1939 das Spanienkreuz in Gold mit Brillanten verliehen.

Als der Zweite Weltkrieg begann, gehörte Seiler zur I. Gruppe des Jagdgeschwaders 70, das am 15. September 1939 in I. Gruppe des Jagdgeschwaders 54 umbenannt wurde und in Herzogenaurach bei Nürnberg stationiert war. Zur selben Zeit, im September 1939, wurde der mittlerweile zum Oberleutnant beförderte, zum Staffelkapitän der 1. Staffel des Jagdgeschwaders 54 ernannt.

Im Westen fliegend errang Seiler am 10. Januar 1940 und am 7. April 1940 je einen Luftsieg gegen französische Flugzeuge. Beim Abschuss einer Spitfire am 5. August 1940 über dem Kanal wurde auch seine Maschine getroffen und er musste verwundet notlanden. Am 1. Dezember 1940 wurde er zum Hauptmann befördert und kehrte erst im Frühjahr 1941 zu seiner Einheit zurück. Vorerst kam er jedoch in den Stab der I. Gruppe des Jagdgeschwaders 54, um dann am 28. Juni 1941, sechs Tage nach Beginn des Krieges gegen die Sowjetunion, die Führung seiner 1. Staffel wieder zu übernehmen.

Im Ostfeldzug avancierte Seiler am 1. Oktober 1941 – er hatte damals bereits über 30 Luftsiege erzielt – zum Kommandeur der III. Gruppe des Jagdgeschwaders 54, mit der er eine Reihe erfolgreicher Einsätze flog. Bereits am 20. August 1941 hatte Reinhard Seiler für seine besonderen Leistungen im Luftkrieg den Ehrenpokal des Oberbefehlshabers der Luftwaffe erhalten und war am 15. Oktober 1941 mit dem Deutschen Kreuz in Gold ausgezeichnet worden. Schließlich wurde ihm am 20. Dezember 1941 nach 43 Luftsiegen das Ritterkreuz des Eisernen Kreuzes verliehen. Nach einer längeren Erholungsphase kehrte er im Frühjahr 1942 nach Russland zurück. Seinen 50. Abschuss erzielte er am 12. Juni 1942 und wenige Tage später, am 19. Juni, wurde er sogar im Wehrmachtsbericht genannt:

„Hauptmann Seiler, Gruppenkommandeur in einem Jagdgeschwader, hat an der Ostfront in einer Nacht drei sowjetische Transportflugzeuge und ein Jagdflugzeug abgeschossen."

Reinhard Seiler konnte bis Ende des Jahres 1942 seine Abschussbilanz auf 82 Luftsiege erhöhen. Im Februar 1943 verlegte Seilers III. Gruppe des „Grünherz"-Geschwaders nach Frankreich, um schließlich am 27. März 1943 in der Reichsverteidigung – im Bereich des Luftwaffenbefehlshabers Mitte, von Oldenburg aus – den Schutz der deutschen Küste und des Hinterlandes zu übernehmen. Am 1. März 1943 erreichte ihn seine Beförderung zum Major.

Reinhard Seiler

Obwohl Seiler am 15. April 1943 zur Übernahme der I. Gruppe des Jagdgeschwaders 54 wieder an die Ostfront kommandiert wurde, gelang ihm noch am 17. April 1943 der Abschuss eines viermotorigen B-17-„Flying Fortress"-Bombers in der Reichsverteidigung.

Nach Übernahme der berühmten I. Gruppe seines Geschwaders stieg sein Erfolgskonto noch einmal rasant an, und am 6. Juli 1943 konnte Seiler mehrfach wackelnd seinen Horst überfliegen. Nach der Landung malte der Staffel- und Gruppenmaler den 98. bis 100. senkrechten Abschussbalken an Seilers Maschine an. Da während des Unternehmens „Zitadelle" laufend Einsätze geflogen wurden, startete auch Major Seiler an diesem Tag noch einmal. Bei Orel kam es zu schweren Luftkämpfen mit Schwärmen von sowjetischen Jagdmaschinen, wobei seine Focke-Wulf 190 getroffen wurde. Schwer verwundet stieg Seiler mit dem Fallschirm aus, während seine Jagdmaschine brennend zu Boden stürzte. Seiler kam ins Lazarett nach Deutschland, blieb aber frontuntauglich. Für seine Leistungen als Major und Kommandeur der I. Gruppe des Jagdgeschwaders 54 „Grünherz" erhielt er am 2. März 1944 als 419. Soldat der Wehrmacht das Eichenlaub zum Ritterkreuz. Aufgrund seiner Frontuntauglichkeit kam er im April 1944 als Ausbilder zum Jagdgeschwader 104 und wurde am 8. August 1944 Kommodore dieses Schulgeschwaders, der er bis zum Kriegsende blieb. Auf seinen circa 500 Feindflügen erzielte er 109 Luftsiege, davon 96 im Osten, vier im Westen, darunter auch der Sieg über eine Viermotorige, und neun Luftsiege in Spanien (16 seiner Abschüsse konnte er während der hellen Juninächte im Jahr 1942 erringen). Reinhard Seiler verstarb am 4. Oktober 1989 in Grafengehaig bei Bayreuth in Oberfranken.

Reinhard Seiler

Geboren am 30. August 1909 in Rawitsch, Provinz Posen/Westpreußen
Verstorben am 4. Oktober 1989 in Grafengehaig bei Bayreuth in Oberfranken
Letzter Dienstgrad: Major
Ritterkreuz am 20. Dezember 1941 als Hauptmann nach 43 Luftsiegen
419. Eichenlaub zum Ritterkreuz als Major am 2. März 1944 nach 100 Luftsiegen
Deutsches Kreuz in Gold am 15. Oktober 1941
Anzahl der Abschüsse: 109 anerkannte Luftsiege
Letzte Dienststellung: Kommodore des (Schul-)Jagdgeschwaders 104

Emil Bitsch

Emil Bitsch

Emil Bitsch wurde am 14. Juni 1916 in Bad Griesheim in Baden geboren. Er war ein stiller, zurückhaltender Mensch, doch seine persönliche Ausstrahlung und Wirkung hat in seiner Staffel, der er von Beginn seiner Laufbahn an angehörte und die er zum Schluss führte, nachhaltige Spuren hinterlassen.

Nachdem der Fliegeroffizier Bitsch, längst fertig ausgebildet und voll flugtauglich, im Juli 1941 zu seiner 8. Staffel der III. Gruppe des Jagdgeschwaders 3 gestoßen war, konnte er zunächst nur nach und nach einige Luftsiege erringen. Ab September 1941 war er im Mittelabschnitt der Ostfront eingesetzt. Dort erzielte er seine ersten Luftsiege und konnte sich bis Ende 1941 fünf Abschüsse sichern.

Erst nach der Auffrischung der III. Gruppe in Mannheim-Sandhofen, wo allen Geschwaderangehörigen das Ärmelband „UDET“ verliehen wurde, ging es im Januar 1942 nach Sizilien. Doch statt des erwarteten Startbefehls gegen Malta kam der Gegenbefehl zur Verlegung der III. Gruppe über Jesau in Ostpreußen nach Russland in den Raum von Demjansk. Hier, im Gebiet über dem Ilmensee, Demjansk und Cholm, errang Bitsch eine Reihe von Luftsiegen, die ihn im Geschwader bekannt machten. Danach ging es in den Südabschnitt, und bis Ende November 1942 lag die III. Gruppe in Pitomnik. Hier wurde Emil Bitsch zur 9. Staffel des Jagdgeschwaders 3 „Udet“ versetzt.

Für seine besonderen Leistungen im Luftkrieg erhielt er den Ehrenpokal des Oberbefehlshabers der Luftwaffe und wurde am 19. Oktober 1942 mit dem Deutschen Kreuz in Gold ausgezeichnet. Während der Abwehrschlachten zwischen Don und Donez konnte der inzwischen zum Oberleutnant beförderte Emil Bitsch am 19. März 1943 seinen 50. Abschuss erringen. Zuvor wurde er selbst von der sowjetischen Flak bei Wertjatschi am Don schwer getroffen, konnte aber seine glücklicherweise nur leicht beschädigte Me 109 zum Einsatzhorst zurückbringen. Am 1. Juni 1943 übernahm er als Staffelkapitän seine „alte“ 8. Staffel der III. Gruppe des Jagdgeschwaders 3 „Udet“.

Es begann Emils Bitschs „großer Sommer“, in dem er sein Erfolgskonto bis zum 21. Juli 1943 auf 100 Luftsiege steigerte. Damit stand er in der Reihe der hundert besten Jäger der Luftwaffe. Mit der Schlacht um Kursk war diese große Zeit für ihn auf dem Höhepunkt angelangt, und nach seinem 104. Luftsieg am 1. August 1943 wurde er zum Hauptmann befördert und am 29. August 1943 mit dem Ritterkreuz des Eisernen Kreuzes ausgezeichnet. Im August 1943 konnte Bitsch mit der III. Gruppe, als Staffelkapitän der 8. Staffel des Jagdgeschwaders 3, in der Reichsverteidigung noch vier Luftsiege über viermotorige Bomber erringen, bevor auch ihm die Stunde schlug: Am 15. März 1944 geriet er bei Schijndel (Nord-Brabant) in einen Luftkampf mit amerikanischen P-47-„Thunderbolt“-Jagdmaschinen und wurde tödlich abgeschossen. Hauptmann Emil Bitsch konnte insgesamt 108 Luftsiege erringen, davon 104 an der Ostfront und über vier viermotorige Bomber im Westen.

Wilhelm Balthasar (rechts im Bild) Kommandeur der III./Jagdgeschwader 3 im Gespräch mit Günther Lützow an dem Leitwerk seiner Me 109. Auch Emil Bitsch war Angehöriger des Jagdgeschwaders 3 „Udet" und diente zuletzt als Staffelkapitän in der 8. Staffel dieses Geschwaders.

Emil Bitsch

Geboren am 14. Juni 1916 in Bad Griesbach in Baden
Gefallen am 15. März 1944 bei Schijndel (Nord-Brabant)/Niederlande
Letzter Dienstgrad: Hauptmann
Ritterkreuz am 29. August 1943 als Oberleutnant nach 105 Luftsiegen
Deutsches Kreuz in Gold am 19. Oktober 1942
Anzahl der Abschüsse: 108 anerkannte Luftsiege
Letzte Dienststellung: Staffelkapitän der 8. Staffel des Jagdgeschwaders 3 „Udet"

Hans Hahn

Hans „Assi" Hahn wurde am 14. April 1914 in Gotha in Thüringen geboren. Nach abgelegtem Abitur trat er am 1. April 1934 als Fahnenjunker in das Infanterieregiment 14 in Konstanz ein, das der 5. (württembergischen) Infanteriedivision angehörte. Am 1. Dezember 1934 zum Unteroffizier befördert, war Hahn von Januar bis Oktober 1935 an der Kriegsschule in München, zugleich erhielt er am 1. Oktober 1935 seine Beförderung zum Oberfähnrich. Anschließend wurde er im November 1935 von der Luftwaffe übernommen und zur Flugzeugführerschule Celle kommandiert, wo er am 1. April 1936 zum Leutnant befördert wurde.

Nach seiner bestandenen Flugzeugführerausbildung kam er am 15. April 1936 zum Jagdgeschwader 134, das in Werl stationiert war. Hans Hahn, den alle Freunde „Assi" nannten, wurde 1936 für die Olympischen Spiele in Berlin ausgewählt, um an den Wettkämpfen in der Disziplin „Fünfkampf" teilzunehmen. Am 1. November 1937 kam Assi als Leutnant und Kompanieführer zur Jagdschule Werneuchen, übernahm aber auch die Aufgaben eines Fluglehrers.

Kurz vor Ausbruch des Polenfeldzuges wurde er nach Merseburg in den Stab der I. Gruppe des Jagdgeschwaders 3 versetzt. Hier blieb er aber nur wenige Wochen, denn am 11. Oktober kam er bereits nach Zerbst zur neu aufgestellten II. Gruppe des Jagdgeschwaders 2 „Richthofen", die aus dem Personal der I. Gruppe des Jagdgeschwaders 2 und der I. Gruppe des Jagdgeschwaders 3 zusammengesetzt wurde. Am 15. Dezember 1939 ernannte man Hahn, der mittlerweile zum Oberleutnant befördert worden war, zum Staffelkapitän der 4. Staffel der II. Gruppe des Jagdgeschwaders 2 „Richthofen". Während des Westfeldzuges konnte er am 14. Mai 1940 mit dem Abschuss einer Hurricane seinen ersten Luftsieg erringen. Am 19. Mai fielen ihm eine weitere Hurricane und eine Morane-Saulnier 406 zum Opfer. Nach Beendigung des Frankreichfeldzuges hatte Hahn fünf Luftsiege auf seinem Erfolgskonto und war mit den Eisernen Kreuzen der II. und I. Klasse ausgezeichnet worden.

Mit Beginn der Luftschlacht um England entwickelte sich Assi sehr rasch zu einem der herausragenden Flieger im Jagdgeschwader 2 „Richthofen". Am 23. September 1940 konnte er bereits seinen 20. Luftsieg melden, wofür er einen Tag später mit dem Ritterkreuz des Eisernen Kreuzes ausgezeichnet wurde. Anschließend zum Hauptmann befördert, übernahm er am 29. Oktober 1940 als Kommandeur die III. Gruppe des Jagdgeschwaders 2 und konnte bis Jahresende noch zwei Luftsiege erzielen. Am 26. April 1941 wurde Hahn mit der Frontflugspange in Gold ausgezeichnet, und im Sommer 1941 brach seine große Zeit am Kanal an. Allein am 12. August 1941 schoss er in zwei Einsätzen drei Spitfire ab und erzielte seine Luftsiege 40 bis 42, wofür er am 14. August 1941 als 32. Soldat der deutschen Wehrmacht mit dem Eichenlaub zum Ritterkreuz ausgezeichnet wurde. Mitte September 1941 kehrte er von seinem Urlaub an die Kanalfront zurück und erzielte bereits am 13. Oktober 1941 seinen 50. Luftsieg. Sein 60. Abschuss erfolgte am 4. Mai 1942 und am 16. September 1942 erzielte

Hans Hahn

er seinen 66. Luftsieg, den letzten im Westen. Assi Hahn war einer der ganz wenigen Jäger, die in den vielen Luftkämpfen gegen England die legendäre Zahl von 66 Abschüssen erzielen konnten, was umso bemerkenswerter war, da der Gegner ja „Heimvorteil“ hatte.

Hahn flog seiner Gruppe stets voraus. In vielen Luftkämpfen über dem Kanal und über England war er der „standhafte Ritter der Luft“, der sich stets zu behaupten wusste. Er wurde sehr bald als der härteste Luftkämpfer bekannt und wenn er einmal angriff, dann zog er seinen Angriff durch – Überzahl hin oder her. Am 16. Juli 1942 mit dem Deutschen Kreuz in Gold ausgezeichnet, wurde Assi am 1. November 1942 als Kommandeur zur II. Gruppe des Jagdgeschwaders 54 „Grünherz“ in den Nordabschnitt der Ostfront versetzt. Bis zum Jahresende 1942 erreichte er 79 Luftsiege; dabei gelang es ihm am 30. Dezember 1942, fünf Gegner vom Himmel zu schießen. Am 1. Januar 1943 zum Major befördert, setzte Assi alles daran, seine Erfolgsbilanz aufzustocken, was ihm in beeindruckender Weise gelang. Schon am 14. Januar 1943 konnte er bei nur zwei Einsätzen sieben sowjetische La-5-Maschinen abschießen. Am 23. Januar folgten drei weitere Abschüsse und am 24. Januar schoss er gleich vier Gegner vom Himmel. Am 25. und am 26. Januar konnte er mit je drei Luftsiegen sein Erfolgskonto auf 99 Luftsiege erhöhen. Aber Assi setzte seinen Höhenflug fort und schoss am 27. Januar 1943 den 100. Gegner ab. Weitere sieben russische Flugzeuge gingen zu Boden. Am 21. Februar 1943 führte Hahn seine II. Gruppe bei Staraja Rusa in den Luftkampf gegen einen großen Verband sowjetischer Jagdmaschinen, wobei er um 09.11 Uhr eine La-5 abschießen und damit seinen 108. Luftsieg verbuchen konnte. Aber auch seine Jagdmaschine vom Typ Me 109 erhielt einige Motortreffer und Hahn musste sie bei Demjansk auf russischem Gebiet notlanden. Er geriet in sowjetische Gefangenschaft, in der er bis zum Jahre 1950, also sieben Jahre, bleiben musste. Danach kehrte er endlich in die Heimat zurück, in der er am 18. Dezember 1982 verstarb.

Auf seinen 560 Feindflügen konnte Hahn 108 Luftgegner bezwingen, davon 66 im Westen und 42 an der Ostfront.

Hans Hahn

Geboren am 14. April 1914 in Gotha/Thüringen
Verstorben am 18. Dezember 1982 in München
Letzter Dienstgrad: Major
Ritterkreuz am 24. September 1940 als Oberleutnant nach 20 Luftsiegen
32. Eichenlaub zum Ritterkreuz am 14. August 1941 als Hauptmann nach 42 Luftsiegen
Deutsches Kreuz in Gold am 16. Juli 1942
Anzahl der Abschüsse: 108 anerkannte Luftsiege
Letzte Dienststellung: Kommandeur der II. Gruppe des Jagdgeschwaders 54 „Grünherz“

Bernhard Vechtel

Bernhard Vechtel

Bernhard Vechtel wurde am 31. Juli 1920 in Vohren (heute zur Stadt Warendorf gehörig) im Münsterland geboren. Nach dem bestandenen Abitur meldete er sich im Frühsommer 1940 zur Luftwaffe, denn er wollte Fliegeroffizier werden. Seine Ausbildung zum Jagdflieger dauerte bis Ende März 1942, und am 2. Mai 1942 kam er als Unteroffizier zur IV. Gruppe des Jagdgeschwaders 51 „Mölders" und wurde der 11. Staffel zugeteilt, die im Nordabschnitt der Ostfront über Cholm bis hinunter in den Raum von Orscha im Mittelabschnitt der Ostfront eingesetzt und ab September 1942 in Witebsk stationiert war. Vechtel erzielte am 2. August 1942 seinen ersten Luftsieg und kämpfte sich in den folgenden zwei Jahren allmählich in die Spitzengruppe der „Experten" des Jagdgeschwaders 51 „Mölders" hoch.

Mit seiner 11. Staffel stand er während der erbitterten Sommerkämpfe 1942 im Einsatz. Vechtel zeichnete sich immer wieder aus und schraubte seinen persönlichen Rekord vom ersten Abschuss bis zum 50. Luftsieg im Winter 1942/43 herauf.

Mit der 10. Staffel des Jagdgeschwaders „Mölders" stand Oberfeldwebel Vechtel ab 1944 stets im Brennpunkt und konnte mit seiner Rotte in einer Reihe glänzender Luftduelle – oftmals gegen große Übermacht – immer wieder neue Erfolge erringen. Am 28. Januar 1944 mit dem

Fliegeroffiziere beim Kartoffelschälen vor ihren Zelten auf einem Feldflugplatz irgendwo im Osten.

Deutschen Kreuz in Gold ausgezeichnet, erhielt Vechtel am 3. April 1944 für seine besonderen Leistungen im Luftkrieg den Ehrenpokal des Oberbefehlshabers der Luftwaffe. Am 1. Mai 1944 konnte er den 8.000. Luftsieg des Jagdgeschwaders 51 „Mölders" erringen. Schließlich nahm Vechtel, als Fahnenjunker-Feldwebel, nach Erreichen des 75. Luftsieges am 27. Juli 1944 vom Geschwaderkommodore Major Fritz Losigkeit das Ritterkreuz des Eisernen Kreuzes in Empfang und wurde kurz darauf zum Leutnant befördert. Seine Freunde beglückwünschten ihn mit großer Begeisterung, war er doch einer von ihnen, der von unten aufgestiegen war.

Am 1. September 1944 wurde er durch Infanteriewaffen der Erdabwehr sowjetischer Truppen abgeschossen und dabei verwundet, was ihn für längere Zeit außer Gefecht setzte. Anschließend kehrte er zuversichtlich zum Geschwader zurück und führte hier zeitweise in Vertretung die 10. Staffel an den Feind. Erneut machte er durch Mehrfachabschüsse von sich reden und wurde am 11. Dezember 1944 zum Staffelkapitän der 14. Staffel des Jagdgeschwaders 51 ernannt. Bis Ende des Jahres 1944 hatte es Vechtel auf 89 Abschüsse gebracht. Am 25. März 1945 erzielte er seinen 100. Luftsieg und konnte, noch zum Oberleutnant befördert, bis Kriegsende acht weitere Abschusserfolge erzielen. Auf seinen 860 Feindflügen errang er 108 Luftsiege, alle an der Ostfront. Bernhard Vechtel verstarb am 21. August 1975 in Speyer.

Bernhard Vechtel

Geboren am 31. Juli 1920 in Warendorf-Vohren im Münsterland
Verstorben am 21. August 1975 in Speyer
Letzter Dienstgrad: Oberleutnant
Ritterkreuz am 27. Juli 1944 als Fahnenjunker-Oberfeldwebel nach 75 Luftsiegen
Deutsches Kreuz in Gold am 28. Januar 1944
Anzahl der Abschüsse: 108 anerkannte Luftsiege
Letzte Dienststellung: Staffelkapitän der 14. Staffel des Jagdgeschwaders 51 „Mölders"

Viktor Bauer

Viktor Bauer wurde am 19. September 1915 in Löcknitz, Kreis Randow, in Vorpommern geboren. Mit zwanzig Jahren trat er im Jahre 1935 in die soeben enttarnte Luftwaffe ein und durchlief ab 1936 alle Einzelausbildungen bis zum fertigen Flugzeugführer mit Bravour, ehe er 1938 seine Jagdfliegerausbildung absolvierte. Kurz vor Kriegsbeginn wurde er zur I. Gruppe des Jagdgeschwaders 2 „Richthofen" kommandiert. Am 1. März 1940 zum Leutnant befördert, wurde Bauer zur 2. Staffel des Jagdgeschwaders 77 versetzt. Bauer kam bereits bei den Einsätzen über Belgien und Frankreich zu den ersten Erfolgen, schoss am 15. Mai 1940 eine Hurricane ab und wurde anschließend zur 1. Staffel des Jagdgeschwaders 77 kommandiert, um am 18. Mai 1940 eine weitere Hurricane bei Cambrai abzuschießen. Anfang November 1940 kam der mittlerweile zum Oberleutnant beförderte Viktor Bauer zur 9. Staffel des Jagdgeschwaders 3. Hier gelang ihm am 1. November 1940 der Abschuss einer Spitfire und am 5. Februar 1942 einer Hurricane über dem Kanal. Kurz bevor das Jagdgeschwader 3 nach Osten verlegte, wurde er zum Staffelkapitän der 9. Staffel des Jagdgeschwaders 3 ernannt. An der Ostfront machte er schnell von sich reden und schoss alleine vom 25. bis 30. Juni 1941 15 Gegner ab. Im Juli 1941 holte er erneut 17 russische Flugzeuge vom Himmel und in kurzer Zeit schraubte er die Zahl seiner Luftsiege auf diesem neuen Kriegsschauplatz auf 36 empor. Dafür erhielt Bauer am 30. Juli 1941 das Ritterkreuz des Eisernen Kreuzes verliehen.

Am 23. Juli 1941 wurde Viktor Bauer im Luftkampf mit russischen Jägern abgeschossen und dabei verwundet. Nach der gelungenen Notlandung musste er für einige Monate ins Lazarett und kehrte erst im Februar 1942 an die Front zurück. Von nun an ging es Schlag auf Schlag: Den 40. Luftsieg erreichte er am 18. Februar und den 50. am 4. April 1942. Am 22. Mai 1942 schoss er kurz hintereinander vier sowjetische I-61 ab und erzielte damit die Luftsiege 57 bis 60. Der 70. Abschuss, einer Il-2, gelang ihm am 1. Juli 1942 und am 25. Juli 1942 konnte er die Luftsiege 99 bis 102 erzielen. Dafür wurde ihm am 26. Juli 1942, als dem 107. Soldaten der deutschen Wehrmacht, das Eichenlaub zum Ritterkreuz verliehen, danach erfolgte seine Beförderung zum Hauptmann. Zudem erhielt er für seine besonderen Leistungen im Luftkrieg am 22. Juni 1942 den Ehrenpokal des Oberbefehlshabers der Luftwaffe. Am 9. August 1942 konnte er bei Kalatsch erneut vier sowjetische Flieger vom Himmel schießen und sein Erfolgskonto auf 106 Luftsiege erhöhen. Nach dem Abschuss des 106. Luftgegners wurde seine Me 109 erneut durch Treffer beschädigt und fing zu brennen an. Der verwundete Viktor Bauer konnte noch eine Bauchlandung absolvieren, danach wurde er in ein Lazarett eingeliefert. Nach seiner Genesung erfolgte seine Versetzung als Staffelkapitän zur Jagdergänzungsgruppe Ost nach Südfrankreich, wo der Nachwuchs für die deutschen Ostgeschwader geschult wurde. Bauers große fliegerische Fähigkeiten wurden nur durch seine besondere Befähigung als Führer junger Soldaten übertroffen. Durch seine Schule und hervorragende Ausbildung gingen viele Flugzeugführer. Nach Bauers Beförderung zum

Viktor Bauer

Gruppenbild erfolgreicher Jagdflieger des Jagdgeschwaders 3 in einer Flugzeughalle im Herbst 1941
Von links nach rechts: Siegfried Engfer, unbek, unbek, Georg Schentke,
von Bormeski, unbek., vorne sitzend Viktor Bauer.

Major übernahm er am 1. Juli 1943 die Jagdergänzungsgruppe Ost. Am 1. Dezember 1944 wurde Viktor Bauer zum Kommodore des Ergänzungs-Jagdgeschwaders 1 ernannt. Das EJG 1 wurde aus den Ergänzungs-Jagdgruppen West, Nord und Ost zusammengestellt. Mit dem Geschwaderstab lag Bauer in Märkisch-Friedland. Eine seiner Einsatzgruppen wurde noch 1945 an der Oderfront gegen russische Gegner eingesetzt. Nach Kriegsende musste Viktor Bauer in eine kurze Gefangenschaft, aus der er im Juli 1945 entlassen wurde.

Auf seinen ungefähr 400 Feindflügen konnte Viktor Bauer 106 Luftsiege erzielen, davon vier im Westen. Am 13. Dezember 1969 verstarb dieser hoch verdiente Flieger und Kommodore in Bad Homburg in Hessen.

Viktor Bauer

Geboren am 19. September 1915 in Löcknitz, Kreis Randow/Vorpommern
Verstorben am 13. Dezember 1969 in Bad Homburg/Hessen
Letzter Dienstgrad: Major
Ritterkreuz am 30. Juli 1941 als Oberleutnant nach 36 Luftsiegen
107. Eichenlaub zum Ritterkreuz am 26. Juli 1942 als Oberleutnant nach 102 Luftsiegen
Anzahl der Abschüsse: 106 anerkannte Luftsiege
Letzte Dienststellung: Kommodore des Ergänzungs-Jagdgeschwaders 1

Werner Lucas

Werner Lucas

Werner Lucas wurde am 27. Dezember 1917 in Berlin geboren. Im Jahre 1937 meldete er sich freiwillig zur Luftwaffe. Auch er wurde einer der erfahrenen und bestmöglich ausgebildeten Flieger der Jägerei und bewies dies in seinen vielen Starts als Jäger, Jagdbomber und Tiefangriffsflieger.

Ab 8. Februar 1941 stand Lucas als Unteroffizier im Einsatz bei der 4. Staffel des Jagdgeschwaders 3 und errang am 2. Juli 1941 seinen ersten Luftsieg im Osten. Nach einer Reihe beachtlicher Luftduelle erzielte er die ersten Erfolge über einen zähen Gegner, der mit den Ratas und besonders mit den MiGs gute Maschinen besaß. Außerdem hatten die Gegner den Vorteil, dass sie – wo auch immer sie abgeschossen wurden – meistens auf heimatlichem Boden landeten und somit auf Rettung hoffen konnten.

Alleine am 17. August 1941 holte Lucas fünf sowjetische Bomber vom Himmel, daher überreichte man ihm am 7. Oktober 1941 für seine hervorragenden Leistungen im Luftkrieg den Ehrenpokal des Oberbefehlshabers der Luftwaffe. Am Jahresende 1941 zeigte sein Erfolgskonto 32 Luftsiege an. Nachdem die II. Gruppe des Jagdgeschwaders 3 aus der Front herausgezogen worden und zur Auffrischung nach Deutschland gekommen war, verlegte sie im Frühjahr 1942 nach Sizilien und Nordafrika. Von hier aus flog Lucas mit seiner 4. Staffel hauptsächlich Einsätze gegen Malta. Am 27. März 1942 bekam er als Feldwebel in der 4. Staffel des Jagdgeschwaders 3 „Udet" das Deutsche Kreuz in Gold verliehen. Der mittlerweile zum Feldwebel beförderte Werner Lucas kehrte im Juli 1942 an die Ostfront zurück und erzielte am 20. August 1942 die Luftsiege 48 bis 52. Während dieser Zeit seines Russlandeinsatzes konnte er seine Erfolgsserie auf 57 Luftsiege im September 1942 heraufschrauben, wofür er am 19. September 1942 das Ritterkreuz des Eisernen Kreuzes verliehen bekam. Anschließend zum Leutnant befördert, führte er ab November 1942 die 4. Staffel des Jagdgeschwaders 3. Ende Februar 1943 verlegte die 4. Staffel in den Kuban-Brückenkopf. Von da an konnte Werner Lucas seine Erfolgsbilanz fast täglich erhöhen und wurde bald zum Oberleutnant befördert. Am 5. Juli 1943, zu Beginn des Unternehmens „Zitadelle", erzielte er fünf Abschüsse und erlangte am 21. Juli 1943 seinen 100. Luftsieg. Danach verlegte die II. Gruppe mit der 4. Staffel in die Reichsverteidigung.

Hier stand Lucas nach der Auffrischung im Reich in verlustreichen Kämpfen im Einsatz und errang mit seiner Staffel, von Schiphol in Holland aus startend, noch einige Erfolge gegen die große Übermacht. Immer wieder führte der inzwischen zum Hauptmann beförderte seine Staffel gegen den Feind. Ihr Einsatzgebiet lag meist im holländisch-belgischen Raum, wo es Lucas am 20. Oktober 1943 noch gelang, einen viermotorigen Bomber vom Typ B-17 „Flying Fortress" abzuschießen. Doch am 24. Oktober 1943 ereilte auch ihn das Jagdfliegerschicksal. Am Nachmittag dieses Tages startete die II. Gruppe/Jagdgeschwader 3 gegen einfliegende feindliche Maschinen. Südlich von Haarlem bekam die 4. Staffel Kontakt zu etwa 20 Spitfires und es

Walter Esau, der Kommandeur der III./Jagdgeschwader 3 mit Georg Schenkte, 9./Jagdgeschwader 3 in Russland 1942.

entwickelte sich ein heftiger Luftkampf, in dem der Staffelkapitän Hauptmann Werner Lucas bei Leiden abgeschossen wurde und mit seiner Me 109 mitten über der Stadt abstürzte. Dabei explodierte seine Jagdmaschine im Vorhof eines Hospitals an der Hooigracht. So kam Lucas ums Leben, andere Menschen erlitten jedoch keinen Schaden. Werner Lucas hatte 105 Abschüsse an der Ostfront erzielt und einen viermotorigen Bomber im Westen abgeschossen.

Werner Lucas

Geboren am 27. Dezember 1917 in Berlin
Gefallen am 24. Oktober 1943 in Leiden/Holland
Letzter Dienstgrad: Hauptmann
Ritterkreuz am 19. September 1942 als Feldwebel nach 57 Luftsiegen
Deutsches Kreuz in Gold am 27. März 1942
Anzahl der Abschüsse: 106 anerkannte Luftsiege
Letzte Dienststellung: Staffelkapitän der 4. Staffel des Jagdgeschwaders 3 „Udet“

Adolf Galland

Adolf Galland wurde am 19. März 1912 als zweiter von vier Söhnen in Westerholt (heute ein Stadtteil von Herten) in Westfalen geboren. Er entstammte einer hugenottischen Familie, die im Jahre 1742 aus Frankreich nach Deutschland fliehen musste. Sein Vater war Rentmeister (Gutshofverwalter) der reichsgräflichen Familie von Westerholt. Dort besuchte Adolf auch die Grundschule, um danach auf das Hindenburg-Gymnasium nach Buer zu gehen.

Auf dem nahe gelegenen Flugplatz Borkenberge bei Dülmen starteten in Gallands Jugendzeit Segelflieger. Mit sechzehn Jahren gehörte auch Adolf Galland zu ihnen und im Herbst 1929 durfte er beim ersten westdeutschen Segelflugwettbewerb mitfliegen. Nacheinander schaffte er die Segelflugprüfungen A, B und C. Letztere auf der Rhön, wo er mit einem „Falken" zehn Minuten kreiste.

Am 12. Februar 1932 hatte Galland sein Abitur in der Tasche. In sein Reifezeugnis hatte der Rektor in die Rubrik „zu ergreifender Beruf" eingetragen: „Galland will Flieger werden."

Zunächst ging er zur deutschen Verkehrsfliegerschule, denn er war einer der zwanzig angehenden Piloten, die aus 4000 Bewerbern ausgesucht worden waren. Leiter dieser Schule war Alfred Keller, Träger des Ordens „Pour le Mérite" und späterer Befehlshaber der Luftflotte 1 der neuen Luftwaffe. Nach der Grundausbildung absolvierte Galland im Herbst 1932 die Kunstflugausbildung in Schleißheim und wurde im Frühsommer 1933 nach Berlin kommandiert. Hier traf er das erste Mal mit Hermann Göring zusammen, der zu dieser Zeit noch Reichskommissar für die Luftfahrt war und den Charakter eines Generals der Infanterie hatte. Göring offerierte Galland und einigen anderen Fliegern die Gelegenheit zur Ausbildung als Jagdflieger in Italien, da das deutsche Reich zu dieser Zeit noch keine Luftstreitkräfte unterhalten durfte. Adolf Galland war Feuer und Flamme und fand sich kurz darauf in Grottaglie in einem italienischen Fliegercamp wieder.

Nach Deutschland zurückgekehrt, legte Galland in Braunschweig seine letzte Prüfung ab und wurde zunächst 1934 Zivilflieger. Anschließend war er als Fluglehrer der Jagdfliegerschule Schleißheim bei München tätig. Unmittelbar darauf wurde er erneut nach Berlin beordert, wo man ihm die entscheidende Frage stellte: „Wollen Sie aktiv werden?"

Natürlich wollte er Offizier werden. Am 15. Februar meldete sich Galland in der Grenadierkaserne zu Dresden als Rekrut beim Infanterieregiment 10 der sächsischen 4. Division. Hier wurde er kurz nacheinander Fähnrich, Oberfähnrich und am 1. Oktober 1934 Leutnant. Nun erst erfolgte seine Übernahme in die Luftwaffe, und im März 1935 fiel die Tarnung, unter deren Schirm dieser neue Wehrmachtteil verborgen gewesen war. Im April 1935 kam Galland zur I. Gruppe des Jagdgeschwaders „Richthofen" nach Döberitz, das die derzeit neueste Maschine flog: die Heinkel 51. Bei einer riskanten Kunstflugvorführung im Oktober 1935 stürzte Galland mit einer Focke-Wulf-„Stieglitz" ab. Mehrfache Schädelbrüche und die Ver-

Adolf Galland

minderung der Sehkraft des linken Auges machten ihn fluguntauglich. Doch Galland flog weiter, stürzte im Sommer 1936 ein weiteres Mal ab, diesmal mit einer Arado 68. Nun schien es mit seiner fliegerischen Karriere aus zu sein. Doch erstaunlicherweise ergab die Augenuntersuchung, dass er selbst die kleinsten Zahlen lesen konnte. Er hatte dabei gemogelt – ein Freund hatte ihm diese Zahlen genannt, die Galland auswendig gelernt hatte. Dem Weiterfliegen stand nun aber nichts mehr im Wege.

Im Spanischen Bürgerkrieg stand Adolf Galland seit Mai 1937 in der Legion Condor, die von Oberst Sperrle geführt wurde. Der inzwischen zum Oberleutnant beförderte Galland übernahm die 3. Staffel der Jagdgruppe 88. Sie nannte sich die „Micky-Maus-Staffel". Die beiden anderen Staffeln wurden von den Oberleutnanten Lützow und Schlichting geführt.

Sie flogen hier die He 51, während die anderen Staffeln bereits auf die ersten Me 109 umgerüstet wurden. Hier flog Galland über 280 Einsätze als „Schlachtflieger", denn die He 51 trug sechs Splitterbomben zu jeweils zehn Kilo. Mit seinen gefährlichen Tieffliegereinsätzen entwickelte er die ersten Voraussetzungen zum Aufbau der neuen Schlachtfliegerwaffe.

Für Gallands Einsatz in Spanien, bei dem er schließlich von seinem Freund Werner Mölders abgelöst wurde, errang Galland unter anderen Auszeichnungen auch die des Spanienkreuzes in Gold mit Schwertern und Brillanten, die spanische „Medalla militar" und die „Medalla de la Campaña". 15 Monate hatte er in Spanien gekämpft.

Nach einem kurzen Zwischenspiel im Reichsluftfahrtsministerium in Berlin, wo er am Aufbau einer Schlachtfliegergruppe mitarbeitete, kam Galland am 1. November 1938 als Staffelkapitän zur 1. Staffel des Jagdgeschwaders 433, der späteren 1. Staffel des Jagdgeschwaders 52. Aufgrund seiner Jagdbomber-Erfahrungen aus dem Spanischen Bürgerkrieg kommandierte man Galland am 1. August 1939 zur II. Gruppe des (Schlacht) Lehrgeschwaders 2, damit er dort Staffelkapitän der 5. Staffel in Heinsberg wurde. Hier flog er eine Henschel 123, einen schon in die Jahre gekommenen Doppeldecker.

Am Morgen des 1. September 1939 stieg Adolf Galland in seine Hs 123 und startete mit seiner Staffel zum ersten Feindflug des Zweiten Weltkrieges. Ziel waren polnische Stabsquartiere und Truppenunterkünfte. In 27 Tagen flog er hier über 50 Einsätze. Am 13. September erhielt er das Eiserne Kreuz II. Klasse und am 1. Oktober 1939 wurde er Hauptmann. Anschließend verlegte die Gruppe zur Auffrischung zurück ins Reich nach Braunschweig.

Galland selbst wollte unbedingt zur „Jägerei" zurückkehren. Aber erst nach unzähligen Versetzungsgesuchen an das Oberkommando der Luftwaffe wurde dem Wechsel zugestimmt und man ließ ihn im April 1940, als Geschwaderadjutanten (Ia), in das von Oberst Max Ibel geführte Jagdgeschwader 27 ziehen.

Am 12. Mai 1940, bei Beginn des Westfeldzuges, startete Galland mit dem Jagdgeschwader 27 von Krefeld aus. Zehn Kilometer westlich von Lüttich stieß er mit seinem Rottenflieger auf acht britische Hurricanes. Galland stürzte aus 1000 Metern Überhöhung auf diesen Gegner und schoss zwei Maschinen ab. Am selben Tage schoss er aus einem Fünf-Maschinen-Pulk

Adolf Galland mit seiner typischen Zigarre, die er lässig im Mund hält. Interessant auf dem Bild ist, dass er das Flugzeugführerabzeichen und sein Spanienkreuz jeweils auf der falschen Seite seiner Uniform trägt.

Das Leitwerk von Gallands Me 109 zieren bereits 51 Abschussstriche. Der Maler ist gerade damit beschäftigt, die Fläche für die Abschussstriche zu vergrößern.

Oberstleutnant Adolf Galland in Begleitung zweier Flieger auf dem Weg zum Gefechtsstand am Kanal 1941.

Als Generalmajor und späterer Inspekteur der Jagdflieger musste Adolf Galland immer mehr Schreibtischarbeit verrichten.

Adolf Galland, Hannes Trautloft und Walter Oesau hören mit Besorgnis die neueste Luftlagemeldung.

Adolf Galland im Gespräch mit dem Werkspiloten Wedel von den Messerschmitt-Werken. Wahrscheinlich geht es um die Me 262.

bei Tirlemont einen dritten Gegner ab. Einige weitere Abschüsse folgten, und am 20. Mai, nach Gallands siebtem Luftsieg, kam Generaloberst Milch nach Charleville und heftete Galland das EK I an die Brust. Als Galland am 11. Juni 1940 Kommandeur der III. Gruppe des Jagdgeschwaders 26 „Schlageter“ wurde, hatte seine Erfolgsbilanz den Stand von zwölf Abschüssen erreicht.

Am 14. Mai startete er erneut zum Feindflug und schoss zum Einstand zwei Gegner ab. Am 18. Juli wurde er wegen Tapferkeit vor dem Feind zum Major befördert und am 29. Juli 1940 erhielt er nach 17 Luftsiegen das Ritterkreuz des Eisernen Kreuzes, das ihm am 1. August von Generalfeldmarschall Albert Kesselring überreicht wurde. Als hier, im Pas-de-Calais, plötzlich Feindflugzeuge auftauchten, fragte Kesselring, welche Maschinen das seien. „Spitfires“, erwiderte Galland, worauf Kesselring lakonisch meinte: „Das sind die ersten Gratulanten.“

Während der Luftschlacht um England lag die III. Gruppe/Jagdgeschwader 26, die Galland führte, auf einem Feldflugplatz bei Guînes. Major Handrick, Olympiasieger im Modernen Fünfkampf 1936, führte das „Schlageter“-Geschwader. Die ersten Jägerschlachten begannen. Hier traf Adolf Galland mit seinem jüngeren Bruder Wilhelm zusammen, der als Gruppenkommandeur im Jagdgeschwader 26 am 18. Mai 1943 nach über 50 Abschüssen ebenfalls das Ritterkreuz erhielt und gar nicht lange danach, am 17. August 1943, im Luftkampf fiel.

Am 20. August empfing Galland von Reichsmarschall Göring in Carinhall das Goldene Flugzeugführerabzeichen mit Brillanten (das insgesamt nur etwa 40 Mal verliehen wurde), und am 22. August 1940 wurde Galland zum Kommodore des Jagdgeschwaders 26 „Schlageter“ berufen.

Während der ab 7. September 1940 anlaufenden Bombenangriffe gegen London und Umgebung standen auch Gallands Maschinen, mit ihm an der Spitze, als Geleitschutz zur Verfügung. Am 23. September erzielte Galland über der Themsemündung die Abschüsse 39 und 40. Einen Tag darauf erhielt er als dritter Soldat der Wehrmacht, nach Dietl und Mölders, das Eichenlaub zum Ritterkreuz. Als Geschenk gab der „Dicke“ – wie Göring genannt wurde – dem neuen Eichenlaubträger einen „Reichsjägermeisterhirsch“ frei. Galland streckte ihn am nächsten Morgen um 10.00 Uhr durch Blattschuss nieder.

Die letzte Phase der Luftschlacht über England dauerte bis April 1941. Am 1. November 1940 war Galland bereits Oberstleutnant geworden. In den nächsten Wochen und Monaten errang er einige weitere Erfolge: Bis Mitte April 1941 waren es 61 Luftsiege, bevor das Geschwader sich mit dem Jagdgeschwader 2 allein im Westen befand, weil der Russlandfeldzug vor der Tür stand. Ende April berief Göring Galland und Mölders zu sich nach Paris und teilte ihnen Hitlers Entschluss, Russland anzugreifen, mit. Er bemerkte dazu zuversichtlich: „Für die ersten sechs Wochen in Russland geht Mölders mit seinem Geschwader dorthin. Im Westen bleiben die Jagdgeschwader 2 und 26 zurück. Danach löst Mölders Sie hier im Westen ab und Sie, Galland, machen in Russland den Rest.“ Das sollte der große Trugschluss seines Lebens gewesen sein. Das Jagdgeschwader 26 lag danach im Pas-de-Calais, Stabsquartier war

Audembert. Bis zum Jahresende 1941 sollten sich die Abschüsse des Jagdgeschwaders 26 auf über 900 erhöhen, aber auch die eigenen Verluste waren hoch – sie betrugen seit Kriegsbeginn 151 Flugzeugführer, die durch Tod oder Gefangenschaft verloren gegangen waren.

Am 21. Juni 1941 erzielte Geschwaderkommodore Galland zwei Abschüsse über Blenheim-Bomber, wobei für einen der Zeuge fehlte und dieser somit als Luftsieg nicht anerkannt wurde. Am Nachmittag startete Galland erneut und geriet in einen Luftkampf mit Spitfires, dabei schoss er einen britischen Jäger ab, wurde aber selbst getroffen und konnte sich nur mit Mühe aus seiner brennenden Maschine befreien. Das Geschwader schoss an diesem Tage 14 Gegner ab, Galland selbst hatte es bis zu diesem Zeitpunkt auf 69 Luftsiege gebracht. Am späten Abend ging ein Fernschreiben ein: „Ich verleihe Ihnen als erstem Offizier der deutschen Wehrmacht das Eichenlaub mit Schwertern zum Ritterkreuz des Eisernen Kreuzes. Adolf Hitler."

Am nächsten Morgen begann der Ostfeldzug. In den folgenden Monaten versetzte der Gegner im Westen den wenigen am Kanal zurückgebliebenen deutschen Jagdfliegern schwere Schläge. Galland prägte durch sein ritterliches Verhalten wesentlich den Ruf der deutschen „Kanaljäger". So begegnete er dem britischen Fliegerass Wing Commander Douglas Bader, der nach dem Abschuss eines Piloten des Jagdgeschwaders 26 in Gefangenschaft geraten war, und lud ihn freundlich ins Kasino ein. Dabei erwies er sich als guter Gastgeber und ließ den britischen „Kameraden" auf dessen Anfrage hin sogar das Cockpit einer Me 109 besichtigen. Dieses ritterliche Prozedere wiederholte Galland im Januar 1942 mit dem abgeschossenen und damals mit 27 Luftsiegen besten britischen Jagdflieger „Bob" Stanford Tuck. Galland war zu dieser Zeit bereits General der Jagdflieger und weilte gerade im Westen bei seinen Kameraden des Jagdgeschwaders 26.

Am 17. November 1941 hörte Galland im Radio, dass Generalluftzeugmeister Ernst Udet „bei der Erprobung einer neuen Waffe verunglückt" sei. (Udet hatte in Wahrheit Selbstmord begangen und sich erschossen.) Während Galland mit Walter Oesau auf dem Weg zur Beisetzung war, wurde Galland in Lippe auf einer kleinen Station, auf der der Zug zum Stehen gebracht worden war, ans Telefon gerufen. Am anderen Ende war General Bodenschatz, der Adjutant und Freund des Reichsmarschalls. „Wenn Sie stehen, Galland, dann setzen Sie sich besser", meinte Bodenschatz, um nach einer kleinen Pause fortzufahren: „Mölders ist tot, tödlich abgestürzt. Sie müssen sofort nach Berlin kommen. In 50 Minuten hält bei Ihnen ein Gegenschnellzug, der Sie aufnimmt! Befehl des Reichsmarschalls."

Galland holte seinen Koffer aus dem Abteil, schüttelte Oesau erschüttert die Hand und fuhr nach Berlin zurück, wo ihm noch genauer erklärt wurde, dass Werner Mölders auf dem Flug nach Berlin als Passagier in einer He 111 tödlich bei Breslau-Gandau abgestürzt war. Galland hielt wenige Tage nach Udets Staatsbegräbnis auch an Mölders Sarg die Ehrenwache. Nach der Trauerfeier winkte Göring den Kommodore zur Seite.

„Jetzt sind Sie dran, Galland! Ich ernenne Sie hiermit zum Nachfolger von Mölders als General der Jagdflieger." Am 5. Dezember kam Göring nach Abbeville, wo sein Neffe Peter kurz vorher zu Grabe getragen worden war. Für Galland brachte er zwei neue silberne Sterne mit und sprach ihm seine Beförderung zum Oberst aus, mit Wirkung vom 1. Dezember 1941. Zugleich ernannte er Adolf Galland zum „General der Jagdflieger". Den Geschwaderappell führte bereits Major Gerhard Schöpfel aus, der Nachfolger von Galland als Kommodore des Jagdgeschwaders 26 „Schlageter" wurde. Bis zu diesem Zeitpunkt hatte Galland 96 Luftsiege erzielt.

Am 28. Januar 1942 erhielt Galland als zweiter Soldat der Wehrmacht das Eichenlaub mit Schwertern und Brillanten zum Ritterkreuz.

Seine erste große Bewährungsprobe war die taktische Planung der Operation „Cerberus", bei der er den Luftschirm über die deutschen Schlachtschiffe „Scharnhorst" und „Gneisenau" und den Schweren Kreuzer „Prinz Eugen", die den Durchbruch durch den Ärmelkanal wagten, bilden musste. Die Operation wurde für Galland ein voller Erfolg.

Als General der Jagdflieger – eine Dienststellung, kein Dienstrang – vertrat Galland kompromisslos die Belange der Front auch gegenüber Göring und Hitler. Am 19. November 1942 wurde er zum Generalmajor befördert – und das im Alter von nur 30 Jahren. Er war damit der jüngste General der Wehrmacht. Galland sollte mit ganzen vier Jagdgeschwadern den Schutz des Reiches sicherstellen. Die gegnerischen Angriffe wurden heftiger und die Luftschlacht

Der „Dicke", wie Hermann Göring auch genannt wurde, erkundigt sich mit General Loerzer bei den beiden Fliegerassen Adolf Galland (links) und Werner Mölders (rechts im Bild) nach dem Stand der Luftschlacht um England im Herbst 1940.

über der Ruhr zeigte ihm, dass Deutschland „ein Haus ohne Dach geworden war“, auf das Bomben und Phosphorkanister niederregneten.

Galland äußerte sich zu einem wichtigen Ereignis in seiner Tätigkeit als General der Jagdflieger folgendermaßen: „Größte Hoffnungen machte ich mir im Frühjahr 1943, als ich den ersten Messerschmitt-Düsenjäger – die Me 262 – flog. Dieses Flugzeug hätte uns mit einem Schlage die technische Überlegenheit und den Ausgleich gegenüber der alliierten Masse verschafft.“

Aber es kam anders. Hitler wollte aus diesem Jäger einen Blitzbomber machen.

Als Göring in der Folgezeit Galland den Vorwurf machte, dass die Luftwaffe versage, riss sich Galland seine Halsorden herunter und legte sie auf den Tisch. Göring war sprachlos. Erst sechs Monate später legte Galland seine Orden wieder an.

Am 1. November 1944 wurde Galland Generalleutnant und leitete am 1. Januar 1945 die Operation „Bodenplatte“. Nach dieser im Grunde fragwürdigen Operation, bei der ein Großteil der letzten wertvollen Reserven an Flugzeugführern und Jagdmaschinen zum Teil geopfert wurde, kam es zum Ausbruch des lange schon schwelenden Konfliktes zwischen Galland und Göring. Als Folge dessen wurde Galland im Januar 1945 seines Amtes als General der Jagdflieger enthoben. Sein Nachfolger wurde Oberst Gordon Gollob.

Als wenige Tage später viele Geschwaderkommodores, darunter Lützow, Graf, Steinhoff, Priller und weitere, die Rückkehr Gallands forderten, kam es zu einem Eklat, woraufhin Göring Lützow sogar füsilieren wollte. Dieses letzte Aufbäumen der Jagdflieger gegen ihren Oberbefehlshaber ging als die „Meuterei der Jagdflieger“ in die Geschichte ein. Galland selbst kehrte freiwillig zum Kampfeinsatz an die Front zurück. Er stellte in Brandenburg-Briest den Jagdverband 44 auf, in dem sich fast alle hoch und höchst ausgezeichneten Jäger versammelten, um mit der Me 262 noch einmal das Ruder herumzureißen. Nachdem Galland Ende 1944 bereits zwei viermotorige „Fliegende Festungen“ abgeschossen hatte, diese damals aber wegen seines Startverbotes nicht melden konnte, griff er ganz am Ende des Krieges noch einmal in das Geschehen ein. Er wollte unbedingt beweisen, dass die Me 262 als Jagdmaschine in der Lage gewesen wäre, die Lufthoheit über Deutschland wieder zurückzugewinnen. Seine letzten sieben Luftsiege errang er alle auf der Me 262.

Am 3. April 1945 schoss er eine P-38 „Lightning“ ab und am 5. April fiel seinen Garben eine viermotorige B-24 „Liberator“ zum Opfer. Am 16. April 1945 erzielte Galland die Luftsiege 100 und 101 über B-26 „Marauder“ Bomber, die er mit R4M-Raketen vom Himmel fegte. Am 21. April schoss er noch eine viermotorige B-17 ab. Aber es gab auch viele Opfer zu beklagen: Am 18. April stürzte Oberst Steinhoff ab, wenige Tage später kehrte Günther Lützow nicht mehr vom Feindflug zurück. Viele andere fielen.

Am 26. April 1945 startete Adolf Galland zu seinem letzten Feindflug. Er schoss bei Riem zwei Marauder ab und beschädigte eine dritte. Dann wurde er von einer aus den Wolken herunterstoßenden Mustang angegriffen. Die rechte Turbine wurde durch einen Treffer ausgeschaltet. Dennoch erreichte er den Platz München-Riem – mitten während eines Thunderbolt-

Angriffs. Er konnte trotz des zerschossenen Bugreifens landen, warf sich aus seiner Maschine und sprang in den nächsten Bombentrichter. Galland musste mit zwei Geschosssplittern im Kniegelenk ins Lazarett. Der Krieg war für ihn zu Ende. Am 5. Mai 1945 wurde er am Tegernsee von amerikanischen Streitkräften gefangen genommen.

Von Mai 1945 bis April 1947 blieb Adolf Galland in US-Gefangenschaft. November 1948 ging er nach Argentinien und wurde Berater für die argentinische Luftwaffe auf dem Sektor der Flugzeugführerausbildung. Im Januar 1955 kehrte er nach Deutschland zurück und wurde später Vorsitzender des Verwaltungsrates von drei Air-Lloyd-Gesellschaften mit Sitz in Köln.

Am 9. Februar 1996 verstarb Generalleutnant a. D. Adolf Galland in Remagen-Oberwinter und wurde wenig später, am 21. Februar, von seinen alten Kameraden zur letzten Ruhe geleitet. Er war der letzte Träger der höchsten deutschen Tapferkeitsauszeichnung, dem Eichenlaub mit Schwertern und Brillanten zum Ritterkreuz, und folgte seinen vor ihm gefallenen oder gestorbenen 26 Mitordensträgern nach. Als Generalleutnant war er neben seinen Fliegern in die letzten Luftduelle des Zweiten Weltkrieges verwickelt gewesen.

Auf seinen 705 Feindflügen, davon 280 in Spanien, konnte Adolf Galland 104 Luftsiege, alle im Westen, erzielen. Die letzten sieben Abschüsse erzielte er mit der Me 262, darunter waren zwei viermotorige Bomber.

Adolf Galland

Geboren am 19. März 1912 in Westerholt/Westfalen
Verstorben am 9. Februar 1996 in Remagen-Oberwinter/Westfalen
Letzter Dienstgrad: Generalleutnant a. D.
Ritterkreuz am 29. Juli 1940 als Major nach 17 Luftsiegen
3. Eichenlaub zum Ritterkreuz am 24. September 1940 als Major nach 40 Luftsiegen
1. Eichenlaub mit Schwertern zum Ritterkreuz am 21. Juni 1941 als Oberstleutnant nach 69 Luftsiegen
2. Eichenlaub mit Schwertern und Brillanten zum Ritterkreuz am 28. Januar 1942 als Oberst nach 96 Luftsiegen
Anzahl der Abschüsse: 104 anerkannte Luftsiege
Letzte Dienststellung: Kommodore des Jagdverbandes 44 (Me 262 Düsenjäger)

Heinz Sachsenberg

Heinz Sachsenberg wurde am 12. Juli 1922 in Dessau in Sachsen-Anhalt geboren. „Heino", der von seinen Freunden im Jagdgeschwader 52 auch „Wimmersal" genannt wurde, war der geborene Flieger. Bereits als junger Knabe schwärmte er von den Rittern der Lüfte, denn einer von ihnen war sein Onkel Gotthard Sachsenberg, der im Ersten Weltkrieg den „Pour le Mérite" errungen hatte. So meldete sich „Heino" nach bestandenem Abitur zur Luftwaffe, durchlief die verkürzte Ausbildung zum Jagdpiloten und wurde Ende 1942 zu Jagdgeschwader 52 an die Ostfront versetzt, womit er in ein Geschwader kam, das zu den erfolgreichsten des Zweiten Weltkrieges zählte. Dass auch sein Bruder Gotthard Jagdflieger war und später, im März 1944, als Nachtjäger gegen den Feind kämpfte, zeigt die Tradition dieser Familie.

Heinz Sachsenberg wurde zur II. Gruppe in die 6. Staffel versetzt und gewann im Jagdgeschwader 52 sehr rasch Freunde und Gleichgesinnte. Seinen ersten Luftsieg errang er am 21. April 1943 über eine Il-2, und von diesem Zeitpunkt an ging es erfolgreich weiter. Seinen 30. Luftsieg erzielte er am 8. August 1943 und am 21. August konnte er nach dem Abschuss einer La-5 den 38. Luftsieg melden.

Als Rottenflieger von Wilhelm Batz und Gerhard Barkhorn sammelte er die ersten praktischen Erfahrungen. Heinz Sachsenberg flog sehr bald nur noch freie Jagd und wenn er flog, flog er am höchsten und schnellsten. Mit seinem Freund Heinz Ewald, ebenfalls später Ritterkreuzträger, flog er tollkühne Angriffe. Der Dritte im Bunde dieser jungen „Spunde" war Walter Wolfrum, der ebenfalls mit 137 Luftsiegen zum Kreis der „Hunderter-Piloten" gehörte. Gegenseitig feuerten sie sich durch ihre Leistungen zu immer neuen Erfolgen an.

Zwischenzeitlich völlig abgeflogen fiel Sachsenberg, durch Urlaub und eine längere Erholungspause, mehrere Wochen aus. In dieser Zeit bekam er am 2. Oktober 1943 den Ehrenpokal des Oberbefehlshabers der Luftwaffe und am 17. Oktober 1943 das Deutsche Kreuz in Gold verliehen. Wieder zu seiner Einheit auf die Krim zurückgekehrt, erhöhte er bis Ende 1943 seine Erfolgsbilanz auf 52 Abschüsse. Ende Januar 1944 wurde Sachsenberg von einem russischen Jäger abgeschossen, konnte aber noch seine Maschine zum eigenen Fliegerhorst zurückbringen, um dort eine gekonnte Bauchlandung zu absolvieren. Schon nach zwei Wochen flog er wieder und erzielte weitere Abschüsse. Nachdem er am 22. März 1944 seinen 76. Luftsieg errungen hatte, wurde er zum Ritterkreuz eingereicht, das er jedoch erst am 9. Juni 1944, nach 101 Luftsiegen, als Fahnenjunker-Feldwebel verliehen bekam.

Am 23. August 1944 wurde er im Luftkampf mit amerikanischen Mustang-Jägern über Rumänien schwer verwundet und musste erneut eine Bauchlandung vollziehen. Er meldete sich dennoch wieder zum Kampf, als er wieder einigermaßen gesund war. Mittlerweile zum Leutnant befördert, erzielte Sachsenberg seine beiden letzten Erfolge in Ungarn: mit dem Abschuss einer P-51 „Mustang" am 3. März 1945 und einer P-39 „Airacobra" am 16. März 1945. Anschließend wurde Sachsenberg zum Jagdgeschwader 7, dem ersten Düsen-

Heinz Sachsenberg

Die Jäger hatten oft die Aufgabe, die langsamer fliegenden Kampfflieger-Verbände als Jagdschutz zu begleiten. Im Bild eine He 111-Besatzung in ihrer typischen Glaskanzel.

jägergeschwader, kommandiert und auf die Me 262 umgeschult. Kurze Zeit später übernahm er die 9. Staffel des Jagdgeschwaders 7, um wieder nur wenig später zu Gallands Jagdverband 44, der ebenfalls mit Me-262-Düsenjägern ausgerüstet war, versetzt zu werden. Hier übernahm er die Platzschutzstaffel des Jagdverbandes 44, die mit den Focke-Wulf 190 D-9, den sogenannten „Langnasen", ausgerüstet war und die den Schutz der Düsenjäger bei Start und Landung über München-Riem überwachten. Im Jagdverband Galland kämpfte er bis zum letzten Kriegstag. „Wimmersal" Sachsenberg unternahm insgesamt 520 Feindflüge, auf denen er sich 104 Luftsiege erkämpfte, davon einen im Westen. Zusätzlich versenkte er im Schwarzen Meer ein sowjetisches Schnellboot. Am 17. Juni 1951 verstarb er in Lich bei Gießen an den Spätfolgen seiner am 23. August 1944 erlittenen Verwundung.

Heinz Sachsenberg

Geboren am 12. Juli 1922 in Dessau/Sachsen-Anhalt
Verstorben am 17. Juni 1951 in Lich bei Gießen/Hessen
Letzter Dienstgrad: Leutnant
Ritterkreuz am 9. Juni 1944 als Fahnenjunker-Feldwebel nach 101 Luftsiegen
Deutsches Kreuz in Gold am 17. Oktober 1943
Gesamtzahl der Abschüsse: 104 anerkannte Luftsiege
Letzte Dienststellung: Staffelführer der Platzschutzstaffel im Jagdverband 44

Eberhard von Boremski

Eberhard von Boremski

Eberhard von Boremski wurde am 24. September 1914 in Conow (heute zur Gemeinde Mallíß gehörig) bei Ludwigslust in Mecklenburg geboren. Mit 20 Jahren trat er im Jahre 1935 in die soeben enttarnte Luftwaffe ein und durchlief ab 1936 alle Einzelausbildungen bis zum fertigen Flugzeugführer mit Bravour, ehe er 1938 seine Jagdfliegerausbildung absolvierte. Kurz vor Kriegsbeginn wurde Boremski zur II. Gruppe des Jagdgeschwaders 77 kommandiert. Aber schon am 1. März 1940 kam er als Unteroffizier zu der in Neuaufstellung befindlichen III. Gruppe des Jagdgeschwaders 3 und wurde der 9. Staffel zugeteilt, die auf dem Fliegerhorst Jena als letzte der drei Gruppen des Jagdgeschwaders 3 aufgestellt wurde. Während des Feldzuges gegen Frankreich schoss er am 29. Mai 1940 eine Spitfire und am 7. Juni 1940 eine französische Breguet 693 ab. Am 30. Juni 1940 konnte er eine Hurricane abschießen, hatte aber keinen Zeugen, der den Abschuss bestätigte.

Während des Einsatzes am Kanal und der Luftschlacht um England 1940/41 konnte der mittlerweile zum Feldwebel beförderte Boremski zwei weitere Luftsiege erzielen, bevor die III. Gruppe nach Osten verlegt wurde. Bis zu diesem Zeitpunkt hatte Boremski bereits 120 Feindflüge nur im Westen absolviert.

Nachdem er zu Beginn des Feldzuges gegen die Sowjetunion zum Oberfeldwebel befördert worden war, schnellte die Anzahl seiner Abschüsse empor. So konnte er bereits am 2. August 1941 den 20. Luftsieg verzeichnen. Die III. Gruppe wurde im November 1941 zur Auffrischung aus der Front gelöst und zurück ins Reich verlegt.

Ab Februar 1942 stand die III. Gruppe des Jagdgeschwaders 3 „Udet" wieder an der Ostfront. Sofort erzielte der hervorragende Jagdflieger Boremski wieder Abschuss auf Abschuss: Am 1. April 1942 schoss er zwei russische Jäger vom Himmel und erhöhte seine Abschussbilanz auf 45 Luftsiege, wofür ihm am 3. Mai 1942, als Oberfeldwebel, das Ritterkreuz des Eisernen Kreuzes verliehen wurde. Schon am 21. Mai errang er den 50. Luftsieg, und am 25. Juli 1942 wurde er nach dem Abschuss seines 74. Gegners zum Offizierslehrgang kommandiert. Anschließend kam er als Jagdlehrer zur Ergänzungsgruppe Süd und kehrte Ende November 1942 als Leutnant zu seiner 9. Staffel nach Russland zurück. Bis Ende des Jahres 1942 hatte er sein Erfolgskonto auf 81 Luftsiege hochgeschraubt. Anfang Februar 1943 übernahm er als Staffelführer die 7. Staffel des Jagdgeschwaders 3, gleichzeitig führte er ab März 1943 das deutsch-rumänische Jagdkommando.

Seit April 1943 flog Boremski mit seiner Staffel über dem Kuban-Brückenkopf und erzielte am 24. April 1943 die Luftsiege 87 und 88. Nach einer schweren Verwundung, die er sich bei einem Absturz seiner Maschine wegen Motorschadens am 30. Mai 1943 zuzog, kam er ins Lazarett und wurde ab 7. August 1943 als Jagdlehrer zur Ergänzungsgruppe Ost nach Frankreich versetzt. Zuvor war ihm bereits am 12. Juli 1943 das Deutsche Kreuz in Gold verliehen worden. Am 25. Februar 1944 kam Boremski, inzwischen zum Oberleutnant befördert, zu seinem Jagdgeschwader 3 zurück, das aber jetzt in der Reichsverteidigung stand. Er selbst übernahm die 12. Staffel des Geschwaders. Doch schon am 11. April 1944 passierte ihm das nächste Unglück, als er beim Sammeln in der Luft mit einer anderen Me 109 zusammenstieß und erneut schwer verwundet wurde. Nach seiner Genesung führte Boremski eine Staffel der Ergänzungsgruppe Süd, die später in III. Gruppe/Ergänzungs-Jagdgeschwader 1 (EJG 1) umbenannt wurde. Inzwischen zum Hauptmann befördert, flog er ab Januar 1945 Einsätze an der Ostfront, wobei er erneut seine guten Fähigkeiten und Kampferfahrung unter Beweis stellen konnte und bis Kriegsende noch 16 sowjetische Flugzeuge abschoss. Nach der deutschen Kapitulation in der Tschechoslowakei ergab sich Boremski mit seinen Soldaten den US-Truppen, die ihn und seine Männer an die sowjetischen Streitkräfte auslieferten. Dies bedeutete für ihn eine mehrjährige Gefangenschaft. Auf seinen 630 Feindflügen konnte er insgesamt 104 Luftsiege erzielen, davon vier im Westen.

Am 16. Dezember 1963 verunglückte Eberhard von Boremski in Hamburg-Altona (Blankenese) tödlich.

Eberhard von Boremski

Geboren am 24. September 1914 in Malliß-Conow bei Ludwigslust in Mecklenburg
Verstorben am 16. Dezember 1963 in Hamburg-Altona
Letzter Dienstgrad: Hauptmann
Ritterkreuz am 3. Mai 1942 als Oberfeldwebel nach 45 Luftsiegen
Deutsches Kreuz in Gold am 12. Juli 1943
Anzahl der Abschüsse: 104 anerkannte Luftsiege
Letzte Dienststellung: Kommandeur der III. Gruppe des Ergänzungs-Jagdgeschwaders 1

Hartmann Grasser

Hartmann Grasser wurde am 23. August 1914 in Graz in der Steiermark geboren. Während 1934, seiner Studentenzeit. floh er, aus Angst vor politischen Repressalien wegen seiner pro-Hitler-Einstellung, nach Deutschland. In seiner Freizeit absolvierte er eine Segelfliegerausbildung und meldete sich bald zur Luftwaffe, wo er 1936 als Fahnenjunker und Offiziersanwärter übernommen wurde.

1938 zum Leutnant befördert und zum Zerstörerpiloten ausgebildet, flog Grasser bei Kriegsbeginn in der 3. Staffel der Jagdgruppe 152, die im Westen stationiert war. Hier gelang es ihm am 16. September 1939, einen Fesselballon zu zerstören und am 24. September eine französische Curtiss Hawk abzuschießen. Im Januar 1940 wurde die Jagdgruppe 152 in I. Gruppe/Zerstörergeschwader 52 umbenannt, aus der dann im Juni 1940 die II. Gruppe/Zerstörergeschwader 2 wurde, in der Grasser während der Westfeldzuges und der Luftschlacht um England in der 6. Staffel flog. Allein über Frankreich war Hartmann Grasser in über 200 Einsätzen am Feind. Trotz der Schwerfälligkeit der zweimotorigen Me 110 konnte er bis Oktober 1940 sechs Luftsiege erzielen, wurde mit den Eisernen Kreuzen der II. und I. Klasse ausgezeichnet und zum Oberleutnant befördert. Eben in diesem Oktober kam er zu den einmotorigen Jagdfliegern und wurde in den Geschwaderstab des Jagdgeschwaders 51 versetzt. Zugleich ernannte ihn der Geschwaderkommodore Oberstleutnant Werner Mölders zu seinem Adjutanten. Schon am 1. Dezember 1940 schoss Grasser über England bei Ashford eine Hurricane ab. Zu Beginn des Russlandfeldzuges konnte er nur den mäßigen Erfolg von sieben Luftsiegen vorweisen, doch dann gelang es ihm, bis zum 2. September 1941 seinen 29. Gegner abzuschießen. Das bedeutete für ihn das Ritterkreuz, das ihm am 4. September 1941 verliehen wurde. Bereits seit 1. August 1941 Staffelkapitän der 5. Staffel des Jagdgeschwaders 51, erzielte Grasser am 14. Dezember 1941 seinen 40. Luftsieg. Mit dem Abschuss eines sowjetischen DB-3-Bombers erreichte er am 24. Januar 1942 bereits seinen 45. Luftsieg, wurde aber selbst abgeschossen und musste mit dem Fallschirm hinter den russischen Linien abspringen. Trotz einer schweren Augenverletzung konnte er sich zur deutschen Frontlinie durchschlagen, musste aber für einige Wochen ins Lazarett und bekam anschließend Erholungsurlaub. Als er im März 1942 als Hauptmann nach Russland zurückkehrte, wurde ihm mitgeteilt, dass er mit sofortiger Wirkung zum Kommandeur der II. Gruppe des Jagdgeschwaders 51 „Mölders" ernannt worden sei, die er seit September 1941 schon in Vertretung hatte führen dürfen.

Kaum an der Front, stellten sich sofort die Erfolge wieder ein. Am 23. Juni 1942 erzielte Grasser seinen 50. Luftsieg und am 29. August 1942 erfolgte sein 80. Abschuss, einer LaGG-3. Der 86. Luftsieg über eine Il-2 fiel auf den 14. September, worauf ihm am 19. September 1942 das Deutsche Kreuz in Gold verliehen wurde. Am 1. Oktober 1942 erzielte er mit dem 90. Luftsieg seinen letzten Erfolg an der Ostfront. Nachdem seine Gruppe in aller Eile nach Nordafrika verlegt hatte, gelang es ihm im Kampfraum Tunesien bis Ende 1942, sei-

Hartmann Grasser

ne Erfolgsbilanz auf 98 Luftsiege zu erhöhen. Am 5. Januar 1943 konnte er innerhalb von zwei Minuten eine viermotorige B-24 „Liberator“ und eine zweimotorige P-38-„Lightning“-Jagdmaschine abschießen und erreichte damit seinen 100. Luftsieg. Seinen letzten Erfolg über dem afrikanischen Kriegsschauplatz erzielte er am 26. März 1943, als er in der Nähe von Mannsour eine P-40 vom Himmel holte. Damit stand sein Erfolgskonto bei 103 Luftsiegen. Nachdem die II. Gruppe des Jagdgeschwaders 51 aus Tunesien zurückgezogen worden war, wurde Hartmann Grasser aus der „Fliegenden Front“ herausgezogen, um nun als Kommandeur und Kommodore tätig zu werden und junge Flieger zu führen.

Ab 7. Juni 1943 stand er demnach im Stab der 4. Jagddivision, wurde Jagdfliegerführer Paris und bekam am 31. August 1943, als 288. Soldat der deutschen Wehrmacht, das Eichenlaub zum Ritterkreuz verliehen. Am 1. Dezember 1943 zum Major befördert, führte Grasser ab Februar 1944 als Kommandeur die II. Gruppe des Jagdgeschwaders 1 in der Reichsverteidigung, erzielte aber keine weiteren Luftsiege mehr. Nach einem Zusammenbruch wegen der jahrelangen körperlichen und seelischen Überlastung wurde er aus der Front gezogen. Im Dezember 1944 übernahm er als Kommodore das Schul-Jagdgeschwader 210, in der die auf deutscher Seite zusammengefassten russischen Piloten der Wlassow-Armee dienten. Dieses Geschwader führte er bis Kriegsende. Dann geriet er in Gefangenschaft der Amerikaner, die ihn 1946 an die Sowjetunion auslieferten. Nach drei Jahren in sowjetischen Gefängnissen erfolgte 1949 seine Entlassung.

Zunächst ging er nach Indien, um dort Zivilpiloten auszubilden, danach wurde er Berater der syrischen Luftwaffe in Damaskus. Später kehrte er nach Deutschland zurück, wo er sich eine neue Existenz als Geschäftsmann in der Stahlindustrie aufbaute.

Auf seinen über 700 Feindflügen erzielte Hartmann Grasser 103 Luftsiege, davon 19 im Westen, darunter mehr als einen viermotorigen Bomber. Zudem konnte er einen Fesselballon zerstören. Hartmann Grasser verstarb am 2. Juni 1986 in Köln.

Hartmann Grasser

Geboren am 23. August 1914 in Graz
Verstorben am 2. Juni 1986 in Köln
Letzter Dienstgrad: Major
Ritterkreuz am 4. September 1941 als Oberleutnant nach 29 Luftsiegen
288. Eichenlaub zum Ritterkreuz am 31. August 1943 als Hauptmann nach 103 Luftsiegen
Deutsches Kreuz in Gold am 19. September 1942
Anzahl der Abschüsse: 103 anerkannte Luftsiege
Letzte Dienststellung: Kommodore des Schul-Jagdgeschwaders 210

Siegfried Freytag

Siegfried Freytag

Siegfried Freytag wurde am 10. November 1919 in Danzig-Langfuhr geboren. Nach seiner Ausbildung zum Jagdflieger flog er ab Anfang Herbst 1940 in der II. Gruppe des Jagdgeschwaders 77, wo er der 6. Staffel zugeteilt wurde. Seinen ersten Luftsieg erzielte er bereits am 31. Oktober 1940 über eine britische Hudson-Aufklärermaschine westlich von Lister.

1941 flog Freytag zunächst über Griechenland und Kreta, dann in Russland, wo er zunächst, neben seinen Aufgaben als Rottenflieger und Eleve, viele Tiefangriffe flog und dabei seine ersten Erfolge erzielte, die schließlich mit zwölf am Boden zerstörten Flugzeugen eine Erfolg versprechende Zahl ausmachten (diese wurden jedoch nicht auf seine Luftsiege angerechnet).

In laufenden Einsätzen flog Freytag gegen die rote Luftwaffe und konnte bis zum 31. Oktober 1941 sein Erfolgskonto auf 30 Luftsiege erhöhen. Am 26. März 1942 erzielte er seinen 40. Luftsieg und am 8. Mai 1942 fiel der 50. Gegner seinen Bordwaffen zum Opfer. Für seine besonderen Leistungen im Luftkrieg überreichte man ihm am 18. Mai 1942 den Ehrenpokal des Oberbefehlshabers der Luftwaffe.

Am 27. Juni 1942 wurde Freytag in die I. Gruppe des Jagdgeschwaders 77 versetzt, dessen Kommandeur kein geringerer als Hauptmann Heinz Bär war, um dort die 1. Staffel als Staffelkapitän zu übernehmen. Zugleich verließ die Gruppe den russischen Kriegsschauplatz und verlegte nach Sizilien, um hier Begleitschutz- und „Freie-Jagd"-Einsätze gegen Malta zu fliegen. Siegfried Freytag sollte hier in den nächsten vier Monaten zu einem der erfolgreichsten Malta-Jäger werden. Schließlich wurde er nach 57 Luftsiegen am 3. Juli 1942 als Oberleutnant mit dem Ritterkreuz des Eisernen Kreuzes ausgezeichnet.

Über Malta erzielte Freytag 24 Luftsiege und einen unbestätigten, wobei es sich hauptsächlich um Spitfires handelte. Er selbst wurde am 27. Juli 1942 von einer britischen Jagdmaschine abgeschossen. Freytag konnte mit dem Fallschirm aussteigen und stürzte nur wenige Meilen vor Valetta, der maltesischen Hauptstadt, neben seiner Messerschmitt-Maschine in die See. Aber er hatte Glück und wurde noch rechtzeitig von einer deutschen Seenotmaschine vom Typ Do 24 gerettet, gerade in dem Augenblick, als eine englische Rettungsbarkasse aus dem Hafen von Valetta auslaufend in seine Richtung steuerte. Nur durch das schnelle Eingreifen der Besatzung des deutschen Flugbootes konnte er der sicheren Gefangenschaft entgehen.

Bereits am nächsten Tag flog Freytag mit einer neuen Me 109 nach Malta und holte in zwei Einsätzen drei Spitfires herunter. Als die alliierte Landung in Nordwestafrika immer mehr Jäger notwendig machte, wurde nach und nach das gesamte Geschwader, von einigen Staffeln abgesehen, nach Afrika verlegt. Im Raum Tunesien gehörte Freytag neben seinen Kameraden Reinert und Leutnant Badum, der als Ritterkreuzträger im Luftkampf gegen zwölf P-38 nach 54 erzielten Luftsiegen am 12. Januar 1943 fiel, zum Kern der II. Gruppe, und der Geschwaderkommodore Major Müncheberg schätzte ihn sehr. Mit dem

Kommandeur der III. Gruppe, Hauptmann Kurt Ubben, verband ihn ein freundschaftliches Verhältnis. Schließlich wurde der inzwischen zum Hauptmann beförderte Siegfried Freytag am 13. März 1943 zum Kommandeur der II. Gruppe des Jagdgeschwaders 77 ernannt, nachdem er bereits am 25. Januar 1943 mit dem Deutschen Kreuz in Gold ausgezeichnet worden war. An diesem 13. März 1943 erzielte Siegfried Freytag seinen 84. und 85. Luftsieg nach einer Dublette, die er gegen P-39 „Airacobras" über La Fauconnery erzielte. Insgesamt wurden in diesem turbulenten Luftduell acht Gegner abgeschossen, und Leutnant Reinert aus seiner Gruppe war mit vier Siegen der Schützenkönig. Als Freytag im Mai 1943 mit seiner II. Gruppe Tunesien verließ, hatte er 94 Luftsiege auf seinem Erfolgskonto. Mit seiner dezimierten Gruppe kämpfte er anschließend wieder von Sizilien aus gegen die angloamerikanische Luftarmada. Bei Beginn der alliierten Invasion in Sizilien flog Freytag, obwohl müde und ausgelaugt, ununterbrochen gegen die feindliche Übermacht, bis er am 12. Juli 1943 bei Gela von einer größeren Anzahl P-38-„Lightning"-Jagdmaschinen abgeschossen und dabei schwer verwundet wurde. Zwar konnte er sich mit dem Fallschirm retten, doch er musste ins Lazarett und fiel mehrere Monate aus. Als er im Winter 1943/44 wieder zu seiner Gruppe zurückkehrte, befand sich diese bereits in der Reichsverteidigung. Am 29. Mai 1944 konnte der mittlerweile zum Major beförderte Siegfried Freytag seine II. Gruppe erfolgreich gegen einen Verband viermotoriger US-Bomber einsetzen, wobei er selbst eine viermotorige B-24 „Liberator" abschoss. Für diese hervorragende Leistung wurde er am 31. Mai 1944 im Wehrmachtsbericht genannt:

Sizilien: Jagdflieger, vor einer Staffel Me 109-Jagdmaschinen in der Sonne sitzend, warten auf den nächsten Einsatzbefehl.

„Im Kampf gegen die britisch-amerikanischen Terrorflieger zeichnete sich eine Jagdgruppe unter Führung von Major Freytag besonders aus."

Nur wenige Tage darauf, am 13. Juni 1944, erzielte Freytag mit dem Abschuss einer B-24 „Liberator" seinen 100. Luftsieg, dem am 27. September 1944 mit dem Erfolg über eine Spitfire bei Duisburg der 101. folgte. Ab 24. Dezember 1944 führte er für einige Tage in Vertretung für den im Luftkampf schwer verwundeten Major Johannes Wiese das Jagdgeschwader 77 und erzielte am 1. Januar 1945 während des Unternehmens „Bodenplatte" seinen 102. und letzten Luftsieg im Krieg. Als am 7. März 1945 der nach Johannes Wiese ernannte Kommodore des Jagdgeschwaders 77, Major Erich Leie, den Tod fand, übernahm Freytag erneut die Führung des Jagdgeschwaders 77 in Vertretung. Ab 4. April 1945 wurde er in den Geschwaderstab des Jagdgeschwaders 51 „Mölders" versetzt, um schließlich noch Ende des Monats zum Jagdgeschwader 7, dem ersten Düsenjägergeschwader der Welt, kommandiert zu werden. Hier war er als Gruppenkommandeur vorgesehen, sollte aber noch zuvor auf die Me 262 geschult werden. Doch das Kriegsende nahte. Major Siegfried Freytag wurde noch zum Eichenlaub eingereicht, das ihm aber nicht mehr verliehen wurde.

Freytag war einer der schillerndsten Jagdfliegerpiloten der deutschen Luftwaffe im Zweiten Weltkrieg gewesen. Nach einigen Enttäuschungen und Rückschlägen ging er im Oktober 1952 zur Fremdenlegion, da er erfahren hatte, dass Frankreich für die Kämpfe in Indochina Flugzeugführer suchte. Aber er kam nicht zur französischen Luftwaffe, sondern ins 5. Regiment „Etranger d'Infantrie". In dieser Einheit kämpfte er in Indochina als einfacher Infanteriesoldat. Nach ungefähr 18-jähriger Zugehörigkeit zur Fremdenlegion wurde er 1970 pensioniert und verblieb in Frankreich. Zuletzt lebte er im Altersheim der Legion in Puyloubier. Siegfried Freytag verstarb am 2. Juni 2003 im Krankenhaus Laveran in Marseille und wurde am 5. Juni 2003 auf dem Ehrenfriedhof der Legion in Puyloubier beigesetzt. Im Zweiten Weltkrieg konnte Siegfried Freytag auf seinen 879 Feindflügen 102 Luftsiege erringen, davon 52 Luftsiege im Osten und 50 im Westen, darunter mehr als drei viermotorige Bomber.

Siegfried Freytag

Geboren am 10. November 1919 in Danzig-Langfuhr
Verstorben am 2. Juni 2003 in Marseille, beigesetzt in Puyloubier in Frankreich
Letzter Dienstgrad: Major
Ritterkreuz am 3. Juli 1942 als Oberleutnant nach 57 Luftsiegen
Eingereicht zum Eichenlaub zum Ritterkreuz
Deutsches Kreuz in Gold am 15. Januar 1943
Anzahl der Abschüsse: 102 anerkannte Luftsiege
Letzte Dienststellung: Als Gruppenkommandeur im Jagdgeschwader 7 (Düsenjäger) vorgesehen

Friedrich Geißhardt

Friedrich Geißhardt

Friedrich Geißhardt wurde am 22. Januar 1919 in Sonnefeld bei Coburg in Oberfranken geboren. Im Jahre 1937 trat er in die Luftwaffe ein und konnte über verschiedene Lehrgänge und die Schulung auf der Me 109 als vorbildlich ausgebildeter Flugzeugführer zur Front gehen, als der Zweite Weltkrieg begann. Zunächst kämpfte er in der 2. Staffel des (Jagd-)Lehrgeschwaders 2 in Polen, wo es ihm am 9. September 1939 gelang, ein polnisches Schulflugzeug vom Typ P.W.S.26 abzuschießen, was zugleich sein erster Luftsieg war. Aber schon am nächsten Tag wurde auch er von einer polnischen Jagdmaschine des Typs PZL P.11 bei Wloclawek abgeschossen und geriet in polnische Gefangenschaft. Nach der Haft in mehreren Gefängnissen, in denen er schweren Misshandlungen ausgesetzt war, konnte er während eines Stuka-Angriffes die allgemeine Unruhe nutzen, um zu fliehen. Geißhardt und ein anderer Gefangener griffen sich auf einer Koppel zwei Pferde und erreichten nach einem Ritt von fünf Tagen die eigenen Linien.

Mittlerweile zum Leutnant befördert, kam Geißhardt am 27. Februar 1940 zur 1. Staffel des (Jagd-)Lehrgeschwaders 2. Während des Westfeldzuges konnte er keine Luftsiege erzielen, aber bereits am 4. Juli 1940 kam es zu einer Luftschlacht über dem Ärmelkanal, bei der es Geißhardt gelang, zwei Hurricanes abzuschießen. Während der Luftschlacht um England erzielte er weitere Luftsiege, sodass er Ende 1940 insgesamt sieben vorweisen konnte. Zu Beginn des Jahres 1941 kam es fast täglich zu Einsätzen über England oder dem Kanal, und Leutnant Geißhardt schoss weitere sechs britische Jagdmaschinen ab und erhöhte sein Erfolgskonto auf 13 Luftsiege. Ab April 1941 nahm er am Balkanfeldzug teil und konnte am 6. April über Jugoslawien innerhalb von sieben Minuten vier Jagdmaschinen der jugoslawischen Luftwaffe abschießen.

Schließlich wurde Geißhardt Adjutant in der I. Gruppe/(Jagd-)Lehrgeschwader 2 und schoss in dieser Funktion am 16. und 26. Mai 1941 über Kreta je eine Hurricane ab. Zu Beginn des Russlandfeldzuges fielen seine nächsten Opfer vom Himmel, und bereits am 3. August 1941 meldete er seinen 27. Luftsieg, wofür ihm am 30. August 1941 das Ritterkreuz des Eisernen Kreuzes verliehen wurde. Bereits am 13. Juli 1941 hatte er den Ehrenpokal des Oberbefehlshabers der Luftwaffe erhalten.

Als Adjutant von Herbert Ihlefeld lernte Geißhardt die speziellen Feinheiten der Jägerei und erwies sich als dem Meister ebenbürtiger Schüler. Über Russland kam er schließlich am 22. Juni 1942 zu seinem 82. Luftsieg und ging anschließend mit seiner Gruppe, die am 6. Januar 1942 in I. Gruppe/Jagdgeschwader 77 umbenannt worden war, im Juli 1942 in den Mittelmeerraum. Am 23. Juni 1942 wurde Friedrich Geißhardt als 101. Soldat der deutschen Wehrmacht mit dem Eichenlaub zum Ritterkreuz ausgezeichnet. Ab dem 24. April 1942 war er zudem bereits Träger des Deutschen Kreuzes in Gold, und zwei Tage zuvor war er als Oberleutnant zum Staffelkapitän der 3. Staffel der I. Gruppe des Jagdgeschwaders 77 ernannt worden. Das Eichenlaub zum Ritterkreuz sowie das Deutsche Kreuz in Gold wurden ihm von Adolf Hitler überreicht.

Von Comiso in Sizilien aus startend errang Geißhardt über Malta neun Luftsiege und konnte damit seine Erfolgsbilanz auf 91 Luftsiege steigern. Ende Oktober 1942 wurde die Gruppe nach Libyen in Nordafrika verlegt. Hier ging es Schlag auf Schlag: Am 3. November 1942 schoss Geißhardt eine P-40 über der Wüste ab und schon am nächsten Tag folgten zwei Hurricanes und zwei P-40-Jagdmaschinen. Am 5. November fielen ihm erneut zwei P-40-Jäger zum Opfer und am 9. November schoss er eine weitere P-40 östlich von Halfaya ab. Schließlich gelang Geißhardt am 10. November 1942 mit dem Luftsieg über eine Spitfire der 100. Abschuss.

Als das Jagdgeschwader 26, das am Kanal kämpfte, immer herbere Verluste erlitt, wurde auch Friedrich Geißhardt, inzwischen wegen Tapferkeit vor dem Feind zum Hauptmann befördert, dorthin in Marsch gesetzt, um die verwaiste III. Gruppe des Jagdgeschwaders 26 „Schlageter“ zu übernehmen, zu deren Kommandeur er offiziell am 7. Januar 1943 ernannt wurde. Es gelang ihm noch, zwei weitere Abschüsse zu erzielen, ehe er am 5. April 1943 bei einem Angriff gegen einen feindlichen Bomberverband von einem Bordschützen eines viermotorigen US-amerikanischen B-17-Bombers über Gent schwer verwundet wurde. Geißhardt konnte seine Focke-Wulf-190-Jagdmaschine noch aus dem Abwehrfeuer des Bombers herausbringen und glatt auf dem Flugplatz von Gent in Belgien landen. Mit schweren Wunden am Unterleib wurde er ins Lazarett gebracht, erlag jedoch am nächsten Tag, dem 6. April 1943, seinen Verletzungen.

Auf seinen 642 Feindflügen, davon 37 Jagdbomber-Einsätze, konnte Friedrich Geißhardt 102 Luftsiege erzielen, darunter einen in Polen, 14 am Kanal, vier in Jugoslawien, zwei über Kreta, 63 an der Ostfront, neun über Malta und neun in Nordafrika.

Friedrich Geißhardt

Geboren am 22. Januar 1919 in Sonnefeld bei Coburg in Oberfranken
Gefallen am 6. April 1943 in Gent/Belgien (im Lazarett seiner schweren Verwundung vom 5. April 1943 erlegen)
Letzter Dienstgrad: Hauptmann
Ritterkreuz am 30. August 1941 als Leutnant nach 27 Luftsiegen
101. Eichenlaub zum Ritterkreuz als Oberleutnant am 23. Juni 1942 nach 82 Luftsiegen
Deutsches Kreuz in Gold am 24. April 1942
Anzahl der Abschüsse: 102 anerkannte Luftsiege
Letzte Dienststellung: Kommandeur der III. Gruppe des Jagdgeschwaders 26 „Schlageter“

Egon Mayer

Egon Mayer wurde am 19. August 1917 in Konstanz am Bodensee geboren. Er wurde einer der bekanntesten und erfolgreichsten Jagdflieger über der Kanalfront und England und war als Freund und Offizier nicht nur diesseits des Zaunes geachtet. Mayer trat 1937 als junger Fahnenjunker in die Luftwaffe ein und kam am 6. Dezember 1939 zur I. Gruppe des Jagdgeschwaders 2 „Richthofen", später wurde er der 6. Staffel zugeteilt. Seinen ersten Luftsieg erzielte er am 13. Juni 1940 mit dem Abschuss einer französischen Morane-Saulnier 406. Vom 1. August 1940 an stand Mayer der Jagdfliegerschule Werneuchen als Lehrer zur Verfügung und kam im September 1940 zur 3. Staffel des Jagdgeschwaders 2 zurück, wo ihm am 7. Oktober ein Luftsieg über eine Hurricane nordwestlich von Portland gelang. Nur wenige Tage später wurde er als Leutnant zur 8. Staffel versetzt und erzielte am 15. November 1940 mit einem Luftsieg über eine Hurricane bei Chichester seinen 3. Abschuss.

Ab dem 10. Juni 1941 war Mayer Staffelführer der 7. Staffel, die in Saint-Pol/Brias stationiert lag. Während der britischen Non-Stop-Offensive im Sommer 1941 konnte er schnell seine Erfolgsbilanz erhöhen und erzielte bereits am 23. Juli 1941 den 18. Luftsieg, wofür er am 1. August 1941 mit dem Ritterkreuz des Eisernen Kreuzes ausgezeichnet und zum Oberleutnant befördert wurde. Bis zum Ende des Jahres 1941 hatte er 28 Luftsiege erzielt und am 15. April 1942 fiel der 30. Gegner seinen Kanonen zum Opfer. Schließlich wurde ihm am 16. Juli 1942 das Deutsche Kreuz in Gold verliehen. Als die alliierte Landung bei Dieppe anlief, erreichte Mayer an seinem Geburtstag, dem 19. August 1942, nach harten Kämpfen den 52. Luftsieg.

Im November 1942 wurde ihm nach seiner Beförderung zum Hauptmann die Führung der III. Gruppe seines Geschwaders anvertraut. Er flog dennoch weiter und zeigte seinen jungen Fliegern, wie es gemacht wurde, um auch einige der noch Unerfahrenen unter seine Fittiche zu nehmen und sie vor dem schnellen Tod zu bewahren. Mayer wurde daher von seinen Männern verehrt. Als er damit begann, die viermotorigen Bomber anzugreifen und gegen die Phalanx der Fliegerfront anging, um immer wieder neue Luftsiege zu erringen, entwickelte er sich zum Größten unter den Großen an der Kanalfront.

Schon am 23. November 1942 konnte Mayer hintereinander drei viermotorige US-Bomber abschießen. Nachdem er am 16. April 1943 erneut zwei „Fliegende Festungen" vom Himmel geholt hatte, wurde ihm nach 64 Luftsiegen als dem 232. Soldaten der deutschen Wehrmacht das Eichenlaub zum Ritterkreuz verliehen. Am 1. Juni 1943 wurde Mayer zum Major befördert und schon am 1. Juli des Jahres übernahm er als Kommodore das Jagdgeschwader 2 „Richthofen", in welchem er groß geworden war. Bis zu diesem Zeitpunkt war er selbst vier Mal abgeschossen worden. Er entwickelte eine besondere Angriffstaktik im Kampf gegen die viermotorigen Bomber, indem er sie immer von vorne anflog. So konnte er zu einem der erfolgreichsten Spezialisten gegen die einfliegenden Viermots-Verbände werden.

Egon Mayer

Alleine am 6. September 1943 konnte Mayer innerhalb von 19 Minuten drei B-17-„Flying Fortress"-Bomber abschießen und zugleich seinen 80. Luftsieg erringen. Bis Ende des Jahres 1943 hatte er seine Abschussbilanz auf 90 Luftsiege erhöht. Immer wieder war er erfolgreich und wurde neben Herbert Rollwage als erfolgreicher Viermot-Spezialist von vielen Piloten bewundert.

Anfang 1944 wegen Tapferkeit vor dem Feind vorzeitig zum Oberstleutnant befördert, schoss Mayer am 5. Februar 1944 eine Thunderbolt ab, was zugleich sein 100. Luftsieg war. Ihm folgten am nächsten Tag noch zwei weitere Luftsiege.

Am 2. März 1944 führte Mayer Teile des Jagdgeschwaders „Richthofen" gegen einen aus mehreren hundert Bombern bestehenden Verband, der von über hundert Begleitjägern des Typs „Thunderbolt" geschützt wurde. Als er an diesem denkwürdigen 2. März 1944 über Montmédy den Kampf gegen diese zehnfache Übermacht annahm, hofften die wenigen Zeugen, dass dies glücklich ausging. Doch sie mussten zusehen, wie seine Maschine zu Boden stürzte. Der Kommodore hatte sich nicht mehr daraus retten können, weil er bereits von den ersten Schüssen seiner Gegner tödlich getroffen worden war. Noch am selben Tag bekam er als 51. Soldat der deutschen Wehrmacht das Eichenlaub mit Schwertern zum Ritterkreuz verliehen. Egon Mayer wurde auf dem Soldatenfriedhof von Beaumont-le-Roger beigesetzt. Auf seinen 353 Feindflügen hatte er 102 Luftsiege erzielt, alle im Westen, darunter waren 25 viermotorige Bomber und fünf zweimotorige Flugzeuge.

Egon Mayer

Geboren am 19. August 1917 in Konstanz am Bodensee
Gefallen am 2. März 1944 bei Montmédy in Frankreich
Letzter Dienstgrad: Oberstleutnant
Ritterkreuz am 1. August 1941 als Leutnant nach 18 Luftsiegen
232. Eichenlaub zum Ritterkreuz am 16. April 1943 als Hauptmann nach 64 Luftsiegen
51. Eichenlaub mit Schwertern zum Ritterkreuz am 2. März 1944 als Oberstleutnant nach 102 Luftsiegen (posthum verliehen)
Deutsches Kreuz in Gold am 16. Juli 1942
Anzahl der Abschüsse: 102 anerkannte Luftsiege
Letzte Dienststellung: Kommodore des Jagdgeschwaders 2 „Richthofen"

Max-Hellmuth Ostermann

Max-Hellmuth Ostermann

Max-Hellmuth Ostermann wurde am 11. Dezember 1917 in Hamburg geboren. Nach bestandenem Abitur ging er im März 1937 als Fahnenjunker zur Luftwaffe und durchlief die zweijährige Ausbildungszeit zum Jagdflieger mit besten Beurteilungen. Seine Vorgesetzten beschrieben ihn als einsatzfreudig, draufgängerisch und von besonderer Tapferkeit geprägt. Dies alles setzte er auch unter Beweis, als er im September 1939 zur I. Gruppe des Zerstörergeschwaders 1 kam und seine ersten Tiefangriffe mit der Me 110 über Polen flog.

Noch vor Ausbruch des Westfeldzuges kam er zur einmotorigen Tagjagd und wurde der 1. Staffel des Jagdgeschwaders 21 zugewiesen. Während des Frankreichfeldzuges konnte er zwei Luftsiege erzielen. Nachdem am 6. Juni 1940 aus der I. Gruppe/Jagdgeschwader 21 die III. Gruppe/Jagdgeschwader 54 wurde, flog Ostermann in der 7. Staffel des Jagdgeschwaders 54 „Grünherz". Während der anschließenden Luftschlacht um England schoss er sechs weitere britische Jagdmaschinen ab.

Zu Beginn des Balkanfeldzuges erzielte Ostermann am 6. April 1941 einen außergewöhnlichen Luftsieg, über eine aus Deutschland an Jugoslawien verkaufte Bf 109 E. Bis zum Angriff gegen Russland konnte er die Zahl seiner Luftsiege auf insgesamt neun Maschinen heraufdrücken. Im Nordabschnitt von Russland zeigte er seine besonderen Fähigkeiten im Kurvenkampf, wenn es galt, mit genau berechnetem Vorhaltewinkel zu schießen und zu treffen. Mit seinem jugendlichen Schwung und Elan griff er in Russland in den Kampf gegen die rote Luftwaffe ein, erhielt am 4. September 1941 nach 30 Luftsiegen das Ritterkreuz des Eisernen Kreuzes verliehen und wurde zum Oberleutnant befördert.

In allen folgenden Einsätzen bestach Ostermann durch seine Erfolge und blieb dennoch der fröhliche und bescheidene junge Mann, der seine Siege hinnahm und auch einige Schlappen geduldig ertrug. Bis Ende des Jahres 1941 hatte er es auf 44 Luftsiege gebracht. Bereits im November 1941 wurde er zur I. Gruppe des Jagdgeschwaders 54 versetzt, um die 3. Staffel zu übernehmen, bei der er am 20. Januar 1942 seinen 50. Luftsieg erzielte. Am 1. Februar 1942 schoss er eine russische P-40 ab. Zu dieser Zeit wurde er wieder zur III. Gruppe/Jagdgeschwader 54 zurückkommandiert, um als Staffelkapitän die 8. Staffel zu übernehmen. Schließlich wurde Ostermann am 12. März 1942 als 81. Soldat der deutschen Wehrmacht mit dem Eichenlaub zum Ritterkreuz ausgezeichnet. Wieder an die Front zurückgekehrt, feilte er weiter an seiner Kurventechnik und versuchte unermüdlich, jede Art von Taktik im Luftkampf zu erforschen. Er wandte auch eigene Strategien an, so flog er oft alleine oder mit einem Rottenflieger weit ins Hinterland des Gegners, lauerte dort in der Nähe ihrer Flugplätze, wie ein Jäger auf seine Beute. Aber er war auch ein verwegener Jagdflieger, der zu jeder Zeit im heftigsten Flakfeuer sowjetische Fliegerhorste, aber auch motorisierte Kolonnen und Artilleriestellungen angriff und sie mit seinem Kanonenfeuer belegte. So konnte er bereits am 31. März 1942 den 80. Luftsieg erkämpfen und am 12. Mai 1942 erzielte er die Abschüsse

98 bis 100. Dabei wurde er beim letzten Abschuss am rechten Oberschenkel und Unterarm schwer verwundet. Trotzdem gelang ihm, fast schon bewusstlos, die Landung auf dem eigenen Platz. Als 6. deutscher Jagdflieger errang er den 100. Luftsieg und seine Vorgesetzten sagten ihm eine glänzende Laufbahn voraus. Am 17. Mai 1942 erhielt er aus der Hand Hitlers das 10. Eichenlaub mit Schwertern zum Ritterkreuz verliehen.

Nachdem er nach seinem Lazarettaufenthalt und anschließendem Urlaub Anfang August 1942 an die Ostfront zurückgekehrt war, wollte er sofort wieder angreifen, um seine Erfolgsbilanz zu erhöhen. So schoss er am 8. August 1942 eine sowjetische Jagdmaschine vom Himmel. Aber das Fliegerschicksal hatte anderes für ihn vorgesehen: Bei einem seiner Langstreckenflüge, am 9. August 1942, wurde er hinter der feindlichen Front westlich von Amossowo von einer überlegenen Meute russischer Jäger erkannt und sein Rückweg abgeschnitten. Kurz nach dem Abschuss einer der russischen Jagdmaschinen wurde er, trotz seiner Flugkünste, tödlich getroffen.

„Er hatte den Zenit seiner Laufbahn noch lange nicht erreicht und er berechtigte zu den größten Hoffnungen“, sagte der Geschwaderkommodore Hannes Trautloft bei dem Erinnerungsgottesdienst. Max-Hellmuth Ostermann konnte auf seinen über 300 Feindflügen 102 Luftsiege erzielen, davon acht im Westen und einen in Jugoslawien.

Max-Hellmuth Ostermann

Geboren am 11. Dezember 1917 in Hamburg
Gefallen am 9. August 1942 westlich von Amossowo
Letzter Dienstgrad: Oberleutnant
Ritterkreuz am 4. September 1941 als Leutnant nach 30 Luftsiegen
81. Eichenlaub zum Ritterkreuz am 12. März 1942 als Oberleutnant nach 60 Luftsiegen
10. Eichenlaub mit Schwertern zum Ritterkreuz am 17. Mai 1942 als Oberleutnant nach 100 Luftsiegen
Anzahl der Abschüsse: 102 anerkannte Luftsiege
Letzte Dienststellung: Staffelkapitän der 8. Staffel des Jagdgeschwaders 54 „Grünherz“

Josef Wurmheller

Josef Wurmheller wurde am 4. Mai 1917 in Hausham in Oberbayern geboren. „Sepp“ trat im Alter von 20 Jahren als Freiwilliger in die Luftwaffe ein und kam als ausgebildeter Jagdflieger bei Kriegsbeginn zur I. Gruppe des Jagdgeschwaders 53 „Pik-Ass“. Er wurde der 2. Staffel zugeteilt, um die ersten scharfen Einsätze zu fliegen. Dabei konnte er am 30. September 1939 seinen ersten Abschuss an der Westgrenze erzielen. Von November 1939 bis Juni 1940 war er als Jagdlehrer tätig und kam dann zur 5. Staffel des Jagdgeschwaders 53 zurück. Während der Schlacht um England konnte er vier Luftsiege erzielen. Er selbst wurde drei Mal über dem Kanal abgeschossen, wobei er am 23. November 1940 vier Stunden lang im Wasser trieb und dann glücklicherweise von einem Schnellboot geborgen wurde. Erst im März 1941 kam er wieder an die Front zurück.

Wurmheller flog jetzt Tag für Tag Einsätze. Schneidig und ehrgeizig wie er war, schoss er fünf weitere britische Flugzeuge ab. Mit zehn Luftsiegen auf seinem Erfolgskonto verlegte er mit dem Jagdgeschwader 53 an die Ostfront. Hier konnte er bis zum 15. Juli 1941 seine Erfolgsbilanz auf 19 Abschüsse erhöhen. Anschließend wurde er wieder in den Westen versetzt und kam in den Stab der II. Gruppe des Jagdgeschwaders 2 „Richthofen“. Erneut flog er mit eisernem Einsatzwillen und schoss bis zum 4. September 1941 zwölf weitere britische Maschinen ab. Noch am selben Tag wurde ihm, als Oberfeldwebel, nach 31 Luftsiegen das Ritterkreuz des Eisernen Kreuzes verliehen. Anschließend erfolgte erneut eine halbjährige Tätigkeit als Jagdlehrer im Reich.

Nachdem Wurmheller im Mai 1942 zur 1. Staffel des Jagdgeschwaders 2 an die Kanalfront zurückgekehrt war, konnte er bis 20. Juni 1942 seine Abschusszahl auf 52 steigern. Durch einen Unfall war er für wenige Wochen nicht flugfähig, konnte aber während der alliierten Landung bei Dieppe sein ganzes Können ausspielen: Trotz seines Gipsfußes hielt es ihn nicht mehr am Boden und er konnte innerhalb von zwei Tagen, am 19. und 20. August 1942, neun Luftsiege erzielen, davon allein sieben am 19. August 1942. Dabei wurde er selbst abgeschossen und musste sein Flugzeug auf dem Bauch landen. Dafür wurde ihm am 21. August 1942 das Deutsche Kreuz in Gold verliehen. Bis zum 31. Oktober 1942 konnte „Sepp“ sein Erfolgskonto auf 66 Luftsiege aufstocken. Inzwischen zum Leutnant befördert, erhielt er am 13. November 1942 als 146. Soldat der deutschen Wehrmacht das Eichenlaub zum Ritterkreuz verliehen. Nach einer anschließenden Erholungspause kehrte er im Februar 1943 zu seiner 1. Staffel zurück.

Im Kampf gegen die immer präsenter werdenden amerikanischen viermotorigen Bomberverbände sollte er sich bald zu einem der führenden Spezialisten entwickeln. Bereits am 16. Februar 1943 schoss er zwei der „Fliegenden Festungen“ ab und kam am 1. April 1943 zur 9. Staffel des Jagdgeschwaders 2, deren Staffelkapitän er nach seiner Beförderung zum Oberleutnant am 1. August 1943 wurde. Am 23. September 1943 wurde Wurmheller bei

Josef Wurmheller

einem Angriff auf den Flugplatz Vannes-Meucon durch Bombensplitter verletzt und fiel für mehrere Monate aus. Bis zu diesem Zeitpunkt war es ihm gelungen, 15 viermotorige US-Bomber abzuschießen. Am 1. November 1943 zum Hauptmann befördert, kehrte er Anfang Februar 1944 zu seiner Einheit zurück und konnte bis zum 8. März 1944 seine Erfolgsbilanz auf 90 Luftsiege erhöhen. Schon lange galt er als einer der erfolgreichsten „Kanalschwalben", wie sich diese selbst spöttisch nannten. Zu Beginn der alliierten Invasion in der Normandie konnte er am 7. Juni 1944 eine Typhoon und am nächsten Tag eine Mustang abschießen. Am 9. Juni 1944 wurde er zum Kommandeur der III. Gruppe des Jagdgeschwaders 2 „Richthofen" ernannt, die er von Hauptmann Herbert Huppertz übernahm, der im Luftkampf gefallen war. Am 12. Juni schoss er innerhalb von vier Minuten zwei Thunderbolts bei Caen ab und konnte damit die Abschüsse 100 und 101 melden. Schließlich gelang ihm am 16. Juni noch der Luftsieg über eine P-51 „Mustang".

Psychisch und physisch erschöpft geriet „Sepp" Wurmheller am 22. Juni 1944 in einen Luftkampf mit kräftemäßig weit überlegenen Feindmaschinen. Bei der sich entwickelnden turbulenten Kurbelei stieß er bei Alençon in Nordfrankreich mit seinem Rottenflieger zusammen und stürzte tödlich ab. Nach seinem Tode wurde er für seine hervorragenden Leistungen am 24. Oktober 1944 als 108. Soldat der deutschen Wehrmacht mit dem Eichenlaub mit Schwertern zum Ritterkreuz ausgezeichnet, gleichzeitig erfolgte seine Beförderung zum Major. Auf seinen über 300 Feindflügen erzielte Wurmheller 102 Luftsiege, davon 93 im Westen, darunter waren 21 viermotorige Bomber.

Josef Wurmheller

Geboren am 4. Mai 1917 in Hausham in Oberbayern
Gefallen am 22. Juni 1944 nördlich von Alençon/Nordfrankreich
Letzter Dienstgrad: Major (posthum)
Ritterkreuz am 4. September 1941 als Oberfeldwebel nach 31 Luftsiegen
146. Eichenlaub zum Ritterkreuz am 13. November 1942 als Leutnant nach 66 Luftsiegen
108. Eichenlaub mit Schwertern zum Ritterkreuz am 24. Oktober 1944 als Hauptmann nach 102 Luftsiegen
Deutsches Kreuz in Gold am 21. August 1942
Anzahl der Abschüsse: 102 anerkannte Luftsiege
Letzte Dienststellung: Kommandeur der III. Gruppe des Jagdgeschwaders 2 „Richthofen"

Rudolf Miethig

Rudolf Miethig

Rudolf Miethig wurde am 17. Oktober 1921 in Zwickau im Sudetenland geboren. Er meldete sich im Jahre 1939 freiwillig zur Luftwaffe und durchlief die übliche Ausbildung, ohne besonders aufzufallen. Als voll ausgebildeter Jagdflieger kam er im Frühjahr 1941 zum Jagdgeschwader 52 nach Holland und wurde der 3. Staffel in Leeuwarden zugeteilt. Zu Beginn des Ostfeldzuges verblieb die I. Gruppe des Jagdgeschwaders 52 vorerst im Westen, wurde dann aber ab 21. September 1941 ebenfalls in den Mittelabschnitt der Ostfront verlegt. Im November 1941 gelangen Miethig die ersten beiden Luftsiege und ab 1942 lief seine Erfolgsserie langsam an. Oft flog er als Rottenflieger von Oberleutnant Helmut Bennemann, der die 3. Staffel des Jagdgeschwaders 52 führte. Sehr rasch konnte er die ersten Erfolge im Luftkampf erzielen und erwies sich als gelehriger Schüler seines Gruppenkommandeurs Hauptmann Karl-Heinz Leesmann. Dieser hielt große Stücke auf ihn und tat oft seine Meinung kund, dass Miethig einer der kommenden „Experten“ im Jagdgeschwader 52 werden würde. Ab 2. Juli 1942 führte Miethig die 3. Staffel des Jagdgeschwaders 52 und nach 20 Luftsiegen wurde ihm am 6. Juli 1942 der Ehrenpokal des Oberbefehlshabers der Luftwaffe überreicht.

Am 11. September 1942 erzielte Miethig seinen 30. Luftsieg und am 2. Oktober konnte er innerhalb von sieben Minuten fünf sowjetische Jagdmaschinen abschießen. Seinen 50. Luftsieg feierte er am 16. Oktober 1942. Nach 52 Luftsiegen wurde Miethig am 29. Oktober 1942 als Leutnant mit dem Ritterkreuz des Eisernen Kreuzes ausgezeichnet. Am 1. November 1942 gelangen ihm noch zwei Abschusserfolge, danach fuhr er in den wohlverdienten Urlaub.

Nachdem Miethig Anfang Februar 1943 als frischgebackener Oberleutnant zu seiner Einheit zurückgekehrt war, machte er weiter, wie er aufgehört hatte und schoss Feindmaschinen ab. Bis Ende März 1943 hatte er seine Erfolgsbilanz auf 62 Luftsiege erhöht. Am 5. April 1943 verlegte seine I. Gruppe nach Taman, später nach Anapa in den Kuban-Brückenkopf. In der Folgezeit waren seine Luftsiege immer wieder von Mehrfacherfolgen an einem Tage gekennzeichnet. Miethig startete, sooft es immer ging, und kam fast nie ohne Erfolge zurück, selbst nach zwei oder drei Starts. Seine Staffel sah in ihm ihr Maskottchen, denn er war ein Stehaufmännchen. „Uns bringt nichts um“, sagte er einmal, als ein feindlicher MG-Schütze einer Il-2 ihn nur um Haaresbreite verfehlt und die Granate die obere Rückenlehne seines Sitzes zerschmettert hatte, sodass ihm die Splitter um die Ohren geflogen waren. Er bestach eben immer mit guter Laune und Zuversicht.

Am Kuban-Brückenkopf wuchs er abermals über sich hinaus, und als am 14. Mai 1943 sein 80. Luftgegner vom Himmel fiel, gab es am Abend eine große Feier. Als er den 100. Luftsieg über eine russische Spitfire erreichte, munkelte man bereits, dass dem Ritterkreuz das Eichenlaub wohl bald folgen werde. Dazu kam es jedoch nicht mehr. Am 10. Juni 1943 lieferte sich der „Schützenkönig der I. Gruppe“, Oberleutnant Rudolf Miethig, über Krymskaja (Kuban) ein heftiges Luftduell mit einem sowjetischen Gegner. Miethig gelang es zwar, die Jak-1

Eine Rotte Me 109 auf einem Patrouilleflug.

abzuschießen, doch sein 101. Luftsieg war zugleich sein letzter. Die abstürzenden Trümmer der Jak rissen eine Tragfläche seiner Me 109 ab, sodass auch sie abstürzte. Miethigs Rottenflieger beobachtete noch, wie dessen Maschine auf feindlichem Gebiet in einem Aufschlagbrand explodierte. So starb mit Rudolf Miethig einer jener jungen aufstrebenden Piloten, die sehr schnell in ihre Rolle als erfahrene und erfolgreiche Jagdflieger hineingefunden hatten. Sein Können und seine Leistungsbereitschaft waren anderen Flugzeugführern, vor allem den jüngeren, ein großes Vorbild. Posthum wurde er wegen Tapferkeit vor dem Feind zum Hauptmann befördert und bekam noch ein halbes Jahr nach seinem Tod, am 19. Januar 1944, das Deutsche Kreuz in Gold verliehen. Auf Hunderten von Feindflügen konnte Hauptmann Rudolf Miethig insgesamt 101 Luftsiege, alle im Osten, erringen.

Rudolf Miethig

Geboren am 17. Oktober 1921 in Zwickau im Sudetenland
Gefallen am 10. Juni 1943 bei Krymskaja im Kubangebiet/Sowjetunion
Letzter Dienstgrad: Hauptmann (posthum)
Ritterkreuz am 29. Oktober 1942 als Leutnant nach 52 Luftsiegen
Deutsches Kreuz in Gold am 19. Januar 1944 (posthum verliehen)
Anzahl der Abschüsse: 101 anerkannte Luftsiege
Letzte Dienststellung: Staffelkapitän der 3. Staffel des Jagdgeschwaders 52

Josef Priller

Josef Priller, auch „Pips“ genannt, wurde am 27. Juni 1915 in Ingolstadt in Bayern geboren. Er war einer der prägnantesten Jagdflieger des Zweiten Weltkrieges und für die Westfront eine Ausnahmeerscheinung. Alle seine Luftsiege wurden in der „dünnen Luft“ über dem Kanal oder über dem Reichsgebiet in der Reichsverteidigung erzielt.

Priller trat 1935 als Fahnenjunker in das bayerische Infanterieregiment 19 in München ein, das zur 7. Infanteriedivision gehörte. Im Oktober 1936 wechselte er zur Luftwaffe. Seine Flugzeugführerausbildung absolvierte er in Salzwedel, danach erfolgte seine Ausbildung zum Jagdflieger. Am 1. April 1937, inzwischen zum Leutnant befördert, wurde er zur I. Gruppe des Jagdgeschwaders 135 nach Bad Aibling versetzt. Beim Anschluss Österreichs an das Deutsche Reich im März 1938 war auch Priller beteiligt. Am 1. November 1938 wurde die I. Gruppe/Jagdgeschwader 135 in I. Gruppe/Jagdgeschwader 233 umbenannt, um dann schließlich im Mai 1939 ihre endgültige Bezeichnung als I. Gruppe/Jagdgeschwader 51 zu bekommen. In ihrem Gruppenstab flog auch „Pips“ Priller, doch schon im Juli 1939 wurde er zur I. Gruppe des Jagdgeschwaders 71 versetzt, die kurz vor Kriegsausbruch auf den Fliegerhorst Fürstenfeldbruck verlegte. Hier sollte die Gruppe den Luftraum über München gegen Luftangriffe schützen. Im Oktober 1939 wurde diese Gruppe endgültig in II. Gruppe des Jagdgeschwaders 51 umbenannt.

Ab dem 20. Oktober 1939 als Staffelkapitän der 6. Staffel des Jagdgeschwaders 51 im Einsatz, konnte Priller während des Westfeldzuges sechs Luftsiege erzielen. Vor allem seine Einsätze über Dünkirchen waren es, die ihn nicht nur innerhalb des Geschwaders bekannt machten. Auch bei der Luftschlacht über dem Kanal und England erzielte Priller eine Reihe viel beachteter Erfolge. So konnte er am 17. Oktober 1940 seinen 20. Abschuss, eine Hurricane, über Tunbridge Wells erringen. Damit war er für das Ritterkreuz reif – er erhielt es am 19. Oktober 1940. Anschließend wurde er am 20. November 1940 Kapitän der 1. Staffel des Jagdgeschwaders 26 „Schlageter“ und hatte mit diesem „Verein“ seine fliegerische Heimat gefunden. Im Dezember 1940 und Januar 1941 legte der Luftkrieg über England und Kanal eine kleine Pause ein, und am 9. Februar 1941verlegte die I. Gruppe des Jagdgeschwaders 26 nach Dortmund zur Auffrischung. Erst Anfang April 1941 bezog das Jagdgeschwader 26 wieder einige Flugplätze in der Bretagne, die I. Gruppe in Brest-Guipavas. Oberleutnant Prillers 1. Staffel stellte hier ein freundschaftliches Verhältnis mit den Minensuchern, die Kapitänleutnant Pinkepank führte, her.

Als schließlich im Juni 1941 die britische Non-Stop-Offensive am Kanal begann, setzte sich Prillers Erfolgsserie fort. Bis zum 19. Juli 1941 konnte er seine Abschussbilanz auf 41 Luftsiege erhöhen, wofür er am 20. Juli 1941 als 28. Soldat der deutschen Wehrmacht mit dem Eichenlaub zum Ritterkreuz des Eisernen Kreuzes ausgezeichnet und wegen Tapferkeit vor dem Feind vorzeitig zum Hauptmann befördert wurde. Bereits am 8. November 1941

Josef Priller

erzielte er seinen 58. Luftsieg und am 6. Dezember 1941 wurde er zum Kommandeur der III. Gruppe des Jagdgeschwaders 26 ernannt. Am 9. Dezember 1941 bekam er noch das Deutsche Kreuz in Gold verliehen, dessen Verleihung durch Adolf Hitler erfolgte.

Als Kommandeur der III. Gruppe des Jagdgeschwaders 26 kämpfte Priller mit nie erlahmender Tatkraft und Einsatzbereitschaft um jeden einzelnen Luftsieg. 1942 sollte er zu einem der erfolgreichsten Westjäger werden. Bereits am 1. Mai 1942 erzielte er mit dem Abschuss einer Spitfire seinen 70. Erfolg und bis Ende des Jahres 1942 hatte er 81 Luftsiege auf seinem Erfolgskonto, wobei letzterer über eine viermotorige „Fliegende Festung" war.

Am 11. Januar 1943 wurde er zum Kommodore des Jagdgeschwaders 26 „Schlageter" ernannt und gleichzeitig wegen Tapferkeit vor dem Feind zum Major befördert. Zu dieser Zeit schrieb er in einem Brief an seinen Freund Joachim Müncheberg, mit dem er längere Zeit im Jagdgeschwader 26 gekämpft hatte:

„Was soll ich denn mit einem Geschwader? Mir reicht der Papierkrieg schon als Gruppenkommandeur restlos. Ich führe jedenfalls lieber eine Gruppe und bin lieber in der Luft als in der Schreibstube."

Nicht dass ihm der „Papierkrieg" schwer gefallen wäre: Immerhin hatte er im April 1934 seine Reifeprüfung mit Glanz bestanden.

Als Geschwaderkommodore schoss Priller vom 11. Januar 1943 bis 20. Oktober 1943 weitere 14 Gegner ab, darunter sieben viermotorige Bomber. Damit erhöhte sich sein Erfolgskonto auf 95 Luftsiege. Unter Beibehaltung seiner Stellung als Kommodore seines Geschwaders wurde der am 1. Januar 1944 zum Oberstleutnant beförderte „Pips" Priller noch Jagdfliegerführer Saint-Pol. Am 13. April 1944 schoss er mit seinem 96. Luftsieg eine Boeing ab.

Als im Mai 1944 die Royal Air Force und die US Army Air Forces den Druck auf die deutsche Luftwaffe in Frankreich erhöhten, um die Invasion in Frankreich vorzubereiten, erhielt Priller den Befehl, sein Jagdgeschwader 26 weiter ins sichere Hinterland zu verlegen. Priller war ganz und gar nicht mit der Verlegung einverstanden, folgte aber dem Befehl. Er selbst blieb vorerst und wollte dem Geschwader nach einigen Tagen folgen.

Als in den frühen Morgenstunden am 6. Juni 1944 die alliierte Landung in der Normandie unter dem Schutz Tausender Jagd- und Kampfflugzeuge begann, erhielt Priller einen aufgeregten Telefonanruf von der zuständigen Jagddivision in Paris. Auf die Frage, wie viele Maschinen Priller zur Verfügung stünden, antwortete dieser ruhig: „ Zwei Focke-Wulf 190 – ich und mein Katschmarek. Der Rest ist ja gerade erst nach hinten verlegt worden."

Am anderen Ende der Leitung blieb es still. „Denen hat es wahrscheinlich die Sprache verschlagen", dachte Priller noch. Dann gab er zu verstehen: „Ich werde fliegen – auch nur mit zwei Maschinen, sagen Sie das dem General!" Anschließend knallte er wutentbrannt den Hörer auf. Keine halbe Stunde später waren beide Jäger in der Luft. Als sie sich der Invasionsfront näherten und Priller die unzähligen Schiffe sah, deren Menge auch hinter dem Horizont nicht aufzuhören schien, machte er sich über seine Überlebenschancen keine Illusionen mehr. Schon weit vor dem Landungsgebiet erkannten Priller und sein Katschmarek riesige Pulks amerikanischer Mustang-Jäger. Sie flogen aber recht hoch und konnten so die beiden Focke-Wulf nicht erkennen. Vermutlich hatten sie wohl deutsche Kampfflugzeuge erwartet, die wilde Angriffe gegen die Landungsabschnitte fliegen würden.

So näherte sich Priller im Tiefflug dem Strand – und je mehr er sich umschaute, umso größer schienen die feindlichen Flugzeugpulks zu werden. Der Himmel war mit schwarzen Pünktchen übersät: Hunderte Thunderbolts, Mustangs und Spitfires waren im Einsatz. Aber keiner schien die beiden unauffälligen deutschen Jäger zu bemerken.

Urplötzlich tauchte zwischen Nebelfetzen die Küste auf. Umgehend schwenkten Priller und sein Katschmarek auf den Strand ein, wo Hunderte, ja vielleicht Tausende von großen und kleineren Landungsbooten britische und amerikanische Soldaten in Bataillons- und Regimentsstärke an Land setzten. Priller, mittlerweile schweißgebadet, konnte nicht wissen, dass sie sich über dem hart umkämpften britischen Invasionsabschnitt „Sword" befanden.

Beide Focke-Wulf-Maschinen zogen noch tiefer hinunter und jagten in nur 50 Metern Höhe über den Strand. Dann donnerten ihre Bordwaffen los, mitten in die gerade an Land stürmenden alliierten Soldaten. Wieder blickte Priller nach oben, aber es grenzte immer noch an ein Wunder: Die alliierten Jäger flogen in einigen tausend Metern Höhe herum, ohne sich um die beiden deutschen Maschinen zu kümmern. Wahrscheinlich glaubten sie ohnehin nicht, dass sich nur zwei deutsche Jäger über der Invasionsfront aufhielten. Inzwischen befanden sich Priller und sein Katschmarek schon wieder auf dem Rückflug. Im Tiefflug erreichten beide Jagdmaschinen wohlbehalten ihren Fliegerhorst. Erschöpft stieg Priller aus seiner Focke-Wulf-Maschine und berichtete umgehend der Jagddivision in Paris von seinen Beobachtungen.

Damit hatte „Pips" Priller sicherlich einen der verrücktesten und den wohl legendärsten Einsatz im Zweiten Weltkrieg geflogen. Nicht umsonst wurde er in dem prominent besetzten Kriegsfilm „Der längste Tag" verewigt.

In den nächsten Tagen startete Priller vermehrt zu Einsätzen an die Invasionsfront – und er erzielte wieder Erfolge. Bereits am 7. Juni 1944 schoss er eine P-51 „Mustang" und eine P-47 „Thunderbolt" ab. Am 11. Juni konnte er eine P-38 „Lightning" vom Himmel schießen, und am 15. Juni 1944 fiel ihm eine viermotorige B-24 „Liberator" zum Opfer. Damit hatte er seinen 100. Gegner im Luftkampf abgeschossen und gehörte zu den wenigen deutschen Jagdfliegern, die überhaupt eine so hohe Zahl von Abschüssen gegen westalliierte Gegner erreichen konnten. Für diese herausragenden Leistungen erhielt Oberstleutnant Priller am 2. Juli 1944 als 73. Soldat der deutschen Wehrmacht das Eichenlaub mit Schwertern zum Ritterkreuz. Zugleich wurde ihm ein striktes Startverbot auferlegt. Trotzdem schoss er noch am 12. Oktober 1944 eine P-51 „Mustang" südlich von Wunsdorf ab, was zugleich sein 101. und letzter Luftsieg war.

Am 1. Januar 1945, dem Tage seiner Beförderung zum Oberst, führte Priller das gesamte Jagdgeschwader 26 „Schlageter" und die III. Gruppe des Jagdgeschwaders 54 „Grünherz" im Zuge der Operation „Bodenplatte" zu Jagdbombenangriffen gegen die westalliierten Flugplätze in Brüssel-Evere und Brüssel-Grimbergen. Priller war Herz und Motor seines „Schlageter"-

Geschwaders, das es im Westen auf weit über 2000 Abschüsse brachte. Schließlich wurde er am 28. Januar 1945 zum Inspekteur der „Jagdflieger West“ ernannt und unterstand damit direkt dem General der Jagdflieger, dem Brillantenträger Oberst Gordon Gollob. Diese Ernennung überraschte ihn dann doch, da er nur wenige Tage zuvor auf der Seite der „Meuterer“ gegen Hermann Göring – mit Günther Lützow, Hannes Trautloft, Johannes Steinhoff, Hermann Graf und anderen – gestanden hatte.

Im Mai 1945 geriet Priller für kurze Zeit in westalliierte Gefangenschaft. Auf seinen 307 Feindflügen hatte er 101 Luftsiege, alle im Westen, errungen, darunter waren elf viermotorige Bomber.

Nach dem Krieg engagierte sich Priller in der „Gemeinschaft der ehemaligen Jagdflieger“ und war Autor des Buches: „Geschichte eines Jagdgeschwaders“, in dem er die Geschichte seines Jagdgeschwaders 26 „Schlageter“ festgehalten hat. Im Gegensatz zu vielen seiner Kriegskameraden trat er nicht in die Bundesluftwaffe ein. Priller heiratete in eine bekannte Augsburger Brauerei ein, die er bald als Geschäftsführer erfolgreich führte.

Am 20. Mai 1961 verstarb er in Böbing (Oberbayern) überraschend im Alter von nur 45 Jahren an einem Herzversagen. „Pips“ Priller wurde in Augsburg beigesetzt. Zu seiner Ehrung flogen Düsenjäger der Bundesluftwaffe über seine Grabstätte.

Josef Priller

Geboren am 27. Juni 1915 in Ingolstadt/Oberbayern
Verstorben am 20. Mai 1961 in Böbing/Oberbayern
Letzter Dienstgrad: Oberst
Ritterkreuz am 19. Oktober 1940 als Oberleutnant nach 20 Luftsiegen
28. Eichenlaub zum Ritterkreuz am 20. Juli 1941 als Hauptmann nach 41 Luftsiegen
73. Eichenlaub mit Schwertern zum Ritterkreuz am 2. Juli 1944 als Oberstleutnant nach 100 Luftsiegen
Deutsches Kreuz in Gold am 9. Dezember 1941
Anzahl der Abschüsse: 101 anerkannte Luftsiege
Letzte Dienststellung: Inspekteur der Jagdflieger West

Ulrich Wernitz

Ulrich Wernitz

Ulrich Wernitz wurde am 23. Januar 1921 in Schweinitz an der Elster in Sachsen geboren. Er kam nach seiner Ausbildung zum Jagdflieger im Mai 1943 als Unteroffizier zur I. Gruppe des Jagdgeschwaders 54 „Grünherz", das in Russland einen der erfolgreichsten Verbände stellte. In seiner I. Gruppe standen prominente Jäger wie etwa Major Walter Nowotny, Oberleutnant Otto Kittel und Major Horst Ademeit, um nur einige zu nennen. Wernitz selbst wurde der 3. Staffel zugeteilt. Mit ihr flog Wernitz im Nordabschnitt der Ostfront eine Vielzahl spektakulärer Einsätze. Immer wieder war er dabei im Zentrum wilder Luftkämpfe, aus denen er sich stets, unter Abschuss eines oder zweier Gegner, lösen und zurückgelangen konnte.

Wernitz, auch „Pipifax" genannt, konnte seinen ersten Luftsieg am 2. Mai 1943 erringen, es war dies sein zweiter Feindflug überhaupt. 1943 flog er zumeist als Rottenflieger bei den späteren Ritterkreuzträgern Hermann Schleinhege und Günther Scheel. Hier bekam er den „ersten Schliff" und konnte am 1. August 1943 seinen 10. Luftsieg melden. Auch bei Otto Kittel flog er als Rottenflieger. Kittel ließ ihn immer wieder von der Leine und deckte ihn bei seinen zuerst ziemlich riskanten Aktionen, die aber von Feindflug zu Feindflug sicherer wurden. Was Wernitz als junger Feldwebel an Erfolgen erreichte, verdankte er größtenteils diesem selbstlosen Flieger und Soldaten. Bereits mit beiden Eisernen Kreuzen ausgezeichnet,

Ulrich Wernitz war lange Zeit der Rottenflieger vom Flieger-Ass Otto Kittel, der hier nach seiner Landung von Männern des Jagdgeschwaders 54 umringt wird.

wurde ihm am 17. April 1944 der Ehrenpokal des Oberbefehlshabers der Luftwaffe überreicht. Bis zum 31. August 1944 konnte Wernitz sein Erfolgskonto auf 82 Luftsiege heraufschrauben und errang damit das Ritterkreuz, das ihm am 29. Oktober 1944 als Feldwebel verliehen wurde. Wenig später erreichte ihn seine Beförderung zum Leutnant. Ende September 1944 erkrankte er schwer, sodass diese Erfolg versprechende Karriere jäh unterbrochen wurde. Doch Ulrich Wernitz erholte sich und kam wieder nach Kurland zurück.

Am 1. Januar 1945 wurde er mit dem Deutschen Kreuz in Gold ausgezeichnet, und es war Anfang Februar 1945, als er als Staffelführer der 3. Staffel des Jagdgeschwaders 54 wieder voll einstieg. Binnen weniger Wochen hatte er 19 weitere Luftsiege auf seinem Konto, davon acht Abschüsse allein am 8. März 1945. Als Wernitz am 26. März 1945 seinen 100. Abschuss feierte, war Otto Kittel bereits (seit dem 14. Februar 1945) nicht mehr unter den Lebenden. „Wenn das unser Otto noch erlebt hätte …“, sagte Ulrich Wernitz traurig zu einem seiner Kameraden.

Ulrich Wernitz war einer der letzten aus der großen Reihe erfolgreicher junger Nachwuchs-Jagdflieger, der hundert und mehr Abschüsse erzielen konnte. Auf seinen etwa 250 Feindflügen konnte er 101 Luftsiege, alle im Osten, erzielen. Zudem vernichtete er zwei Panzer.

Als die Bundeswehr eine neue Luftwaffe aufstellte, folgte er dem Ruf seiner früheren Kameraden und trat der Bundesluftwaffe bei. Am 31. März 1978 ging er als Oberstleutnant in Pension und verstarb am 23. Dezember 1980 in Fürstenfeldbruck.

Ulrich Wernitz

Geboren am 23. Januar 1921 in Schweinitz an der Elster/Sachsen
Verstorben am 23. Dezember 1980 in Fürstenfeldbruck/Bayern
Letzter Dienstgrad: Leutnant (Wehrmacht)/Oberstleutnant (Bundeswehr)
Ritterkreuz am 29. Oktober 1944 nach 82 Luftsiegen und 201 Feindflügen
Deutsches Kreuz in Gold am 1. Januar 1945
Anzahl der Abschüsse: 101 anerkannte Luftsiege
Letzte Dienststellung: Staffelführer der 3. Staffel des Jagdgeschwaders 54 „Grünherz“

Paul-Heinrich Dähne

Paul-Heinrich Dähne wurde am 7. Juli 1921 in Frankfurt/Oder geboren. Anfang Juli 1941 kam er nach seiner Flieger- und Jagdausbildung als Leutnant zur 2. Staffel des Jagdgeschwaders 52 (I. Gruppe) auf die Nordseeinsel Langeoog. Hier fühlte er sich bestens aufgehoben und in der Gruppe seiner Kameraden anerkannt, was für ihn eine besondere Stütze bedeutete und ihn in der Folgezeit befähigte, mehr und mehr nach vorn zu kommen. Am 26. August 1941 erzielte Leutnant Dähne mit dem Abschuss eines britischen Blenheim-Bombers seinem ersten Luftsieg nördlich von Juist. Ab September 1941 verlegte die 2. Staffel nach Haamstede in Holland, um Ende desselben Monats an die Ostfront zu gehen.

Hier flog Dähne zunächst als Rottenführer, aber auch als Rottenflieger mehrerer bekannter Jäger-Asse wie den Oberleutnants Leesmann und Bennemann, und auch mit Feldwebel Ahnert, ehe er am 18. Oktober 1941 mit dem Abschuss eines sowjetischen DB-3-Bombers seinen zweiten Luftsieg errang. Bis Ende 1941 hatte er es dann auf drei Luftsiege gebracht und Anfang Februar 1942 verlegte die gesamte I. Gruppe zur Auffrischung nach Jesau in Ostpreußen. Über Olmütz, Wiener Neustadt und weitere Stationen kam die Gruppe Ende Mai 1942 an die Ostfront zurück. Die ersten Einsätze fanden über Charkow und dem Donezgebiet statt und ab Ende Juli 1941 stand die Gruppe von der Krim bis in den Mittelabschnitt der Ostfront im Einsatz. Ab 22. September 1942 lag sie auf dem Feldflugplatz Pitomnik bei Stalingrad. Anfang November 1942 war die Gurppe so abgekämpft, dass sie aus der Front herausgezogen werden musste. Ihre restlichen Jagdmaschinen gab sie an das Jagdgeschwader 3 „Udet" ab, die Flugzeugführer wurden in Urlaub geschickt. Unter ihnen war auch Paul-Heinrich Dähne, der es bis Jahresende 1942 auf 15 Luftsiege gebracht hatte.

Dähnes große Zeit begann im Sommer 1943. Hatte er bis Ende Juni 1943 zwanzig Luftsiege erreicht, so konnte er während des Unternehmens „Zitadelle" weitere sieben Abschüsse erzielen und am 4. Oktober die Luftsiege 50 und 51 melden. Bereits am 13. September 1943 hatte Dähne den Ehrenpokal des Oberbefehlshabers der Luftwaffe erhalten. Als er am 17. Oktober 1943 mit dem Deutschen Kreuz in Gold ausgezeichnet wurde, hatte er 56 Abschüsse erreicht. Ab dem 13. November 1943 war er Staffelkapitän der 2. Staffel/Jagdgeschwader 52, der sogenannten „Sarotti"-Staffel. Dieser Name war auf Dähnes Spitznamen zurückzuführen, der nämlich häufig mit einer Tafel Sarotti-Schokolade zu sehen war. Als Staffelkapitän erzielte er in vielen raschen und energisch geführten Duellen eine Reihe Mehrfachsiege an einem Tage und erreichte bis Ende 1943 die Zahl von 74 Luftsiegen. Vom Geschwaderkommodore Hrabak zum Ritterkreuz eingegeben, wurde Dähne aber erst am 8. April 1944 mit dem Ritterkreuz des Eisernen Kreuzes ausgezeichnet – da konnte er bereits 80 Luftsiege aufweisen. Am 14. Mai 1944 erzielte er mit dem Abschuss einer Il-2 bereits seinen 90. Luftsieg. Am 29. Mai 1944 erging der Befehl an die Jagdgeschwader im Osten, dass ihre Jagdgruppen je eine Staffel für die Reichsverteidigung abzugeben haben. Bei der I. Gruppe traf es die 2. Staffel, mit ihrem

Paul-Heinrich Dähne

Staffelkapitän „Sarotti" Dähne. Sie wurde am 6. Juni 1944 in 12. Staffel/Jagdgeschwader 11 umbenannt und in die III. Gruppe dieses Geschwaders eingereiht. Die Staffel verlegte nach Reinsehlen bei Hamburg und schulte ab Mitte Juni 1944 auf die Focke-Wulf 190 um. Mitte Juni 1944 sahen die Führungsstellen der III. Gruppe/Jagdgeschwader 11 wie folgt aus: Der Kommandeur der III. Gruppe/Jagdgeschwader 11 war Hauptmann Horst-Günther von Fassong. Die 7. Staffel/Jagdgeschwader 11 wurde von Leutnant Walther Jahnke geführt, die 8. Staffel von Leutnant Herbert Fränzel, die 9. von Oberleutnant Herbert Planer und die 12. Staffel von Oberleutnant Paul-Heinrich Dähne.

Am 22. Juni 1944 war im Mittelabschnitt der Ostfront die große sowjetische Offensive gegen die deutsche Heeresgruppe Mitte angelaufen. Die Schlacht entwickelte sich schnell zur Katastrophe für die deutschen Armeen und auch in der Luft war die Überlegenheit der Sowjets erdrückend. Schon am 23. Juni erhielt die III. Gruppe/Jagdgeschwader 11 den Verlegungsbefehl nach Osten, wo sie im Kampfraum Minsk und Wilna eingesetzt wurde. Bis September 1944 konnte Oberleutnant Dähne seine Erfolgsbilanz um weitere sechs Luftsiege aufstocken. Nachdem die III. Gruppe am 4. September ins Reich zurückverlegt hatte, brach eine kurze Zeit der Auffrischung und Erholung an. Am 25. September 1944 kam es über Arnheim und Nimwegen zu einem Luftgefecht mit einem amerikanischen zweimotorigen Bomberverband und deren Begleitjägern, wobei es Dähne gelang, eine Thunderbolt abzuschießen. Nach einer weiteren Auffrischungsphase des gesamten Jagdgeschwaders 11 kam dieses im November und Dezember 1944 wieder zum Einsatz. Hier gelang Dähne am 24. Dezember 1944 der Abschuss einer P-38 „Lightning", was seinen 98. Luftsieg bedeutete.

Auch am Unternehmen „Bodenplatte" am 1. Januar 1945 war die III. Gruppe des Jagdgeschwaders 11 beteiligt. Ihr Angriff galt dem alliierten Flugplatz von Asch. Dabei verlor die III. Gruppe elf Flugzeugführer – unter ihnen den Gruppenkommandeur Hauptmann Horst-Günther von Fassong, der im Tiefflug von einer P-47 abgeschossen wurde. Auch Oberleutnant Dähne traf es und er musste über eigenem Gebiet mit dem Fallschirm aussteigen. Nach dem Tode des Gruppenkommandeurs wurde der mittlerweile zum Hauptmann beförderte Paul-Heinrich Dähne zum Kommandeur der III. Gruppe des Jagdgeschwaders 11 ernannt. Ende Januar 1945 verlegte die III. Gruppe wieder in den Osten auf den Flugplatz Neuhardenberg. Anfang März 1945 übernahm Dähne die II. Gruppe des Jagdgeschwaders 1 „Oesau", die in Graz stationiert lag. Bis Anfang April 1945 konnte Dähne hier noch einige Abschüsse erzielen und sein Erfolgskonto auf über 100 Luftsiege erhöhen. Am 11. April 1945 wurde die II. Gruppe aus der Front gezogen und verlegte nach Warnemünde, wo sie auf den Volksjäger He 162 umgerüstet werden sollte. Die Umschulung der II. Gruppe des Jagdgeschwaders 1 in Warnemünde lief bis Ende April 1945. Einige schwere Unfälle überschatteten den Übungsbetrieb. Paul-Heinrich Dähne hatte wenig Vertrauen zu dem neuen Flugzeugtyp und zögerte seinen ersten Ausbildungsflug lange hinaus. Als er dann am 24. April 1945 startete, geschah das Unfassbare: Im Langsamflug und geringer Höhe fing der Jet zu schieben an, wodurch das Leitwerk in den Triebwerksstrahl geriet und das Flugzeug plötzlich wie ein Stein

Die Flugzeugführer in der Reichsverteidigung kamen durch die mit Zusatztanks versehenen P-51 Mustang-Jäger ab 1944 in arge Bedrängnis. Nunmehr wurden die einfliegenden US-Bomberflotten durch Schwärme von Begleitjägern abgeschirmt.

dem Boden entgegenstürzte. Paul-Heinrich Dähne versuchte noch, sich mit dem Schleudersitz zu retten, doch dabei hatte er wohl vergessen, das Kabinendach zuvor abzusprengen, sodass er sich vermutlich bei der Betätigung des Schleudersitzes an der Plexiglashaube das Genick brach. Dähne und seine Maschine stürzten in ein flaches Nebengewässer der Warnow und konnten nicht geborgen werden. Auf seinen ungefähr 600 Feindflügen hatte Dähne mindestens 100 Luftsiege – und wahrscheinlich weit mehr – erzielt, darunter drei gegen westalliierte Gegner. Hauptmann Paul-Heinrich Dähne war der letzte aus der großen Reihe der erfolgreichen Jagdflieger, die 100 und mehr Abschüsse erzielen konnte.

Paul-Heinrich Dähne

Geboren am 7. Juli 1921 in Frankfurt/Oder
Verunglückt am 24. April 1945 bei Warnemünde
Letzter Dienstgrad: Hauptmann
Ritterkreuz am 8. April 1944 als Oberleutnant nach 80 Luftsiegen
Deutsches Kreuz in Gold am 17. Oktober 1943
Anzahl der Abschüsse: 100 anerkannte Luftsiege (wahrscheinlich weit mehr)
Letzte Dienststellung: Kommandeur der II. Gruppe des Jagdgeschwaders 1 „Oesau“

Die Jäger-Asse des Reichsmarschalls im Überblick

Typ	Name, Vorname	LS	RK	EL	SW	BR
TJ	Hartmann, Erich	352	29.10.43	02.03.44	02.07.44	25.08.44
TJ	Barkhorn, Gerhard	301	23.08.42	11.01.43	02.03.44	
TJ	Rall, Günther	275	04.09.42	26.10.42	12.09.43	
TJ	Kittel, Otto	267	29.10.43	11.04.44	25.11.44	
TJ	Nowotny, Walter	258	04.09.42	04.09.43	22.09.43	19.10.43
TJ	Batz, Wilhelm	237	26.03.44	20.07.44	21.04.45	
TJ	Rudorffer, Erich	224	01.05.41	11.04.44	26.01.45	
TJ	Bär, Heinrich (Heinz)	221	02.07.41	14.08.41	16.02.42	
TJ	Graf, Hermann	212	24.01.42	17.05.42	19.05.42	16.09.42
TJ	Ehrler, Heinrich	208	04.09.42	02.08.43		
TJ	Weissenberger, Theodor	208	13.11.42	02.08.43		
TJ	Philipp, Hans	206	22.10.40	24.08.41	12.03.42	
TJ	Schuck, Walter	206	08.04.44	30.09.44		
TJ	Hafner, Anton	204	23.08.42	11.04.44		
TJ	Lipfert, Helmut	203	05.04.44	17.04.45		
TJ	Krupinski, Walter	197	29.10.42	02.03.44		
TJ	Hackl, Anton	192	25.05.42	07.08.42	12.07.44	
TJ	Brendel, Joachim	189	22.11.43	14.01.45		
TJ	Stotz, Max	189	19.06.42	30.10.42		
TJ	Kirschner, Joachim	188	23.12.42	02.08.43		
TJ	Brändle, Kurt	180	01.07.42	27.08.42		
TJ	Josten, Günther	178	05.02.44	28.03.45		
TJ	Steinhoff, Johannes	178	30.08.41	02.09.42	28.07.44	
TJ	Reinert, Ernst-Wilhelm	174	01.07.42	06.10.42	01.02.45	
TJ	Schack, Günther	174	29.10.43	20.04.44		
TJ	Lang, Emil	173	22.11.43	11.04.44		
TJ	Schmidt, Heinz	173	23.08.42	16.09.42		
TJ	Ademeit, Horst	166	16.04.43	02.03.44		
TJ	Wilcke, Wolf-Dietrich	162	06.08.41	09.09.42	23.12.42	
TJ	Marseille, Hans-Joachim	158	22.02.42	06.06.42	18.06.42	03.09.42
TJ	Sturm, Heinrich	158	26.03.44			
TJ	Thyben, Gerhard	157	06.12.44	08.04.45		
TJ	Beißwenger, Hans	152	09.05.42	30.09.42		
TJ	Düttmann, Peter	152	09.06.44			
TJ	Gollob, Gordon M.	150	18.09.41	25.10.41	23.06.42	30.08.42

Typ	Name, Vorname	LS	RK	EL	SW	BR
TJ	Tegtmeier, Fritz	146	28.03.44			
TJ	Wolf, Albin	144	22.11.43	25.04.44		
TJ	Tanzer, Kurt	143	05.12.43			
TJ	Müller, Friedrich-Karl	140	19.09.42	23.09.42		
TJ	Gratz, Karl	138	01.07.42			
TJ	Setz, Heinrich	138	31.12.41	23.06.42		
TJ	Trenkel, Rudolf	138	19.08.43			
TJ	Wolfrum, Walter	137	27.07.44			
TJ	Dickfeld, Adolf	136	19.03.42	19.05.42		
TJ	Fönnekold, Otto	136	26.03.44			
TJ	Weber, Karl-Heinz	136	12.11.43	20.07.44		
TJ	Müncheberg, Joachim	135	14.09.40	07.05.41	09.09.42	
TJ	Waldmann, Hans	134	05.02.44			
TJ	Grislawski, Alfred	133	01.07.42	11.04.44		
TJ	Schall, Franz	133	10.10.44			
TJ	Wiese, Johannes	133	05.01.43	02.03.44		
TJ	Borchers, Adolf	132	22.11.43			
TJ	Clausen, Erwin	132	19.05.42	23.07.42		
TJ	Ihlefeld, Herbert	132	13.09.40	27.06.41	24.04.42	
TJ	Lemke, Wilhelm	131	19.09.42	25.11.43		
TJ	Hoffmann, Gerhard	130	14.05.44			
TJ	Eisenach, Franz	129	10.10.44			
TJ	Sterr, Heinrich	129	05.12.43			
TJ	Dahl, Walther	128	11.03.44	01.02.45		
TJ	Dörr, Franz	128	19.08.44			
TJ	Oesau, Walter	127	20.08.40	06.02.41	15.07.41	
TJ	Zwernemann, Josef	126	23.06.42	31.10.42		
TJ	Hrabak, Dietrich	125	21.10.40	25.11.43		
TJ	Ettel, Wolf-Udo	124	01.06.43	31.08.43		
TJ	Tonne, Wolfgang	122	06.09.42	24.09.42		
TJ	Marquardt, Heinz	121	18.11.44			
NJ	Schnaufer, Heinz-Wolfgang	121	31.12.43	24.06.44	03.08.44	16.10.44
TJ	Weiß, Robert	121	26.03.44	12.03.45		
TJ	Obleser, Friedrich	120	23.03.44			
TJ	Leie, Erich	118	01.08.41			
TJ	Beerenbrock, Franz-Josef	117	06.10.41	03.08.42		
TJ	Birkner, Hans-Joachim	117	27.07.44			
TJ	Norz, Jakob	117	26.03.44			

Typ	Name, Vorname	LS	RK	EL	SW	BR
TJ	Wernicke, Heinz	117	30.09.44			
SF	Lambert, August	116	14.05.44			
TJ	Mölders, Werner	115	29.05.40	21.09.40	22.06.41	15.07.41
TJ	Crinius, Wilhelm	114	23.09.42	23.09.42		
TJ	Schroer, Werner	114	20.10.42	02.08.43	19.04.45	
TJ	Dammers, Hans	113	23.08.42			
TJ	Korts, Berthold	113	29.08.43			
TJ	Bühlingen, Kurt	112	04.09.41	02.03.44	14.08.44	
NJ	Lent, Helmut	111	30.08.41	06.06.42	02.08.43	31.07.44
TJ	Ubben, Kurt	111	04.09.41	12.03.42		
TJ	Lützow, Günther	110	18.09.40	20.07.41	11.10.41	
TJ	Woidich, Franz	110	11.06.44			
TJ	Seiler, Reinhard	109	20.12.41	02.03.44		
TJ	Bitsch, Emil	108	29.08.43			
TJ	Hahn, Hans	108	24.09.40	14.08.41		
TJ	Vechtel, Bernhard	108	27.07.44			
TJ	Bauer, Viktor	106	30.07.41	26.07.42		
TJ	Lucas, Werner	106	19.09.42			
TJ	Galland, Adolf	104	29.07.40	24.09.40	21.06.41	28.01.42
TJ	Sachsenberg, Heinz	104	09.06.44			
TJ	von Boremski, Eberhard	104	03.05.42			
TJ	Grasser, Hartmann	103	04.09.41	31.08.43		
TJ	Freytag, Siegfried	102	03.07.42			
TJ	Geißhardt, Friedrich	102	30.08.41	23.06.42		
TJ	Mayer, Egon	102	01.08.41	16.04.43	02.03.44	
TJ	Ostermann, Max-Hellmuth	102	04.09.41	12.03.42	17.05.42	
TJ	Wurmheller, Josef	102	04.09.41	13.11.42	24.10.44	
TJ	Miethig, Rudolf	101	29.10.42			
TJ	Priller, Josef	101	19.10.40	20.07.41	02.07.44	
TJ	Wernitz, Ulrich	101	29.10.44			
TJ	Dähne, Paul-Heinrich	100	08.04.44			

LS Anerkannte Luftsiege
TJ Tagjäger
NJ Nachtjäger
SF Schlachtflieger

RK Ritterkreuz
EL Eichenlaub zum Ritterkreuz
SW Eichenlaub mit Schwertern zum Ritterkreuz
BR Eichenlaub mit Schwertern und Brillanten zum Ritterkreuz